媒体管理丛书
丛书主编 高福安 宋培义

媒体
运营管理
MEDIA OPERATION MANAGEMENT

张铖 ◎ 编著

中国广播电视出版社
CHINA RADIO & TELEVISION PUBLISHING HOUSE

目录

绪论 1
 媒体运营管理产生的背景和意义 1
 媒体运营管理的概述 1
 媒体运营管理的研究方法 2
 未来媒体运营管理的思路 4
 学习媒体运营管理的意义 7

第一部分 媒体业务与组织运营管理篇

第一章 媒体产品运营管理 11
 第一节 概述 11
 第二节 经济学解读 13
 第三节 运营管理策略 15
 第四节 媒体产品案例分析 25

第二章 媒介组织运营管理 30
 第一节 概述 30
 第二节 媒介集团化 32
 第三节 媒介国际化 44
 第四节 全媒体运营 51

第二部分 移动媒体的运营管理

第一章 移动媒体的业务 59
 第一节 概述 59
 第二节 商业模式 62
 第三节 移动增值业务及其业务模式 69
 第四节 位置营销 72
 第五节 群发 72
 第六节 媒体推广 75
 第七节 3G环境下的移动增值业务 76

目 录

第八节	3G 环境下的精确营销策略	80
第九节	基于用户满意的体验营销	84
第十节	基于 SWOT 分析的中国 3G 环境下增值业务发展策略探讨	88

第二章　手机增值业务的运营　　93
第一节　手机增值业务的现状与具体表征　　93
第二节　手机单机游戏的产品及运营　　96
第三节　手机网游的产品及运营　　100
第四节　彩铃的产品及运营　　106
第五节　3G 环境下的增强型业务　　115

第三部分　电视媒体的运营管理

第一章　电视媒体的运营管理活动　　123
第一节　电视媒体的定义　　123
第二节　理解电视媒体的管理活动　　127
第三节　电视媒体管理的发展现状　　130
第四节　电视媒体运营管理的主要内容　　132
第五节　电视媒体管理体制的内涵　　138
第六节　中国电视媒体管理体制的变迁　　140

第二章　电视媒体的内部运营管理　　145
第一节　电视媒体内部的简要说明　　145
第二节　宣传导向管理　　146
第三节　电视频道管理　　150
第四节　栏目与节目管理　　151
第五节　电视制播体制改革　　154

第三章　电视媒体的人力资源管理　　163
第一节　电视媒体人力资源的特点　　163
第二节　转变电视媒体人事管理的观念　　166
第三节　播音员主持人管理　　167

目录

  第四节 电视制片人管理制度 171
  第五节 一线专业采编技术人员管理 176
  第六节 编外人员管理 178
 第四章 电视媒体业绩管理 180
  第一节 电视广告经营管理 180
  第二节 未来电视广告的营销空间 182
  第三节 现当代电视媒体的盈利模式转变 183

第四部分 广告及其他媒体的运营管理

 第一章 广告公司及其经营策略 187
  第一节 不同媒体广告投放的具体表征 187
  第二节 广告业的兴盛 193
  第三节 不同类型的广告公司 203
  第四节 广告公司的运营方法 209
 第二章 广告市场的开发运营 218
  第一节 广告市场的开发范围 218
  第二节 广告市场的开发 221
  第三节 广告市场的开发原则 237
 第三章 广告运营 241
  第一节 广告的运营方式 241
  第二节 广告的代理运作 247
  第三节 广告的媒体运作 254
  第四节 广告的客户管理运作 263

参考文献 272

绪　论

媒体运营管理产生的背景和意义

近些年来,随着社会与科学技术的进步,我国的传媒事业及产业得到了迅猛发展。同时,随着社会主义市场经济体制的完善和改革的不断深入,我国的传媒领域异常活跃,报刊、广播、电视、互联网等媒体的迅速发展,媒体产业经营与管理的改革、创新和探索也令人目不暇接,无论是印刷媒体还是电子媒体纷纷上市或进行体制改革、资源重组,传媒市场呈现日趋繁荣的景象。但是,国内各类媒体也深感竞争所带来的巨大压力和自身管理中的不足,整体水平仍然有待进一步提高。

从单纯重视内容、以内容建设为中心,到强调重视经营、内容与经营比翼双飞,再到重视内容、经营、总体策划和品牌战略的整体运营,中国改革开放后的媒体已走过漫长的路程,每一次思维和运作的变迁都给媒体质量及品位带来极大的提升。

媒体运营管理的概述

吴东权在《中国传播媒介发源史》一书中认为,将"media"翻译成"媒介"不太稳妥,不如译成"媒体"。因为"体"字本身含有身体本体形质、形状的意思,多少有实体的感觉。并且作为一种"媒"之"体",也应该含有一种实体的意义,即它是有形状存在而构成传播功能的实体。因此,"媒体是一个电视台、报社、广播电台、电影……能够发挥传播功能者"。

现代意义上的媒体,就是指介于传播者与受传者之间的用以负载、传递、延伸特定符号和信息的物质实体,它包括书籍、报刊、广播、电视、电影及其生产、传播机构等。

那么何谓运营管理？日本学者川良博等人写道:"以达到组织目的为目标,有计划有组织地付出努力的有系统的行动称之为运营管理(management, admistration)。"通常,运营管理是经济意义上的主要针对企业的行动。而企业的组织目的,就在于通过企业活动增加收益,获得利润。追求利润,这是企业永恒的主题,稳固的目标和不变的逻辑。也就是说,企业对生产、销售、消费过程中各个环节的运动进行计划、组织、指挥、监督、决策、核算和调节,目的就是为了获得最大利润,这就是企业运营管理的实质所在。

媒体运营管理是指媒体经营的管理者借助传播手段、传媒的功能价值和公众的认知度以及社会影响力将传播职能与经营管理有机结合起来,实现传媒组织的社会效应及经济效应。社会效应是媒介实现经济效应的前提。

十年前,媒体管理者们所面临的挑战与他们在今天所面临的问题大相径庭。当时,为获得受众和广告主而进行的竞争还不是那么激烈。立法者们出台了许多指导方针,包括禁止一个业主在同一市场中拥有多家电台或电视台的规定,以及禁止在广播电视台、电视网、有线电视和电话公司中出现跨行业所有权的规定。诸如宽带传输、数字电视和直播卫星等新兴传输技术的潜力还不为人们所熟悉。电子邮件、传真机和因特网对于电子媒体的管理者们来说意义并不大。

而现在,媒体的管理者们面临的是一个独一无二的并且迅速变化的环境,竞争异常激烈。电子媒介产业各领域在技术的推动下实现了整合,计算机、节目设计与运营和发行系统合而为一。兼并与收购已经使得主要的电视网、广播电视集团和有线电视公司运营商的构成发生了变化。政策法规壁垒的消除,媒介公司战略联盟和伙伴关系的增加以及全球性娱乐和信息市场的出现,都对管理环境的变化产生了影响。

管理者所管理的不再仅仅是某一项业务。在很多市场中,电子媒介的管理者们需要对数家电台或电视台负责。鉴于这种繁忙的环境,同时执行多种任务已经成为电子媒介管理者们共同的特征。与结构性变化相伴而来的,是对人员的管理。这方面的管理因为人员构成的不同在许多方面也与过去迥异。少数民族人口的增加,越来越多的女性加入劳动力大军以及媒介雇员所需的新的技能等,都导致了组织文化的变化。员工想要见他们的主管,不再需要事先预约;在大多数组织中,他们仅仅通过电子邮件就可以与主管联系。缩减规模使得组织变得更加精炼,并且使得组织运作节奏加快。

而媒体运营管理的目的,是设计和维持一种体系,使在这一媒体体系中工作的人们能够用尽可能少的支出(包括人力、物力、财力和信息、时间),去获取最大社会效益和经济效益,充分发挥媒体传播的功效。这是媒体运营管理本质特点的反映,也是管理工作的基本任务和必然归宿。

媒体运营的概念是传媒经营走向市场的产物,其核心思想就是在保持传媒政治属性与正确舆论导向的前提下,把媒体当做一个产品来运营媒体内容的设置,以受众需求为导向促进媒体传播渠道的推广,以服务受众为主要目标。媒体广告经营立足市场,主动出击,强化服务,共创媒企双赢。

媒体运营管理的研究方法

最基本的科学观念告诉我们,管理作为人类的一种社会活动是有其自身客观规律的,这种规律是可以被人们认识和掌握的,其本身具有普遍性、本质性和必然性。当然,承认管理规律的普遍性并不是要否定具体事物的特殊性。对于媒体管理的研究对象而言,其特殊性包含以下三个层面:

第一,传媒业的产品特征、受众需求、技术手段、运作流程等都不同于其他行业,因此必然具有特殊的运行规律。

第二，中国的政治制度、传播制度和社会经济发展状况决定了媒体的根本使命以及管理方式都不同于国家的商业媒体。在中国，媒体是党和政府的喉舌，必须毫不动摇地坚持社会效益第一的原则。但是市场经济环境和资源补偿机制决定了媒体同时必须开展产业经营，追求社会效益和经济效益的统一。媒体的双重使命之间既要相互合作，又有矛盾冲突，最终需要在现实当中达成相互的平衡和制约。这是中国媒体在管理当中所要面对的特殊矛盾。

第三，管理是实践性很强的学科。正如经验主义管理学派的大师彼得·德鲁克所言："归根到底，管理是一种实践，其本质不在于'知'而在于'行'，其验证不在于逻辑，而在于成果；其唯一权威就是成就。"中国不同级别、不同地区的媒体具有不同的内外部环境，不可能找到一种普遍适用的最好的管理方式，而必须因地制宜、因时制宜、因人制宜地处理各种管理问题。

在实际工作当中，媒体运营管理的复杂性决定了管理活动需要按照不同的专业职能进行分工，各项管理工作是互相联系、紧密配合的，同时又具有各自的特点。具体来说，主要包括以下内容：

第一，管理体制。电视媒体管理体制的建设和发展，直接关系到这个国家或地区电视资源的科学配置和合理应用以及电视事业整体效能的发挥。

第二，宣传管理。宣传是电视媒体的核心业务。电视媒体既是党和政府的宣传喉舌，也是满足广大人民群众对于信息、教育和娱乐消费需求的精神文化产品的生产部门。电视媒体的宣传管理包括宣传导向管理、频道管理、栏目与节目管理、制播体制改革等内容。

第三，行政管理。电视媒体行政管理是对全台重大事务决策、宏观协调、资源配置的统一管理，规范全台的工作运转，为电视媒体的事业和产业发展提供有力的决策支持、行政支持和服务保障的系统管理活动。包括信息沟通、战略规划、制度建设、重大活动、突发事件应急处置、标识使用、信息调研、行政办公业务、法律事务、公共关系、涉外事务、安全保卫、后勤服务等管理。

第四，人力资源管理。人力资源管理是电视媒体为了实现电视传播的目标，采用计划、组织、领导、监督、激励、协调、控制等措施和手段，充分开发和利用电视媒体的人力资源所进行的管理活动的总称。人力资源管理主要包括以下一些具体内容和工作任务：制订人力资源计划、人力资源成本核算、岗位分析和工作设计、人力资源的招聘与选拔、雇佣管理与劳资关系、入台教育、培训和发展、工作绩效考核、帮助员工的职业生涯发展等。

第五，技术管理。电视媒体技术管理的主要职能包括：研究把握电视媒体未来电视技术的发展方向；制定技术政策和技术标准；对技术、设备的引进以及技术工程项目做出规划和决策；建立科学的技术管理制度，建立健全技术操作流程；技术设备设施的运行维护管理；为电视媒体重大决策和全台管理工作提供技术依据的支持。

第六，财务管理。财务管理是电视媒体根据财经法规制度，按照财务管理的原则，组织自身财务活动、处理财务关系的一项经济管理活动。电视媒体的业务从节目生产、播出、传输到广告经营、节目销售等各个环节，都与财务管理工作密切相关，电视事业和产业的发展也必须以资金作为后盾,财务管理工作贯穿于电视业务始终,对电视媒体业务的发展至关重要。在我国,电视媒体整体上以事业单位运行,其财务管理与政府、企业相比有明显不同,因此在核算的对象、任务,管理的内容和方法上都有很大的差异。"事业单位企业化管理"的现状决定了我国电视媒体财务管理体制兼具企事业财务管理的双重特点。

第七,经营管理。经营是电视媒体为了实现市场交换,对电视产品(包括节目产品和广告产品)的设计、定价、分销和促销的计划和执行过程,也就是电视媒体的市场营销。经营管理是对电视媒体的各项经营活动进行计划、组织、实施、控制等管理活动的总称。电视媒体的经营管理活动主要包括广告经营管理、产业投资管理、经营业绩考评等主要内容。

未来媒体运营管理的思路

首先,新闻媒体产业化、管理体制企业化、媒体产品商业化。媒体要冲破目前的困境,只能从深层体制上深化改革。所谓体制,从哲学角度讲,是系统内部各要素的结构方式,而结构方式的不同决定系统机制和功能的不同。从政治经济学角度讲,体制就是生产关系。所以,只有媒体经营和机制的改革才是根本的改革。因而,必须建立适应社会主义市场经济体制的媒体管理机制、使绝大多数媒体特别是广播电视媒体成为独立的节目传播和文化产品、信息服务产品的生产者和经营者,成为法律允许的自主经营、自负盈亏、自我发展、自我约束的行业特殊的法人实体与市场主体;要实行所有权与经营权的分离,政府可以通过董事会或总经理来监督;要依法管理,加快立法进度,完善执法体系,建立执法队伍,严格违法案件处理;这样,发挥非政府机构、特别是中介组织的作用,重视台、网领导骨干的推荐与监察。使媒体实现企业化管理,进行产业化运作,并按市场经济要求协调传媒产业内部之间的关系以及和其他行业的关系,确立经营在媒体中的崭新地位。同时,大胆借鉴国外的成功模式,走"功能多元化"、"规模大型化"、"经营国际化"、"产权股份化"的集团经营道路。

以电视为例,具体来说可以从以下几方面来做:

1. 依据大都市群作为自己的天然良港,并以此为圆心,向周围辐射,以市场经济的方式与技术陈旧、传输落后甚至运作难以为继的电视传媒机构进行联营、兼并,或对其实行股份制改造。兼并可从四个方面来进行:

①横向整合。指的是同一生产层次上(或者同一产品市场中)的互相合并、兼并。就我国电视产业而言,省(地、县)级无线电视台之间、有线电视台之间、卫星电视台之间的合并或者兼并,即属于横向整合。

②纵向整合。这是指在同一产品生产的不同层次之间的合并、兼并。如省级电视台兼并地(市)级电视台,地(市)级电视台兼并县(市)级电视台,当然县(市)级电视台也可以反向兼并地(市)级甚至省级电视台。

③交叉整合。指的是不同生产层次、种类之间的合并兼并。如无线电视台兼并有线电视台,有线电视台兼并无线电视台,无线电视台兼并卫星电视台等。

④行业外整合。国外有线电视凭借其发达的光缆系统已开始进军电信业。

2. 按照现代企业制度进行组合,规范运作方式。

①明晰产权、界定功能。所有物业和固定资产等由国有资产管理部门授权管理,实行所有权与经营权分离,不搞翻牌公司,不搞集行政、行业管理和产业功能于一身的实体,完全走产业的发展道路。

②以资产为纽带进行组合,以资产大小确定集团内各个企业之间的关系。建立董事会,重大决策由董事会拍板,具体运作由总经理等执行,从根本上改变过去那种由级别高低、官位大小衍生的隶属关系。

③创造条件,力争成为上市公司,通过资本市场获得更多的投入,完成一般企业所难以实现的超常发展。

其次,搞好媒体人才资源开发,完善人才的引进、培养、管理制度。常言道:"十年树木,百年树人。"企业的设备、技术、原材料等物质资源可以购买或引进,而企业发展所需要的大量人才资源,必须自己培养,引进的人才只能是少数。在人才引进上,要面向实际需要,重点放在高层次人才、紧缺人才和关键岗位人才上,尤其要注意引进跨学科、多门类、复合型人才。要进一步拓宽进入渠道,打破地域、身份界限,努力创造优秀人才脱颖而出的良好机制和环境,营造温馨、融洽、和谐的人文氛围。引进竞争机制,充分调动工作人员的积极性,加强职工的继续教育和培训工作。

人力资源的优势不仅表现在人本身的素质和特色上,还表现在对人才的有效管理上。对人才实施有效管理,要注意以下几个方面:

①要唤醒媒体员工的主人翁意识。

②要重用知识的富有者,走"专家治企"之路。

③要用其所学、用其所长,用社会效益赢得经济效益;要关心员工的成长与发展,即员工成长需与媒体成长同步,两者互相协调、互相适应,才能为媒体创造更好的未来;还有,员工成长需与媒体战略目标相吻合,否则,届时不是"有事无人能干",就是"有人无事可干",这对两者都是损失。

④媒体要与能够带来重大效益的人才建立长期合作关系,有时也许需要用合同的形式将其"捆"起来,以防止竞争对手"高薪挖角"。

除此之外,还需掌握媒体人才的管理原则:

①德才兼备的原则。德和才是每一个媒体人才成长的基本要素,也是衡量各级干部的起码标准。必须反对把德才割裂开来的片面性,有德无才、有才无德,这都不是媒体赢得竞争优势所需要的人才。

②适才适用的原则。有效的人力资源管理,要根据每个人不同的才干,安排相应的岗位和职务;量才任职还要权衡利弊,用其所长,避其所短;还有使用人才不可"一次安排定终生",而应随着年龄的增长、知识的增多、才能的变化,不断对人才作出调适安排,使其始终在最合适的岗位上贡献聪明才智。

③养用结合的原则。媒体领导者不但要善于正确合理地选择有用人才,还要重视培养和爱护人才。如果只注意选用人才,而忽视了培养和爱护,那无异于竭泽而渔,久而久

之,选用的人才就会"老化",就会跟不上事业发展的需要,失去原来的竞争优势。因此,要有战略眼光,重视对人才"继续教育"、"终身教育"以及训练与发展,要把使用、培养和提高结合起来,自觉地有计划地培养和造就能形成梯队的各种人才。教育训练是培养人才,社会实践也是培养人才,把两者结合起来,既养又用,养用并重,可使媒体人才获得更大的进步。

④智能互补的原则。在大众传播中,专业传播不仅人数众多、协调性强,而且分工复杂、技能不一、人员十分复杂、分工极其细密、队伍也日益庞大。作为个体的媒体人才,任何人都不可能精通各门学科、擅长各种技能,要求通过集体的智慧互补组成最佳结构,去完成这一系列相互联系的传播活动。

⑤奖惩并举的原则。对成绩优秀的媒体员工给予肯定、赞许,对违纪失职的媒体人员给予惩处、警戒,这种奖惩并举、赏罚分明的原则,对于鼓舞和激励人的斗志,预防错误的发生,具有很大的作用。

另外,建立媒体产品评价标准体系。媒体之间的竞争,实际上是受众市场的竞争,拥有受众的多少,即收视率的高低,已成为衡量媒体成功程度的一个重要标志。

以电视节目为例,收视率高的节目并不都是艺术价值高的、好的节目;而收视率低的节目也并非都是不好的、无艺术价值的、不受欢迎的节目。收视率与受众的素质、爱好、欣赏能力有关,有人喜欢欣赏高雅的、高深的电视艺术,有人只能欣赏通俗的电视节目。随着电视节目数量的迅速发展,给受众提供了广阔的选择空间,受众对节目的需求也越来越趋于个性化专门化。所以,受众市场细分,必然造成对节目的要求不同,用不同的标准衡量电视节目自会得出不同的结论,这就使得对电视节目评价缺乏一种量化的标准。

因此,应采取以下方法来达到一个共识与平衡:把主观标准和客观标准统一、技术标准和艺术标准统一,从"政治导向、艺术水平、技术水平、受众反映"四方面评价,实行四个层次的考核:

①成立研究室,以研究室专家为核心,特聘部分同行的专家、学者,每周两天对所有节目进行审看和百分制评分;

②聘请近200位各行各业社会监看员,由研究室统一印刷发放节目质量评分表,每月回收一次作为节目评比依据;

③根据电视的收视率,进行节目评分;

④根据本省市地方城市调查队的收视率统计进行节目评分,最后汇总,计算出一个加权平均数,根据分值来调整栏目、节目。

最后,加强投资效益的评估和管理。媒体特别是电视台是重装备、高消费的行业,用于设备和节目等投资很大,容易滋长大手大脚的作风,而忽视投资效益和成本控制问题。因此,改变观念,理性投资,合理地进行资金运作,强调投资效益和成本控制非常必要。主要是从以下两方面着手:

1. 设备投资与管理方面:以往由于广播电视事业单位无成本核算,设备的折旧和贬值无法具体体现,对投资效益问题的认识更是无从谈起,因此盲目投资和不计设备投资效益的现象更是普遍。故应采用科学方法,做好可行性研究,在充分进行市场调查的基础上做多种方案的选择比较,做到既保证技术质量,又保证费用合理,而设备投资的效益评价主要是在控制浪费、节约投资上。但由于设备有个长期使用的过程,尽管是内涵式的经济效益(所谓内涵式的经济效益是指虽不能创造收入,不能收回投资,但可以控制支出,节约投资),也往往是事后才能评价,因此,应加强事业单位内部各部门的核算,对设备进行虚拟折旧,摊入成本,这样才能使设备的投资效益在考核指标上得到量化,把各部门的经济利益与设备效益有机地结合起来。设备投资后还需要设备的管理,搞好设备管理,对于保证媒体宣传顺利进行,提高节目生产能力和提高经济效益等都有着重要意义。所谓设备管理是指在设备的计划、评价、选择、安装调试、使用、维护、保养、维修、改造更新、折旧报废等整个过程中,最大限度地运用和发挥设备效能,以提高媒体宣传效益的所有活动的总称。其中,设备的选择和评价是设备管理的重要环节。

具体来说,设备的选择应综合考虑:①生产性(即设备性能),②可靠性,③可维修性,④配套性,⑤耐用性,⑥环保性和安全性。而设备的评价,是设备选择的深化。为了更好地选择设备,除了上述定性分析外,还需对几种候选设备进行经济评价,如投资回收期法、费用核算法、设备全效率法等方法,通过几种方案的计算、分析和对比,从中选择出最优的设备。

2. 节目投资与管理方面:电视是一个重装备、高投入的产业,而财政拨款通常不到总支出的5%,这就要求电视节目生产也必须建立相应的投资回收机制才能维持电视事业的发展。以往电视节目几乎没有投入产出的概念,随着自办节目成倍扩大后,费用成倍增加,资金严重短缺而难以为继,故控制节目成本总量势在必行。尽管节目的种类很多,节目费用支出复杂、变化多,但节目制作的成本却是可以核算的,这是评价节目投资效益的依据。首先,应对往年的所有节目制作经费原始资料进行详细分析,反复评估,按不同节目的性质和要求分门别类地确定其单位生产成本,再预算出各部门全年的节目生产费用,定额包干,超支不补,节约有奖。其次,完善节目经费管理制度,它包括建立健全各项费用开支标准;建立健全各种原始记录;建立健全各种材料的消耗定额;确定费用分摊的方法。如设备有偿使用的成本回收机制。最后,应确定节目质量指标,用来制约由于成本的降低而影响电视节目质量的现象出现。只有这样才能使难于评估的宣传业务量化,才有利于制作单位和制作人员增加成本意识,节约人、财、物等一切开支,达到用较少的投资,制作高质量的节目,取得最佳的社会效益和经济效益。

学习媒体运营管理的意义

综上所述,媒体管理是个涉及方方面面的系统工程,是以宣传为中心的质量管理,以发展为主题的目标管理,以装备为基础的技术管理,以成本核算为基础的经济管理,以"四定"(定编制、定岗位、定职责、定奖惩)为基础的人事管理,以产业化为方向的经营管理,以员工为主体的形象管理。与之配套的规范文件,通过这套系统化的管理模式的建立,对媒体的各项资源进行有效整合,对各种管理对象进行有效调动。管理触角延伸到媒体工作的各个方面、各个角落,涵盖了媒体生产的全过程,形成脉络清晰、相互配合的良性推进总系统,使得各项制度的推行得以顺利实施。由于媒体经营管理还是一种新兴的学科,有许多未知领域有待人们进一步探讨。因此,大众传播者要想从容应付未来复杂多变的媒体竞争,必须学习和研究媒体运营管理。学习和研究媒体运营管理,应该成为大众传播者的最新需求。

第一部分

媒体业务与组织运营管理篇

第一部分　媒体业务与组织运营管理篇

媒体产品运营管理

第一节　概　述

一、媒体产品的定义及其特殊性

媒体产品是媒介组织生产制作的、可供受众用作精神文化消费的产品。一般来说，媒体产品主要分为公共媒体产品和私人媒体产品两大类。媒体产品中包含具有公共性质的产品即公共媒体产品，它表现为每个受众对该媒体产品的消费或使用并不影响其他受众也同时消费或使用同一媒体产品。公共媒体产品包含民主权利类媒体产品、公共福利类媒体产品和社会管理类媒体产品。私人媒体产品则是媒介组织生产并提供给个人或机构消费的媒体产品，这类媒体产品是必须通过市场实行等价交换获得的商品，对私人媒体产品的消费具有排他性。私人媒体产品除了具有一般私人产品的共性外还具有精神产品生产与消费的特性。

媒体经济学家罗伯特·G.皮卡德认为，媒体运作面向的是双元产品市场，第一个是媒体产品市场，称为"财货"，它"或许是娱乐，或许是咨询，但都是经过包装，然后以印刷之报纸、杂志、书籍；或是以广播之收音机或电视、窄波之线缆、电影或录像带等形式呈现给消费者"。第二个市场则是"使用阅听人市场"，以满足广告厂商所需。媒体产品丰富，如报刊、电视、广播、图书、电影、音像制品、电脑网络和软件等，每一种媒体产品都有其市场，都有其独特的开发价值。

媒体产品与其他商品不同，是集精神消费和信息消费于一体的特殊产品，对于媒体产品的功能，著名传播学家拉斯维尔提出了三大作用，即监视环境、协调关系、传递遗产。其后赖特又提出了第四个功能——提供娱乐。这一解说是我们把握媒体产品特征的基本出发点。由于媒体产品与社会意识形态有着密不可分的联系，这种联系决定了媒体产品必须同特定的政治、经济、文化、宗教和审美观念相适应。一方面，政府和其他社会组织总是要以政治、法律和宗教观念等手段，给予媒体产品的生产以一定的规范，媒体产品必须符合这些规范。许多国家和地区设有专门的大众媒体管理机构，并制定了完整的媒体产品审查制度。

一个社会的文化观念和传统早已积淀于人们的意识中,如果媒体产品不能反映这种公众的文化意识,那么媒体产品是不会被受众所接受的。媒体产品无法进入市场运作,也就无从谈起媒体产品的经济效益和社会效益了。美国梦工厂出品的《功夫熊猫》对中国文化进行了比较深入的研究,影片中融入了在中国具有代表性的动物、古典音乐、中国风景画、中国式的生活背景、中国传统节日气氛,以及中国特有的筷子、针灸等,获得了中国观众的文化认可,在中国内地一经上映,十分火爆,票房十天过亿。而且它不仅表现中国文化,还将西方式的幽默嵌入其中,幽默轻松的语言和丰富夸张的动作深得人心,加上中国文化这一在世界上越来越受关注的要素,影片在北美乃至全球都获得了不错的票房成绩。《功夫熊猫》将电影作为一种艺术去创造的同时,对受众和市场的文化意识及特点给予了高度的关注,全面掌握了媒体产品的特殊性,取得了经济与艺术的双重胜利。

二、媒体产品的类型

媒体产品是一种特殊的产品,是信息产品与实体产品、精神产品与物质产品、比特与原子的有机结合。媒体产品的表现形式很多,根据马克思主义的商品经济理论,即使在完全商品化的社会内,由于生产者的生产目的不同,其产品总是可以分为两类,即商品化产品和非商品化产品。媒体产品也不例外,在媒体生产过程中,总体上也分为两大类:

1. 商品性媒体产品

在西方国家和地区,由于媒体从诞生之日就作为经济实体进行市场运作,所以媒体产品的商品属性从一开始就得到足够的重视。它更多地强调产品的价值和使用价值,往往是媒体经营者通过市场来解决媒体产品生产及经营管理经费。而在我国,长期以来主要强调媒体的宣传作用,是"党的喉舌",在媒体的价值取向上侧重于舆论的引导性、信息的权威性和显著性,政治属性或意识形态比较明显。改革开放以来,随着中国特色的社会主义市场经济体制的建立和发展,媒体产业也开始面对市场,参与日益激烈的市场竞争。商品性媒体产品要实现从产品到商品的转化,一般通过三种途径:一是通过市场交换,出卖产品内容来实现价值;二是通过二次销售,以较低的价格或者免费的方式提供有价值的内容,吸引受众的注意力,然后把注意力转卖给广告客户,以广告收入的方式来实现价值;三是通过媒体产品衍生,实现信息增值来实现。商品性媒体产品对媒体企业来讲,事关生存发展大计。因此,实现商品性媒体产品生产的科学化、管理的社会化、提高媒体产品的内部利用率等,都是媒体管理者在媒体转制后如何经营、如何走向市场必须面对的一个重要课题。

2. 非商品性媒体产品

主要指新闻产品和公益产品。新闻产品具有很强的宣传属性,任何国家的新闻都是为了满足本国占统治地位的阶级的自我需要,具有很强的阶级性,不是为了出售而生产。作为传播者的代言工具,新闻产品在生产过程中,传播者的价值观和意识形态自然而然地渗透到产品里面,新闻产品也就自觉地承担了宣传传播者意图和价值倾向的任务。任何国家的新闻产品都属于非商品性媒体产品。除了新闻产品外,在市场经济条件下,国家的一些职能部门和社会慈善组织或者其他社会团体也会通过无偿投资的方式委托媒体企业生产公益性的产品,这种类型的媒体产品也是非商品性媒体产品。

无论是商品性产品,还是非商品性产品,都凝聚着人类的辛勤劳动的汗水和智慧,因此必须充分考虑媒体产品的人力成本和生产成本,这对媒体产业的发展具有重大意义。

第二节 经济学解读

一、媒体产品的属性分析

产品,是指能满足消费者需求的物品和非物质形态的服务,在经济领域,所有的市场活动都以产品为中心来组织研发、生产和销售,通过满足消费者的需要来产生利润。媒体的一切活动都是围绕着媒体产品而展开的。媒体产品是指媒体根据市场的需求,生产能满足媒介消费者需求的产品和服务。媒体产品是一种精神产品。

广义的媒体产品包括新闻版面、文字版面和广告版面、节目和广告时段。狭义的媒体产品指报纸、电视节目、广播节目。报纸、电视节目、广播节目为受众提供新闻信息服务、提供娱乐服务、提供各门类知识,受众付出时间和注意力来获得读报、收看(听)节目。

由此看出,媒体产品作为产品,首先是一种商品,具有使用价值和价值,其价值是通过满足受众的需求来实现的,这是媒体产品的自身要素;其次,媒体产品跟其他产品一样,要实现其价值,必须投放到市场,在市场的指挥下进行流通,这是媒体产品的外部要素。

在市场营销过程中,媒体产品分为三个层次:

1. 媒体产品的核心

指媒体产品提供给受众的需求和满足,而不是物品的实体。比如,购买报纸不是为了得到一份经过印刷的纸张去包东西或用来练毛笔字,而是从中得到各种各样的新闻和消息,满足读者信息文化需求。

2. 媒体产品的形式

指受众在市场上购买的媒体产品物质实体,包括产品外形、包装、特征、色彩等。它们虽然不涉及产品的实质,但当产品的形式和内容协调一致时,就会给受众带来更大的满足。如电视专题栏目片头的设计,就很重视运用一些电脑特技手法予以"包装"。

3. 媒体产品的延伸

指整体产品提供给受众的一系列附加价值,包括分发、安装、维修和品质保证等售后服务项目。如有线电视台为电视观众安装接收设备、报社按时送报上门等。

二、媒体产品的价值分析

媒体产品的价值包括基本功能的价值和传播功能的价值,以及媒体产品的附加值。其经济学上的价值表现为受众在享用报纸、杂志、电视节目等媒体产品时需要支付一定费用。

媒体产品的基本使用价值:任何商品都有使用价值,媒体产品能够满足受众信息、文化、教育及娱乐的需求,这种满足人们某种需求的属性,就是商品的使用价值。媒体产品是以交换为目的而生产的,必须具备使用价值,否则无法产生经济价值。一般商品如食品、服饰、日常百货等,都是为了满足人们正常的生活需要。人类在满足最基本的物质需求之后,会产生更高层次的需求,媒体产品的使用价值正好满足了人们的这种需求,如报纸、电视节目、书刊、电影等媒体产品均可以满足人们的文化、精神及信息需求。

媒体产品的特殊使用价值:媒体产品作为一种特殊的产品,除了具有一般商品的使用价值外,还具有其特殊的使用价值。媒体产品首先是一种信息产品,其是否真正有价值,取决于信息的价值,信息价值是媒体产品得以存在的首要价值。同时,媒体向广告主"出售"的是受众的注意力,媒体产品要获得受众的认可并产生购买意愿,必须拥有注意力价值。

媒体产品的附加值:附加值是相对于媒体产品的主体价值而言的,"是指媒体产品在原有价值的基础上,通过生产经营过程中的有效劳动创造的新价值"。它包括物质附加值和精神附加值两个方面,是媒体价值在物质、精神两个方面的扩展延伸。媒体有时提高产品的附加值对提高产品的整体价值有着超乎想象的作用,可以使产品与品牌实现新的飞跃。媒体可以通过充分把握受众心理、打造品牌形象、加强市场推广和渠道建设等方式实现产品的附加值。

三、媒体产品的定位分析

经济学中的产品定位是企业对选择怎样的产品特征及产品组合以满足特定市场需求的决策。媒体产品的定位是指生产开发相应的媒体产品去实现占领某一细分市场目标的过程。

1. 媒体产品定位的具体要求

首先,媒介组织要通过生产过程中对媒体产品特定功能的开发,在营销过程中强化媒体产品的定位诉求,培育和发展这一媒体产品稳定的受众市场,确立自己在媒介市场中的位置。

其次,媒体产品的定位应该与媒体产品特定的使用功能和服务功能相适应。

再次,要以市场为导向对媒体产品进行定位分析。企业要围着产品转,产品要围着市场转,市场要围着消费者转。这一经营管理的经验之谈,对于媒介也是完全适用的。此外对媒体产品的定位分析还要考虑到各种市场因素。主要包括:受众市场的需求状况、受众市场的规模、消费能力的大小、市场的稳定性、对媒体产品价格的反应、媒体产品进入市场的时机以及受众市场的发展潜力等。

2. 基本内容

一般说来,媒体产品定位应该包括如下基本内容:

(1)基本产品类别定位。即生产什么大类的基本产品来满足定位市场的需求。就媒体产品而言,也就是对一定区域、一定层次的受众市场提供报刊、广播电视节目等产品及服务。

(2)基本产品档次定位。一种媒体产品要想满足各个层次、各个方面消费者(受众)的需要几乎是不可能的。媒介组织应该根据市场调查的结果,生产开发专门适合于某一层次消费者特别需要的媒体产品。比如说同是时尚类杂志的《世界服装之苑》与《上海服饰》。前者定位于都市白领、管理阶层、私企老板等文化程度较高、经济实力较强的女性读者,内容和广告大多被顶级服装品牌、高档化妆品等奢侈品所占据;而后者定位于大众消费者,内容和广告大多为国内或合资的服装及化妆品品牌。两种杂志的档次不同,读者定位不同,但影响力和发行量的表现都有不俗表现。

(3)基本产品构成定位。即在产品的组成上应该如何决策,同样一类产品,但产品构成可能有较大区别。比如说同属央视二套的娱乐性益智节目,《开心辞典》和《幸运52》其节目编排和基本形式就有很多不同。

(4)基本产品功能定位。即所选择的基本产品应该对消费者具有哪些基本功能。一般来说,媒体产品具有四种功能,即监视环境功能、协调关系功能、传递遗产功能、提供娱乐功能。

(5)产品宽度和深度定位。即产品品种、型号规格构成如何。拿中央电视台的各个频道来讲,每个频道的深度定位都是不同的。一套综合频道的节目类型多,包括新闻、文艺、体育、影视等,各个节目的深度当然不尽相同,满足不同层次观众的需求;新闻频道、经济生活频道的节目类型,大多是针对文化水平、经济层次、社会地位比较高的阶层的观众制作的,具有一定的深度;少儿频道针对少年儿童的特点,形式活泼,寓教于乐;电影频道中有怀旧的经典国内外老电影、有革命教育类的电影、有娱乐性比较强的国内外大片、也有艺术性很强的类型电影等,类型不同深度也不同。

(6)产品价格定位。举例来讲,现在中国的报业竞争异常激烈,已经进入到厚报时代,大多数报纸的定价往往要低于制作成本,要依靠广告收入来盈利或维持收支平衡,这里的价格决策就显得尤为重要。

第三节　运营管理策略

一、媒体品牌的传播理念与运营

在超媒体时代,随着各媒体间竞争的加剧,再加上供求失衡和市场的链接,媒体品牌意识有所加强。高品位的传播不仅能产生良好的社会声誉,更能赢得丰厚的市场回报;相应的高经济回报对进一步提升传播品质又会产生积极互动。在节目过剩的时期,只有高品位、高视听率的品牌才能拥有较多的受众,进而占有较大的市场份额。

目前全社会都在谈品牌,就像当年鲁迅先生讲"咸与维新",所有懂得写字的人都讲维新,现在讲改革和品牌也是"全民咸与"的时尚理念,品牌的打造将成为媒体竞争的焦点。随着媒体数量日益增多,种类日益丰富,媒体行业会浩如烟海,在媒体内容同质化严重的情况下,品牌建设成为媒体木秀于林的有效途径。

而品牌的打造更多地要靠产品的本土化与差异化、多样化来完成。

1. 品牌传播的内涵

"品牌"是一个经济学名词,是企业产品经营的一个概念。据英国英特品牌公司董事保罗·斯图伯特主编的《品牌的力量》一书介绍,"英语品牌"(brand)一词源于古挪威语的"brandr",意思是打上烙印。在许多论著中,都记述了古代人们在牛及牲畜身上打上烙印以标明属哪个主人,在未干的陶器底部按上指印以标明制陶者,在斧头、镰刀、木桶等工具上烙上印记以标明生产者。这些其实都是品牌的雏形。随着社会生产规模的扩大和市场化程度的不断提高,如今的"品牌"一词被用来专指某种产品与服务的名称及其标识,从而同竞争对手的产品或服务相区别。

虽然品牌重在消费者的感受与评价,但它毕竟是品牌拥有者进行自觉传播的结果,因此,在传播学的研究领域内,品牌传播是一种操作性的实务,即通过广告、公共关系、新闻报道、人际关系、产品或服务销售等传播手段,以最优化地提高品牌在目标受众心目中的认知度、美誉度与和谐度。

2. 媒体的品牌意识和传播理念

把品牌概念引入传媒领域,就是要在搞好节目策划创作的同时,通过一系列包装和推介手段,树立强势品牌,以达到提升竞争力的目的。品牌意识可归纳为:以培植一批具有相当数量和较大影响的名牌栏目和传播英才为龙头,对内以其原动力来拉动精品生产和体制改革,实现媒体生产要素的重组和最佳配置;对外以其亲和力来强化媒体辐射功能和信任度,追求目标效益最大化,提高自身的综合实力。

把媒体品牌置于传播学领域的研究中,品牌不仅意味着产品(栏目)的特性与品质,同时也与受众的倾向意识密切相关。尹鸿和冉儒学所著的《媒介超级市场背景下的电视品牌理念及策略》一文认为,"品牌栏目不一定是收视率(收听率)最高的节目,而是拥有稳定的受众群,同时能吸引稳定的广告投放,占据一个能够维持节目良性发展的节目市场份额的栏目。"只有真正关爱受众,才能赢得受众。一句话,塑造品牌媒体应确立以受众为本位的传播理念。虽然受众具有求知和娱乐的本能需求,会主动接受大众传媒的某些传播内容,但是媒体的"人文关怀"品质才是人类社会得以真正健康发展的主要元素。因此,品牌媒体应以简洁、响亮、易读易记为特征,便于受众记忆和培养忠诚度。

3. 传媒品牌化经营的现实必要性

中国传播媒介之所以要走品牌化经营的道路,说到底,是由于媒介运行体制的改革带来的巨大竞争压力所致。具体而言,主要表现在两个方面:内在的压力和外在的压力。

内在的压力。首先,内在的压力表现为跨媒体和跨行业的竞争;其次,内在的压力表现为跨地域的竞争。

外在的压力。中国现已是 WTO 的成员,国外新闻集团进一步加快了进入中国传媒市场的步伐,从而形成国际竞争的压力。面对如此强大的内外竞争压力,中国媒体资源重组已是箭在弦上,不得不发。要走出困境,实现"1+1>2"的目标,必须通过培育品牌,以品牌为龙头整合现有的传媒资源,使资源得以最优配置和组合。正如经济界人士所说:"品牌是

21世纪竞争的王牌,要立于不败之地,就要建立一种优势,没有谁可以复制它,抄袭它,这就是品牌。"

4. 媒体品牌的特殊性

媒体品牌与商业品牌的特点和运作,既有共性又有特殊性,进行媒体品牌构建绝不能简单照搬商业品牌的运作模式,应当区分二者的差异。

(1)媒体品牌采用大众传播手段,较容易产生影响和树立品牌,同时由于受众日常对其接触多、关注高,一两次节目的落差,就可能导致品牌的贬值,因而其维护难度较高,周期较短,而商业品牌与大众接触较为间接,品牌推广形成的周期较长,加之购买力的制约,一旦形成品牌,则易于维护且周期较长。

(2)媒体品牌受地域、政治、文化、语言的影响较大,品牌的渗透性、转移性较差,不易产生全国乃至世界驰名品牌;而商业品牌较少受此影响,产品采用标准化生产,可以跨国(地区)联营,驰名商标较多。

(3)媒体品牌由于共享度高,对受众挑选的物质条件要求不高,因而不易形成依赖性,而商品品牌是在人们长期购买、消费过程中确立的,其品质一般消费者不易识别,又不可能先使用后认知,因而选择时品牌往往成为关键性因素,消费者对其依赖性较高。鉴于媒体品牌的特殊性,它具有明显的地域性,形成周期短,维护难度大,因而在运营中应当明确定性,张扬个性,不断创新。品牌运营应当树立下述理念:

第一,深入研究地域文化特色,突出地域特征。品牌构建要从区域性入手,将自然环境、传统观念、生活方式、历史变迁、时代风尚等因素,融进品牌设计之中,处理好区域化与通用化之间的关系。

第二,根据市场定位和受众定位,确立品牌的形态、风格、内容和包装,培养个性、树立形象,满足市场和受众需求。

第三,在突出主流文化与尊重市场规律方面预留较大的成长空间,以便根据社会需求变化,及时调整品牌结构,突出创新品格,拉大品牌的强盛周期。

目前,国内媒体的品牌建设还处于起步阶段,市场因素与非市场因素交织,区域性品牌与通用性品牌混杂,从可持续发展角度来看,应强调品牌的本土文化价值,注意意识形态与市场规律的双重作用,实现短期效应与长期效应、社会效益与经济效益的双统一。

5. 成功媒介品牌的重要特征

(1)强有力的知识产权。品牌必不可少的核心因素之一是强有力的知识产权,媒介对品牌必须有清晰的法律权利。为保护品牌名称而注册的商标通常是品牌中的重要产权。没有知识产权,品牌就不可能存在——媒体产品将仅仅是无差异的类别产品。随着报刊、电台、电视台的电子版势头越来越猛,抢注域名已成为一场火药味很浓的"战争"。中国媒介必须有前瞻意识,从保护知识产权的角度出发,提早做好这项工作,否则自己的品牌可能会被别人抢注。

(2)与媒介竞争者有效区分。品牌必须有效地与媒介竞争者相区分,使受众与消费者认识到某一品牌产品具有特殊的有形和无形特征。每个广播电台的标志音乐、语言或者特定栏目、节目的定位音乐、语言,出版社的徽标,电影公司的标志,网站的主页等,必须与同类媒介相区别,使受众一看就能将其同媒介或媒介形象联系起来。

(3) 吸引力。受众必须能识别品牌中符合群众需要的质量和属性,才能促使群众喜欢并向他人推荐该品牌。当电视剧主题歌开始时,很多观众会从喧闹中静下来,因为主题歌这一信息显示,该电视剧开始了。这就是该电视剧的吸引力所在。同样,新闻节目、综艺节目的定位音乐、栏目语言,报刊的版面、图书的装帧等,都必须具有吸引力。由吸引力构筑的品牌忠诚度是个非常重要的概念。"据估计,一个普通的公司吸引一个新客户,要比留住一个当前客户多付出6倍的代价。"媒体产品必须给予读者很强的吸引力,培育受众的忠诚度。

(4) 持久性。它必须持续传递令受众满意的媒体产品和信息而不能让他们失望。如果一个品牌在成为强势品牌后,出现较长时间的产品质量下降即缺乏品质的持久性,那么受众也不会买账,他们会另选品牌。这样,原先的强势品牌就会转为弱势品牌。有一点要注意,以哲学的观点来分析,变与不变一样有一个"度",该变不变,不该变却变了,只会加速死亡。

(5) 有效支持与明确定位。品牌必须得到广告、公关或其他任何形式的支持。受众有时候是善忘的,媒介应该利用可取的不同的形式(包括促销形式)来传播品牌,让受众熟悉品牌、熟悉媒介理念并接受一种媒介所努力营造的文化。有效的支持必须导致明确的品牌定位。

(6) 品牌管理。最重要的是,品牌必须在相当长时间里得到仔细管理。媒体产品质量必须持久稳定;媒介市场营销体系畅通;品牌必须适应连续不断的竞争;品牌战略的实施必须按计划有步骤地进行并在实践中得以完善。要用持久不变的、有吸引力的媒体产品帮助受众识别产品,并吸引潜在受众。还要用品牌延伸来开发利用品牌中的资产,并保持品牌的时代性和吸引力,这同样需要仔细管理。

6. 构筑强势媒体品质的途径

(1) 正确进行品牌定位

品牌定位效力很大,可行的品牌定位方式有:

①媒体产品形式定位。比如,台标、徽标的设计图案、形式与色彩,报纸的报头定体与版式设计等。

②目标消费定位。以目标消费者为对象,通过品牌名称将这一目标对象形象化,并将其内涵转化为一种形象价值,从而使这一品牌名称既可以清晰地告诉媒介市场该媒体产品的目标消费者是谁,又因该品牌名称所转化出来的形象价值而具备一种特殊的营销力。

③媒体产品消费感受定位。每一种媒体产品都有其功能特性,一个消费者在消费这一媒体产品时总能产生和期待产生某种感受,所以媒体产品可以用带给消费者的消费感觉来进行品牌定位。

④媒体产品情感形象定位。作为一种定位方式和诉求渠道,"情感形象与价值"被许多品牌作为市场定位及诉求的重要支点。

⑤媒体产品消费观念定位。现代社会是一个由多种观念组成的社会,"消费观念"也成为受众消费媒体产品的一种模式和倾向。许多媒介品牌要带给受众的就是一种观念。

(2)切实提高品牌档次,强力塑造媒体形象

实施品牌战略的重要目的是要利用已有品牌的声誉和影响,迅速将产品推向市场。因此,提升现有品牌的档次、培育品牌带动力,是实施品牌战略的关键。媒介要培养和形成媒介的良好信誉和公众形象。媒介信誉与企业有所区别。对企业来说,支付信誉排在首位,这是企业筹资、融资及义务正常扩大的基础。另外,产品质量信誉、售后服务信誉、交货信誉,对品牌的影响较大。媒介是社会公器,要培育良好信誉和公众形象,必须关注社会、服务大众。一方面,应做好新闻报道和信息传播工作,另一方面,要匡扶社会正义,引领社会进步。媒介不是靠卖新闻"活"着的,而是靠新闻采编、传播形成的声誉和影响力赚钱的。媒介服务质量的好坏是品牌提升快慢的"催化剂"。媒介在为受众服务的过程中必须提高品牌的档次,塑造媒介形象,形成自己的鲜明特色。

(3)科学选择品牌延伸领域

品牌延伸的目的有三:一是为受众和消费者提供更完整更全面的服务,以加强品牌与他们的关系,提升品牌魅力;二是建立品牌权威,以专家形象阻止竞争者入侵;三是提高投资收益。实践证明,品牌延伸能否取得成功取决于三个条件:第一,是否具有品牌知名度,但是有很多媒介对自己的品牌处在哪一个层面缺乏正确的认识;第二,是否具备品牌延伸能力,主要是指技术创新能力、人才保障、管理基础和营销能力;第三,媒介是否有比较充足的资本来承受品牌修补延伸时带来的资金压力。科学地实施品牌延伸战略,必须具备这三个条件。如果某一项不具备,其他几项要特别强,具备很强的互补性。否则盲目实施品牌延伸,反而会"株连"其他产品,那么就完全失去了品牌延伸的意义。我国许多媒介实施品牌延伸没有取得成功,归根结底就在于媒介没有严肃科学地进行品牌价值的评估,盲目进入自身并不熟悉和擅长的领域。

(4)有效利用品牌再生与撤退

受众对品牌的认同和尊重,近年来已欠缺活力。中央电视台《焦点访谈》、《实话实说》在取得了六七年的成功后,人们对它的品牌新鲜感正在消退。同样的问题还出在品牌知名度较高的央视节目《春节联欢晚会》和《同一首歌》身上。因为简单重复的节目形式、结构乃至主持人的模式化,已越来越失去最初所确立的品牌魅力,若不加强改进便会持续地衰退。因此,需要采取特别的手段为之注入活力,有计划地导入新的内容以求品牌的再生。但是,如果因为环境的变化和定位不准确等原因,则必须坚持品牌撤退,或者以新品牌来取代原有的品牌,重新开始新品牌的资产创造工作。湖南卫视原先有一档节目叫《周末创意》,由于市场定位与需求之间差异较大,栏目品牌一直没有树立起来。于是,该台干脆将这一栏目"枪毙",相应推出了《玫瑰之约》大型栏目,以最现代的方式沟通异性情感,获得了巨大的成功。媒介可以借助上述几种途径,形成自身富有魅力的品牌经营方式,扩大品牌对媒介效益的贡献,提高媒介战略管理的整体效果,确保媒介资产的保值和增值。

二、全媒体时代下的全景化生产

当前,我国的报纸、电视、广播和新闻网站几乎都面临着同质化竞争的困境。对于媒体自身而言,内容和运营模式的雷同导致彼此间可替代性的增强,这也意味着自身被选择的概率在下降。我们认为,在内容和运营模式高度同质化的情况下,"老牌"媒体尽管搏杀多年,却未能形成自己的核心竞争力,一旦新介入者凭借资本实力强行进入,传媒市场重新洗牌、竞争格局改变的情况将难以避免。"趋同"本是一个生物学概念,是指亲缘关系较远的异种生物,因所处的生活环境相同,呈现相似的特征。"趋同"概念被引入新闻传播领域后,演变成"新闻同质化"。媒体产品的"同质"是指不同媒体产品的风格定位、版面(或频道)设置、受众市场、新闻报道乃至广告模式等都大同小异,即所谓"众报一面"、"众台一声"。

在数字技术和网络技术迅速发展的今天,受众能够接触到的媒介内容日益丰富,任何一个单一媒介想通过任何单一形式来传播信息,已经显得陈旧且不合时宜,更会流失掉最后的受众群。中国的传媒业正面临着以数字信息技术为核心的集互联网、电视、手机等全时辰、全方位、多媒体、互动性传播技术的挑战。

自20世纪70年代起,媒体联动已经出现,继报纸跟电子媒体的联动,随之而来的是报纸、电视、网络与手机等新媒体的联动。尤其以纸质媒体为主的报业集团,已经跨出了向多种媒体发展的步伐:建立自己的网站,办起了手机报,有的借助网络发展了视频和音频传播。原上海文广新闻传媒集团、佛山传媒集团和成都传媒集团等,开始了综合性媒体集团营运的新尝试。它们拥有报纸、广播、电视、杂志、网站、出版社等媒体形态,初步形成立体的传播结构,媒体间的界限也逐渐模糊,促进了媒体间的融合,正在朝着全媒体的方向迈进。

所谓"全媒体",是在传播应用层面上流行的一个概念,它本身并不是一个实体性的媒体,而是在具备文字、图形、图像、动画、声音和视频等各种媒体表现手段的基础上进行不同媒体形态(平面媒体、电视媒体、广播媒体、网络媒体、手机媒体等)之间的融合,产生质变后形成的一种新的传播形态。它是在信息、通讯及网络技术条件下各种媒体实行深度融合的结果,是媒体形态大变革中最为崭新的传播形态。

全媒体在传播载体形态、传播内容形式、信息传输渠道上存在与单个媒体不同的特点,作为全新的集约性传播形态,其优势明显。对于传媒来说,在数字时代,要应对多元化的互动传播秩序,掌控传媒产业链中的信息生产和流通环节,最有效的办法就是推动全媒体传播模式的构建,这是全媒体最大的优势所在。

全媒体环境的传播形态具备以下特点:一是发布内容"全",能够有效整合、发布、表现每天发生的新闻事件;二是发布手段"全",全媒体应该是一个新闻发布手段的集大成者,不仅可以通过报纸、广播、电视等手段发布新闻,还可以利用网站、网络电视台、手机报、手机电视、手机广播,甚至是户外媒体等手段发布新闻;三是表现方式"全",文字、图片、音频、视频、动漫等各种表现形式都将为全媒体使用;四是受众覆盖"全",能比现在任何一种媒体更多地覆盖受众。

第一部分 媒体业务与组织运营管理篇

目前,国内的报纸、广播和电视等传统媒体正积极推动全媒体营运模式改革,通过整合文字、图像、声音、视频等多种不同传播方式进行的全方位、立体式的传播,要将我们带到一个"事实的三维时代",传媒的所有努力都为通过立体的生产,构造一个三维的事实,让受众获取全方位的感知和感受,以便实现在任何情况下、任何时间和地点获取任何想要的接近真实的信息,这种全媒体实践和理想无疑实现的是一种全景化生产格局。

1. 媒介生产形态的多样化

媒介生产形态的多样化使得传媒主体得到回归,传播流程发生了改变。在以往的传播链条中,记者信息采集完成之后,报纸、广电传媒作为传统媒体常常是第一个发布新闻的媒体,而后是原创性内容较少的网络,最后是手机报等新媒体。网络和手机在内容原创性生产层面及媒体的主体性上始终处于劣势,随着数字技术的发展和传播实践的不断进步,网络、手机报即时传播特性不断凸显,新的传播格局出现:按照传播速度的快慢,通过手机、网络、纸媒和广电传媒逐级发布、传播,满足不同受众的多元信息要求。

比如传媒集团记者在新闻现场,第一步是借助移动通信工具发送简要的短信新闻,或是彩信、照片,先在手机媒体上即时发布新闻;第二步向网站发稿,包括文字、图片、音视频;第三步为报纸发稿,既有文字也有图片;第四步向电视输送视频;第五步,如果内容丰富可以向杂志供稿,可以出书或者制作专题片。传媒集团在一次开发、多次生成后,通过多次售卖,获取增值收益。新闻在一次采集后,多次升值,形成多媒体内容,通过不同的渠道,到达不同需求的受众。

2. 媒介生产效果的立体化

媒介生产效果立体化的浅层次含义是指借助先进技术,在信息呈现上模拟三维空间效果。比如2010年发生的诸多"3D事件",杭州日报报业集团旗下的每日商报社出版发行了浙江省内第一份3D日报,读者可戴上随报赠送的3D眼镜,获得新的阅读体验。号称"全球首部立体电视剧《吴承恩与西游记》"在齐鲁电视台的首播引发强烈反响,"央视3D转播世界杯"更燃起国内3D产业上下游厂商的热情,上下游厂商跨领域的合力,将加速推动中国家庭娱乐进入3D立体时代。

深层次的媒介生产效果的立体化,主要指新旧媒体各自发挥传播优势,在对同一事件的报道中共同建构一个立体的新闻信息环境,让接收者有全方位的感受和体验。胡锦涛与网民在线聊天;国际足联(FIFA)首次向全球新媒体开放南非世界杯的全程直播权等事件充分说明,新媒体的主流化进程呈现加速趋势。在南非世界杯报道中,新浪网由名嘴黄健翔和李承鹏担任主持人的《黄加李泡世界杯》,与150余家广播和地方卫视台合作播出该档节目。改变了以往由电视媒体向互联网输出内容的赛事报道模式。同时,随着媒介大融合,传统媒体的开放性越来越强,在"5·12"汶川地震报道中,从中央媒体到地方媒体、从传统媒体到新媒体都派出强有力的队伍集结地震现场。报道的横纵向结合,使新闻报道立体化,受众得以通过专业媒介组织的分析评论全方位感受和理解新闻事件。从未有过的多媒体联合作战显现多视角、立体式的报道,新媒体意见与传统媒体意见经历了从各自为政到协调发展、互为补充的阶段。新媒体的发力使得媒介环境形成了良好的竞合局面,传统媒

介强大的内容生产能力,良好的品牌优势,结合网络媒体即时性、大容量、互动性、多样化、个性化以及手机媒体的便携性,共同营造一个全天候、全方位覆盖的媒介生态环境,在这个环境中,既有文本的摘要和深度分析,图表的示例和纵横对比,又有音频、视频的场景再现,还有对专家、当事人的采访。这种新的样式为受众提供新闻报道和时间的综合视角,对于同一个新闻事件,人们置身各种媒介的包围之中,可以从各种各样的媒介渠道获得讯息,感知外部世界的过程具有立体感,眼睛、耳朵和中枢神经等感觉器官同时深度调用。受众也可以根据自己的兴趣选择接收的媒体及观赏的传播形式:文本、图像、图表或是音视频。

3. 媒介生产过程的持续化

盖伊·塔奇曼(Gaye Tuchman)在《做新闻》中曾经给我们展示了日常发生的事情是如何变成新闻这种具有现实时空的报道的。在空间上,新闻生产是一张网,一方面它永远不可能事无巨细;另一方面,如何结网、网结位置、网眼大小和网撒向何方等,也大有讲究。在时间上,新闻生产借助于典型化完成。"借助典型化,使得本来在时间上无序的潜在新闻事件,有了一个大致可行的生产调度图,并与每天工作节奏保持呼应。本来具有个性特点充满偶然性的事件,转化为可以常规加工和传播的原料,使新闻生产的按部就班与自然事件的发生尽可能协调,即便做不到同步。"

新媒体新闻生产最重要的特点就是即时性,新闻播报的速度呈无极加速趋势,任何时刻都会有新闻产生,有学者称之为"24/7 新闻报道模式",亦即滚动式新闻报道。所以常有感慨:一天没有关注网络,世界就有了变动。新媒体记者在呈现新闻时,不受特定截稿时间的限制,他们所面临的是持续的截稿时间,一切都由自己掌握和控制。尤其是在遇到突发事件时,记者更是与时间赛跑。

新媒体带来的这种快速生产,改变新闻生产的流程,也改变新闻生产的理念。在传统的单一的媒介生产中,因为有固定的截稿日期,所以最终面向受众的是经过记者和编辑把关论证的较为成熟的新闻产品。而新媒介环境下,因为需要在第一时间及时报道新闻,所以新闻是在持续的报道中建构的。比如电讯传媒集团的记者第一时间用短信、电子邮件等方式快速传播新闻,因为没有时间对新闻源及新闻本身进行深入考察和判断,接下来的工作,记者要根据媒介不同的传播特性在不同媒体上持续发布新闻的过程中,找到最终新闻源以核查重要事实,确保报道准确。新闻正是在这种不断持续的报道中逐渐被建构、被证实是否真实客观的。这就要求新闻工作者要有极其敏锐的新闻嗅觉,而受众需要付出的是更好的思考能力和判断能力。

4. 媒介生产主体的多元化

传统媒体结合新媒体如手机电视、手机报、博客、微博、网络视频、车载电视、楼宇电视等共同创造了一个多元立体的传媒环境,一个合格的媒介生产者,能够在生产中择优选择媒体群,生产有丰富特色的新闻产品,到达分众化的受众,产生立体效果。专业记者在生产新闻时,应该考虑全球性受众不仅阅读,还可能评论他们所写的报道,而且受众接触的信息量越来越大,他们还能对日益全球化的社会的复杂性提供新视角和新见解。在新媒体发达的今天,受众在没有任何技术障碍的情况下可以使用各种新的媒体平台发表言论,形成意见,影响新闻生产。"在参与式新闻所构建的新型媒介环境中,已从传统媒体发动公众讨论、寻求公共议题的解决方案,进入到公众不再单纯依赖传统媒体,而是竭力自由传播信息、陈述意见、形成舆论进而为传统媒体设置议程、影响公共事务决策的新阶段。"比如互联网上,每个人既可以是传播者,也可以是发布者。以往新闻传播过程中"传播者"和"受众"的界限,在这里已经变得模糊。目前,《纽约时报》正在试验发动受众创建内容,发展线人或特约记者。《洛杉矶时报》的主编史坦顿透露,《洛杉矶时报》10%的内容不是由记者撰写。2009年9月8日,《都市快报》报道了关于桑兰抱怨保姆的事件,其新闻源就是新浪微博上前一天发表的内容。受众已经从传统媒体传播时期的被动接收,发展到主动要求参与媒体生产。

5. 媒介生产内容的丰富化

媒介生产内容的丰富化首先源于媒介之间的竞争。面对一个新闻事件,众多新旧媒体等待报道,媒介之间的竞争空前激烈。现在没有独家新闻,只有谁的报道更快些,谁的报道更精彩更能吸引人。激烈的竞争环境下,避免了新闻作品的同质化,使得对于同一新闻事件的报道呈现出不同的视角和观点,信息量无限增长。而且随着受众被吊起了胃口,或是媒介为了另辟蹊径,媒介生产的新闻故事比以前复杂。比如某飞机失事的报道,其中遇难者人数、身份、有无幸存者、原因等要有,受众希望能够得到的相关信息也要有,比如航空公司的过去、现在、未来,失事航班的有关资料,甚至法律诉讼等。不同受众利益点不同,关注点也就不一样。网络媒体以其即时性、互动性、多媒体性和超链接性生产出一种新型的新闻,在网页上不仅可以点击新闻,可以通过评论新闻从而对新闻本身产生影响,还可以通过超链接点击查看无限量的关于事件的背景、前因后果、相关机型和机构的情况,甚至曾经在历史上与飞机失事有关的所有事件。它将新闻事件置于更丰富的历史、政治、经济和文化的背景中。另一方面,媒体生产主体的多元化,全社会共同创造所带来的内容丰富化。传统媒体充分利用新的传播技术,主动与新媒体链接,谋求多媒体生产。新媒体充分利用自身在传播渠道上的优势,发挥多媒体性、即时性、便携性、互动性等优势的同时,获得在内容生产上的突破。越来越多的人习惯于在各种论坛里"发帖灌水",发表时评;通过博客、微博报道社会、评论时事;依靠即时通讯工具传递信息、交流沟通。所以有人预言:数年后将有50%的新闻来自论坛、博客、播客等新媒体形式。

6. 媒介生产市场的分众化

技术飞速发展,媒介环境变幻一日十里,快节奏的生活带来消费者时间和空间碎片,单一的媒体不能满足受众需求。受众在媒体社会化的情境下显示了从未有过的自主性和主动性,每个受众都想从一个新闻信息中得到为自己量身定做的个性化的内容。传统媒体节目编排有一个固定的时间调度图,节目在某一时间播出,有可能限制了受众的接触。新媒体的出现,打破了节目播出的时空限制,技术的发展使"三屏合一"甚至"N屏合一"成为可能,媒体内容可以分别在电视终端、电脑终端以及手机终端同时收看,甚至点播节目可以在三个终端间进行切换,任何人在任何时候都可以通过任何渠道看到任何节目。这在一定程

度上督促不同的媒体集中精力做好不同的分众市场。2005年年底，龙源期刊网开始向社会发布了在线期刊点击阅读排行前100名期刊的数据分析报告，从而解决了传统意义上的期刊面临的一个重要问题：缺乏读者数据，很难拥有读者的资料和反馈。龙源已与3000多家期刊社签订了合作协议，在全世界范围内推广数字期刊，确立"按篇计费"的盈利模式，真正实现了期刊的分众化。对传媒来说，分众化面对的是精准的受众群，是最大的最有可能的消费群；对于受众来说，分众化体现了对于受众的尊重。按照受众的个性量身定做的产品，充分重视了人群与人群、人与人之间的差异。

随着新技术的兴起和应用，我国传媒产业的发展已经进入跨步前进的"快车道"，我国传媒发展逐步从单兵作战走向联合作战的道路。在政府力量推动下，随着"三网融合"的推进，我国的传媒产业融合正在不断深入，国内一些报纸、广播和电视等传统媒体尝试全媒体营运模式改革。全媒体时代，出现了由文字、图像、声音、视频等多种不同传播方式带来的全方位、立体式的全景化生产传播情形，使我们更近距离接触新闻事件，进入到一个"新闻事实的三维时代"。

以互联网媒体产品为例，在全媒体时代下互联网的全媒体业务主要包括移动化、视频化、社区化和新媒体发行，它们开辟了互联网全媒体业务递进之路。

首先，在移动互联网领域，虽然电信运营商在其中扮演着关键角色，但客观上为第三方独立网站的兴起带来机遇。据《财富》杂志报道，美国手机友好型网站的数量在近一年中增长7倍，从15万家猛增至大约110万家。在中国，CNNIC调查显示，超过5000万网民主要使用手机上网，且增幅迅速。海量的用户基数和完善便捷的支付体系，肯定会催生出新的互联网商业奇迹。

其次，视频化与社区化的交错普及。创造视频分享奇迹的YouTube、正版影视剧帝国HuLu、纵横付费音乐的iTunes和集聚原创草根音乐MySpace，是互联网应用走向视音频化的全球标志，并为中国互联网产业批量复制。这一轮视音频应用的高潮，最大看点是社区化思维，即SNS（社会性网络服务）的实例化和商业化，传统"内容为王"的理念被颠覆，转变为"关系为王"——基于特定内容的身份认同和关系聚合，把握社区用户彼此的"偏好"和"行为"，最终进阶为真正的"精准营销"。

第三，创造"新媒体发行"财富。从某种意义上说，新媒体盈利的核心是"发行"，当然，其并非传统意义上的代理发行，而是通过打造新媒体发行平台或者社区，提供某些工具包或在线开发工具，使用户在发行平台或者社区上创造内容、应用或广告，并激发付费或者免费发行的活力与欲望。例如"苹果"APP Store，专门出售可供iPhone、iPod Touch、iPad安装使用各类游戏、模拟程序。绝大多数"应用"并非"苹果"制作，而由全世界网民，根据"苹果"提供的开放式、组件式应用开发程序包（SDK），按照统一规范，自行开发、上传、销售。一旦某款"应用"销售出去一份拷贝，则作者得到税后收入的70%，"苹果"得到税后收入的30%。自2008年7月App Store正式推出以来至2009年4月，全球网民开发的应用已超过3万个、下载总量达10亿次，2009年的收入超过3.6亿美元。

第四节 媒体产品案例分析

接下来我们以网络媒体为例子分析媒体产品。网络媒体被称为第四媒体,是将它作为继报刊、广播、电视之后发展起来的、并与传统大众媒体并存的新的媒体。它包含了人类信息传播的两种基本的方式,即人际传播和大众传播,突破了大众传统传播的模式框架。

一、中国本土互联网公司——网易

1997 年 5 月 27 日,网易公司成立,同日网易主页开始投入服务。至今,网易公司已是中国领先的互联网技术公司,在开发互联网应用、服务及其他技术方面,网易始终保持国内业界的领先地位。网易对中国互联网的发展具有强烈的使命感,它利用最先进的互联网技术,加强人与人之间信息的交流和共享,实现"网聚人的力量"。网易头顶一系列绚烂的光环、拥有中国最大的网络社区:第一家提供全中文大容量的免费邮件系统、第一家中文全文检索、第一个大容量免费个人主页基地、第一个免费电子贺卡站、第一个虚拟社区、第一次网上新品拍卖、第一个中文个性化服务、第一个无限容量免费的网络相册、第一个网上拍卖平台、第一个 24 小时客户服务中心、第一个成功运营自主研发国产网络游戏并取得白金地位。自 1997 年 6 月创立以来,曾两次被中国互联网络信息中心(CNNIC)评选为中国十佳网站之首。

二、网易产品

1. 网易邮箱

邮件业务是网易公司重点发展的基础服务。网易最开始的利润来源于出售免费邮箱软件。1997 年,丁磊与同事模仿 Hotmail 的结构开发出基于浏览器的免费电子邮箱。但是由于当时资金紧张,丁磊认为,"软件的价值在于应用,不用永远没有效益。"于是将中文免费邮箱系统出售给了广东电信,并附送 163.net 的域名。1998 年 2 月 16 日,www.163.net 开放使用,网易在国内率先推出免费电子邮件服务,注册用户以每天 2000 人的速度递增,用户很快达到 35 万人。之后,首都在线、河南商都信息港、云南信息港、金华热线、香港中国网和香港免费电邮纷纷购买网易免费电子邮箱。由此,网易积蓄了几百万的资金。

2001 年 11 月,网易为了满足用户的更高要求推出了杀病毒、反垃圾和大容量的收费邮箱。作为中国最大的免费电子邮件提供商,网易积极倡导反垃圾邮件活动,致力于为网民提供全国最好、最快、最大的免费邮件服务,并同时提供更安全更稳定的收费邮箱系统。据中国网站排名(http://www.chinarank.org.cn)2008 年最新统计,网易收费邮箱近三个月来平均流量为 9200 万人次。网易旗下六大电子邮箱(126.com、163.com、188.com、vip.163.com、yeah.net、netease.com)用户总数已突破 2.3 亿人,并且在免费邮件中提供最大的网络硬盘。网易免费邮箱和收费邮箱市场占有率均稳居全国第一。

2008年1月23日举行的邮件行业发展趋势及机会研讨会上,网易获得邮件企业贡献奖。

2. 网易短信

2002年第三季度,网易总收入达到前所未有的900万美元。其中广告收入只有120万美元,但是来自于短信、收费邮箱、交友中心和网络游戏的收入却达到了令人瞩目的770万美元。据网易内部透露,来自短信的收入占到总收入一半。短信帮助网易走出互联网的冬天,也帮助网易实现了盈利。短信实现了对信息使用的明码标价,改变了互联网的"免费模式"。原有的互联网企业的一个重要失败就在于它没有能够很好地解决信息的有偿使用和收费界面问题,网络公司从原有的互联网经营模式中找不到真正的盈利点。拥有信息内容资源的网络公司与最终用户之间缺乏直接和间接的交易关系。

随着竞争加剧,内容同质化、垃圾短信等问题的出现,短信市场的利润被逐渐瓜分。2004年7月,网易短信收入缩水37.1%。面对互联网"短信"的冬天,网易开始加大力度发展另一个盈利项目——网络游戏。

3. 网易游戏

网易是门户网站中最具竞争力的游戏运营商,也是国内最具有自主研发能力的游戏运营商。2001年12月,网易率先推出了首款自主研发的大型网络角色扮演游戏《大话西游Online》,2002年8月,在原作的基础上开发了《大话西游Online II》,成为国内第一个成功运营的国产网络游戏。此后,网易又推出了从韩国TriglowPictures公司引进的全3D的Q版网络角色扮演游戏《精灵》。2003年11月,推出大型Q版网络游戏《梦幻西游Online》。两款游戏的同时在线人数目前已近200万。2006年5月31日,网易自主研发的3D游戏《大唐豪侠》正式公测,便创下公测同时在线人数17万的纪录。2007年第一季度,全3D游戏《天下贰》出击国内网游市场。《大话西游Online II》的升级版《大话西游3》已于2007年5月20日进入内测阶段,其他新游戏产品也将陆续推上运营日程。目前,网易多款网络游戏多次获得"玩家最喜爱网络游戏奖"和"最佳原创国产网络游戏奖"等行业评选奖项,深受玩家和行业人士的好评。

目前,网易游戏已占据国内网游市场最大份额,成为国内自主研发和自主运营能力最强的网络游戏厂商。网易财务总监李廷斌说:"我自己看账的体会,自己开发游戏成本比较低,也可控制一定的风险。当年我们代理《精灵》花了不少的费用,但相对今年来讲,我们相信其他公司代理的国外游戏花费会更多,甚至有的达到2~3倍以上。很多工作先做了才有可能成功,如果说竞争能力我们比其他对手至少领先两年以上。"

4. 搜索引擎

2000年9月,网易正式推出了全中文搜索引擎服务,并拥有国内唯一的互动性开放式目录管理系统(ODP)。到今天,网易已经为广大网民创建了超过1万个类目,4000多名各行各业的专家、学者和互联网爱好者在维护和完善着目录,活跃站点的信息量每日也在不断增加中。网易搜索引擎基于自身的ODP系统的深入开拓,并与国际知名搜索技术提供商进行强强联手,旨在提供最优秀的搜索工具给互联网用户。2004年6月底,网易搜索和全球领先的搜索技术提供商Google签订战略合作协议,成为目前国内唯一采用Google网页搜索技术的门户网站。在提供高质量搜索服务的同时,网易搜索还深入研究互联网上的网站行业问题,为广大企业用户提供最佳的推广方案。用户的畅快感受和企业的完美体验,是网易搜索高瞻远瞩的战略出发点,也是网易搜索的最高追求。随着自身技术和服务的不断改进,网易搜索引擎已经被越来越多的网民使用并给予肯定,市场份额不断攀升。

三、运营管理经验总结

作为国内三大门户网站之一,网易一直保持着卓越的网络品牌形象。网易搜索引擎秉承网易"网聚人的力量"的宗旨,凭借强大的技术实力,为更多的中国网民和企业提供最有价值的服务,帮助企业乃至社会各界抢占网络时代之先机从而走向成功。由此,我们可以从中学习到网络媒体产品传媒运营管理的一些经验:

1. 多元化经营

"不要把所有的鸡蛋放进一只篮子里。"采用多元化经营模式可以增加网站的盈利渠道,拓展收入来源,降低经营风险,为网站进一步的持续盈利奠定良好的基础。

在中国互联网最初成立之时,大部分互联网公司赔本赚吆喝,一边自己在网站和传统媒体上烧钱做广告,另一方面为了增加知名度还经常在自己的网站上为有知名度的企业做免费的广告。在西方风险投资的支撑下,各大网站唯一的盈利方式就是网络广告。在互联网寒冬时节,各网站也开始寻找其他的盈利方式,无线增值使互联网尽早地脱离青黄不接。之后的网络游戏、即时通讯、搜索引擎和电子商务等业务成为中国互联网的主要盈利点。

国内许多网络公司急功近利,缺乏具有远见的战略和相应的策略,追求齐头并进,对短期利益的追逐使他们变得目光短浅,在市场操作上显得凌乱,缺乏连续性。与雅虎"一切团结到核心业务周围"的商业模式比起来,国内互联网产业似乎更加看重某一条具体的业务线未来能为公司带来多少明确的利润。从企业经营思路的角度出发,这恐怕是国内门户模式和国外门户模式之间最根本的区别所在。

即便因特网可以带来多种收入来源,但是大多数与电子媒介相关的网站都远未实现盈利。和许多新兴的网络公司一样,对电子媒介的网站来说,找到能够带来正向现金流的有利可图的商业模式将是因特网面临的主要问题。找到成功的商业模式增加网站的收益是管理者要面对的最大的问题。

2. 网络广告经营

国内网络广告市场中存在大量虚假广告现象,这些虚假广告主要发布在一些贪图眼前利益或传播色情内容的中小型网站上,或者通过非法链接以弹出窗口的形式出现,或者以手工发布的方式在论坛、博客、聊天室、即时聊天工具上。造成虚假广告盛行的原因主要有网络广告市场准入门槛较低,存在大量未经国家工商行政认可的小型企业,现有广告法对网络广告行为监管条款缺位,导致市场中缺乏必要的监管机制,互联网本身的开放性导致监管部门无法采取有效措施。互联网虚假广告现象还和我国各行业所面对的企业与个人诚信评价体系缺乏有关。互联网的发展仍然根植于现实社会,因此对互联网虚假广告的治

理也应该在改善国内商业环境以及建设全社会诚信体系的高度进行。

由于广告费与点击率之间的紧密关系,在利益驱使下,一些网络企业用点击欺诈的方式骗取客户大量广告费。根据美国第三方调查公司公布的调查报告,2006 年第二季 Google、雅虎等大型搜索网站的点击欺诈发生率达 12.8%,高于第一季的 12.1%,这项调查包含对 1300 多名在线营销商所做的访问调查。尽管 Google、雅虎等网络广告运营商出于自身利益的考虑对此调查结果持否认态度,但是雅虎仍被判决支付大约 500 万美元的诉讼费给受欺诈广告主,Google 也支付了 9000 万美元以和解一宗有关点击欺诈的集体诉讼。虽然给予了受害方赔偿,但更严重的是损害了网络企业在浏览者心中的良好形象,这对网络企业的长期经营无疑带来不利。从这两起案件,我们可以真实地感觉到点击欺诈行为对网络广告运营商和广告主的双重伤害。点击欺诈行为主要集中在以每点击成本方式计价的网络广告媒体中,在国内主要存在于中小型网站广告和搜索引擎广告中,尽管相关企业采取了对违规点击行为智能识别的方式加以控制,点击欺诈行为在未来仍将继续长期存在,除了监测技术继续升级外,对从业者行为的有效监管也将是抑制点击欺诈行为的有效方法。

不道德网络广告行为主要指采用非法链接、发布垃圾邮件、肆意更改网民浏览器参数等方法发布网络广告信息。不道德网络广告行为给网民的正常网络生活造成了诸多不便,会使网民对相关广告产生强烈的排斥心理。因此,企业应避免采取这些短视行为,以免对企业形象产生破坏性影响。不道德网络广告行为的约束对建立更加和谐、高效的网络环境有重大意义,网络广告从业者应主动加强自我控制,以谋求与客户的双赢。

3. 产业化经营

集中资源建立一批骨干网站,这类网站应该是按形成合力、发展集团化优势的思路,集中传统媒体的新闻采集优势和新媒体的传输优势而建成的,它们信息量大、覆盖面广、新闻质量高,能在我国对内对外的网上新闻传播中起中流砥柱的作用。我们注意到,国家已经在扶植建设重点新闻网站。我国的网络媒介尚处在起步阶段,在管理上,一方面在保证网络安全与防止有害信息传播方面采取预防与追惩措施;另一方面也应从产业发展的角度上创造更为宽松的空间。如在网络媒介设立的条件上,如果像设立传统的新闻出版单位那样,卡得过严、统得过死,就不利于新兴媒介的发展。另外,应鼓励传统媒介与网络媒介的整合、互动,在宏观管理上允许有条件的单位重组,走集团化发展的道路,为今后参与世界范围内的竞争创造条件。充分利用现有的网站资源和新闻数据库资源也是宏观管理的重要方面。中央、地方的重点网站应互相提供链接,互联互通,将国内现有的文字、图片新闻资料做成网上数据库,形成国内媒体的资源共享,提高有限资源的利用率。据了解,目前中国国家图书馆已有意将馆内资料做成网上数字图书馆,新华社也拟将其 170 多万张历史图片建成网上图片数据库。

4. 特色经营——网络游戏

2003 年世界网络游戏产值突破亿美元,上网玩游戏的人占互联网用户的比例超过三成。网络游戏凭借其信息双向交流、速度快、不受空间限制等互联网优势,具有诱人的互动性、仿真性和竞技性,已成为网络业盈利优厚的三大领域之一,网络游戏的开放性、新奇性和交互性特点,尤其对于追求刺激、社交欲望强烈的青少年有相当的吸引力。面对网络游戏井喷式的发展速度,中国现阶段网游中存在的最大隐患是代理合作模式导致核心技术缺位。据德意志银行出版的《中国网络游戏报告》数据显示,2005年中国网络游戏中52%来自韩国,14%来自港台,欧洲和美国的占4%,日本的占3%,只有27%为内地产,可见"代理模式"在许多网游企业眼里依旧是风险最低、获利最大的捷径。但随着网游利润的极大化,掌握着核心技术的海外游戏开发商必然不会满足于现在的既得利益,而运营商根本的利益和决定权都在开发商的掌握之中,即无论他们从代理游戏中分得多少利润,无论其代理的游戏发行量如何巨大,也是给他人做嫁衣。当游戏开发商和运营商在某一环境下产生本质的利益冲突时,恐怕最终将直接导致运营商没有能力再将游戏继续运营下去,因为"最本质的竞争力掌握在别人手里"。由此可见,"技术独立、自主开发"才是网游振兴的唯一出路,但绝不是打着"民族化"旗帜的"模仿秀",不是跟在欧美日韩的后面亦步亦趋。只有真正增强自身的研发水平,开发出具有中国特色的网络游戏,才能使中国网游获得重生,真正增加靠网络游戏盈利的网站收入。

第二章 媒介组织运营管理

第一节 概 述

一、媒介组织定义及其特殊地位

现代人要了解媒体的运营管理,必须先了解媒介的组织架构和组织过程。此外,还要了解媒介作为企业组织的产权特征。对于组织、可以从不同的角度去解释和理解。从实体角度看,组织是名词,是指为实现一个共同目标而由若干人组合成的一个系统。工厂、媒介、学校、医院等都是组织。在管理过程中,组织也可以是动词,是管理的一项基本职能,是指为达到某一个目标而协调人群活动的一切工作的总称。

媒介组织是指专门从事大众传播活动以满足社会信息与服务需要的社会单位或群体,如报社、出版社、电台、电视台等。媒介组织包含三大目标:经营目标、宣传目标、公共性与公益性。这三者之间的关系必须分类论述,因为当代的媒介组织分为以美国为代表的私营媒介组织、以欧洲为代表的公营媒介组织和以中国为代表的国营媒介组织。每一种媒介组织类型的偏重点不一样,私营的以经营目标为主,公营的是公共性和公益性为重,国营的是以宣传为本。当然每种类型绝不是只简单地以一种目标来运行媒介组织。都是在主要目标的基础之上兼顾其他。还有就是没有另外两种目标的实现,主要目标要想实现也是很不现实的。

媒介组织受四个因素的影响:环境、战略、技术、人力资源。例如,媒介组织深受技术革新的影响。媒介组织形式也影响到媒体产品的内容,尤其在广告和新闻评论部门方面,这些部分在相当程度上决定着版面、时间和财力、人力资源使用的优先次序。

对于媒介组织的定义,应从九个方面加以理解:(1)媒介组织是一种社会机构,它渗入社会的一切过程和现实生活的一切领域,并同国家或社会的一定机构有机地联系在一起,通过反映、阐明和分析、报道各种社会现象和社会问题实现其社会价值。(2)媒介组织是经过认真筹划、充分准备而有意建立起来的,不是自然形成的。(3)媒介组织的成立得到了权威部门的认定和社会大众的承认,具有明显的集体认证过程和服务大众的计划以及人员更替的程序。(4)媒介组织有明确的目标,就是满足社会大众的信息需求。(5)媒介组织成员专门从事大众传播活动,并以此谋生和养家。(6)媒介组织要开展活动、实现目标,必须合理地分化功能、协调行动、划清权限,形成媒介中特有的角色关系(如报社内有社长、总编辑、总经理、编辑部主任等)。(7)媒介组织的行为讲究效率,强调时效,追求时间上的延续性、互动关系的持续性,如办周刊每周一期,办日报每日一期。(8)任何媒介组织都有至少一种以上的固定媒介(报纸、杂志、广播、电视等)用于专门的信息传播。(9)制订各种规章制度,以约束媒介组织成员的行为,为实现目标提供保证。

媒介组织就其本性而言是双元的、混合的,具有双重性、兼容性的特点和特殊的地位。

首先,媒介组织是一种公共事业单位。作为公共事业的媒介,它是人民事业的一部分,是一种"社会公器"。它必须忠诚而负责地为公众利益去尽力,为公众着想,为受众讲话。任何人都没有权利用它来污染社会、伤害大众或者为个人谋取私利,也不得用它来煽动民族仇恨、鼓动社会动乱和危害国家安全。不仅如此,它还必须发挥政治功能,积极反映政治、服务政治、参与政治,承担宣传任务,讲究社会效益。

其次,媒介组织是一种信息产业机构。作为信息产业的媒介,它的产出物是信息,投入物是信息,售出物更是信息,采集、加工、传播信息是媒介的主要任务。在此情况下,媒介组织必须遵循市场规律,听从市场呼唤,讲究经济效益,重视产品质量、受众需求和经营管理。

第三,媒介组织是一种社会机构。传播是社会的黏合剂,也是社会产物和社会现象。媒介组织与社会是一种相辅相成、共存共进的关系。它处于三种主要力量(政治的、经济的和技术的)的中心交叉地带。它依赖社会提供制度保障、法律保护、优惠政策,也依赖社会提供经济条件和市场(媒介市场、受众市场、广告市场、人才市场和信息市场),还依赖社会的传播设备和技术的进步和创新。

同时,它又服务社会,对社会稳定和进步具有重要作用。

总之,媒介组织既是"事业单位",又是"产业机构";既自成"媒介系统",又难逃"社会制约";既受惠于社会系统,又反哺于社会系统。它是具有双元特点、两种面貌、多种功能的特殊机构。

二、媒介组织的特点

媒介组织应根据自身生产经营的要求,通过任务分类和人员分工,设置合理的组织机构,配置相应的人员,明确规定各部门的职责范围、管理权限和协作沟通关系,建立一整套能够有效执行媒介企业生产经营活动的组织机构体系和管理制度。媒介组织作为在一定媒介制度约束下的行为主体或行为主体的有序集合,它既有与其他组织相同的地方,也有着自身的一些特点。

首先,媒介组织是一个社会实体。媒介组织是经过权威部门认定和社会大众认同、由专门从事大众传播活动的人员所组成的。媒介企业分工与合作的存在是其作为社会实体的显著特征。为了使各部门各司其职,媒介企业赋予其完成工作所需的权力,也明确各部门及个人的责任。因此,媒介组织是一个不同层次权力与责任的体系。其次,媒介组织有明确的目标。媒介组织的目标是满足社会大众的信息需求。这是媒介组织存在和发展的前提和基础,是媒介经营者协作意愿得以发展的原因。因此媒介管理者应该向员工不断地灌输共同目标的信念,并通过制订各项组织规章制度,以约束组织内各成员的行为;同时,还根据媒介经营环境的变化和媒介企业发展趋势不断调整经营与管理策略,以实现组织目标。

再次,媒介组织有精心设计的结构。媒介组织内部存在着明确的分工和权限,并由此形成其特有的角色关系。由于媒介企业中所有的专业化工作都不可能完全独立完成,其间必然存在着某种程度的合作与协调。媒介组织的分工与协调便形成其组织结构。当媒介企业的外部环境、内部环境及战略决策发生变化时,媒介组织结构也可能进行相应的调整,以适应这种变化趋势。

最后,媒介组织的生产相对稳定。媒介组织在进行信息传播时,都有各自比较固定的媒介(图书、期刊、报纸、广播、电视和网络等)。并且,一般都需按规定或要求在相对固定的时间连续不断地进行生产。如日报需要每日出版报纸,期刊根据出版周期的规定应该按时出版发行,广播电视常态下的节目播出也比较固定。

第二节　媒介集团化

一、媒介集团的概述

随着我国市场机制的形成、发展和完善,国内的媒介市场逐渐形成,并一步步走向成熟与规范。作为 WTO 成员国之一,全球化的浪潮已将我国卷入其中,我国媒介产业面临着国际媒介资本的大量涌入和国际媒介集团强有力的竞争。我国媒介已经具有了产业化和集团化的意识,国内也已经涌现了大批的媒介集团。

自从 1996 年国内出现了第一个媒体集团——广州日报报业集团以后,媒体集团化就成为新闻传播界关注的重点和热点,人们从不同的角度、以不同的心态对新闻传播领域的这一新生事物进行着观察、分析、评价。尤其是当国内的媒体集团数量增加,并有了一些业绩不俗的表现以后,持怀疑、否定态度的人越来越少而唱赞歌的人则越来越多。广州日报报业集团、文汇新民报业集团、哈尔滨日报报业集团、南方日报报业集团、湖南广电集团等媒体集团成为人们评价媒体集团成功的一个又一个例证。事实上这些媒体集团近年来的经营收入也确实有令人信服的表现,白花花的银子令反对媒体集团化的人无话可说。毕竟是在市场经济环境中,金钱的多少是参与竞争的实力与信心的重要表现。况且现代新闻传播事业的发展是建立在高科技、高投入基础上的,没有足够的人力、物力和财力,单靠豪言壮语和人海战术打天下的时代已经过去了。于是,大家对建设媒介集团产生了浓厚的兴趣,大有一哄而上、唯恐落后的情绪。据不完全统计,目前全国已经获得中央主管部门正式批准成立的报业集团已近 40 家。此外,还有一些虽然没有获得正式批准,但事实上已经在按照报业集团模式运作的媒介机构,如《成都商报》除了在成都有自己的大本营之外,已经在外省建立了分支机构,甚至已经独自创办或同其他媒介联办了新的报纸,这种跨区域的经营已经有了现代媒介集团的意思。除此之外,在广播电影电视领域、在图书出版发行领域,组建媒介集团的兴趣也非常浓厚,并已经建成了各自数量不等的集团。在短短的几年时间中,我国的大众传播领域似乎已经成了"集团"的天下。

媒介集团是指以一个或多个实力雄厚的媒介企业为核心,以资本联结为主要纽带,并通过产品、技术、经济、契约等多种纽带把多个企业联结在一起,形成具有多层次结构的、以母子公司为主体的、在经济上统一控制、法律上各自独立、多法人一体化的经济联合体。

媒介集团并不是一个完整的经济实体或企业,而是由多个具有独立法人资格和共同利益的媒介企业出于经济目的联合而成的。根据集团中成员企业间相互关系的紧密程度不同,可分成核心层、紧密层、半紧密层和松散层四个层次。成员企业都具有独立的法人资格,它们在法律上平等、经济上互利。

规模化的媒体组织的经营管理,应该注意以下几个方面:

首先,当媒介企业规模达到一定程度,就要处理好主营业务和其余业务、主导产品与其余产品之间的关系,认清并培育其核心能力。当媒介发展到一定程度实行多元化经营时,应该以媒介产业为主,综合利用和发展媒介的核心竞争能力,即媒介产业拥有的独特的、持久的竞争优势。媒介达到一定规模、涉入多个领域时,就要处理好各经营领域之间的关系,要求既能使整个媒介减少经营风险,又要提高市场适应能力和竞争能力,要充分利用核心资源,发挥比较优势。例如,广州三大报业集团的比较优势在于不断调整内部资源的组合、竞争策略、突破报业品种与风格单一化的原始定位,由都市化报纸主打的绝对生长模式向以集团为依托、以各种报刊为合力、多种资源相互整合的集约化经营转变。

其次,要注重文化、人力资源和战略目标的整合。进行文化整合,强调共同的目标,并加以灌输,获得大家的认同,使媒介组织成员从价值观和信念上形成一致;进行人力资源整合,注意战略目标,力求公正,择优配置人员;进行战略目标整合,使各部门实现目标上的融合、一致,提高组织效能。这三方面的整合应该贯穿于整个媒介战略管理过程当中,对不同业务进行平衡组合,在不同业务之间进行资源配置。例如,法国维旺迪在整合以后一直因为文化没有整合到位而归于失败。

再次,传媒组织要对规模经济及其带来的益处有理智的认识,规模化经营可以形成壁垒,阻碍竞争者入侵,但规模化并不能从根本上保证传媒组织处于安全地位,传媒组织的人力资源、生产资料资源、财务资源、技术信息资源等也只是提供了资源整合的可能性,而具体的整合行为的实施及其后果还要看传媒组织的协调管理功能。实践证明,优势的产业发展线与高效率的管理控制线依存互动,构成了企业集团生命力的保障与成功的基础。因此规模化的传媒组织也要有忧患意识,不断地寻求高效率的管理控制体制,从根本上寻求保证其长远竞争力的核心竞争力,以使资源的聚集整合与管理的协同达到最优。

二、媒介集团的发展路径

我国媒介已经具有产业化和集团化的意识,国内也已经涌现了大批的媒介集团,但是由于原有体制的障碍没有完全清除,我国媒介产业还面临着相当多的问题。通过西方几大传媒集团的发展路径进行了考察,从中领悟到一些经验和道理,希望对我国传媒集团化有所贡献。

1. 国外媒介集团发展路径考察

媒介集团化是世界媒介组织普遍采用的一种战略,已成为世界媒介发展的一大趋势。媒介产业在短短的一二十年时间已发生深刻变化,现代媒介产业已呈现跨媒体互动、跨行业重组、跨国兼并、规模经营、综合发展等趋势。从欧美组建媒介产业和集团化的情况来看,一般呈现出以下一些特点:

(1)规模大、范围广、资本雄厚。组建集团或者合并的纽带是资本,而且高达几百亿、上千亿美元,合并后的资本势力更加巨大;市场竞争规模升级,美国的25家大型媒介集团控制了全美的传统媒介产业,媒介竞争的规模在"媒介巨头"之间展开。

(2)跨产业。以媒介产业为核心,通过购并扩展到其他产业,或者由广播电视业进入报纸、图书出版业等领域。由单一媒介向经营包括电台、电视台、电影公司、广告公司等多种媒体的媒介集团发展;从媒体业内的合并扩展到跨行业的兼并,形成传媒业与电信业、电脑业、出版业相互融合、渗透的新格局。跨行业重组成为世界文化产业新的发展趋势。如美国的FOX、CBS、NBC等几大电视媒体企业,纷纷收购网络公司。目前,美国最大的二十几家媒体集团都涉足了广播影视、新闻出版、娱乐、互联网、电话、体育、广告等众多行业。未来新型功能化媒体公司,将是集新闻、娱乐、教育和信息传播于一体的现代传媒。各个行业正在通过大公司在资金、技术和传播手段等方面的重新组合与集中,来进行产业结构上的调整。现代西方传媒产业纷纷利用IT技术开发出电子商务、数字电影和电子图书等,同时依托有线网络发展多媒体,开发互动电视、通讯、信息等增值服务;而发展已久的电信业也不甘示弱,开发出通过互联网、电脑传输播放影视节目的服务。

(3)跨国界。先在国内合并,再进一步跨国合并,由占领国内市场进而占领国际市场;不同文化间的融汇、碰撞和冲突加大,强势媒体国家与弱势媒体国家之间的不平等传播加剧。近年来,发达国家的文化传媒企业为了谋求丰厚的经济利益,不断向发展中国家倾销大量影视节目,扩大其卫星电视覆盖网。如传媒大王默多克的新闻集团拥有自办、合营、合作的卫星电视网和有线电视网十多家,不仅在英国、德国、印度、日本等国扩张,更把中国、印度等亚洲国家和拉美地区作为进军重点。1993年以5.25亿美元购得香港卫视63.6%的股份。目前在亚太地区上空有200多个卫星电视频道,其中绝大部分是西方电视集团对亚洲开办的电视频道,其文化产品已经在国际市场上获得了垄断地位。在许多第三世界国家,60%以上的电视节目来自美国,几乎成为美国电视的转播站。非洲的外来节目更占节目总播出的90%。而在美国自己的电视节目中,外国节目的占有率仅有1%~2%。

(4)传统媒介与新兴媒介的联合;从单一媒体到多媒体,改变了媒介原有的传播形式,引发了传播方式的变革。20世纪90年代中后期,美国出现了猛烈的媒体业与网络业相互融合的浪潮。媒介集团兼容报纸、广播、电视、电影、图书等各种传统媒介类型,还包括网络媒介,形成了各种媒介类型的自由联合。

2. 我国媒介集团发展路径探讨

西方大型媒介集团的经营之道为我国媒介产业的发展提供了诸多可借鉴的经验。当前,我国媒介在发展过程中,面临着宏观市场环境的外部大系统和微观运营机制的内部系统两方面的问题。在宏观方面,我们要解决的首要问题是观念问题,也就是对媒介产业属性和功能的深入认识问题。在微观系统方面,我们应当一方面学习本土成功的媒介企业的经营方法,另一方面要向西方成功的媒介集团学习经营之道,使用已有的行之有效的经营方略去经营运作我国的媒介企业。从对西方大型媒介集团的考察我们可以得到以下一些经验:

(1)要有国际化的视野。国际化,即市场全球化是当今企业发展的必然趋势。全球化的经营策略是西方大型传媒经营的成功之道,也是我们发展国内媒介集团所必须具备的素质之一。全球性经营让西方大型传媒集团可以在许多方面受益,特别是可以降低成本。世界各个国家在观念、政策、文化、法律法规等方面的差异性很大,但是各大媒介集团在各国都有自己的公司,可以合理地对各国的资源进行配置,取长补短,达到利润的最大化。我国传媒在集团化的发展过程中也要具有这种长远的发展眼光,不能局限于国内市场的满足,要以自身的特色来创造实力以开拓国际市场。

(2)以购并实现媒介多元整合,以多元化凸显规模效应。购并是跨国媒介集团迅速扩张的有效途径,当今世界主要的媒介集团无不是经过多次购并才形成今天这样的规模的。也正是由于跨媒介、跨国界的兼并收购,这些集团才能一方面通过产权交易、兼并和破产,把不良资产抛向市场,再把优良资产组合进来,达到迅速提高资产效益的目的;另一方面,通过共同使用机器设备、信息网络、交通工具、专业人员等,降低成本,提高产出。而多元化的产品结构更使得这些媒介集团既能有效规避风险,又能通过交叉促销等降低费用、扩大影响,凸显规模经济的优越性。

(3)准确的受众需求定位。经营方针是媒介集团运作的首要问题,西方大型媒介集团带给我们的启示中,准确的媒介定位是重要的经营方针之一。媒介的定位是媒介根据市场状况和受众需求对自己将要生产的媒体产品所做的规划。媒介前期的需求定位可以减少产品投放市场的盲目性;可以降低成本,媒介企业可根据产品的定位提前做好各部门的协调,精心准备,在产品投放时可以最大限度地减少因企业内部的磨合所耗费的时间而带来的成本损耗,从而降低了企业的成本。媒体产品定位的关键就是受众的需求。迪斯尼看到了人们对欢乐的需要,针对这种需要创作了一个个能带给人们欢乐和笑声的动画形象,建设了迪斯尼大型主题公园,使这些动画形象风靡全球。本土的湖南卫视之所以拥有较高的收视率,就是因为它找准了现今受众对于娱乐和休闲的需求,推出的"快乐中国"口号正好迎合了广大受众的口味。

(4)重视内容经营。媒介经营内容在媒介集团的经营中占据着尤其重要的地位,西方几大媒介集团都十分重视内容经营,他们大都信奉"内容为王",投入资金最多的是"内容",为他们赚取利润最多的也是"内容"。这里所指的内容主要就是媒介集团所生产的产品和提供的不同种类的服务。从某种程度上讲,内容成了媒介企业的生命线。维亚康姆的

Media Operation Management
媒体运营管理

董事长兼首席执行官雷石东说:"谁做传送我不管,我就是要放上最好的内容。""内容就是国王。"雷石东认为,无论是在发行、销售和广告方面,唯一占领导地位的产品就是内容。无论是电视、电台还是网络,维亚康姆都有丰富多彩、设置合理的节目和内容。在电视节目制作方面,维亚康姆被称为制作黄金时段节目的高手,它每周制作24小时黄金时段的节目,这一数字远远超过它的竞争对手。数量巨大的高质量内容为世界各地的广告商提供了一个大平台,也为维亚康姆赢得了丰厚的回报。对比西方媒介,我国传媒在内容经营上还有很大差距,很多电视台播出的节目要么缺乏新意,要么是西方或港台的翻版,有的干脆就是直接引进的外来节目。没有足够多的精彩栏目,总是靠放电视剧来打发时间,两集连放、三集连放甚至有的一天八集连放,反反复复重播,这在很大程度上折射出了自身节目制作能力的欠缺。

(5)重视品牌经营。西方大型媒介集团的成功与其品牌经营有着密不可分的关系。每一个集团旗下都有众多驰名世界的全球品牌。品牌已成为市场竞争的核心。品牌往往是高质量的象征,以往这个词总是在营销界和广告界出现,随着媒介集团的市场化和产业化发展,它开始与媒介也变得密不可分。媒介实行市场化运作之后,其生产的产品也具有商品性,必须尊重市场经济的规律,重视品牌建设。注重营造品牌,发挥品牌优势运用高质量的内容铸造品牌优势,是传媒巨头把经营模式从一个市场克隆到另一个市场并迅速获得受众的接收、认可,从而占领新市场的重要原因。在现代市场竞争中,品牌越来越向无形资源的方向演变,成为一个企业是否具有核心竞争力的象征。媒体可以合理使用品牌营销战略来扩大自己的社会影响,提升自己的市场形象,拓展自己的核心竞争力,从而获得相应的社会效益和经济效益的最大化。

凤凰卫视在品牌经营方面有很多独到的经验,它的品牌战略实施得卓有成效。例如它推出的"三名战略":打造一批有特色的名主持人、名评论家、名记者,如窦文涛、吴小莉、陈鲁豫、闾丘露薇等,由他们来带动品牌栏目,再由品牌栏目拉动品牌卫视;并且以大创意、有轰动效应的大型活动来创品牌,如"千禧之旅"、"欧洲之旅"等大型采访活动的推出,同时伴有声势浩大的宣传,使得凤凰的品牌深入人心。

(6)多元化经营。"不要把所有的鸡蛋放到一个篮子里",这也许是多元化经营的最通俗的解释。过去我国传媒的经营方式过于单一,收入来源大都以广告为主,一旦经济发生动荡就不能有效地分散经营风险,所以必须建立以传媒为主业、多元化发展的战略格局。媒介集团可以通过兼并或重组将自身的触角伸到书籍出版、期刊、音像制品、电影、电视、有线电视网络以及体育俱乐部、零售商店、主题公园、休闲娱乐公司、旅游、地产、咨询、会展等方面,使原来的集团企业更加多元化,多元化经营带来收入的多样化,同时也在实现规模效益的同时有效规避了经营风险。"他山之石,可以攻玉。"西方传媒集团的发展之路对我们发展国内传媒提供了宝贵的经验和启示,但是任何经验都是有一定的局限性的,我们只能借鉴,而不能照搬照抄,只有将他人的经验和自身的实际相结合,才能走出一条适合自己的发展之路。所以我们只能边学习,边探索,最终获得成功。

三、媒介集团运营效能实证分析及其思考

1. 我国媒介集团的特征

自1996年以来,我国媒介集团已经达到85家(截至2003年年底),其中报业集团39家、出版集团14家、发行集团8家、广电集团18家和电影集团6家。应该说,从数量上讲已经不少。从经营实力看,所有集团总营业收入在1000亿元左右,具备一定规模,但国际竞争力仍显不足。具体讲我国媒介集团有以下几个方面特征:

(1)优势集中于东部地区,但与国际集团相比规模小,差距明显

从数量看:中国媒介集团在沿海以及发达的东部地区占了将近2/3。营业规模上,对营业收入进一步分析发现,东部集团平均收入16.01亿元/家,中部3.77亿元/家,西部9.65亿元/家,全国媒介集团平均244.83亿元/家(N=72),不及2001年世界六大传媒集团平均值244.83亿美元的0.6%。85家集团的总和(2002年)才抵得上世界六大传媒上年(2001)平均水平的一半(52.14%)(详见表1-1、表1-2)。

表1-1 媒介集团基于地区的分布

地区	数量(家)	百分比(%)	平均营业收入(百万元)
东部	54	63.5	1601.48
中部	20	23.5	377.17
西部	11	12.9	964.57
总体	85	100.0	1241.65

表1-2 世界六大集团规模分析(2001)

	在线华纳	维亚康姆	新闻集团	迪斯尼	贝塔斯曼	康伟迪	平均
雇员 (千人)	88.5	133.8	33.8	114	82	327	129.9
营业收入 (bin dollars)	36.2	20.0	11.6	25.4	16.5	37.2	24.5
人均 (thousand dollars)	409.0	149.5	34.2	222.8	201.2	113.8	188.6

集团员工规模中位数是1000~5000人之间居多,占62.5%。最少的一家是广东的家庭期刊集团,员工只有112人,最多一家是上海文广影视集团19302人。与国际六大集团平均水平13万人相差甚远(详见表1-2、表1-3)。

表1-3 媒介集团员工数量考察

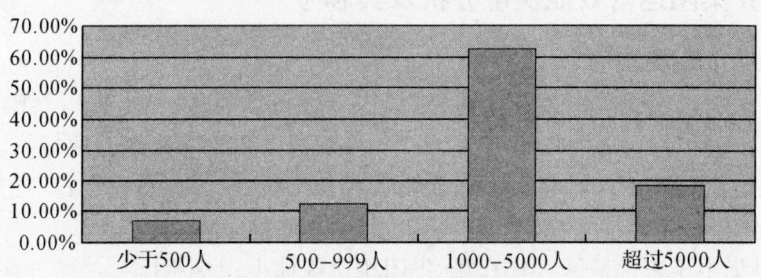

就组织经营效能的会计绩效指标看,人均营业额、人均创利税水平,两者均表现出明显的正偏态分布。人均营业额最好的五家集团中四家来自东部,其中广东占三家,一家来自西部;人均创利税最好的五家集团三家来自东部,其中广东占二家、上海一家,二家来自西部。令人感到意外的是,广播电视集团并没有一家进入效能优势的排名中(详见表1-4、表1-5)。

表1-4 媒介集团经营效能基于会计指标的考察表

指标	人均营业收入(万元)	人均创利税(万元)
平均值	37.76	6.69
中位数	27.48	3.51
标准差	34.32	8.86
最小值	0.87	2.07
最大值	241.55	53.14
世界六大集团平均值	155.98(折合人民币)	NA

表1-5 优势媒介集团经营效能基于会计指标的考察

名次	前五名集团名称	性质	原址	人均营业收入(万元)
1	重庆日报集团	投递	重庆	241.55
2	广东省出版集团	出版	广东	130.36
3	广东新华发行集团	发行	广东	95.65
4	不畏期刊集团	出版	广东	89.82
5	江苏出版集团	出版	江苏	74.41
名次	前五名集团名称	性质	原址	人均创税收入(万元)
6	重庆日报集团	报纸	重庆	53.14
7	不畏期刊集团	出版	广东	36.68
8	文新联合集团	报纸	上海	23.24
9	广东省出版集团	出版	广东	22.31
10	云南日报集团	报纸	云南	19.07

从表5看,只有重庆日报集团达到世界六大集团人均营业收入水平。

（2）报业在集团数量上唱主角，营业总收入广电集团领先

报业集团从数量上占了近五成，其次是广电集团逾两成。营业收入广电集团占有优势，占统计集团894亿元收入的26.70%（239亿），报业集团分得23.75%的市场份额，共212亿元（N=72）。从离差系数看，发行集团之间差异小，其次是报业集团，内部差异最大的是广播电视集团（详见表1-6）。

表1-6 媒介集团数量与营业收入基于业务类型的分布

集团业务类型	数量（家）	百分比（%）	平均营业收入（万）	误差系数（CV=S/M）
报业集团	39	45.9	54452.29	0.90
出版集团	14	16.5	234809.99	1.02
发行集团	8	9.4	331764.59	0.56
广播电视集团	18	21.2	198876.99	1.67
电影集团	6	7.1	37597.60	1.27
总体（平均）	8.5	100.0	124165.05	1.56

（3）多角化程度低，业务少，分散

通过集团所经营的业务分析，战略业务单位（SBU）在三个及以下的占了68.4%，达到54家。多于四个业务的不到2.5%。表明我国媒介集团的多角化程度低，甚至仍旧处于一体化业务增长阶段。这与政府导向的集团化发展路径分不开。从组织的全资子单位（公司）数量更说明业务不集中、投资分散的特征（详见表1-7、表1-8）。

表1-7 媒介集团基于战略业务单位数量分布

业务数量	媒介集团数量	百分比（%）	累加百分比（%）
1	5	6.3	6.3
2	15	19.0	25.3
3	34	43.0	68.4
4	23	29.1	97.5
5	2	2.5	100.0
总体	79	100.0	

表1-8 媒介集团拥有权资产单位分布

拥有全资产子单位（个）	被调查的集团数量	百分比（%）	累加百分比（%）
1~9	21	26.6	26.6
10~19	39	49.4	75.9
20以上	19	24.1	100.0
总体	79	100.0	

注：以上总体不足85家，均系未提供经营信息所致，统计中运用missing处理。

2. 对集团制度设计的思考

媒介集团(Media—Conglomerate)中的Conglomerate系指复合型企业或企业集团。通常是通过合作、参股、兼并或收购的方式形成的。从组织的新业务发展战略看，集团化是多角化的一种形式。因此，集团化首先是一种业务发展计划的形式。

从营销角度看，组织由于受产品周期的影响以及产业发展的规模经济和范围经济的考虑，需要寻求业务增长。业务增长的方式一般包括密集增长战略、一体化增长战略以及多角化增长战略。实施密集增长的前提是现有产品或现有市场本身还有潜力，一体化增长出于组织控制产业链以及可以获得价值增值的考虑，而多角化战略则是规模经济对组织核心业务已经缺乏支持的前提下所产生的。多角化战略包括同心多角化、水平多角化以及20世纪70年代之后出现的集团多角化。

其次，从组织的角度看，集团化是一种组织制度的创新。组织业务集团化发展，常常伴随着组织战略、组织结构、岗位描述和员工技能要求、职业生涯设计、组织文化、制度建设、市场策略、技术创新和财务管理等领域的变革，以及组织面临的生存和竞争环境的更新。因此，集团组织，实质上是业务集团化发展方式导致的必然变迁结果。

从全球范围看，集团化的组织设计自20世纪70年代以来备受关注，90年代以前以业务整合为基础；90年代以后，以资本控制为纽带、收购兼并为特征的超级集团出现，使得集团的规模和不确定性更加突出。就组织集团化的主要动因而言，一般有以下几个方面：分散单一经营的风险；逃避当前企业萎缩的风险；获取整体的规模优势；为了企业扩张的需要。

有学者认为，事实上，我国媒介组织集团化是政府行为的权力运作和实施的结果，是实现又一次的权力集中，或者资源集中化。重点在于权力的再分配和利益的重组，而不是资产和其他资源的重组。业务发展战略多数仍停留于密集增长、一体化增长；集团纯粹、单一；横向整合，产业链渗透不充分。由于政府的介入，外部性效应不可避免。外部效应存在，市场机制失效，虽然政府介入时常与市场行为存有"不谋而合"之处，但是政府控制传媒业的集团化市场操作空间小，行政指令往往取代市场需求与市场调节。

如果政府管制权力滥用和无作为，自然垄断行业副作用是显而易见的，一方面，信息上负责管制的政府没有比较优势；另一方面，政府与媒介组织之间存在利益关系。从我国媒介组织的发展轨迹看，集团化经营是策略手段，做强做大是战略选择（或政府的目标设定），应对竞争环境使得实施集团化更为迫切。

我国媒介集团与国际公司没有大的可比性，"做强"的提法过于简单和模糊。如果一味地谈"做强做大"，那么制度变迁背后是虚假的繁荣而不是组织的创新和效能的提高。实际上我们需要的是一个具体合理的产业政策指导。

传媒业双轨制改革缺乏深入，公共利益缺位，三重属性取向不明晰是目前的主要症结，当前集团的特点我们归结为：(1)集团模式的单一化，这是政府导向导致的；(2)运行机制僵化，四权（资源配置权、人事干部任免权、重大事项决策权和宣传内容控制权）集中；(3)资源配置无效化，行政权力高于市场调节；(4)创新能力弱化，经营自主权不足。媒介集团发展趋势,我们认为应当是:政府在事前准入制度上具有主导权,事后监控具有主动权;集团作为独立法人资格,具有经营运作自主权。媒介集团化进程中要解决两大问题:一是资源有效整合;二是组织相关参与者达成有效协调和沟通。

3. 对媒介集团经营研究的思考

近年来,"媒介经营"或"集团化研究"是新闻传播研究中的时髦话题,突出的是产业化、集团化以及随后的WTO生存背景三个话语情境。据不完全的统计,1997年来至2003年该领域著作达到127部,分别涉及媒介集团化的理论研究、实务研究、专项研究、经验总结、论文汇编、案例分析和译著选编六个方面。

尽管数量巨大,但是良莠不齐。选题难有创新、从宏观切入者多和没有独特见地成为当前该领域研究的主要缺陷。许多学者对当前媒介经营管理的研究提出看法,诸如应当重新审视集团化的话语环境,当前存在着研究者一厢情愿的问题,以及研究范式和研究质量的思考。

研究媒介集团化,如果落点在宏观而缺乏创新,若从集团化实施八年来的运作实践和效能进行探讨,可能更有其潜在理论价值和现实意义:①总结过去经验与得失,基于实证提出下一轮发展思路;②有利于指导政策制定;③评价集团效能的指标体系,有利于评价与导向、形成优势组织,从而构建高效媒介组织,应对国际竞争新环境、为政策制定者和运营者提供参考,为研究者提供切入思路。

四、媒介集团化经营的策略

像新闻集团这种大型企业的出现,不仅是由默多克这样的少数企业强人的争胜动机所致,而且有着更深的经济学根源。一般认为,在其成长过程中,它的发生、发展的原因,早先是和技术有关的规模经济。最近二十多年来,人们又注意到大企业与节约交易费用之间的关系。而随着对企业多样化经营现象的注意力的上升,人们又可看到企业成长方式和风险最小化之间的联系。

1. 一体化经营——形成垄断或独占

(1)横向联合与规模经济

横向联合问题考虑的是企业建几家工厂生产同类产品,这一选择较多地受规模经济影响,以降低生产成本和管理成本。一个典型的例子是在英国,默多克拥有《太阳报》、《世界新闻报》、《泰晤士报》、《星期日泰晤士报》、《今日报》等五家全国性报纸,占英国日报总数的31.6%和星期日报纸的36%,此外他还控制着三十多家地方报纸。如此之大的规模,单是新闻纸一项就可节省下大笔费用。

(2)垂直联合与交易费用

垂直联合是指一个企业的产、供、销不同环节的经济单位合成于一个企业之内,其实质是把纯粹的市场交换转变为公司内部上下级之间的权威关系,或者公司内部受到管制的交易关系,以降低交易成本。

交易成本问题与企业的性质有关。现代经济中几乎全部产品都是由企业而不是单独的个人生产出来的。其原因是什么呢？或者说为什么存在企业呢？传统经济理论认为，这是由分工协作关系决定的。但这种分工协作关系为什么不全部由市场以合同形式完成交易过程，而是有相当大的一部分在企业内部完成。

美国经济学家罗纳德·科斯在20世纪30年代发表的开创性论文《企业的性质》，为回答这个问题奠定了基础。而后又经过众多经济学家的大量工作，形成了"交易成本经济学"。他们认为，市场交易广泛存在交易成本，包括交易双方提出要求、讨价商谈、接受合同、交货检验等有关活动的成本。为了减少市场交易成本，在有些条件下就需要将交易转移到企业内部来完成。当然，其前提条件是在企业内部进行交易比通过市场进行交易的成本要低一些，否则不如仍由市场组织交易。按照交易成本理论，正常情况下，企业规模大小的临界点会处于这样一种情况，这时在企业内部进行交易的成本等于同样的交易在市场上完成的成本。退一步讲，企业进行垂直联合，正是为了通过降低交易成本而获利。

以广播电视为例，过去电视台竞争的主要对象是使用的频率，但是没有稳定的电视节目来源仍然可能被挤出市场，而且现在录像和播送方式走向数字化，一颗通讯卫星可发射一百多个频道节目，传统的竞争对象已不再重要，因此默多克于1962年在悉尼郊区买下他的第一座电视台后，就一直在拼凑一个"软件"帝国。1981年，他曾筹资打算购买20世纪福克斯电影公司的股权，由于遭遇劲敌，四年以后才如愿以偿。1988年，好莱坞的剧作家们举行罢工，罢工削弱了其他电视网播放新节目吸引观众的梦想，但福克斯电视网（Fox）不同，它有20世纪福克斯公司制作的节目和电影做后盾，并且靠轰动一时的木偶剧《辛普森一家人》异军突起，造就了美国第四大电视网。

横向或纵向一体化经营是形成垄断或独占的主要途径之一。一体化的前提常常是以一个主业为中心，再做纵向或横向的拓展。

2. 多样化经营——回避成熟的风险

多样化，是指一个企业之内不仅经营一种产品，而且同时产销若干种相关或者不相关的产品。多样化经营使现代企业最终成为能够全面扩张的机体，走上持续发展的道路。

多样化经营是企业成长的利器。默多克建立的跨媒体跨行业的企业集团，除了媒介业方面的横向和纵向一体化外，还经营航空业、畜牧业、赌博业乃至外汇买卖。经营的多样化有旧行业发展极限的约束及减少经营风险等多种原因。不过对默多克来说，他是靠借钱发家的。一般来说，企业多样化经营可以由两种途径实现：一是内部积聚并向新产品领域投资；二是通过合并与兼并来扩展自己经营范围。后者是企业扩展的快道，也是默多克所擅长的，即通过金融手法，收购现有企业，从而快速进入新的领域。因而，真正驱动着新闻公司的是经济学家，而不是新闻记者；新闻公司是靠机会而不是计划发展起来的。

企业多样化可分为四种不同类型。当企业仅生产经营一种产品时，称为"单产品企业"；当企业增加产品种类，但是新生产的产品与原来产品有技术上的紧密联系时，称为"相关产品企业"；如果实行多样化经营的企业中某种产品的比重很大，其他产品的份额在公司总产值中并不重要，那么这种企业则称为"主导产品企业"；如果企业经营的多种项目与产品几乎平分秋色，而且相互之间缺乏技术上或市场上的内在联系，这种企业则叫"不相关产品的企业"。

西方新闻业多种经营项目令人眼花缭乱。日本报界曾组织调查了一部分美国报刊的经营范围:a. 杂志图书编辑出版;b. 印刷业务社会化;c. 广播、电视业;d. 电影制作、录音业;e. 文学、艺术、体育活动及组织;f. 教育事业、学术活动;g. 展览会、博览会;h. 观光旅游、旅店服务业;i. 交通运输业;j. 保险代理业;k. 商业;l. 不动产;m. 情报开发、信息资料服务业;n. 电信服务业。

例如美国时报—镜报公司,出版《洛杉矶时报》、《新闻日报》、《达拉斯时代先驱报》、《体育新闻》等八家日报及多种杂志、电话号码簿、圣经和公路地图。它拥有七个电视台、三家平装本书籍出版公司,还同华盛顿邮报公司合营洛杉矶时报—华盛顿邮报通讯社。

早在1997年,新加坡报业控股集团总资产中有16.4亿新币的有价证券和其他实业的投资资产,从事包括互联网络、有线电视、移动电话以及房地产等方面的开发和投资。

香港南华早报集团的非报业营业额和利润在1997年分别占总数的28%和11.3%。1996年,南华早报集团通过收购电视企业(控股)公司,经营电视城、教育、文化娱乐及零售业务,从而为集团带来多元化的收益。

3. 媒介集约经营的具体策略

(1) 一业为主,多样化经营

媒介的多样化发展应集中于相关产品上。那些插足与己无关的行业的混合联合大企业,在经过一定时期的实践后,往往发现自己陷于指挥不灵、亏损累累的被动局面,不少这类企业最后不得不放弃部分经营项目。

比如报业集团,在它的营业额和利润结构中,通常报业收入是主要财源。新加坡报业控股集团的9.5亿新币的年营业额中,报纸杂志的营业额占了96.8%;在4.7亿新币的利润中,报刊利润占据了91.4%。南华早报集团的23.5亿港币的年营业额中,报刊出版的营业额占了71.9%;在9.5亿港币利润中,报刊出版占了88.4%。主业经营的重要性,从中可见一斑。

而在报业集团的利润构成中,广告利润又是集团利润的主要来源。香港南华早报集团的广告利润占集团利润的80%。新加坡报业控股旗下的两大报章集团广告利润占了集团利润的78%。因此,报业集团都十分看重广告业务,因为它是报业经营的重头戏。

广告的重要性还在于广告盈利弥补了发行的亏损。发行在报业集团中大多处于亏损状态,一般以低于报纸成本30%～40%的价格出售。报业集团的经营策略是以集中利用资源、避免恶性竞争来降低经营成本,以精彩的报纸内容来扩大发行量,以发行亏损换取广告盈利,利润的增加反过来又改善了报业集团的竞争条件,促进报纸质量的提高,如此形成报业经营的良性循环。

报业集团在广告业务上必须十分用心。新马港台等地的报业集团的经验是:注重宣传报纸的读者群,通过各种公关活动,让广告客户了解读报对象;广泛利用广告代理商,招揽尽可能多的广告业务;采用高科技广告创作手段,创作有新意的广告作品;将广告分为招聘广告、商业广告和启事广告三类,分类专业操作,以提高广告招揽数量与发布质量;根据市场变化,适时调整广告价格,保持在广告市场的竞争力。

(2)适应市场,专业化运作

在市场竞争中成长起来的报业集团,其人员配置结构无不体现了市场经营需求。新加坡报业控股集团3200名员工中,采编人员有1000人,而广告、发行、印刷、资产管理人员有1800人。马来西亚英文星报集团1300名员工中,采编人员仅280人,而从事广告、发行、市场服务的员工有550人。这反映了它们重视报业经营的基本精神。

作为报业经营三大支柱的广告、发行和印刷业务,也应按市场需求实行专业化经营。在广告业务专业化经营方面,新加坡报业控股集团在内部专门设有市场集团,促销集团报纸的广告媒体。它们不仅按广告分类,设三个部门分别专业处理,而且设立了为广告业务服务的广告促销部、顾客服务部、资料部,形成了非常专业化的操作系统。在外部,集团没有自己的广告公司,主要透过新加坡200家广告代理公司寻找客户,或者直接与客户接洽。所有这些大大提高了广告招揽力度和广告制作质量,又降低了广告成本,增加广告利润。在发行业务方面,集团通过发行地已有的行销网络,与专业销售大盘建立代理业务关系,确定销售费用、运报路线、下报地点和报纸数量。在新加坡本地,它通过115条路线,由121个承运商将报纸送到200个下报点,交3300个报贩出售;在外埠,则是利用专业销售大盘的网络,将报纸由大盘而中盘而小盘直到报贩手中;集团也在加油站、机场、超市、学校开辟490个直销处。报贩的发行网络是独立的、专业化经营的,集团每年要与大盘报贩签订销售合同,确定销售佣金、投送经费以及报价,而报贩必须完成销售、投送、收款和记录等任务。报业集团始终掌握着选择报贩的主动权,鞭策报贩以专业服务精神,提供优质服务,以保证得到持续的合同。

(3)规范开放,科学化管理

所谓规范,指报业集团依据劳工法律,以合同的形式与员工建立聘用雇佣的契约关系。新加坡报业控股集团是以签订集体合约的方式,确定劳资关系的,合同中明确规定了假期、医疗、退休、任用、纠纷处理以及薪金档次等级的条款。所谓开放,报业集团从一般职员到高级职员的职位向全社会开放,每年都有各种专业人士进入员工队伍,这样对已在岗的员工保持一种很现实的竞争压力,从而促进业务发展。

第三节 媒介国际化

一、媒介国际化的形式与特点

1. 国际化企业的发展阶段

国际化企业是企业跨国经营的产物,它在组织形式、经营方式、管理体制、利用国际资源的广度、在国际经济活动中的角色等方面,均可与非国际化企业有所不同。

企业从国内经营走向国际经营,是没有终止的进程。从众多国际化企业形成的历史来

看,一般要经历以下三大阶段:

(1)对外贸易阶段:这一阶段先是产品出口,再发展为在国外设立分销机构以及考虑对自己的产品做出改进,以更好地适应国际市场的需求。

(2)国外生产阶段:这时企业开始在国外建立生产基地,把国内生产推广到不同的国家。

(3)跨国公司阶段:当国际化企业本部以一个投资中心、战略决策中心和管理中心形式运作,对分布在世界各国的分支机构和企业组织进行统筹、规划、指挥、协调、控制时,就进入了企业国际化的高级阶段,即跨国公司阶段。

2. 跨国公司的特征

跨国公司是指在一个总部的控制下,其投资、生产、经营遍及许多国家的国际化企业群体组织。

对于跨国公司所跨国家的最低数目有不同的标准,但至少要在除母国外还有一个在国外的生产经营机构。那些大型、巨型国际化企业往往跨四个国家以上。对于国外生产经营部分所占的比重,有人认为国外销售额至少应占国际化企业销售总额的10%,也有人主张至少50%,多数人认为25%以上比较符合实际。

跨国公司的共同特征是:以世界大市场为活动舞台,对外直接投资,实施全球战略,管理一体化。

跨国公司大多数采取股份有限公司的形式。它的具体组织,由设在母国的母公司和设在东道国的子公司、分公司以及避税地公司组成。跨国公司总部行使集中决策、统一控制、分级管理、相互协调的职能。子公司必须接受总公司的统一管理和控制。

3. 媒介国际化的三种形式

媒介国际化的三种形式相当于国际化企业的三个发展阶段,每个阶段均可以独立的形态出现,也可混合出现。

(1)媒介销售国际化:如报刊的国外发行、国际广播、卫星电视等。《人民日报》(海外版)即是一例。

(2)媒介生产国际化:如报刊在国外发行当地版,电影电视在国外建立生产基地等。《新民晚报·美国版》即是一例。香港报业的国际化也具有较浓的媒介生产国际化的色彩。

香港报业市场经过几十年的开拓,渐趋饱和,所以香港报纸纷纷向海外寻找发展空间。从20世纪60年代起,香港就注重向海外发展,较早时候一般是到英美设立办事处或发行海外版。80年代以后,随着去加拿大的香港人的增多以及加拿大华商人口的增加,不少报纸便把目光移到了加拿大。据统计,从1986年至1991年,加国的华人人口增加了85%,1994年多伦多华人有30万,温哥华有20万,均占当地人口的1/10,是发展华文报纸的新市场。《明报》80年代在加拿大设立了办事处,虽然1991年因内部管理问题而撤去,1993年却又卷土重来,在多伦多及温哥华出版加东、加西版。《东方日报》也在美加各大城市,驻有特派记者。《星岛日报》则早已成为加拿大华文报纸的龙头,在90年代以前与台湾的《世界日报》瓜分加拿大华文报纸市场。英文《南华早报》也努力向英文地盘开拓,1992年

在美加发行了海外版。在美国的一些香港报纸也改版向加拿大发行,如《文汇报》、《大公报》、《信报》、《成报》等。此外台湾方面及当地华侨也办有一些报纸,都在争夺同一市场,所以加拿大的华文报纸竞争十分激烈。澳大利亚也是一个中文报纸的开垦地,香港《星岛日报》、《新报》分别于1982年和1987年创办了澳洲版。

其中表现最为杰出的是《星岛日报》。星岛集团于1969年在美国旧金山市出版了第一份海外版,以后陆续在纽约、多伦多、温哥华、悉尼、伦敦等10个大城市发行海外版。每个城市出版的《星岛日报》使用同一报名,但都拥有本身的印刷机、编辑部、采访记者及独立的发行与广告办事处。它们的中国香港地区、中国大陆地区及国际新闻部在香港的编辑部拼版,经卫星传送到不同城市的星岛海外办事处,至于地方新闻,则由当地办事处的工作人员报道。在世界的大报中,唯有《国际先驱论坛报》接近《星岛日报》的模式,但这份报纸却只是在全球10个大城市印刷,而没有在这些城市进行编辑、加工和出版,尚处于媒介生产国际化阶段。所以美国俄亥俄大学斯克里普斯新闻学院1988年授予星岛董事长胡仙"卡尔·范安达奖",并确认《星岛日报》为全球第一份国际性报纸。

(3)媒介企业国际化(即跨国媒介集团):鲁珀特·默多克的新闻公司是跨国媒介集团的典型。在美国《福布斯》杂志于1997年公布的富豪榜中,总部设在澳大利亚新南威尔士省的新闻公司的总裁鲁珀特·默多克以个人资产总值39亿美元跻身第24位,居世界媒介界之首。他的家族控制着新闻公司约30%的股权。

默多克是从澳洲的一份地方晚报——他父亲留下的阿德莱德《新闻报》起家的,经过40余年的奋斗,发展到今天拥有约240亿美元资产,控制着五大洲531家分公司,建立了一个媒介帝国,成为战后西方媒介业咄咄逼人的后起之秀。

默多克于1931年出生在澳大利亚的墨尔本,1950年起赴牛津大学沃瑟斯特学院学习,1953年开始接管《新闻报》,然后一路冲杀,从出晚报发展到出晨报、日报、期刊,继而闯入其他城市和其他行业,事业不断壮大。1963年至1964年,他的活动范围扩大到香港和新西兰,经营走向了国际化。1968年,默多克打进英国舰队街,开始成为受世界瞩目的人物。他于1973年进军美利坚,1985年加入美国国籍。

在新闻公司的发展史上,重大的并购和扩张行动有:1969年收购英国《太阳报》、1980年购买《泰晤士报》、1983年创办英国空中广播公司、1985年买下美国20世纪福克斯电影公司50%的股份、1986年买下香港《南华早报》(1993年转手)、1987年建立福克斯有线电视网、1989年接管英国柯林斯出版公司、1993年收购香港"卫星电视"、1996年收购美国新世界通讯集团、合资创建日本空中广播公司等。

4. 当代媒介跨国经营的特点

当代媒介的跨国经营是在一个以日渐自成体系的世界信息市场为主体的广阔空间内发展起来的。随着信息传播新技术的不断革新,融合化正成为媒介领域的核心概念,传统媒介严格的行业分工理念逐渐让位,现在无论何种形态的信息,一经数字化技术处理,就可以整合成同质的数字化信息,这样就打破了过去不同媒介之间的壁垒,迫使利益各方强化彼此之间的合作,并推动着有实力的媒介集中资本、技术、人才力量,进行跨行业、跨地域乃至跨国的集团操作,追求规模效益,从而提高在信息市场中的生存能力和获利机会。

当代的跨国媒介集团具有这样一些特点:

(1)强劲的资本优势:跨国媒介集团可以营运的资本规模一般都达百亿美元,因而可以运用资本手段大规模地对媒介进行兼并、收购、联合等运作。

(2)拥有丰富的媒介传输内容:在当今媒介大发展和迅速变化的时代,各种各样的媒介形式纷纷出现,因而内容产品如影视节目就成为紧俏商品。在媒介的竞争中,有关内容方面的竞争就日益显得重要。拥有丰富的内容实际上就等于拥有了一种重要的资源,近则可以控制媒介,远则可以成为收购媒介的手段。

(3)跨地区跨国境跨行业的经营战略:媒介跨国集团的经营策略是跨地区跨国境的,其人员结构、实施策略、资本调动以及经营活动都是在一种国际背景的前提下进行的。同时,它们的经营活动往往涉足不同媒介领域及不同行业。

二、媒介跨国集团运营战略

所谓全球战略,是指企业在跨国经营活动中,面对世界各国或地区的环境、因素和市场竞争态势,对企业所拥有的有限资源在全球范围内进行最优配置,以获取最佳整体利益和实现战略目标的战略。

例如,时代华纳公司在与美国在线公司兼并之前,在全世界拥有两百多家分支机构。1996年,时代华纳2/3的收入来自美国,但是这一数字在逐渐下降。时代华纳希望这种全球化经营战略能刺激它的发展。

国际市场的开拓战略根据企业的市场开拓能力及国际目标市场上垄断程度的强弱,采取相应的战略。这些战略可分为独占型市场开拓战略、领袖型市场开拓战略、挑战型市场开拓战略及追随型市场开拓战略四种形式。

1. 挑战型开拓

默多克,新闻集团经营者,以股票市值来计算,新闻集团已是世界上最大的跨国媒体集团,亦称为"默多克的传媒帝国"。其人最大的成就,在于他能在别人认为不可能赚钱的地方立足并一步步发展起来。他惯用的方式是先猝然攻击一个城镇,然后买下一份相对较弱的报纸,以同那里相对较大的报纸进行对抗。在20世纪80年代中后期的四年时间内他花了15亿美元吃下228家报社,美国报业主雷大·英格索尔说:"我也敬佩默多克显然只在竞争激烈的市场买下报社的魄力——圣安东尼奥、纽约市、芝加哥、波士顿、伦敦——以及他创造新读者的能力。"

由于亚洲是公认的世界广播电视业的最后战场,所以"章鱼爪"的目光时刻都在盯着这块商家必争之地,而且一直试图进入我国的媒介市场。默多克于1986年第一次访华后,便通过他的20世纪福克斯公司连续10年免费向中央电视台提供节目。几年前,他还让自己的一家出版社出了《我的父亲邓小平》一书的英文版。1995年,他在香港的电视台开始转播中国的职业足球联赛。但是对于默多克声称的利用媒介传播西方意识形态的企图,亚

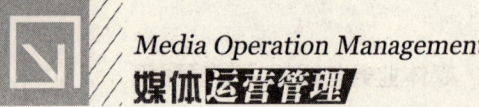

洲人士始终保持一个清醒的头脑。中国政府为了保护国家的根本利益,也设置了重重壁垒。尽管默多克的 Star TV 与中央电视台使用同一个卫星传输系统,但是 Star TV 的信号却不能被接收。为了突破这一僵局,1994 年,默多克砍掉了他在 Star TV 的主要节目内容——BBC 的节目,后来干脆撤掉了它在中国上空的主要频道,以凤凰卫视取而代之。1999 年,凤凰卫视节目覆盖亚太 30 个国家和地区。

2. 瞄准高科技

默多克的扩张与纯粹的金融投机不同,他的大多数技术与产品是相关的,主要集中在"正在合成"中的五种最大的增长工业——新闻传播、娱乐电子产品、娱乐用品、通讯、电脑技术方面。为了让他的新闻帝国永不败落,默多克紧跟高科技的步伐。他先从报业的平面媒体起家,慢慢地走向立体媒体电视电影。当一场世界性的革命——计算机革命发生的时候,他立刻毫不犹豫地率领大军杀入电脑光盘世界。

事实上,过去几十年中全球范围内出现的信息革命,是和默多克等媒介巨子的搅动分不开的。他们所创建的庞大的世界媒介公司,就是这场革命的一部分。他们的奋斗历程与其说是聚敛财富的过程,还不如说是创造世界历史的过程。

信息时代的支柱产业是多媒体产业。从技术角度看,所谓多媒体,是指借助宽频通讯网络(光纤、同轴电缆、卫星等),将有关文字、图形、语言和图像信息通过数字化压缩技术处理而发送和接收的过程。从市场角度出发的多媒体产业,指的是以数字化技术为背景,融合了媒介、娱乐和通讯等多种传播形态,将其整合为一体而传递有关信息的综合性传播产业。多媒体产业,实际上包括三大领域:基础设施——光缆、转播站点、卫星网络等;平台——终端设备、工具软件等;内容——具体的节目、文字内容、图像内容等。媒介产业与这三大领域都有联系,因而既处于整个产业调整和市场争夺的焦点,也便于采用各种传播科技以开拓新的市场。

反之,对高科技重视不够也会给跨国媒介集团的市场竞争带来更大的压力。例如贝塔尔斯曼集团,它是全球媒介市场第一梯队中的一家欧洲(德国)公司,是一个建立在书籍和音乐俱乐部基础上的全球网络。1994 年,它的收入分布是:德国 36%,欧洲其他地方 32%,美国 24%,世界其他地方 8%。它的目标是从一个有着国际行为的媒介企业变成一个真正的全球性传播集团。但是它在全球媒介竞赛中有一个严重的缺点,那就是它没有一个重要的电影或电视制作室或电影资料馆,它极少参与全球电视,而这一领域由于技术的进步,目前发展得很快。1996 年,贝塔尔斯曼意识到这个问题,于是改组它的电视部,成立合资企业 Ufa — CLT,向成为全球媒介领域的主要玩家迈出了战略性的一步。

3. 大量使用资本输出手段

美国电讯公司(TCI)是美国第一流的有线电视系统提供者,在全球媒介产业中具有独特的地位。它的产业分为四部分:①TCI Proper,这是它的核心产业,掌握着美国有线电视系统;②Liberty Media,掌握着 TCI 媒介内容方面的投资;③TCI International,实现 TCI 在有线领域的全球扩张;④TCI Satellite Proper,掌握卫星电视业务。除了第一部分外,其他三部分都已扩展到了全球领域,寻求全球利益。

TCI 利用它的有线资源,以让对方进入 TCI 系统作为交换条件,它获得了许多有线频道的股份。例如它拥有福克斯新闻频道20%的股份,发现频道(Discovery)49%的股份。它还通过全球媒介进行投资,和大量的非有线媒介系统建立合资经营项目,和全球无数的媒介正式或间接地存在合作经营关系,共担风险。它拥有原时代华纳公司10%的股份,拥有拉美空中电视台10%股份,和 Sega Enterprise 联合开通电脑游戏频道、和新闻公司合作经营一个全球体育电视网络、和道—琼斯合营亚洲商业新闻、和新频道电视台(Canal Plus)合资制作法国电视节目、和日本的五个主要的商业电视机构合作,开播 Jet TV 等。通过资本输出,TCI 拥有了左右众多媒介公司和世界媒介市场的巨大影响力。

三、媒介跨国集团的产品和促销战略

在市场经济中,产品是从消费者而不是以生产者角度来界定的。产品是指能满足消费者需要并为他们带来效用的具有某些功能和使用价值的实体。随着国际市场竞争的日趋白热化,企业还必须让用户及时充分地了解企业及其产品,促成购买行为的发生。

1."硬件"和"软件"

对于媒介业来说,节目内容,也就是"软件"是最重要的。默多克坚信这一点。对于他的帝国来说,娱乐和电子媒体比新闻和出版更重要,因为在当代的"地球村"里,新闻本身在商业上是无法生存的,它必须靠娱乐来支持。默多克在媒体界和娱乐界已经树立了一个相互为用的典范,那就是把发行系统诸如卫星电视、电视台、有线电视电影公司和出版公司,跟诸如电影、电视节目和新闻做全球连线。

默多克旗下的20世纪福克斯公司拥有一个2000余部电影的影片资料库。利用这一资料库的节目,1986年联合六家电视台建成的福克斯广播网,快速成长为美国的第四大广播网。

迪斯尼也拥有几个较大的电影、录像和电视节目制作室,包括 Disney 和 Buena Vista。1996年,该集团重组 Disney/ABC 国际电视公司,通过充分利用迪斯尼的现有资源,将原来仅局限于北美、英国和澳大利亚的迪斯尼频道扩张为一个巨大的全球性频道。

2. 产品差异化

时代华纳集团和维亚康姆集团,都凭借其极富个性的卡通网络,牢牢树立了其在全球儿童电视市场的霸主地位,新闻公司则另辟蹊径,从经营体育节目入手,进军全球电视媒介市场。

体育节目是一个巨大的市场。1996年一项41个国家的联合调查数据显示,职业篮球比赛是足球比赛之后最受全球青少年欢迎的电视体育节目。NBA 的体育节目在全球175个国家开播。一些跨国公司除了广告投入之外,在1996年花费了135亿美元投资于体育赛事。可口可乐、麦当劳、锐步等世界知名品牌都是体育节目的主要赞助商。新闻公司投入极大的精力开辟全球体育媒介市场,目的无非是建立一个领导性的体育节目服务网络,与其他媒介巨头如迪斯尼的 ESPN 展开竞争。

新闻公司的体育经营也相当成功。它先是购买了第一足球联赛和 NFL 的足球赛事转

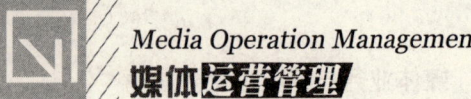

播权,使得英国空中广播公司和福克斯广播网获得了巨额利润。此后,它购得许多体育赛事的转播权。默多克本人也被一些权威的体育杂志称为"体育赛事中最有权力的人"。1996年,新闻公司组建了福克斯体育网,在美国的有线电视频道开播了一系列现场体育赛事的转播。同年新闻公司和美国电讯公司联合投资,合作建立了一个全球性体育电视网络,目的在于为全球的有线电视系统提供体育节目,并且利用这一点来吸引全球的受众来观看他们自己的卫星或有线电视系统。目前,新闻公司拥有欧洲足球职业联赛、世界杯足球赛、奥林匹克运动会、NFL足球赛、NHL曲棍球赛、美国主要垒球联赛等多种比赛多场赛事的电视转播权。

MTV也是产品差异化的一个例子。它隶属于维亚康姆集团,是全球音乐电视频道,全世界大约有2.5亿家庭在收看。它每年400亿美元的全球音乐贸易使它几乎成为垄断者。MTV使用新的数字技术使它可以廉价地向全世界不同宗教信仰的地区提供节目。在亚洲就有三个不同的MTV频道,与新闻公司和几家音乐公司共同经营的第五频道(Channel V)进行竞争。

3. 整合与平衡

在跨国媒介集团的经营中,资产重组是常用的手法之一。有时,产业的这种购并、整合不仅仅是为了谋求超额利润,还可能是出于对内容平衡方面的考虑。

迪斯尼集团初期以经营主题公园和度假胜地为主。1997年,它成功地把经营重点转向电影和电视业。1995年,迪斯尼用190亿美元收购了大都会/ABC,从一个占优势的全球媒介节目制造商摇身一变为一个复合型的媒介巨人。现在,迪斯尼的收入31%来自广播电视,23%来自迪斯尼乐园,其他来自"创造性的内容"即电影、出版等。

在内容的平衡方面,一件经常被引述、强调的事实是,默多克买下一家报社后,这家报社就几乎被认定必然要往低格调方向走。尽管不是全部,但是对于他的大部分报纸来说,也确实如此。特点是版面新颖花哨,消息短小精悍,并以色情、暴力和流言蜚语吸引读者,这些尤为世人所诟病。甚至有人指责大西洋两岸的高级报纸如《泰晤士报》、《纽约时报》等在默多克的影响之下正在变得"黯淡无光"。

当然,低格调也有两种类型,一种是不自觉的低格调,因为那些业主们不知道有别的办法;一种是策略性的、玩世不恭的低格调,因为业主判断这样做比较好。在20世纪60年代,当默多克的悉尼《镜报》面临着生存竞争的巨大压力时,他本人亲力亲为,卷起袖子重写大标题,怒斥那些谨小慎微、不知大势的编辑们。这时的一切都是策略性的低格调,头条标题大得几乎跟路标上的字一样;那些诱人的模特儿照片几乎每天都有;吸引新读者的各种竞赛抽奖奖额越来越高,还有最重要的是头条标题本身,腥、性之类的煽情字眼触目皆是。

默多克的传记作者称他"天生就具有混淆定义的功能"。不过,对他的争议之激烈也是毋庸置疑的,尽管他的私生活几乎无懈可击,但他过于灵敏的政治嗅觉、旗下黄色小报对煽情主义的张扬、乃至作为一个资本家的自利本性,不是所有的人都能谅解的。美国《华盛顿邮报》的业主凯瑟琳·格雷厄姆曾直言:"我想我并不特别喜欢默多克的一些报纸。但

我认为他是个优秀的管理者,而且是个非常有趣且聪明的人。"

在默多克的帝国里,一向都是拿那些通俗报纸的利润来养活那些格调高尚的报纸。如果当初他最先买到的是《泰晤士报》、《南华早报》,然后才收购通俗性报纸,也许全世界对他的看法就会大大不同。默多克的反应只能说源于市场力量的驱策,因而导致他采取任何增大发行量的步骤,而且他也并不觉得同时在市场的高低两端运作有什么困难。他宣称,他要给人们真正想要的东西,"我们对于麦迪逊大街和新闻教授们的出版判断,不感兴趣"。

默多克对于低格调也有他的界限,他曾批评过旗下的一些东欧报纸的"出格"行为。考虑到国情和读者群的差异,他认为在美国就不可能经营伦敦的《太阳报》。

4. 促销

ESPN是隶属于迪斯尼的知名频道,以经营娱乐和体育节目为主,有三个美国有线频道,有420名会员的广播网。它的网站是因特网上最繁忙的网站之一。ESPN国际频道主宰着电视体育报道,每天24小时向全球165个国家用21种语言广播,它获得了自己想获得的受众,那些年轻的、单身的中产阶级男人,而且这一点是迪斯尼过去不易突破的区域。ESPN国际频道的一位负责人说:"我们的计划是全球性的构思,地区性的实施。"利用ESPN的影响力,迪斯尼还计划建立ESPN运动连锁酒吧、ESPN产品销售店、ESPN俱乐部、ESPN娱乐连锁中心、《ESPN运动周刊》。

在促销方面,ESPN甚至推出了自己的年度体育大赛。这些引人注目的体育赛事节目在ESPN频道播出,创造性地吸引了年轻的男性受众。正是由于ESPN提供了一个较为纯粹的受众群体,把体育运动与体育市场竞争结合起来,不仅自身树立了在全球体育媒介市场的强势地位,而且最终获得了一些国际知名广告商的长期稳定的合作关系。

促销也是报纸吸引读者的利器。在今天的伦敦《太阳报》上,悉尼《镜报》的每一个促销和编辑花样都用上了,如不负责任的大标题、性调查、电视广告,再加上新花样,如从1970年11月开始的惊世骇俗的固定在第三版出现的裸体女郎照片。它的体育版更是独树一帜,报道都很详尽,各种球类竞赛、马经、狗经也属一流。也许更重要的是那些大胆、泼辣、嬉笑怒骂、讽刺又充满幽默的短评。这些手段为默多克带来了滚滚财源。《太阳报》发行量高达360万份,每年获利在0.8亿至1亿英镑之间,简直是造钱的机器。

第四节　全媒体运营

一、全媒体概念及运营新理念

继早些年的"集团化"热潮之后,国内传媒产业近期又出现了"全媒体"实验大行动。2007年6月,广州日报报业集团成立报纸滚动新闻部,同时为报纸和网站供稿。烟台日报传媒集团于2007年11月开始研发"全媒体数字复合出版系统",2008年3月组建全媒体新闻中心。2009年,北京《京华时报》成为全国首家获网络视频资质的纸质媒体,上海《东方早报》紧随其后。以成都传媒集团和南方报业传媒集团为代表的大型传媒集团,也提出要以全媒体运营作为战略转型的方向,并已有所动作。

"全媒体"的概念在我国新闻传播学界和业界都存在着争议,但就我国新闻传播学者对全媒体概念的研究现状而言,具体分为两类:一个从"营运的理念上"来说,彭兰教授认为,全媒体是指一种业务运作的整体模式与策略,即运用所有媒体手段和平台来构建大的报道体系。她强调,从总体上看,全媒体不再是单落点、单形态、单平台的,而是在多平台进行多落点、多形态的传播。报纸、广播、电视与网络是这个报道体系的共同组成部分;另一个从"传播形态上"来说,周洋颇具代表性,他认为"全媒体"的概念来自于传媒业界的应用侧面,是媒体走向融合后的"跨媒介"的产物,具体来说,是指综合运用各种表现形式,如文、图、声、光、电,来全方位、立体地展示传播内容,同时通过文字、声像、网络、通信等传播手段来传输的一种新的传播形态。

全媒体意为从单一媒体向多媒体延伸,形成各种媒体形态的全面覆盖,意味着传媒单位在将规模做大的同时,有意识将产业做强。从经济学的角度上看,这一转变,符合从追求规模经济向追求范围经济转化的发展规律。运用范围经济的理论对全媒体运营的内涵和本质进行阐释,将有助于我们正确理解和做好全媒体运营。

范围经济最早由美国经济学家潘扎尔和威利格提出,是指单个企业联合生产两种或两种以上产品的生产成本,低于这些产品分别由多个企业分别生产的成本总和的现象。比如,南方报业传媒集团的"21世纪报系"同时办有《21世纪经济报道》、《21世纪商业评论》、《理财周报》等,如果这几家报刊不是由"21世纪报系"来办,而是各自另立门户单独办,成本肯定更高。

范围经济源自各种产品对企业可共享资源的充分利用,通过发挥资源的协同效应从而降低运营成本。一方面,通过对有形资源的多次利用,可以有效降低传媒企业的采购、销售、交易等生产链上的运营成本。例如,同一新闻素材,不同定位的报纸可以选取不同的切入角度,不同特性的媒体可以呈现不同的报道形态——广播电视上的现场直播,报纸杂志上的深度报道,网站上的互动讨论专题等。对某一新闻事件的采访,可以由掌握文字、摄影、视频等多项技能的"全媒体记者"为各家媒体供稿。企业属下的各家纸质媒体可以共用印刷设备和发行团队,各家广电媒体可以共用演播空间和制作机房等。

另一方面,传媒企业的无形资源虽不能直接带来经济成本的节约,但通过在企业内部的推广,有助于各种媒体,尤其是新建媒体迅速提高工作效率,拓展影响范围,进而提升盈利能力。

全媒体运营要有新理念。打造全媒体不能理解为"大而全",也不是"小而全",应该是"全"中有"特",要有自己的特色,要有自己的拳头产品。百度的"竞价排名"、腾讯的QQ就是它们的特色。另外,"全"不等于全由自己来做,与知名的企业合作,站在巨人的肩膀上等于自己也是巨人的一部分。做自己熟悉的,不熟悉的利用别人的资源、技术来做,可能更快、更有效。

目前传统媒体在融媒中的盈利模式有五种：一是卖网络版；二是卖已放到网上的纸媒的信息；三是举办论坛等活动，收取费用；四是成立会员俱乐部，获取广告客户资助；五是通过经营好新闻内容来提升影响力，吸纳广告。多数传媒将盈利模式寄希望于第五种，但面临的困境是，传统媒体有明显的吸纳广告的区域优势，而新媒体难以形成区域优势。

全媒体时代是几个方面的人才的聚合体：新闻资源整合者、技术官僚、公关活动家、市场营销高手。这些人应具备五个方面的理念：新闻理念、信息整合理念、技术理念（互联网精神）、经营理念以及在对传媒时代认知下的创新理念。

技能的掌握还是比较好办的，理念的形成比技术性问题的解决更费力气，从业界来看，解决理念的问题也更为迫切。

二、全媒体时代传统媒体的运营与发展

在纷繁庞杂的信息时代，传统媒体的价值会更加凸显。在全媒体时代传统媒介的价值很重要，传统媒体不可替代。

微博给了每个人一个面向社会的麦克风，以它点对面的功能性、现场的直播性以及与粉丝之间的直接联系性三个特点在信息传播方面产生巨大的威力，但任何信息只要进入到微博世界的传播格局，它的重要性将大大消减，因此受众在获取信息时就有一个信息再确认的过程。受众获取信息后总是希望能从权威的、有公信力的媒体上对信息再加以确认。

因此，在未来传统媒体可以凭借其权威、客观、公正的优势对重要事实加以确认、解读，从而以传统媒体的作用体现其在未来全媒体时代的价值。未来传统媒体的发展方向可以定位于以高智力的附加形式，提供给人们除了信息以外的更有针对性的关注点。

需要强调，传统媒体一定要改革和创新，但任何创新都应该保留其原有的核心价值作为逻辑基础，传统媒体的创新也不例外。

1. 传统报业全媒体经营：向着内容和服务的方向转型

新媒体的出现，必然会对传统媒体产生强有力的冲击，在这种环境下，传统媒体都纷纷向全媒体转型，媒体的数字化生存模式日益成为报业热切探索的内容。2008年年初，国家新闻出版总署全面启动了全媒体数字采编发布系统工程，并确定南方报业传媒集团、中国安全生产报、烟台日报传媒集团等单位为报纸全媒体出版领域应用示范单位，进行数字复合出版的研发和试点。可见，为适应网络媒体和新技术影响下的新型市场需求，通过流程再造促进媒体融合的全媒体实践，是传统媒体为了适应变化而推出的重要应对举措。

全媒体是报业发展的一种必然趋势，即是建立在平面媒体基础上的一个提升，要实现报业经济的长足发展，就必须走跨媒体、跨地域、多元化的媒体发展模式，这才是报业战略发展的必然趋势。全媒体时代，技术已经不成问题了，而重要的是内容和实现途径的转变。有研究者认为：当网速发展到极致，人们不再担心网速的时候，最需要解决的问题依然有两个：一是内容，二是用户服务。媒体运营遵循的基本规律是：接口是标准的，内容是差异的；

资源是有限的,服务是无穷的。从传统媒体的全媒体道路来看,从以前的报网互动,再到报网合一,这些都是传统媒体的改革实践之路。报网互动,有人称之为报纸的第二次传播。它指传统报纸和所属的新闻网站为了扩大影响力而采取的种种营销活动。如在报纸上开设网络版、在每条新闻后面附加"详情查阅某某网",在网站开设电子版报纸、开设记者信箱等。我们认为仅从"报网融合"走到"报网合一",不可能实现报业的全媒体发展之路。我们认为,传统报业的全媒体道路应该在以下三方面努力去实现:一是流程。全媒体模式变革了传统报业流程,实现了生产模式的层级开发、多次利用,发布渠道的多媒介展示以及发布方式的滚动即时播报;二是平台。一个平台解决了全媒体融合发展所面临的大部分技术瓶颈,如果还是利用原有的报业采编系统,只能传送文字和图片,显然无法实现网络和手机时代的媒体融合;三是人才。媒体融合首先需要融合型人才、全媒体人才。未来传媒的发展趋势是:以用户和市场为导向,以技术为驱动,以平台为基础。而这些就要求传统传媒集团实施全媒体战略,来顺应传媒业发展的新趋势。

2. 广电全媒体:以创新的方式直面挑战

在全媒体时代,如果说全媒体是内容跟终端的竞争,那么广播电视、互联网这些媒介形态都在探索自己特色的全媒体之路。有研究者对全媒体环境下广播的发展提出了自己的意见,广播要为细分市场后的"小众"服务,以特定的听众为目标,运用各种行之有效的手段,对听众资源充分运用、调动和经营,突出广播的优势,使广播对受众的服务更有针对性,提升收听率、收益率。广播的发展也离不开平台,广播可以搭载各个不同的平台:手机、汽车、网络等,争取更多的听众资源。此外,广播还不断地升级,办数字化音频广播,提供优质的广播,办"看得见"的广播。纵观全国的各级电视台,他们为了稳固现有的受众群体和抢占将来的传媒市场,都纷纷建立自己的网站,实施台网融合的策略。但除了央视国际网站发展得比较好之外,多数省级电视台网站还没达到预想的目标。单就电视台的优势而言,央视副总编李挺认为,电视媒体的优势就是强大的内容制作优势、覆盖优势以及对核心资源的占有优势。在视频内容方面,电视媒体还是最权威、最有号召力的主流视频传播平台,而网络目前还是一种辅助的视频传播平台,即使媒体生态格局发生了很大的变革,电视媒体也通过自身的变化与应对,从而确保在新的格局下的优势。有研究者以湖南卫视和金鹰网为例,举出电视台的全媒体发展应做到:(1)依靠卫视,发展在线视频;(2)准UGC(用户生产内容)——发动网民;(3)自创内容,丰富形式;(4)名人博客,名人效应;(5)网络搭台,电视唱戏;(6)锁定受众,组建"芒果圈"。然而就地市级的电视台来说,面临着新媒体的挑战是前所未有的,南京电视台台长认为城市台若能把握住全媒体格局的机遇,首先是可以突破覆盖局限,其次是获得发展内容产业的机遇。由此可见,在全媒体时代,广播电视业应该打造台网融合,并主动和移动运营商合作,以自己内容为特色,实现多内容、多平台、多终端的输出,实现自己的舆论主导权。

3. 出版业全媒体:依托新媒体平台,确立内容的重要地位

随着科学技术的发展,传统的出版行业受新媒体的冲击更大,随着手机电子书、电子阅读器等移动终端的逐渐普及,出版业面临的竞争越来越大。全媒体出版产业是传统出版与数字技术相结合的产物。全媒体出版使得电信、出版和网络公司得以寻求交叉产品,从而导致资源在更大范围内的合理配置。

所谓全媒体出版,就是同一个内容在同一个时间的纸质媒体、互联网、手机和手持阅读器等新兴媒体广泛刊载,同时覆盖所有的读者,实现最密集的信息发布与传播,实现最有效的跨媒体营销,其价值是显而易见的。有研究者认为全媒体出版方兴未艾,无疑给传统出版带来了巨大的冲击。全媒体出版通过最密集的信息发布覆盖全部读者,实现最有效的全媒体整合营销,能将更多潜在读者转换为现实读者,并促进销量的扩大从而增加出版者的收益,对传统出版有极大的促进作用;而传统出版自身也因纸质媒体无法取代的优点和传统出版长期积累的内容资源使得他不会在短期内消失,相反,而是与全媒体出版长期并存,共赢共生。面对全媒体时代,有研究者认为出版业应进一步建立"大文化"理念,在发展数字出版的进程中更好地履行对民族对祖国的文化责任;进一步建立"大媒体"理念,利用现代科技提供的一切可能,创新编辑和出版手段;进一步建立"大编辑"理念,在数字出版中发挥编辑的作用和力量;加强传统出版单位和新传播平台的合作。依托数字出版,整合出版资源,挖掘潜在受众,以内容为核心,形式多样化发展。

4. 传统媒体在全媒体时代的运营策略

全媒体是建立在平面媒体基础上的衍生物,跨媒体、跨地域、多元化的媒体发展模式,是报业战略发展的必然趋势。全媒体时代是报业发展的一种历史选择。传统媒体向全媒体运营的转型可以从以下五个方面入手:

第一,利用母体品牌影响力、号召力,快速树立全媒体各子品牌的社会认知和定位。利用多种品牌推广模式,联合母体共同宣传推广。在品牌建设之初,即考虑品牌对特定受众的吸引力,找好受众人群,为以后的市场营销打好基础。

第二,依托母体资源,尊重媒体和产业规律,开发不同媒体平台使用样式,之后根据社会的影响力,进行产业周边开发。利用母体的社会公共关系资源,争取政府优惠政策,承接政府项目,开展社会活动,发掘社会合作业务模式。利用集团化资本,争取优势版权资源,吸引用户,提高对应人群广告收入并为版权营销铺路。

第三,针对不同媒体平台属性,招纳了解媒体特性的专业人才,开通绿色人才通道,绩效考核,优胜劣汰,发挥人才优势。

第四,建立"预算+指标、融资+投资"的现代化企业财务管理模式,在遵循市场竞争机制的基础上,改变生产方式,提升实力,进而达到增能扩资的作用。

第五,依托媒体资源,开发多种经营业务。

截止到2010年,全媒体发展依旧不寻常,以前的传媒集团转为全媒体集团,传媒集团的跨区域的扩张,跨媒介的发展,以及全媒体人才的培养,这些都是传媒集团在积极的探索全媒体道路的实践。有研究者认为传统媒体还是应该从内容上下工夫,把纸媒打造成为观点纸,内容为基础,然后再在平台上下工夫,打造"内容+平台"的全媒体阵营,最终实现跨区、跨国、跨媒体、跨行业的渠道空间，整合集团内部，实现精准定位，并在各个传播平台充分延伸产品价值链，挖掘增值空间。在未来的媒介市场中，媒体边界将逐步消弭，任何一种纯粹的媒介形态都将不断转型，取而代之的是媒体融合之后的"超媒体"形态。在大媒体时代，任何单一的媒介形态都会受新媒介的冲击，因此，传统媒体要想在融媒时代立足，必须走多平台、多终端的渠道，将自己的内容进行多渠道的输出。全媒体发展方兴未艾，面对数字技术的不断完善，新媒体的快速更迭，尽管无人能够预知未来媒体产业会如何发展，但我们现在能做到的，就是不断创新，走适合自己发展的全媒体道路。

第二部分 移动媒体的运营管理

第二部分 移动媒体的运营管理

第一章
移动媒体的业务

第一节 概 述

一、定义

首先,从广义上来说,我们从字面上可以看出,移动是相对固定来说,主要是以手机为主的移动设备,移动电视电子屏,甚至中巴车身广告都属于移动媒体。

然而,从狭义上来说主要是指手机媒体。本部分也是以手机媒体为主来介绍移动媒体。媒体分为两大类,一是大众媒体,二是广告媒体。以大众媒体为例,大众媒体被中国的学术界分为了五大类,第一媒体是平面媒体(包括报纸和杂志),第二媒体是广播,第三媒体是电视,第四媒体是互联网,第五媒体是手机。

近年来手机被业内看成是继报纸、广播、电视和网络之后的一种新媒体,俗称"第五媒体"。手机媒体由于具备多种新技术特性,符合时代发现的需要,在政治、经济、文化、社会生活中的重要性日益凸显,正在开创媒体的一个新时代。随着人们新的媒体使用习惯和消费习惯的建立,手机将有可能成为最有影响力的媒体。"十七大"手机报6期发行1.5亿份,收到8万多条读者的留言回复,是手机媒体影响力的一种最好证明。

手机作为第五媒体的独特之处在于,其他四大类大众媒体最开始是以新闻、娱乐为主要形式内容出现的,然后才出现广告的应用。第五媒体是以短信群发广告的形式最先被人们所熟悉,然后才逐渐显露出新闻媒体的特征,由于手机本身的通信工具特点,使得手机媒体化的应用与众不同,这就使得当前许多传统媒体与手机媒体结合过程中出现众多的困惑,这些困惑主要是传统大众媒体的经营理念根深蒂固,人们很自然地用传统媒介思维去套手机媒体的运营,结果并不令人满意,而这也是探索手机媒体运营模式的必经过程。

对手机媒体的研究主要是政策和运营模式两个方面,而在手机媒体产业链中,内容提供商、移动网络运营商和终端设备制造商之间如何相互合作发展,也一直是研究的重点。本部分主要通过对一些手机媒体应用状况进行分析,从中找到手机媒体发展的特征,以及用户的使用习惯等,为手机运营模式的建立与完善提供参考。

二、手机媒体的主要特征

手机的最大特征是贴身移动性、私人性、自主性、交互性。美国媒介理论家保罗·莱文森说："手机就是一个流动的家园,它满足人类边移动边交流的双重需求,使人对它的依赖性越来越大。"而网络最本质的特征是超强的信息处理功能——存储、共享、检索。手机和网络融合而成的手机媒体同样融合了以上特点,并具备相应的媒体特性——给用户提供有效新闻信息。手机媒体既已成为一种大众媒体,则一定具有用户的高度普及性、信息的规模生产和规模传播等基本特征。而手机作为一种新媒体,在此基础上衍生出具有其自身独到特点与无法取代性优势的媒体特征:移动/定位性、自媒体化、伴随性和个性化以及互动性。

1. 移动/定位性

移动性是手机最为核心的特质。

手机媒体的移动性毋庸置疑。手机可随身携带,只要有通信信号的地方都可以传播信息。手机媒体传播信息不再受时空限制的移动性特征打破了传统媒体对地域的限制,使得信息交流更自由,也更受用户掌控。

而手机媒体定位性特征则是在其移动性基础上,依靠 GPS 定位技术来实现的。在 3G 时代,以无线通信技术为基础,移动通信运营商完全可以借助手机媒体定位技术,向特定时空位置上的用户提供特定的广告信息。当你在某家商店附近时,手机会接到一条广告,提示你这家商店正在进行促销活动,而且这项促销活动刚好是你感兴趣的。所以你便会在第一时间出现在这家商店的柜台前。这样的场景曾经是无数广告主的梦想,尽管传统 POP 广告可以做到这点,但其效果仍然不尽如人意。现在,这个梦想完全可以实现而且比你想象得还完美。因为 GPS 技术与 3G 技术中位置服务的成熟与普及,移动通信运营商可以轻松地确定用户的时空位置,并根据这些信息向用户发布信息。

在移动/定位性这一媒体特征的具体应用方面,我们可以将定位信息与用户数据库信息结合,综合分析,根据用户数据库资料得知用户的职业、兴趣与需求信息,在将这些信息与用户当前的时空位置信息进行对照,推测出用户此时在此地的目的究竟是什么,然后再根据这些目的进行分析,选择是否向用户手机发送相应信息,向哪类用户发送信息、何时发送以及发送信息的内容与形式等。

手机媒体的这种特性将人们的媒介消费空间变得立体,并且呈现出无缝链接的趋势。这一情形对手机用户而言,意味着信息传播方式的便捷和信息消费时间的拓展;对相关企业来说,则预示着可以全方位不间断地向目标消费者传播信息,整合营销的层次更加丰富,提供的内容被多重消费的可能性更大。

2. 自媒体化

手机在功能日渐强大且能与网络高速连接之后,就实现了自身的"自媒体"化。手机用户可以利用手机撰写博客,可以发短信到微博平台加以展示,同时可以拍下影像传到视频网站,如土豆网、优酷网等,也可以登录某些社区网站分享日志,还可以采写新闻充当身处一线的"记者"。手机已经在许多重大事件中发挥了作用，比如2011年3月，在日本本州东海岸附近海域发生9级地震事件中，许多目击者都借助手机向大众发布了大量的来自现场的文字、图片和视频信息，还有人用手机发送微博进行寻人和捐助倡议。通过手机，人们能够更加及时详尽地了解整个事件，新闻报道的旧格局被打破，这一点上传统大众媒体则相形见绌。

手机媒体"消解"或者至少说极大地弱化了媒体中心，只保留移动梦网、中央音乐平台等寥寥几个业务中心，而其他绝大部分的业务传播都是用户与用户之间、企业（SP）与用户之间的行为，而没有一种或几种固定明确的产业链逻辑。因此，SP企业就需要在实践中摸索出各种相对固定的使产品到达用户的"业务模式"或者说"渠道模式"，比如短信群发、电视节目互动、媒体广告投放、为软件等其他内容代收费等。

3. 伴随性和个性化

自大众媒体诞生以来，还没有哪种媒体能像手机一样与用户形影不离。让我们想象一下每天可能发生的情形——早上，手机的闹钟会把我们从梦中叫醒。整理停当吃过早饭，我们会翻开手机记事本查看并安排一天的行程。接着走出家门，在去工作的路上我们又会用手机听听音乐、看定制的新闻，或者是查阅一下邮件。到了单位，开始工作，手机又成为我们与同事、客户联系的重要工具。偶尔休息一下时，我们会用手机打会游戏，或者查看一下晚上有没有哪个不错的饭店在打折。下班之后，用手机呼朋唤友一同用餐，席间看到精致的菜品忍不住拿手机拍照发给其他好友。然后回家，一路上可以发发短信，也可听听广播、看看电视。到家休息一下，用手机发个状态到微博分享一下心情。该睡觉时，我们把手机拿到床上，上网看会儿八卦或小说，设置好闹钟，把手机放在枕边伴自己入睡。在这一天中，手机无时无刻不在我们身边。它不仅仅是个通讯工具，也不仅仅是个多媒体信息娱乐终端，而是我们如影随形的"小助手"和"好朋友"。这种极强的伴随性使得用户的媒介消费时间大大加长，而这也意味着用户会有更多、更丰富的媒介消费需求。

与伴随性相应的是手机媒体的个性化。正是由于已经变成"带体温的媒体"，手机与用户可以合为一体。手机的大部分功能都是为了满足用户的个性化需求，从更换外壳、彩铃、桌面、操作系统、应用主题，到通过手机定制新闻，下载自己喜欢的游戏、小说、音乐、视频，收藏喜欢的图片和网站链接，登录虚拟的网络社区、分享有意思的信息等，手机都是用户最为个性化的私人媒体。对此，运营商和其他相关企业需要搭建能够承载海量内容的服务平台让内容和本身去适应用户的个性化需求，从而实现"大规模定制"的目标。

4. 互动性

手机媒体的互动性主要指，人们通过与信息本身以及信息发布者之间互动的形式对信息活动的参与程度。手机媒体互动性的传播打破了传统媒体单向、强迫式的模式。

传统媒体上所投放的广告，其效果不尽如人意的一个主要原因就是这种传统的单向传播广告的形式不能与用户进行有效的沟通。对媒介参与程度越来越高的消费者早已对古老的填鸭式传播深感不满。而互动性极强的手机媒体却可以改变这种窘境。用户完全可以根据自己的意愿而不是听从媒体的安排选择是否接受、收看广告、收看什么样的广告，甚

至还可以选择收看广告的时间、地点、形式、频率等,并通过手机强大的输入与传输信息能力将信息传播给移动通信运营商或广告主,实现用户与移动通信运营商或广告主之间的信息交流。表面上看,用户参与与权利的增强对广告主而言相当不利,但实际上,用户掌控媒体能力的强大对信息的有效传播及其产生理想的作用效果都是极有帮助的。我们完全可以通过了解用户更喜欢什么样的广告信息来对传播内容与形式进行调整,直到达到用户喜欢为止。

而在人际沟通方面,移动通信运营商要与用户成为朋友、亲人,比如:移动通信运营商可以根据自己掌握的用户个人信息,在用户生日、结婚纪念日这样特殊的日子里向用户发送问候信息,也可以在各种节日里为用户送去祝福信息,移动通信运营商甚至可以在天气变化明显的时候向用户发送"多添衣物、注意天气变化"的温情提示,像这样的问候信息中最好能有支持用户回馈信息的链接,让用户把自己的感想回传给移动通信运营商,这样可以达到更好的反馈效果;要维护用户的权利,比如:移动通信运营商可以定期向用户发布一些信息,询问用户近期对服务的不满之处并鼓励用户将自己的想法传输给移动通信运营商;移动通信运营商还可以将当今盛行的"社区"模式引入广告信息的传播中,为用户提供"聊天室"、"论坛"或"群落",让用户畅所欲言、各抒己见、相互交流。

使用者的努力对信息互动性的影响也是巨大的,所以我们还要善于发掘他们的兴趣点,比如:移动通信运营商可以定期向用户发布一些信息,询问用户近期都有哪些兴趣与需求并采取一些激励办法(如赠送小礼品)鼓励用户将自己的想法传输给移动通信运营商,这样有利于移动通信运营商实时性地了解用户的动机,从而调整消费信息的方向。

第二节 商业模式

一、概述

随着新的传播技术的出现,新的传播媒介也应运而生,网络媒体已经成为彻头彻尾的主流媒体,对传统媒体带来越来越严峻的挑战。手机媒体由于发展时间短、相关技术瓶颈尚需突破,目前尚未找到合理的商业模式,但是手机由于具有巨量的用户群,必将在不远的未来迎来黄金发展期,进一步颠覆传媒业市场格局。

我国手机媒体无论在商业模式、运营模式和业务模式上,都没有找到合适的模式,尚处于低水平的发展阶段。

首先,手机媒体尤其是传统媒体所办的多采取合作的运营模式。目前,手机媒体主要采取如下方式运作:一是"传统媒体 + SP + 电信运营商"的运营模式所兴办的手机媒体,目前,绝大多数传统媒体都是采取这种方式。在这种运营模式中,传统媒体提供内容提供商、SP 提供应用服务、电信运营商提供渠道,相应的收入一般按照内容、SP、电信运营商 25%、25%、50%的比例分成,当然,相对强势的内容提供商获得的分成比例会高一点。目前,很多报业集团旗下报纸的手机报总订户在几十万的数量级上,一年的收入在几百万元级别上。二是传统媒体直接和电信运营商合作的手机媒体,如新华社、CMMB 等。这种运营模式直接跳过 SP 运营商,或者传统媒体收购 SP 运营商,或者电信运营商直接跳过自己的平台进行运作,如中国移动旗下有卓望科技、中国联通旗下有新时刻公司。在这种运作模式下,传统媒体的分成比例略高,但是一般不超过 40%。三是 3G 门户网、空中网等专门化的手机媒体网站,他们致力于打造专门的手机媒体平台,并通过提供增值服务来获得收入,这是未来的发展趋势。四是门户网站的手机媒体业务。目前,门户网站的手机媒体分为两个部分,一方面门户网站自身提供 SP 业务,通过和电信运营商进行分成,这些业务主要包括铃声、图片、文字传情、新闻、游戏、短信等;另一方面是门户网站设立专门的频道,专门提供相关的手机媒体业务。

第二,绝大多数传统媒体手机媒体的定位都是附属业务,而没有把其定位为独立的业务。当然,由于作为从属业务,尤其是传统媒体重点扶持的业务,手机媒体可以充分利用传统媒体既有的内容资源,不需要投入大量的采编费用就可以获取一定的收益,因此,目前传统媒体的手机媒体业务多为盈利项目,但是一方面收入规模小,远远不足以成为新的业务增值点,另一方面如果和现有的业务采取交易的方式来获取内容资源,甚至可能出现亏损状态。尤其值得指出的是,理论和实践都已经证明,新的业务尤其是发展前景巨大的新业务必须作为独立的业务来发展,采取相对分权的组织模式,否则就会受限太多,很难在短时期内实现跨越式发展,导致或者业务得不到发展,或者被竞争对手抢占先机的局面。

第三,手机媒体在表现形态上,主要采取的是手机报、WAP 网站、手机电视和手机视频等表现形态。如 CMMB(中广移动)采取的是手机电视形态,传统媒体多采用手机报形态,3G 门户网站多采取 WAP 网站产品,门户网站多采取 WAP 网站产品和手机视频网站形态。

最后,在商业模式的探索上,尚未找到合适的商业模式。那什么是商业模式呢?商业模式在学术上为多数人公认的定义是:"为了实现客户价值最大化,把能使企业运行的内外各要素整合起来,形成高效率的具有独特核心竞争力的运行系统,并通过提供产品和服务,达成持续盈利目标的组织设计的整体解决方案。"其中"整合"、"高效率"、"系统"是基础或先决条件,"核心竞争力"是手段,"客户价值最大化"是主观目的,"持续盈利"是客观结果,也是检验一个商业模式是否成功的唯一的外在标准。

对移动运营商来说,随着 3G 业务的不断拓展、竞争程度的逐步加剧,以及抢占新兴市场和塑造持续竞争力的考虑,转换自身角色、创新商业模式是当下的主要任务。无论是中国移动、中国联通还是中国电信,都先后在这层面做出了调整。对于众多的内容提供商和服务提供商,数字内容产业的兴起、手机用户数量的递增、手机媒体渠道的拓展给他们带来更大的市场空间。如何通过手机媒体为用户提供更多的价值,如何提高用户的黏着度并不断增加 ARPU 值,如何扩大规模、形成品牌并进而提升自己与运营商的议价能力,皆是其目前遇到的核心问题。

商业模式对一个企业至关重要。理想的手机媒体商业模式,既能在满足用户多元需求的基础上为企业带来持续良好的现金流,又能有效地配置内容、技术、资金等资源以提高整体的市场绩效,还可以理顺各参与主体的交易关系、利益关系、资源占有关系和行为关系,更好地达到手机媒体市场的规模与活力之间的平衡。关于如何进行商业模式的创新或是设计有效的商业模式,有业内人士认为可以从"行业模式"、"收入模式"和"企业模式"三方面进行创新,有的学者强调应将"客户价值"、"资源和生产过程"、"盈利公式"列为设计商业模式的关键因素;有的学者将商业模式分解为"定位"、"业务系统"、"关键资源能力"、"盈利模式"、"自由现金流结构"和"企业价值"这六个有机组成部分;还有研究者把客户价值最大化、持续盈利、有效整合资源、创新、组织管理高效率等列为商业模式所应遵循的原则。

我们主要从以下几个因素分析手机媒体的商业模式:

1. 定位

如果以消费者为中心进行战略规划,定位就是希望描述企业的产品和服务与目标消费者之间的关联,即企业能为消费者提供哪些独特的价值。定位在整个商业模式的大框架中处于一个重要的地位,成功的定位能起到提纲挈领的作用;定位不清晰或不准确将直接导致资源的浪费、效率的低下,乃至企业的失败。

以手机行业为例,之前我国的移动运营商一直将自己标榜为"移动通信专家"之类的角色。然而,在媒介融合及内容产业兴起的趋势下,这些企业的定位也都有所改变。比如,中国联通目前正努力由"基础电信网络运营商"向"现代化的综合通信与信息服务提供商"转变,提供的业务将由原来的以通信为主、以信息为辅,逐步向通信与信息并重的方向调整。2006年中国联通提出增值业务 TIME 计划,即以通信服务为基础,向信息内容服务、传播媒介服务和无线娱乐服务转型,实现由业务向导到客户向导、由技术向导到功能向导的转变,旨在向"世纪风"、"新势力"、"如意通"和"新时空"等细分化的个人及企业用户提供差别化的、量身定制的多元信息服务。

除了从企业的角度进行定位,我们还可以专门就某一个具体的产品或服务进行定位。比如,2006年4月中国联通推出的基于彩e技术平台开发的"红草莓"邮箱,就以那些经常出差且不能随时在办公室用电脑上网的商务用户为目标用户,提供集文字、彩图、音频、视频等多种文件格式为一体的,可发送和接收含5000字的正文邮件和100Kb附件的移动电子信箱服务。

2. 业务系统

中国现在已经有6.7亿手机用户,3G 的网络环境会带动手机数据业务的变化,传统的手机数据业务就是短信、彩信和 IP 业务,当手机的带宽和速度都逐渐提高变快的时候,数据业务就会快速发展,用手机看电视、用手机读报纸、读杂志、用手机互动点播节目都可以实现了。同时还有手机上的其他应用,如在线的手机游戏、在线的手机银行支付、在线的手机地图等,现在都逐渐发展起来。

3G 的网络环境会有什么样的主流业务,我们除了专注手机新媒体,手机的阅读内容外,未来的主流业务还会朝着多方面发展,包括手机游戏、手机支付、手机 SNS、手机视频等。现在是属于整个产业的发展初期,产业链的整合变得非常重要,运营商应该是产业链整合的主体,是可以把整个产业链带动起来,所以产业链整合,也是打破了原有的格局重新来过,不同的产业链相互竞争,所有合作的企业,一定是处在某个产业链的环节。

3. 核心资源与能力

在传统的移动增值业务价值链中,电信运营商处于绝对的主导地位,通过电信网络平台和半封闭的业务运营环境,吸纳各种内容、服务提供商在这个平台上为终端用户提供各种服务。收费由电信运营商代收,业务收入由运营商和各环节分成。随着移动互联网越来越开放,未来在手机媒体上,这种由电信运营商占绝对主导地位的产业链模式将被打破。

可以预见的是,手机媒体产业链上任何一方,只有搭建起足够强大的平台,只要有能力整合资源、吸引用户,就有可能控制产业价值链。电信运营商必须面对这个现实,但这并不是意味着他们只能沦为"通道"。别忘了电信运营商离用户最近,握着最宝贵的用户资源,同时也有着其他环节无法比拟的平台搭建与资源整合能力。

4. 盈利与分配模式

手机媒体的兴起,不仅让媒体的盈利模式有了全然的改变,还对和媒体息息相关的广告营销方式产生了颠覆式的影响。先来看看传统媒体的基本盈利模式:依靠媒体产品的内容强势,通过发行渠道售卖媒介产品,赢得广告方面的支持和收入,进而盈利。在这样的传统盈利方式中,产品的发行或者说是销售渠道是传媒本身可以控制和调整的。而对于手机媒体而言,盈利方式已经发生巨大变化。

现阶段,国内手机媒体通常经由无线通信运营商、短信内容提供商和手机用户三者的组合方式进行运营,即网络、报纸、广播、电视等媒体作为SP,通过中国移动、中国联通这些手机运营商提供的无线传输网络,向手机短信的终端用户提供信息,手机运营商和SP按照协议各自获得短信用户缴纳的信息服务费。也就是说,手机媒体的盈利模式需要依靠无线增值业务。

在国内,由于电信运营商解决了收费途径这个困扰互联网盈利的重大瓶颈——电信运营商可以从用户手机预存款里扣除话费——所以,无线增值业务的内容提供商(包括新浪、搜狐、空中网等都是移动梦网的SP)争相进入电信运营商的WAP站点,中国移动和中国联通这两大电信运营商所建立的"移动梦网"和"互动视界"也就自然成为了最大的且是封闭的两个无线互联网门户网站。几乎所有的SP都聚集在此,把自己的各种产品放在这两家网站上,用户通过手机上网下载各种服务并付费,利润则由代收费的电信运营商和SP分成。目前,中国移动运营商和各大内容服务公司看到了中国移动增值市场的巨大潜力,也鼓舞了他们寻求新的无线增值业务模式的信心。各种新业务不断涌现:IVR、彩铃、彩信、GPS、K-JAVA、WAP2.0层出不穷,成为SP抢占的战场。

同时,手机媒体的内容提供者或管理编辑者与其保证信息流通到达的渠道分别属于不同的利益主体,因而,手机的这种盈利模式在未来的发展引起了很多专家和业内人士的热烈讨论。在传播内容方面,由于技术的限制,手机短信依然无法达到传统媒体信息的广度、深度和多样性,在相同的费用支出下,通过手机短信获取的信息容量要远远少于报纸,更不用谈文本信息之外的广播电视和网络信息了;在相对的目标受众群方面,手机媒体的诸多功能在青少年中具有广泛的吸引力，但其使用的持久性以及忠诚度都无法具体明晰；在服务提供商和内容提供商的各个运营环节上，是否能够找到暴利过后新的增长点和协调合作空间。这些都是有待于进一步探讨的问题。

在手机媒体打入传统媒体市场的过程中，基于技术的无线概念被引进了广告营销领域。在目前带宽和显示屏幕尺寸限制下，如何能将广告放在如此精巧的手机显示屏上，如何确定愿意投入无线营销的广告主，是手机媒体带给运营商的一道亟待破解的难题。据国外机构预测，2006年65%的无线订户愿意接受营销提醒以及促销信息，这对于手机媒体进一步试水无线营销无疑是个好消息，但这必须依赖于技术的支撑、行业的规范、特定事件的媒体互动以及使用媒体观念的转变和更新。

无论哪种模式，主导企业必须有效地梳理价值链上各个合作伙伴之间的关系，使各手机媒体合作方都能够在整个价值链获益的基础上实现自身的发展。在价值链管理中，特别要处理好利益分配的问题，即做到责权明确。利益分配是产业链的核心。利益分配非常复杂而且没有标准模式，产业价值链的主导者可根据不同的链条环节确定不同的分配方式。只有建立合理的价值分配模式，才能在手机媒体产业价值链上形成足够规模的产业资本。良好、科学的资费分成可以鼓励和刺激更多的企业加入到产业价值链中来。

通过对手机媒体的商业模式的重要因素的理解和掌握，以及结合当下手机媒体的发展，我们不难发现电信产业内人士纷纷将电信增值服务视为拯救电信产业的灵药之一，而移动增值服务又是增值服务的重中之重，近年来其以100%的年增长率成为电信领域的一大奇迹，众多电信产业链成员，甚至诸多电信产业外企业纷纷将目光转向了移动增值服务。因此，我们后面的内容主要通过介绍移动增值服务的运营和管理，借此来介绍移动媒体的相关管理与运营。

二、案例分析：苹果是如何创新商业模式的

2010年5月26日，美国发生了一件大事。苹果公司以2213.6亿美元的市值，一举超越了微软公司，成为全球最具价值的科技公司。截止到7月30日，苹果公司的市值又上涨了5%，达到2350亿美元，和微软公司的市值差距进一步拉大。以苹果过去五年的市值增长趋势来看，苹果公司在一年之内成为全球市值最大的公司，并非不可能。目前，全球市值最高的公司是埃克森石油，市值2800亿美元，在过去一年中的市值持续下跌。

仅仅是七年以前的2003年初，苹果公司的市值也不过60亿美元左右。一家大公司，在短短七年之内，市值增加了近40倍，如果说这是一个企业史上的奇迹，估计没人会反对这一观点。全球顶尖的财经媒体，都在不约而同地为苹果公司和苹果公司的CEO乔布斯高唱赞歌。在《商业周刊》列出的全球最伟大公司中，苹果公司排名第一。而在《哈佛商业评论》88年来第一次推出的最伟大CEO排行榜中，乔布斯也是当仁不让地位居第一。

在连篇累牍的媒体报道中，大多数观察家将苹果的成功归功于其CEO乔布斯的天才。的确，乔布斯的个人魅力无与伦比，他的设计天才有目共睹，他的营销技巧会让无数"苹果粉"如痴如狂。不过，商业观察的角度来说，把一家公司的成功归于一个人是危险的，不管

这个人多么伟大。一个企业家之所以的伟大,不在于他多么有个人魅力,而在于他给企业带来了什么样的商业模式和企业文化,乔布斯也是如此。乔布斯给苹果公司带来了什么呢?

在分析苹果商业模式创新之前,我们先来定义一下何谓商业模式创新。在《哈佛商业评论》上发表《如何重塑商业模式》一文中,对商业模式的定义如下:商业模式就是如何创造和传递客户价值和公司价值的系统。这篇文章的作者是马克·约翰逊、克莱顿·克里斯滕森和孔翰宁,其中约翰逊是 Innosight 公司的联合创始人和董事长,克里斯滕森是哈佛大学教授、"颠覆性创新之父",孔翰宁则是 SAP 公司的联席首席执行官。

商业模式由四个密切相关的要素构成:客户价值主张、盈利模式、关键资源和关键流程。其中,客户价值主张是指能为客户带来什么不能替代的价值,盈利模式是指如何从为客户创造价值的过程中获得利润,关键资源是指企业内部如何汇聚资源来为客户提供价值,关键流程则是指企业内部制度和文化以实现其客户价值。客户价值主张和盈利模式分别明确了客户价值和公司价值,关键资源和关键流程则描述了如何实现客户价值和公司价值。

回到苹果公司的案例上来。苹果公司的过人之处,不仅仅在于它为新技术提供时尚的设计,更重要的是,它把新技术和卓越的商业模式结合起来。苹果真正的创新不是硬件层面的,而是让数字音乐下载变得更加简单易行。利用 iTunes + iPod 的组合,苹果开创了一个全新的商业模式——将硬件、软件和服务融为一体。这种创新改变了两个行业——音乐播放器产业和音乐唱片产业。商业模式的创新对价值进行了全新的定义,为客户提供了前所未有的便利。

一个成功的商业模式,第一步就是要制定一个有力的客户价值主张,也就是如何帮助客户完成其工作。对于苹果而言,iPhone 的核心功能就是一个通讯和数码终端,它融合手机、相机、音乐播放器和掌上电脑的功能,这种多功能的组合为用户提供了超越手机或者 iPod 这样单一的功能。苹果的 APP Store 拥有近 20 万个程序,这些程序也是客户价值主张的重要组成部分。除此之外,苹果在用户体验方面做得非常出色,这些都是苹果提供的客户价值主张。

成功的商业模式的第二步就是制定盈利模式,也就是为自己公司创造价值的详细计划。对于苹果公司而言,盈利路径主要有两个:一个是靠卖硬件产品来获得一次性的高额利润,二是靠卖音乐和应用程序来获得重复性购买的持续利润。由于优秀的设计,以及超过 10 万计的音乐和应用程序的支持,无论是 iPod、iPhone 还是 iPad,都要比同类竞争产品的利润高很多。同样,由于有上面这些硬件的支持,那些应用程序也更有价值。

经常有人拿苹果的盈利模式和吉列的盈利模式相比较,其实这两家公司的盈利模式是很不相同的。吉列主要是通过低价的刀架培养一批忠实的用户,再通过高价的刀片来获取利润。但苹果则是因为能够为用户提供那么多音乐和应用产品的选择,从而可以为硬件设备设置一个比较高的定价,在卖产品的时候就获得了很高的利润。在中国这样的发展中国家,音乐和软件销售收入并不高,但他们已经通过高昂的硬件产品定价,获得了很高的利润了。

明确了客户价值和公司价值,接下来就是如何实现这些价值了,这就是关键资源和关键流程。对于苹果公司而言,它的关键资源是它拥有一个出类拔萃的 CEO 乔布斯,还有极具创新能力的产品设计和开发人员以及来自于唱片公司、软件开发者的支持。苹果公司的关键流程则是苹果公司鼓励创新的公司制度、企业文化和日常管理工作,这些流程确保苹果公司的创新具有可复制性和扩展性,从而不断开发出类似于 iPhone 和 iPad 这样的产品。

经过分析苹果在商业模式上的创新,可以看出,苹果在明确客户主张和公司盈利模式方面做了很多创新,从而在为客户创造价值的同时,也为公司创造了价值,并得到了投资者的认可。支持苹果公司的创新动力的,则是乔布斯卓越的领导力,优秀的产品设计人员,优秀的产品营销人员,以及苹果公司强大的鼓励创新的企业文化和制度。这些要素缺一不可,相互影响并相互转化,形成了推动苹果创新的"动力火车",创造出一个又一个伟大的产品。

同样是创新,从 1997 年到 2003 年,苹果侧重于产品创新,虽然也获得消费者的认可,但体现在公司市值方面不甚理想。而到了 2003 年以后,由于苹果开始创新自己的商业模式,创造了一个商业史上的奇迹。由此可见,商业模式创新比产品创新和服务创新更为重要。真正的变革绝不局限于伟大的技术发明和商业化,它们的成功在于把新技术和恰到好处的强大商业模式相结合。而苹果则是把新技术、新产品和新商业模式完美结合的典范。

商业模式创新可以改变整个行业格局,让价值数十亿美元的市场重新洗牌。这种创新由来已久,无论是沃尔玛还是百思买,还是西南航空和亚马逊,都是商业模式创新造就成功的典范案例。从 1998 年到 2007 年,成功晋级《财富》500 强的企业有 27 家,其中有 11 家认为他们的成功关键在于商业模式的创新。高原资本公司创始人鲍勃·希金斯在谈及自己从业 20 年的体会时说:"回顾公司的发展,我认为每次失败都归于技术,每次成功都归于商业模式。"

那么,如果创新自己公司的商业模式呢?正如苹果公司做的那样,第一步就是要明确客户主张。也就是说要明确:客户到底需要什么?关于这一点,管理大师德鲁克有句名言:"企业的目的不在自身,必须存在于企业本身之外,必须存在于社会之中,这就是造就顾客。顾客决定了企业是什么,决定企业生产什么,企业是否能够取得好的业绩。由于顾客的需求总是潜在的,企业的功能就是通过产品和服务的提供激发顾客的需求。"

这就意味着,公司要去发现一个新的市场,这个市场往往不是通过市场调查得出来的。哈佛商学院市场营销学教授西奥多·莱维特(曾担任《哈佛商业评论》主编)曾告诫他的学生:"顾客不是想买一个 1/4 英寸的钻孔机,而是想要一个 1/4 英寸的钻孔!"在明确客户主张的时候,首先要问对问题。比如说,用户买 iPad 仅仅是为了买一台平板电脑么?答案绝对不是!那些客户想要买 iPad,除了那些炫目的功能之外,阶层认同感也是一个重要的因素。

用《蓝海战略》中的价值创新理论(这个理论最早也是发表在《哈佛商业评论》上)去解

读客户价值主张,往往会有异曲同工之妙。利用价值创新曲线,重新审视对消费者真正有诱惑力的价值主张,并用自己的资源和流程去满足他,就完全有可能创造出一个全新的市场。创新商业模式的企业往往不会选择一个现有的市场与竞争对手火拼,而是重新审视消费者的价值主张,选择提供一个和现有产品不同价值主张的产品,从而创造一个新的市场。

从苹果公司的高成长奇迹来看,高成长的公司对于赶超或打败竞争对手并不感兴趣,他们真正感兴趣的是创造与众不同的市场。

第三节 移动增值业务及其业务模式

一、移动增值业务

移动增值业务(Mobile Added Value Service)就是在移动通信网上开发运行除了语音等基本业务以外的服务类型。目前国际上通常把移动增值业务概括为两大类,即移动话音增值业务和移动数据增值业务。这是在通信技术、计算机技术、互联网技术不断发展融合的基础上,在人们对以信息为基础的各种应用需求快速增长的激励下,在社会信息化水平日益提高的前提下,迅速发展的一种全新的服务方式。由于移动通信自身所具有的可移动性、无时空限制性、专属性、安全性和时尚性的特点,再加上基于这些特点之上的短消息、游戏、支付、定位、办公等丰富多彩的应用服务,为广大用户带来更方便、更灵活的通信服务,为企业带来无限商机,也使得移动增值服务行业日益成为欣欣向荣的朝阳行业。

移动增值服务产业是在移动通信技术的推动下产生的,由技术的进步推动增值服务的发展,而随着增值应用的不断丰富,又对通信技术的发展提出更高的要求,这种相对促进的关系是推动整个移动增值服务产业不断成长壮大的基础。

在手机移动增值领域内,所有的内容或产品都是被最终统称为"业务"。"亲情套餐"是一种业务,"固话和小灵通绑定"也是一种业务。业务是通信信息行业的重要模式。而移动增值的各种产品与内容,都被定义成一种业务,在行业内的具体称谓就是 WAP、SMS、MMS、IVR、CRBT、KJava 以及移动电子邮件等。可见移动增值行业的第一法则遵循的是通信信息产业的规律,而不是传统内容产业的规律。

下面介绍几种主流的移动增值业务:

WAP 业务:WAP(Wireless Application Protocol,无线应用协议)是一种向移动终端提供互联网内容和先进增值服务的全球统一的开放式协议标准。WAP 服务是一种手机直接上网,通过手机浏览器浏览 WAP 站点的服务(比如:3G门户:wap.3g.net.cn),可享受新闻浏览、股票查询、邮件收发、在线游戏、聊天等多种应用服务。开通 WAP 的手机上网服务,精彩奇妙的网络世界将随时随地掌握在手中。新闻信息、天气预报、股票、娱乐游戏、航班查询、交通、饮食信息、字典、外汇、电子邮件、聊天,所有感兴趣的内容都可随时获得。

WAP 并不是一套全新的标准,而是基于现有的互联网标准,如 TCP/IP、HTTP、XML、SSL、URL、Scripting 等,并针对无线网络的特点进行了优化。WAP 技术将移动网络和互联网以及公司的局域网紧密地联系起来,提供一种与网络类型、运营商和终端设备相对独立的移动增值业务。所以,移动互联网的实现需要以下三个环节:WAP 网关、WAP 内容服务器、WAP 移动终端。这一切都与传统的 3W 业务十分类似,只是 WAP 支持移动应用,更方便。

SMS 业务:短消息服务(SMS)是一种在移动网络上传送简短消息的无线应用,是信息在移动网络上储存和转寄的过程。简单地说,就是可以通过手机等移动设备发送文本型短信。SMS 是在手机内建立一段文字后再发送给朋友,简单方便易用,这种短信的长度被限定在 140 字节之内。SMS 虽然以简单方便的使用功能受到大众的欢迎,却始终是属于第一代的无线数据服务,在内容和应用方面存在技术标准的限制。SMS 采用存储转发机制,传送数据包的工作由移动网络中的短信中心而不是终端用户来完成,如果用户不在服务区内,短信就被存储在短信中心,等用户出现之后再转发给他,并采用传递确认机制。

目前,短信业务通常分为:点对点短信业务、集团短信业务和增值短信业务。点对点短信是指移动终端之间发送和接收文本信息的业务形式,该形式最为普遍;集团短信是指企业用电脑同时向拥有手机的员工或顾客传达通知、信息、公告等,员工或顾客可利用手机从企业或机关的数据库里获取资料;增值业务短信是指 SP/CP 向其客户发送的定制或点播的信息或服务。

多媒体短信 MMS:MMS(Multimedia Messaging Service)意为多媒体短信业务,是按照 3GPP 的标准(3GPP TS 23.140)和 WAP 论坛的标准(WAP - 206 和 WAP - 209)有关多媒体信息的标准开发的最新业务。多媒体短信业务在 GPRS 网络或 CDMA2000 1X 网络的支持下,实现即时的手机端到端、手机终端到互联网或互联网到手机终端的多媒体信息传送。

从技术上来看,MMS 绝对不是像 SMS 那么简单的技术,业内人士有的把它看做是电子邮件的替代品,有的把它看做是明信片的电子版,当然更多的是看做多媒体化的 SMS。通过 MMS,手机可以收发多媒体短信,包括文本、声音、图像、视频等,MMS 支持手机贺卡、手机图片、手机屏保、手机地图、商业名片、卡通、交互式视频等多媒体业务。MMS 能够自动快速传送用户创建的内容。它主要以接收者的电话号码进行寻址定位,这样 MMS 通信可以在终端之间进行。同时 MMS 也支持 Email 寻址,因此信息可以在终端和 Email 之间传递。MMS 标准没有规定单一 MMS 信息的最大容量,这主要是为了保证未来的互操作性,避免 SMS 遇到的窘境。因此,MMS 信息大小与标准无关,只是操作问题。另外,它还取决于运营商的有关决策,例如它们是否希望信息大小标准化,以方便计费等。

移动电子邮件:由于电子邮件是互联网最基本的服务,也是最重要的服务,据统计互联网上 30% 以上的业务是电子邮件。移动 Email 接收方式主要分为三种:Pull、在线浏览和 Push Mail。

——在 Pull 模式下,用户必须手动与邮件服务器进行连接并下载自己的邮件;

——在线浏览方式下,用户必须通过网页登陆邮件服务器;

——PushMail,就是用户只要预先在邮件服务器上设定接收邮件的规则(如发件人、主题等),随后,当新邮件的内容符合先前所设定的条件时,邮件服务器就会直接发送邮件的副本至用户的设备端(如手机),而不必再由用户(客户端)主动或定时发起检查新邮件的行为。目前 Push 模式已经被全球很多企业用户接受,并成为移动运营商吸引高端用户的一项重要业务。

移动电子邮件的实现方案也非常众多,多媒体彩 E 业务利用了移动互联网和成熟的电子邮件技术,通过多媒体邮件服务器提供用户的注册,鉴权,邮件的存储和邮件的通知,通过外接多媒体邮件的增值系统,可以为移动手机用户提供丰富多彩的多媒体信息。多媒体彩 E 业务使手机用户可以在手机上编辑多媒体信息并发送给其他手机用户,收信人可以通过手机展示多媒体信息。多媒体彩 E 业务还可以使手机的电子邮件服务与互联网上的电子邮件进行无缝接续,使电子邮件可以在移动手机终端和互联网之间实现自由传送。例如在日本的"Sha - Mail"业务,就是利用手机到手机的多媒体彩 E 业务实现的,可以通过安装摄像头的手机实现摄影图片等多媒体信息的即时传输,这一业务极大地促进了日本移动多媒体业务的增长。手机与公用互联网之间的多媒体彩 E 业务为手机和互联网商业用户之间的互通,可以实现商务用户的移动办公。用户或业务提供商可以通过公用互联网向手机发送多媒体彩 E 消息,例如用户可以在公用互联网上为自己的手机下载一个多媒体的屏幕保护或者公用互联网上的用户可以向手机用户发送多媒体彩 E 消息;用户也可以用手机向公用互联网发送多媒体彩 E 消息,例如手机用户可以向一个公用互联网上的电子邮件地址发送多媒体彩 E 消息。

二、业务模式

了解清楚"业务"的准确概念之后,我们再来探讨一下什么是"业务模式"。移动增值行业中的业务模式,是指如何将业务(如 WAP、SMS、MMS 等)经过运营,最终推送给用户实现收费的方法。

在数字化经济不断的发展过程中,移动增值业务以手机作为终端载体,实现了商品数字化和支付数字化的全过程。但是,基于移动媒体消解了旧媒体中的"媒体中心"的模式,所以业务模式也变得不确定和复杂起来。在过去的 2G 时代,常见的移动增值业务模式有群发推广、代收费、位置营销、媒体推广等。这些在未来的手机媒体发展中依旧占有相当重要的位置,我们将首先剖析一下这些业务模式。

同时随着 3G 时代的到来,技术演进和网络的升级,将对移动数据业务的形式、内容、运营模式等产生深刻的影响。第三代移动通信系统(3G)由于能够提供比 2G 更大的系统容量、更好的通信质量、更高的传输速率,因此能够提供更为丰富多彩的移动数据业务。随着新业务和应用的出现,移动增值业务模式也在不断寻求创新,推出了精确营销、体验营销等新的运营策略。所以,研究 3G 环境下增值业务的运营与管理策略也是新的重要的课题。

第四节 位置营销

抢位置,是移动增值发行商经常说的口号,没有位置就没有收入。抢位置的思路,其实对应在业务模式上,就是"位置营销"。中国移动的手机门户"移动梦网",是唯一可以实现业务收费的 WAP 网站;其他虽然有诸多流量很高的 Free WAP 站,但都只能提供免费浏览服务。而移动梦网又有多年积累的海量用户基础,以及通过新手机内置菜单带来迅速发展的新增用户。这样一来,移动梦网的移动增值业务,就演变成了一场"菜单产业"。每个位置、每层目录、每个菜单都对应着一个几乎不变的收入数字。换而言之,在这个菜单位置里,放什么内容都是一样的,重要的是这个位置本身的价值。如果转换成传统娱乐业的思维,就是在一个电影院里放一个月的《集结号》和放一个月的《白毛女》的票房收入是完全一样的;在一个唱片店的推荐货架上,卖周杰伦的新唱片和卖伦杰周的新唱片的收入也是完全一样的。这个位置营销的规律,一方面是传统娱乐内容产业无法理解和接受的规律,另一个方面又是移动增值产业必须首先遵循的产业规律。没有获得菜单位置的《集结号》和周杰伦,其收入是零。如何获得菜单位置,并不是由内容元素来决定的,而是依靠目前主流 SP 企业中所谓的"销售"或"BD"。获得位置的过程,在 SP 企业看来,就是销售的过程。销售并不负责将产品销售给最终用户,而只负责销售给运营商。而内容的意义只在于,新业务申报上线或争取菜单位置的时候,提供一个版权证明;位置一旦被确定之后,这个位置具体放什么内容,则完全是另外一回事情。在"位置营销"的业务模式中,内容的价值只在于上线申报的版权支撑;而这个版权支撑使用的甲内容或乙内容,效果也基本上一样,因为这个内容并不是最终直接面对用户的喜好,而只是面对运营商检查的一个授权许可。

第五节 群　发

一、群发模式解析

在位置营销之后的最主流的移动增值业务模式,当属群发。短信群发(SMS)通过无线控制信道进行传输,经短信息业务中心完成存储和前转功能,即使在业务信道处于高峰期的情况下,也可以顺畅传输的一种新的媒体传播形式。SMS 应用最普遍的有手机版和电脑版二种,手机版是指由电脑连接手机直接通过无线方式发送短信,无需通过互联网传送信息的群发软件,应用手机版软件,使用单位可以建立一个自己独立控制的短信平台,实现多种实用快捷的广告发送、亲友客户联络和信息管理的途径,对中国移动/联通网络资源在客户端的充分利用提供了一种先进的工具。电脑版软件使用时只需与电脑连接,配合短信群发软件即可实现手机短信快速、安全的群发。

短信群发软件的介入手机短信传播渠道,让手机媒介实现了大范围传播,逐步推动短信传播向大众传播方向发展。手机短信群发能够将信息准确地传递到较大范围的用户手中,并且凭借人际力量,使信息在极短的时间内实现大规模复制、传播和扩散。这使手机在某种程度上成为了大众传播媒介。大众传播是指媒介组织通过大批复制并迅速传播信息,从而影响广大庞杂的受众的过程。也有人以媒介以广大公众为对象,使用人数达到全国人口的 20% 以上的标准来衡量定义大众媒介。从目前手机的发展现状我们看到,伴随数字技术的发展、配套业务的多余开发和使用普及率的激升,手机已具备成为大众传播媒介的潜力。群发这一新型传播形式加上大量的转发,将进一步扩大手机传播的可达到受众的数量和范围。

群发具有方便高效、精确性、实时性和经济性等优势。我们发送的短信不会影响对方的正常活动。不论何时我们都能够向对方发送短信,不论对方能否闭会、休息。假如对方正在开会、他的手机能够打在震动上,但是对方依然能够马上收到短信。对方能够在会后某个方便的时候阅读短信。假如对方正在休息,他能够封闭手机。但是我们依然能够给他发送短信。短信会临时贮存在电信商的效劳器上。总之,只需对方开机时就会看到我们发送的短信。任何保守媒体都做不到 100% 的阅读率,而任何一条手机短信都必须开启后才晓得其内容,手机短信广告被阅读的时机是其他媒体无与伦比的。普通状况下,只要电信商的网络没有问题,我们发送的短信就会精确无误地发送到对方的手机上。即便当时对方不方便阅读,他一定会在适宜的时分阅读。同时,手机号码具有区域特征,我们整个能够按照手机号码判别手机玩家的所在地。这样,我们在群发中能有区分地进行不同的群发,以达到更精确地达到群发对应的合适的群体。另外,假如运用手机发送短信,普通手机发送 1 条短信需要 6 秒的时间,我们能够在 7 天之内给某个中等城市全部的手机玩家发送一条短信。假如运用短信网关发送短信,发送速率更快,只需求几个小时就能够完成。最后,当然是经济问题,假定在一份发行量为 20 万的报纸登载一个 70 个汉字的广告需求 400 元。这个唯有豆腐块大小的广告夹在一大堆小广告里头,会有多少人留意到呢。我们假定在 100 个读者当中会有一个读者仔细查询全部广告,而且看到了你登载的这个豆腐块大小的广告。那么一共有大约 2000 人。而发送 1 万个短信只需求 800 元(依据 0.08 元/条计算)。但我们还是过高估量了这种豆腐块大小的广告的宣传效应。实践上很少有人去阅读广告。

二、短信群发的运营及产品举例

群发类的应用在目前来说较为广泛,尤其是"群发短信息",我们俗称"手机短信群发"。反馈率是衡量它的一个重要因素,也是信息发布者最为关注的要素之一。一次高反馈率的"短信群发"并不只是"群发"那么简单,在实际工作中,要切实提高短信反馈率需要系统地考虑如下几个方面:

1. 数据质量

这里的数据指的是目标受众群体的相关信息集合,影响反馈率的最根本的因素。包含两个方面的含义：

（1）数据的质

最关键的是目标群体手机号码数据的准确性，号码的准确才能确保信息的到达率。如果号码数据不准确，目标受众接收不到信息，则竹篮打水一场空。号码数据准确是最基本的要求，之后要检验受众是否与产品特征相匹配。针对消费者收入、职业、教育程度等人口统计数据及消费习惯等行为信息进行分析，看他们是否真正需要你的产品。就比如高端的产品，却针对普通大众进行传播，反馈率低就在情理之中了。

数据的来源很重要。如果商家购买的是外部数据，则需要在海量的数据库中挑选出最适合自己产品特征的数据进行传播推广。在考察数据准确性时，可以通过随机抽取部分数据来验证。

（2）数据的量

在实际的传播推广执行中，数据需要保证一定的覆盖面。毕竟较好的反馈率需要一定的基数来保证。一般情况下，覆盖面越大，反馈率也越高。

2. 短信内容

这是另一个影响反馈的重要因素。一条短信只能容纳 70 个汉字，如何在如此短的文字里表达出有效的诉求，是个极大的挑战。通常要考虑到以下几个方面：

（1）信息要全面：确定要告诉目标消费者什么信息，一般最基本的要素需要包括：公司名称、产品或服务的诉求、联系方式。即要解答目标消费者在收到短信息后"这是什么"、"谁发的"、"和我有什么关系"、"对我有什么好处"、"怎么联系"等疑问。

（2）信息表现：要怎么样诉求才更有吸引力呢？短信内容需要简单明了，有冲击力，要用 70 个汉字吸引消费者，单纯显得尤为重要。突出产品对消费者的利益承诺是一个好的方法。

（3）外在因素：一个不容忽视的因素是，短信群发在目前的市场环境中有一定的负面影响。目标消费者容易对短信产生不信任或反感等抵触情绪，所以在短信有限的字里行间里要尽可能地降低或消除这些负面影响，尽量出现发布信息的公司全称及使用专业术语塑造可信度。

3. 发送时间

充分考虑目标群体的生活轨迹及习惯，选择合适的时间进行发送。减少对受众的干扰，尽量避免发布者自身人为制造受众的反感程度。

想象一下受众可能在做什么，在其感觉无聊的时候发送给他。如针对上班族，就可以利用其下班途中坐公车的时间段。要是在受众刚上班最忙的那段时间发给他，估计他会看也不看就删了信息，还不忘骂上一句。这中间仅仅是个时间先后的问题，但对效果的影响是难于估量的。

4. 发送频次

任何一种形式都需要受众接触一定的频次才能留下深刻印象或采取行动。手机也一样。但由于手机短信的特殊性，尤其要注意把握一定的度，否则就适得其反了。具体的频次安排要看产品的特征及实际需要来具体安排。

5. 技术平台

现在市场上用于短信群发的软件多如牛毛,也存在不少投机取巧的"科技公司"。某些公司推出的群发软件在发送过程中,会出现信息大量丢失的现象,所以在选择的时候一定要注意选择正规公司开发或代理的群发软件。这样,既保证信息在发送过程中不被丢失,又提高短信的可信度。在发送完成后,抽取部分名录进行跟踪访问,一方面与消费者形成互动交流,取得市场的第一手资料,另一方面也直接检验了信息的发送状况。

总之,短信群发绝不是一件简单的事。需要信息发布者系统地安排整体传播计划,着眼细节,认真执行,才能有效提高手机的反馈率。

短信群发产品举例(一):积分抢话费

群发语示例:尊敬的用户:根据您上月消费话费制度,您获得抽取50元话费奖励的资格,有效期为三天,请回复1确认领取。

短信群发产品举例(二):留言\聊天

群发语示例:

——缘分在指间启动,浪漫在五月邂逅,发送M到8128加入倾城之恋!同城约会寻找到梦中的她(他),炫出你的激情和精彩!咨询10109696。

——寻找别样的人生,体验陌生的精彩,马上发送短信M到8128加入倾城之恋吧!让倾城情缘在我们指尖流转!满足你自由奔放的心!咨询10109696。

短信群发产品举例(三):铃声下载

群发语示例:彩铃之家本周免费推荐:1你到底爱谁-刘嘉亮,2吉祥三宝-布仁巴雅尔,3狼爱上羊-汤潮,回复序号下载设置为默认铃声,然后客户直接回复此条短信,编辑内容1发送即可下载"你到底爱谁",短信内容仅为一个阿拉伯数字1,客户直接编辑短信内容为1发送到01252也可以。

短信群发产品举例(四):测算占卜

群发语示例:

——父亲节你会送什么A剃须刀B打火机C表D领带。发字母到1107851看父子融洽度,更有机会获得所选好礼!3角/条,本条免费,询10109696。

——想知道你前世爱人是谁及在今生叫什么名字吗?想知道你们今生的缘分吗?发送字母jb到5107即可揭晓,百测百准哦!询02038841228。

第六节 媒体推广

媒体推广是一种相对复杂而且涉及跨行业运营的业务模式。

"媒体合作"是市场推广的一种延伸,让用户更能接触到短信产品的充分信息,无论是对品牌还是发展用户都能起到积极的作用。其形式通常有以下几种:

一是与某电视媒体的全方位的合作。如深圳华动飞天即神通与凤凰卫视的合作,灵通与星空卫视的合作等。SP 为电视媒体提供短信特服号和短信终端界面,或者为电视台设计每期的节目问答,让主持人或在片尾告知用户发送答案有奖;或者参与其中的节目制作,设计特定的短信参与环节。SP 与电视媒体五五分成信息费。

二是与各地市广播电台的合作。如鸿连 95 或广东怡创与很多地市广播电台的合作。SP 为电台提供短信特服号和短信终端界面,并参与节目的设计和制作,讲究节目与听众的互动,并让听众通过短信参与节目。SP 与电台五五分成信息费。

三是与报纸或杂志的合作。合作的内容多是知识问答或新闻定制,有的是报纸或杂志自有的特服号,只需与 CP 合作;有的没有,跟 SP 合作,与 SP 五五分成信息费。

四是给钱打软广告。无论是电视、报纸、广播,SP 支付广告费,但不是硬广告,而是结合 SP 的要求在节目中设计短信参与或表现环节,达到广告的效果。例如,某 SP 与湖南卫视的《快乐大本营》合作,在 45 分钟的《快乐大本营》节目中,安排 10 分钟的短信环节,该环节内容是邀请三男一女演绎一段短信情缘的故事,故事以他们通过 SP 的"短信情缘"互相认识后来互生爱慕之情,但彼此却没见过面,到底哪个才是心目中的他呢?通过现场节目三个男生一系列表演考验,让女生最终判断"谁是真命天子",节目轻松有趣,表演精彩,笑话不断,能够给观众留下深刻的印象。节目以 SP 的短信品牌标板为背景,并在电视的屏幕右下角出现旋转角标:移动用户发×××到××××,联通用户发×××到×××,节目中由主持人告知参与的方式:移动用户发×××到×××,联通用户发×××到×××,节目结束后的片尾中出现赞助 SP 的名称和"移动用户发×××到×××,联通用户发×××到×××"告知语。在节目后让移动群发或者自行群发,进行配合,群发词:想与李湘何炅见面吗?移动用户发×××到×××,联通用户发×××到×××,即有机会参加湖南卫视《快乐大本营》的现场节目。每期节目的坐席有 30 个。每期费用是 8 万多块钱,但当期的群发增长量就有 4 万多用户,马上收回了成本。目前与媒体合作分成的 A、B、C 方式已经没有空间,因为能够合作的媒体已经大部分被某些 SP 所合作。

第七节 3G 环境下的移动增值业务

随着中国 3G 网络建设和运营的开展,移动网络传输速度(无线带宽)显著提高,业务类型多样化、内容多媒体化以及服务精细化将成为吸引 3G 用户的亮点。3G 网络不仅能够改进现有的 2G 语音业务质量,还能够提供无线移动高速传输的数据业务,从而可以满足用户对增值业务的多样化需求;同时多样化的增值业务对运营商也有着吸引力。

从国外运营商已经提供的 3G 增值业务来看,面向个人用户的应用主要包括各种内容(音乐、图片、动画、视频、游戏、应用程序)下载业务、即时信息传送、可视电话、视频点播、手机银行、位置服务和移动互联网等业务,呈现出多媒体化的特点。对于行业用户,主要业务是基于位置服务的导航业务、家庭控制和移动办公等业务,促使运营商、手机厂商、服务提供商(SP)、内容提供商(CP)等3G移动增值业务产业链厂商提供更加精细化的服务。本节将从3G移动增值业务系统、3G移动增值业务现状以及移动互联网业务等方面对3G移动增值业务及其技术进行分析与阐述。

一、3G移动增值业务系统结构

移动通信的发展经历了第一代模拟系统,第二代数字系统,现在正在向第三代多媒体系统发展。IMS是3GPP在R5及其以后版本中定义的一个新的核心网络"域",IMS从设计上就支持移动和固定的接入,在业务的支持上采纳了现有IP网络多媒体技术发展的成果,使IMS可以实现支持多种业务和媒体的协商能力。IMS基于全IP的网络结构,采用SIP进行控制,实现移动性管理。多媒体会话信令和载体业务传输,实现端到端的IP业务。随着移动宽带业务的推广,移动网引入IMS将是大势所趋。而固网为了能够满足QoS控制和对漫游呼叫的计费,也将向IMS结构演进。对于大规模商用部署而言,IMS从技术上本身已足够成熟。IMS目前正受到全球各类电信运营商的推崇,相应的测试和部署也正在紧锣密鼓地进行。近年来,IMS作为下一代固定/移动网融合解决方案的标准得到了广泛的认可。

IMS结构用于提供IMS SIP会话的接入和传输,承载网必须是基于分组交换的。以移动分组网的承载方式为例,主要的承载层设备有SGSN(GPRS业务支撑节点)、GGSN(网关GPRS业务支撑节点)以及MGW(媒体网关)。MGW是负责媒体流在IMS域和CS(电路交换)域互通的功能实体,主要解决话音互通问题。无论采用哪一种接入方式,只要基于IP技术,所有IMS用户信令就可以很好地传送到控制层。中间层为信令控制层,由网络控制服务器组成,负责管理呼叫或会话设置、修改和释放,所有IP多媒体业务的信令控制都在这一层完成。主要的功能实体有CSCF、HSS(Home Subscriber Server,归属用户服务器)、MGCF等,这些网元执行不同的角色,如信令控制服务器、数据库、媒体网关服务器等,协同完成信令层面的处理功能,如SIP会话的建立、释放。这一层仅对IMS信令负责,最终的IMS业务流是不经过这一层的,而是完全通过底层承载层做路由实现端到端通信。最上面一层是应用层,由应用和内容服务器组成,负责为用户提供IMS增值业务,主要网元是一系列通过IN/Camel、OSA/Parlay和SIP技术提供多媒体业务的应用平台。运营商可以自行开发一些基于SIP的应用,通过标准SIP接口与IMS系统连接。如果运营商需要连接第三方SP的应用,IMS可以和标准的API,如OSA API连接,通过OSA/Parlay GW对第三方非信任的SP业务进行鉴权和管理等。

二、3G移动增值业务分类

3G移动增值业务通常可以划分为通信类、查询类、娱乐类等业务。其中,通信类业务一般包括基础语音业务、PoC(Push to talk over Cellular)业务、移动视频电话业务等。3G以能够提供符合QoS要求的高速数据业务而优于原来的2G业务,但基础语音业务仍是主要业务,而移动视频电话业务只有在3G网络上才能真正得以实现。这是因为移动视频电话业务对无线网络带宽要求高，3G网络的高速数据传输率对视频电话业务支持良好。除了基础语音业务和视频电话业务外，该类业务还包括基于视频电话业务的增值业务，如视频电话补充业务，包括基于视频电话的来电显示、呼叫等待、呼叫转移等业务，此外还包括视频共享业务、视频会议、多媒体彩铃、视频留言业务等。可以预计视频电话业务将成为3G时代的热点业务。

随着无线带宽的提高，通过手机可以方便获取交通实况、票务预订、餐馆指南、机票信息、字典服务、手机银行、电话簿、城市信息、条码凭证等信息，满足高层次的衣食住行的生活需要。由于3G网络具备大容量与高传输速率的特点，它支持的查询类业务更多的是图文并茂的实时交互性内容。娱乐类业务的代表是手机电视（流媒体类）业务及其补充业务，如音乐点播、影视点播业务等。与通过广播方式的手机电视不同，该类业务是利用移动通信网络实现内容发送和用户管理的视频直播、点播和下载的业务。3G以及LTE时代这类业务的质量会提升至前所未有的水平，用户甚至能够以2Mb/s以上的速率尽情点播所喜欢的歌曲和电影，收看体育新闻和体育赛事，其语音和画面质量是2G以及2.5G网络所不及的。此外，影像图片、MP3铃声下载、手机报、彩铃业务、无线游戏、无线音乐俱乐部等也受到用户欢迎。

移动增值业务的用户为个人用户或企业用户，为企业用户提供增值业务将大有可为。通过对上述业务的整合，可以提供新的业务、挖掘新的市场，如物流仓储的定位应用，金融服务的支付平台，安全执法的视频监控，中小学校的家校沟通，公共事业的水电、养老、社保办理查询以及企业的信息化建设如服务器空间、邮箱、杀毒等。

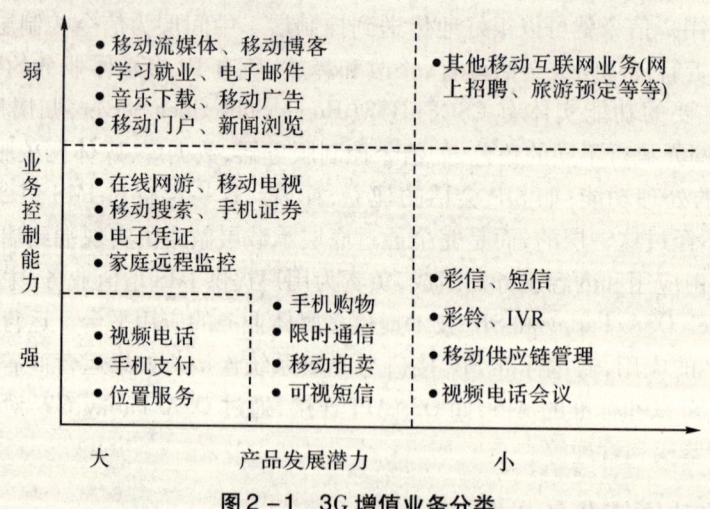

图2-1 3G增值业务分类

三、3G移动互联网业务与技术

随着中国3G网络建设的铺开，3G网络功能不断完善，性能不断提高，尤其是随着3G LTE技术和网络的进一步完善，促使无线带宽显著提高。同时3G用户对互联网业务的需求也越来越大,移动互联网业务无疑已成为3G发展的热点。移动互联网业务是移动通信和互联网融合的产物,将传统的互联网内容大规模引入移动通信领域,可极大地满足3G用户新业务使用和新业务体验需求。

1. 3G移动互联网业务

3G移动互联网业务通常包括手机广告、手机搜索、移动电子商务、手机应用商店、手机邮箱、移动证券、即时消息、移动社交、数据库接入、手机虚拟专用网等。据CNNIC最新统计报告,截至2011年6月30日,我国手机上网用户达3.18亿,半年内增长率4.9%。由此可以看出,广告作为互联网的根本盈利模式,其中的手机广告将掀起移动互联网商业模式的全新变革,带领移动互联网业务走向繁荣。而手机广告业务的核心就在于手机作为大众化、个性化的媒体,承载着信息交换的使命,是信息传递的最后一公里。因此,手机广告业务将成为移动互联网盈利的主要来源。

近年来,移动互联网的内容日渐丰富的业务可以给用户提供方便快捷的移动内容搜索,搜索结果更具相关性。3G用户可以定制自己的搜索引擎和需要的互联网内容,这给予用户相当程度的自由和灵活性。对运营商来说,应加大对搜索领域研发的投入与参与,加速手机搜索引擎和移动增值业务的融合,帮助搜索引擎向信息化产品集成平台转变。可以预见,手机搜索业务将成为移动互联网发展的助推器。

移动电子商务可以为3G用户随时随地提供所需的服务、应用、信息和娱乐,利用手机方便快捷地选择、购买商品和享受其他服务。移动电子商务与手机搜索的融合,跨平台、跨业务的服务商之间的合作,电子商务企业规模的扩大,企业自建的电子商务平台爆发式增长将带动移动电子商务的成熟。

在3G以及移动互联网快速发展势头的有力推动下,手机应用商店的发展和创新令人目不暇接。自从苹果的App Store于2008年7月上线并开设成功后,手机应用商店一下子成为移动互联网的热点业务,以至于在2008年7月之后手机厂商、互联网公司、软件提供商、电信运营商均参与到应用商店业务中。其中手机厂商的目的主要是为用户提供更多的选择,促进用户对手机的购买;同时也是众商家争夺内容和应用业务的市场,以获取更多增值服务的盈利。在技术上,手机厂商、互联网公司、软件提供商所推出的手机应用商店是基于各自所掌握的单一的操作系统,所面向的也是基于自身操作系统手机的终端用户;运营商则试图建立基于多种操作系统的手机应用平台,为所有用户提供丰富的手机应用。

2. 移动互联网业务的核心技术

通常互联网网站的网页很大,由于手机屏幕小、处理能力弱,所以即使手机的浏览器支持对html网页的访问,也会由于数据量大,页面适配性不好导致手机用户无法得到很好的浏览体验。因此对于移动互联网业务来说,在通过手机访问开放互联网时就需要通过转码适配技术使用户能快速地、透明地、自由地访问任何互联网内容。

目前,手机访问开放互联网业务平台的核心技术是SSR(Small Screen Rending)技术,并辅以分页技术以及导航技术,使Web页面能非常友善地呈现在手机屏幕上。通过这种适配技术能够有效地减少传送的数据量,并且适配后的页面看上去与在电脑上看很类似,

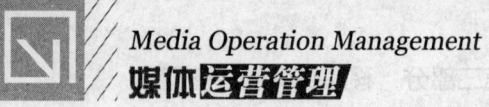

保留了原有网页中的内容和功能,用户能够像在PC上一样完成几乎所有的操作,例如收发Email、阅读新闻、在线购物、在线登录等。

第八节 3G 环境下的精确营销策略

移动增值业务种类多、上线快、用户个性化需求强等特点对市场营销人员提出了新的挑战,也为精确营销和客户洞察提供了肥沃的土壤。精确营销模式在多业务通用、活跃度提升、渠道协同所具备的优势,并创新地提出了适合3G移动增值业务的全程精确营销思路,利用协同式过滤技术来实现潜在目标客户的识别,利用客户细分来实现策略匹配。为了支撑全程精确营销的落地执行,提出了精确营销实战支撑系统的系统架构,包括供营销策划人员使用的取数平台和供一线营销人员使用的推荐平台,在营销实践中取得了不错的效果。

一、精确营销概念

精确营销(Precision Marketing)是在对客户细分定位的基础上,依托现代信息技术手段建立个性化的顾客沟通服务体系,实现企业可度量的低成本扩张,以保证企业利润的最大化。精确营销可以归纳为PPT模式,即树立从客户出发的核心价值观,从策略(Policy)、流程(Process)、技术(Technology)三方面着手,实现最终的精确营销。

美国的莱斯特·伟门(Lester Wunderman)最早于1999年提出了精确营销的概念。3G时代将带来更多丰富多彩的业务应用,同时随着客户群体越来越向小众化、复杂化发展,终端用户对多元化业务的需要以及对高质量信息服务的要求也不断提高,这对运营商精准营销能力提出了新的挑战。"真正为客户提供所需要的应用"已经成为电信运营商营销创新的重点所在。电信运营商需要进行营销理念转变,必须依靠先进的技术手段实现电信业务的深度运营和精准营销,实现产品、管理及商务模式的创新,从粗放式营销向精准营销和深度营销转变。精确营销通常可分为五个阶段:

一是客户信息收集与处理。客户信息及数据的管理是基础的数据准备过程。市场人员将分散在企业内部以及企业外部的数据(包括市场调查、第三方数据等)分类、整理并装载到一个集中的数据库中,作为全面的数据分析和管理的基础。

二是客户细分与定位。客户细分是将客户以不同的特点分为不同的群体,在相同的群体内部,客户的特征存在着共同点,而在群体与群体之间,客户的特征有着明显的差异。这样的细分使得企业能够对每个客户群进行有效的管理和采取不同的营销手段。

三是营销策略制定。有了前两个阶段的准备,在得到基于客户数据和企业自身数据的分析后,企业结合营销目标,企业战略,运营能力和市场环境等多方面因素,对不同的客户群体制定出相应的营销策略。

四是营销方案设计。企业在制定了相应的营销策略后,根据目标客户群的特点,进行针对该客户群的营销活动,其中包括营销活动创意、产品定价、营销宣传模式、产品投放时间等,最终形成成熟的营销方案。

五是营销结果反馈。基于营销活动执行过程中收集到的数据,包括用户、产品、市场等各个方面,最终反馈到企业的数据库中,作为下一阶段的营销活动的基础和数据支持。

二、精确营销的开展

1. 目标客户识别

在全程精确营销下,3G 移动增值业务的潜在目标用户识别将运用协同式过滤技术,并进行业务规则过滤。

(1)基于协同式过滤技术的潜在目标客户识别协同过滤技术的核心就是为一个需要推荐服务的目标客户寻找最相似的"最近邻居"集。从用户的语音行为/价值、增值业务行为/价值和客户信息等基础通信特征出发,关注用户消费模式的相似性,采用最近邻算法,通过计算目标用户和其他用户之间的相似性(可以用欧几里得距离、Pearson 相关度方法或目前常用的向量空间余弦夹角相似性等),产生一个根据相似度大小排列的"邻居"集合。

- 针对业务寻找潜在目标用户

对单个移动增值业务寻找潜在目标用户,只需要将该业务已有用户的邻居用户全部抽取出来,根据相似性原理,没有使用该业务的邻居用户都可以被视作该业务的潜在目标用户,如图 2-2 所示。

用户	总通话次数	平均每次通话时长	本地主叫时长占比	日间/全天通话比例	半夜/全天通话比例	假日/全天通话比例	主被叫时长比例	短信发送接收比例	短信条数和通话次数比例	…	用户相似度识别编码
189****8066	7	6	5	9	1	1	2	5	5	…	765911255…
133****3374	6	6	8	5	1	1	2	5	5	…	668511255…
153****7180	8	7	5	8	1	1	2	5	5	…	875811255…
133****4064	5	7	9	9	1	1	9	5	5	…	579911955…
…											…

用户	是否订户	最近邻1	相似度1	最邻近2	相似度2	…
189****8066	1	133****6865	3.7	153****7956	3.9	…
133****3374	0	153****3302	0.6	153****2225	0.7	…
153****7180	0	133****5666	1.1	153****5056	1.1	…
133****4064	0	133****2430	0.9	133****7973	0.9	…

潜在目标用户	是否订户
133****6965	0
153****7956	0

图 2-2 针对业务生成推荐名单

- 针对用户的业务推荐

对于单个用户,根据其邻居用户移动增值业务的使用情况,向该用户推荐其邻居使用频率最高而其还没有使用的移动增值业务,这样可以形成一张针对所有用户的增值业务推荐列表,进而对不同的用户进行移动增值业务推荐。

(2)基于业务规则过滤生成目标用户清单

为更好地契合某个移动增值业务的特点,提高该业务的潜在目标用户清单的准确性,在用协同式过滤技术提取潜在目标客户清单的基础上,还可以应用业务规则过滤的方法,将潜在目标用户进行二次筛选和过滤,形成最后的目标用户清单。业务过滤规则内容包括以下三个层次:

第一层:选择终端支持的用户。手机终端的功能与增值业务的使用关系非常密切,因此需要掌握用户手机的功能信息,剔除终端不支持此业务功能的手机用户。

第二层:根据业务特征剔除特殊用户,如沉默通话用户、投诉客户、免打扰客户、黑名单客户等。

第三层:根据营销活动形式和目的选取目标客户。如某移动增值业务的营销活动是针对学生,则可以优先考虑选取使用学生语音套餐的用户。

2. 策略匹配

在策略匹配阶段,常常采用基于客户细分的策略匹配方法,主要是根据手机用户人群评估指标,聚焦重点人群,制定满足特定需求的营销方案,并对方案各环节进行精细化设计,如图2-3所示。

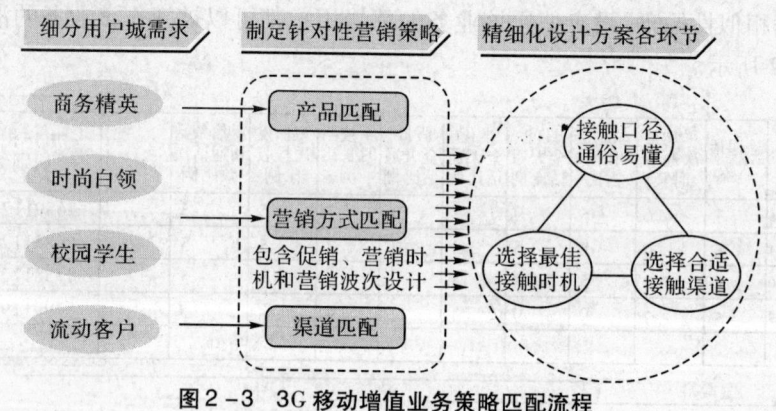

图2-3 3G移动增值业务策略匹配流程

(1)客户细分

首先结合3G移动增值业务的业务特征,根据人群评估指标细分用户群。客户细分评估指标分为人群重要性和需求潜力两方面:前者包括人群的规模大小、移动业务使用习惯、生活形态、个人支付能力、年龄、教育程度等;后者则考虑需求的重要性和迫切性以及支付愿望等因素。常用的细分客户群的方法有两种:一种是通过对用户的通信行为数据进行聚类细分,进而观察各个客户群的特征,并进行归类描述;另一种则是根据客户群的特征,预判设定分类规则,通过不同的变量阈值来划分客户群。常见的3G移动增值业务潜在目标用户集中在以下几大重点细分客户群:商务精英、时尚白领、校园学生、流动客户等。

(2)制定针对性的营销策略

从产品、营销方式(包含促销、营销时机和营销波次的设计)、渠道等三方面进行匹配,制定针对性的营销策略。细化方案的各环节,包括接触口径通俗易懂,选择合适的接触渠道,选择最佳的接触时机等。

3. 执行管控

根据已确定的营销策略方案,开展3G移动增值业务的营销执行是关键一环,为确保执行的效果,及时总结、发现问题以调整营销策略,可以从以下几个方面来加强对营销执行的管控。

• 营销派单系统跟踪管控:利用营销派单系统,对执行营销活动的各个渠道环节进行管控,这是一种实时、高效的方法。

• 执行效果报表跟踪管控:预先设计好活动管控统计报表,可以采取日报、周报、月报等方式,定期统计和分析营销活动执行的效果。

• 实地调研跟踪管控:在营销活动过程中,营销策划人员也可以亲自前往营销一线,跟踪整个营销活动的执行过程,发现问题并及时解决。

4. 评估优化

在对营销活动的跟踪管控过程中,如果发现营销活动效果不理想,可以从两个方面去优化改进:一方面是调整潜在目标用户模型参数,主要是通过调整协同式过滤算法中的一些参数,调整潜在目标用户清单;另一方面是调整营销策略,这方面的调整往往是针对原营销方案的不足,对症下药。

三、精确营销在长沙移动增值手机订票业务中的应用

1. 长沙移动手机订票精准营销系统内涵

根据长沙移动对于手机订购电影票业务的推广需求提出的,采用数据挖掘技术和分析方法对网络数据和用户数据进行分析,并对数据进行采集及关联分析的解决方案。系统通过采用一系列算法对用户市场数据和用户网络数据进行关联分析和其他挖掘分析,发现各种有价值的用户信息,以帮助长沙移动针对手机订票业务开展精准营销服务。

2. 手机订票精准营销系统分析方案

该系统主要针对电影票的手机销售,其总体目标有两个,分别是:

(1)帮助长沙移动提高手机订票业务的用户渗透率和业务认知度。

(2)帮助长沙移动提高现有手机订票业务的使用普及率和成功率。

为达成这个目标,必须对手机用户进行客户细分,以识别目标观影用户群,排除疑似工作人员和其他人员干扰,并确定目标观影用户群的小区分布情况和分时段小区分布情况,分析目标观影用户群的移动性、社会联系性和订票观影行为特征。同时分析订票业务的关键影响因素和订票流程、用户短信交互行为,旨在提高尝试订票用户的购买成功率。

按照业务问题和数据分析要求,必须对采集的海量网络数据进行全面整合和处理,形成有关网络和终端用户的全息数据库。针对具体手机订票业务特点,提出业务精准营销解决方案框架设计,根据该业务框架进行相应数据分析,为精准营销提供数据和建议参考。系统收集业务需要的部分网络数据,并根据业务设计的逻辑框架进行数据分析,由于数据

的局限性,仅进行部分专题内容分析,完整的业务分析将有待于进一步开展。系统数据收集范围显示了以长沙万达影院为目标影院,三天系统网络数据收集的情况,数据覆盖大部市区,数据量为800G。系统利用这些数据,对客户进行行为分析,以识别观影用户、进行营销手段评估,并分析影响用户手机购买的关键因素。

3. 建立手机订票精准营销数据分析模型提高购买成功率

为提高目标用户对业务的认知度和提高使用用户的购买成功率,本文提出手机订票业务精准营销数据分析模型,从识别观影用户、营销手段评估,影响用户手机订票的关键因素分析这三个方面对数据进行分析聚类。

(1)识别观影用户

该部分目的在于帮助运营商深入了解目标客户群,通过对网络数据中目标观影用户的识别,并通过关联技术手段排除工作人员和其他非观影人员,确定手机订票业务的真正用户群体。并且对于这部分用户进行深入分析,建立全面多维的用户档案。

(2)营销手段评估

通过对目标用户的聚集度、社会活跃性和订票观影行为的深入分析,对目标用户群体进行建模,根据用户的不同特征特点,对不同的营销方案进行效果评估,并根据用户模型优选营销方案建议。

(3)影响用户手机购买的关键因素分析

通过识别出尝试进行手机订票的用户,并对购票成功影响因素的分析,对用户行为和订票流程进行关联分析,确定影响购买的漏斗模型,并提出流程及业务改进建议,帮助更多的用户成功购票。

随着中国电信业改革不断深入,电信运营商之间对客户的争夺也越来越激烈。为了适应这种竞争,中国移动进行了战略转型,由"移动通信专家"转型为"移动信息专家",开展全业务运营,重点发展增值业务等数据业务。而且随着竞争加剧,电信运营商在争夺用户市场的同时必须降低市场营销成本,那么如何识别潜在客户,如何选择有效的营销手段进行精准营销就成为市场竞争中获胜的关键。同时,电信行业是典型的数据密集行业,其业务数据中隐含着大量对企业有价值的信息,通过基于数据挖掘技术的"精准营销"可以帮助我们发现顾客需要、分析顾客行为、评估顾客价值,进而有针对性地制定营销策略,满足客户个性化的需求。

第九节 基于用户满意的体验营销

一、相关理论概念

1. 客户满意理论

所谓客户满意,就是客户通过对一种产品的可感知的效果或结果与他的期望值相比较后所形成的一种失望或愉悦的感觉状态。当商品的实际消费效果达到消费者的预期时就导致了满意,否则会导致顾客不满意,而当超过了预期时,更能达到深度满意。根据研究内容的不同,这些研究主要可以分为三类:顾客满意形成机制的研究、顾客满意与消费行为关系的研究和顾客满意度的研究。

2. 体验营销理论

体验营销是指企业通过充分运用产品或服务这个道具,在满足顾客体验需求的基础上,为顾客最大化创造价值的营销活动过程。体验营销要求企业必须从消费者的感官、情感、思考、行动、关联五个方面重新定义、设计营销策略。

体验营销主要从生活与情感出发,塑造感官、感情体验与思维认识,以此抓住消费者的注意力或培育顾客忠诚度的一系列体验活动。与传统营销相比,体验营销"以商品为道具,以服务为舞台,以顾客为中心,创造出能使消费者全面参与、值得消费者回忆的活动",使用户在消费过程中产生情绪、体力、心理、智力、精神等方面的满足,并产生预期或更为美好的感觉。

结合营销理论,可以将体验营销解释为"针对目标客户(Who)在什么地点(Where)什么时间(When)如何宣传(How)合适的业务(What)"。

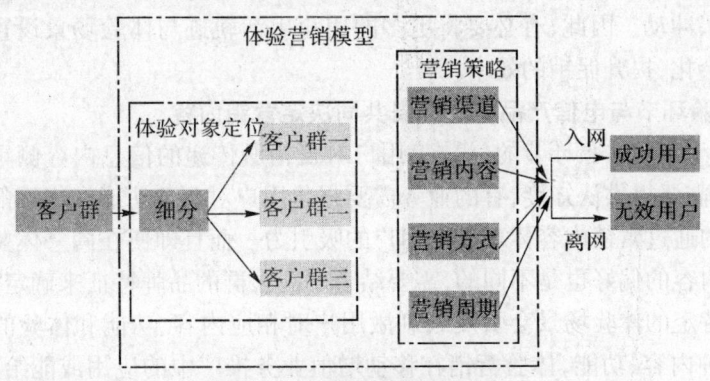

图2-4 体验营销模型流程图

3. 体验营销对增值业务用户满意度的影响

在移动增值服务满意度模型中,客户感知价值和预期价值是影响满意度的重要因素。当客户接受服务或购买产品后所感知到的价值大于或等于预期价值时,用户会感到满意;当感知价值小于预期时则会产生抱怨和不满;只有当感知价值远远高于预期时,用户才能将满意转化为忠诚,并产生持续购买和消费的意愿。因此,在移动增值服务竞争趋于同质化的今天,要想提高客户满意,就必须在保证产品和服务质量的同时,给用户创造更多的感知价值。而体验营销正是为用户在产品价值之外创造"超额价值"的有效手段。

二、体验营销的关键环节

1. 数据挖掘技术与定位目标客户

在客户细分工作完成以后,下一步就是要定位目标客户。如果目标客户定位不准确,不仅无法完成对运营商的增值业务的推广,同时也会增加运营商的营销成本。如果能够对目标客户群做到精准定位,则会起到事半功倍的作用。以用户的日常行为数据为基础,对用户使用某种移动增值业务的行为数据进行深入的分析,通过数据挖掘的方法,总结出用户的日常行为规律,然后根据用户的行为规律,结合神经网络技术对用户的行为进行预测,以此可以精确定位目标客户,从而提高营销的准确性,降低营销活动成本或提高用户成功转化率。

2. 客户体验模型与电信增值业务营销方式的拓展与选择

营销需要针对用户所处的体验环节来进行。而对于营销方式而言,一方面,客户体验由于不同营销方式所针对的客户体验环节是不同的,要善于针对特定业务所处的体验环节问题进行针对性的促销方式选择;另一方面,单一的营销方式往往很难覆盖完整的客户体验环节,导致用户很难形成最终的购买行为,针对这种现象,针对不同体验环节的整合营销方式,用以提升营销效率,跨越市场裂谷;令深化目标用户群的生活轨迹与体验场景与提升营销渠道的效率将广告等大众传媒作为营销渠道,尽管人群覆盖面较广,但针对性较差。而且,对于移动增值业务而言,其强调的是在目标客户的生活环境里提供对方所需要的体验,而且整合营销的精髓之一恰恰在于强调有针对性的"多点接触",只有这样,才更可能引起用户的购买冲动。因此,有必要将更多的用户生活轨迹与体验场景设置为促销渠道,实现渠道的社会化,提升促销的效率。

3. 客户体验环节与电信产品体验场景共同决定营销内容

一方面,处于不同体验环节的(潜在)用户对营销所传递的信息内容侧重点是不同的。例如,有的业务需要提供认知度,有的业务需要强化用户对业务功能和应用的理解,有的业务则需要更多的通过营销内容体现其对用户的吸引力。而且即便在同一体验环节下,不同人群对于营销内容的偏好也是不同的,需要结合不同人群的品牌特征来确定具体的营销内容;另一方面,特定的体验场景会引发或刺激用户对相应内容、功能和体验的诉求,而同一业务可能有多种内容、功能,体验营销在移动增值业务推广中的应用或能给用户提供多种体验。在这种情况下,借助对不同业务体验场景和体验模式的理解,就能在明确营销地点的基础上,确定针对目标用户群的营销内容。

4. 不同类型的业务应制定不同的体验营销周期策略

针对不同营销目的、不同类型的移动增值业务,其体验营销周期策略也应是不同的。例如试用型的业务,其营销目的为培养用户的业务使用习惯,如果试用期设置过长,会增加运营商的运营成本;试用期设置过短,客户在试用期内缺乏对业务的充分认识,没有形成使用习惯及对业务的依赖性。

5. 体验用户跟踪

用户跟踪是指在业务体验过程中保持与客户的联系,了解客户体验感受,可以通过电话回访、在业务网站开设留言板、免费客服电话等方式始终保持与客户信息沟通渠道的通畅,及时掌握客户对体验业务的使用情况、客户心理价格、客户偏爱等重要信息,最终促成业务定制、或确定免费体验期过后取消使用的原因、或取得对新产品的改善意见等。

6. 营销方案后评估

营销方案实施之后,根据一定指标对营销效果进行评测。主要目的是确认体验营销活动的影响效果,总结成功因素,发现问题原因,从而调整后续体验营销计划的目标市场、产品、渠道、定价等,为下一步市场策略提供科学的依据。同时可以为其他的移动增值业务的营销渠道、营销方式的选择提供第一手的数据资料。

三、基于客户满意的体验营销策略建议

1. 透明资费,培育用户消费观念

由于过去的消费水平偏低,用户仅仅满足于基本通话而不追求丰富的增值体验,因此进行增值业务的推广是必须要重新培育消费者的消费观念,树立一种新的消费习惯。然而目前多数增值业务提供商资费混乱,存在较为普遍的"手机陷阱",刻意蒙蔽消费者,导致了消费者对增值业务信心不足甚至产生排斥心理。所以在定制资费时,必须遵守公开透明的原则,并将资费控制在消费者可以接受的价格范围内,彻底地为消费者解决资费的后顾之忧,才能让用户充分地享受到增值业务所带来的移动通信的全新体验。

2. 细分市场,了解用户个性需求

在科学合理的市场细分的基础上,运营商才能针对各类目标群进行需求分析,并根据不同的需求为不同的客户群体量身定制属于他们的独特的增值服务并制定出多种多样的营销组合。运营商应注重与顾客之间的双向沟通,真正了解用户的口味,尽可能地搜集顾客信息,发掘他们内心的渴望,站在顾客体验的角度,去审视自己的产品和服务。

3. 鼓励参与,全面体验增值业务

消费者缺乏消费体验是增值业务推广最大的困难。让消费者先体验后使用,让消费者在体验中了解新业务的乐趣和用途,是激发消费者购买欲望的有效方法。消费者参与的越多,企业就更能了解到客户真正的需求,也就更能有效地组织各种营销活动和个性业务的研发。因此在用户参与体验之前,运营商有必要为用户提供一个激发消费者情感的环境,营造出适合体验的氛围,以及与环境相呼应的贴心、周到、热忱的服务,这些都有助于达到体验的最佳效果。同时,体验店内的服务人员还会进行新业务的现场演示,并对用户遇到的问题耐心解答,以帮助用户了解业务功能,感受业务精彩,激发他们的使用兴趣。在良好体验环境的基础上,为用户创造全方位的消费体验吸引用户在价格、产品、促销等多方面进行参与和体验,通过免费使用、提供优惠价、消费奖励、广告特制品等方式让用户逐渐地接受和喜爱增值业务,并形成良好的口碑传播。

4. 淡化技术,提供人性化的服务

在业务的选择和开发上,应遵循业务实用性、操作便利性、内容丰富性等人性化的原则,以体验为导向,设计、制作和销售产品,最大限度地满足客户的需求。例如日本 KDDI 公司始终坚持站在用户的角度看问题,他们认为,"用户使用业务是非常直观的,如果只介绍技术,用户对于业务还是不了解。例如,2G 业务可以为用户提供图片服务,到 3G 的时候,用户看到的服务就可以是动画形式。采用这种形象直观的方式将 3G 业务介绍给消费

者,他们才更容易接受。"因此,在与用户沟通的过程中,要淡化技术的先进性,而是侧重于介绍服务、功能的变化等客户容易理解的内容。同时,KDDI在进行用户调查时,还通过让用户选择自己喜爱的小礼物,分析客户的性格和爱好,据此进行产品开发和设计。

随着技术的发展、增值业务的普及以及资费的不断下调,消费群体对移动互联网的需求与日俱增,增值业务具有广阔的发展前景,只有基于客户满意这一前提条件,才能从业务的开发到推广等一系列活动中,为用户创造出更贴心、更人性化也更为美好的体验感受;而当体验营销在增值业务的营销活动中发挥出真正作用时,企业所追求的客户满意度也会得到有效的提升,从而为培养客户忠诚提供可靠的保障。留住一个老用户的成本远远小于开发一个新用户,这已成为企业的共识,因此以客户满意为目的,实施体验营销,是通信企业客户忠诚计划的重要保障。

第十节 基于SWOT分析的中国3G环境下增值业务发展策略探讨

一、中国3G增值业务发展SWOT分析

SWOT分析法又称为态势分析法,它是由旧金山大学的管理学教授于20世纪80年代初提出的,是一种能够较客观而准确地分析和研究一个单位现实情况的方法。SWOT分析法通过综合考虑企业内部因素和外部因素,确定企业当前内部优势和劣势,认识外部环境所能提供的机遇和可能遇到的风险,进而加以综合评估与分析得出结论,然后再调整企业发展策略,来达成企业的目标。其中,S(Strenghs)指企业内部优势,W(Weaknesses)指企业内部劣势,O指企业外部机会(Opportunities),T(Threats)指企业外部威胁。

1. 中国3G增值业务的S(Strenghs,优势)分析

(1)政策方面优势。为促进3G技术的发展,工信部等八部委联合印发了《关于推进第三代移动通信网络建设的意见》,要求电信企业联合产业链各方开发适宜市场应用的特色3G产品,并鼓励政府、行业信息化和电子商务中广泛应用TD等3G技术。对利用3G开展研发、技术改造、增值服务的企业,符合税收法律法规规定条件的,依法享受有关税收优惠政策。

(2)客户资源优势。中国拥有世界上最大的电信用户消费群体,根据工信部最新统计数据显示,截至2010年6月底,我国电信用户规模已达1.28亿户,其中3G用户累计达到2520万户,如此大的通信用户基数,为3G增值业务的发展提供了潜在用户保证。

(3)运营优势。一方面,增值业务经过2G、2.5G技术的发展已建立起一定的品牌优势,并在业务创新、资费定制、市场开拓以及渠道建设等方面都积累了一些实践经验。另一方面,得益于2008年电信重组,三大运营商在固话、宽带、ICT、移动通讯和其他领域获得了经营权,步入了全业务运营时代,通信运营商自身的固网和移动网络的融合,可以提供更多个性化的3G增值业务以满足不同客户的需求。

2. 中国3G增值业务的W(Weaknesses,劣势)分析

(1) 3G增值业务在服务和内容方面同质化竞争现象突出,业务创新能力不足,增值业务设计中对用户需求研究不透,有特色、互动性强的、满足用户个性化需求的产品相对匮乏。3G数据业务整体市场还处于初期阶段,当前3G用户消费还主要以语音通话为主,在已开发的3G增值业务中,规模效应还未凸显。

(2) 营销渠道薄弱,营销人员队伍的能力有待提高。相对传统卡类产品,增值业务作为一种无形的信息服务,在市场上认知度低,业务种类多,酬金低,社会渠道代理商推广3G增值业务的积极性很低。在社会渠道销售增值业务的过程中,存在着销售量低、销售积极性低、销售后的产品使用活跃度低、销售的增值业务种类低的"四低现象"。

(3) 终端数量不足,性价比不高。3G增值业务的多样化必然要求移动终端要具有大容量、高处理速度和高清晰度,才能满足视频电话、手机定位、手机支付等功能。3G发展初期用户规模不大,势必导致终端制造商成本和市场终端居高不下,从而导致了3G终端数量不足,性价比不高。终端因素成为用户对3G观望的一大原因,加大了用户的入网门槛。

(4) 资费偏高,套餐设计不合理。运营商把3G定位为是高端产品,其目标用户群是对资费不敏感的高端人士,资费设置过高,造成普通用户望而却步。据某调查显示年轻的IT从业人员和学生才是3G业务的热捧者,这两个群体才是未来中国3G用户的中坚力量,他们对3G业务的需求和尝试愿望更加强烈。

3. 中国3G增值业务的O(Opportunities,机会)分析

(1) 国家宏观经济持续稳步增长、国民收入稳定提高,为3G增值业务的发展提供了一个良好的宏观经济环境。

(2) 随着社会经济的发展以及现代社会人类生活品质的提高,移动电话已从过去的奢侈品变为现在的生活必需品,单纯的语音服务已经不能满足用户对通信的需求,人们普遍希望能够得到多样化、综合化、智能化、个性化的服务。3G增值业务在这方面具有得天独厚的优势。

(3) 电信业重组和3G牌照的发放,使得我国三家电信运营商全业务运营成为可能,从而构建起有效竞争的市场格局。运营商可以通过固定和移动、语音和数据融合的方式,为目标客户提供整体解决方案,针对不同的行业推出不同的业务组合,这正迎合了ARPU值较高的且市场潜力巨大的行业用户需求,同时这种业务组合模式有助于增强用户黏性,降低行业用户的流失率。

(4) 北京奥运会、上海世博会、广州亚运会等大型活动的举行,为3G增值业务的应用和推广提供了一个难得的平台,使得用户能够深入认识、接触3G增值业务的众多应用。

4. 中国3G增值业务的T(Threats,威胁)分析

(1) 消费者的素质逐步提高、购买行为越来越理性、对运营商服务质量的要求提高;政府监管和媒体舆论对运营商服务质量的监督加强。

(2) 挖掘3G增值业务市场需求、引导用户消费习惯需要从新开始,营销成本加大。

(3) 市场规范欠佳,增值业务投诉日益增多,垃圾短信、不良信息、不健康内容的存在使电信增值业务的发展受到诸多负面因素的影响。

二、中国3G增值业务战略的选择和实施

通过对我国3G增值业务发展的SWOT分析,看到3G增值业务发展过程中既存在巨大的机遇和优势,同时也存在着一些威胁和劣势。3G业务的业务创新性和服务价值可以说是塑造成功电信企业的关键所在,尤其是增值业务。同时,增值业务也是传统电信运营商向综合信息服务提供商转型的重点。因此中国联通在新的3G领域中,面对复杂的竞争环境,应以3G增值业务作为重点,带动整体业务的发展。但如何在市场竞争中扬长避短,创造和保持新的市场是当前所面临的重要课题。为此,根据以上的分析内容,结合迈克尔·波特的管理学理念,并借鉴国外运营商的成功经验,采取差异化战略作为总体业务战略,并体现在以下几个方面:

1. 开发创新型增值业务产品,推进增值业务与基础业务融合产品差异化

采用新的网络平台开发出差异化的产品。以宽带化、综合化、个性化为产品诉求点,充分满足用户的需求发展。为客户提供差异化的融合产品,让客户充分体验到中国联通带来的全新融合业务和产品,以适应融合发展。

(1)加大对数据类增值业务的研究,针对不同的客户需求提供相应的差异化业务和产品。重点发展各类融合性业务、新版客户端等应用,推出融合型家庭、政企套餐。同时突出话费共享、同一套餐内互拨免费、多通道统一账号等卖点,推动宽带账号经营,实现统一接入、统一应用、统一认证、统一用户感知。

(2)大力推进业务融合,打造突出融合性和创新性的业务。例如,凭借在固网、互联网宽带业务等方面的优势,打造移动定制业务,将移动语音和数据业务转移到固定终端装置上;而在移动工作和生活环境中,则可以通过手机将固定语音和数据业务转移到移动终端装置上。这样既方便了用户,提高用户在网的保有量,同时又提高了设备利用率,降低了运营成本。在公众通信市场,以先进的网络平台为支撑,以用户多样化和个性化的需求为出发点,开发出有特色、用户喜欢、投资少、见效快的新业务,达到快速增加收入、提高公司销售利润率的目的。

2. 细分客户群体,把握市场定位,重视评估与反馈

营销差异化。联通公司可以利用先进的网络平台,向用户同时提供多种业务,而用户可根据自身不同情况下的需求灵活地对业务、带宽、费用、服务等等进行选择捆绑,使用户根据自身情况各取所需,其最终目的在于为客户提供差异化服务。

(1)应在实施对客户服务全覆盖的基础上,着重突出对客户的分层管理,重点保证政企客户的服务延续性。在人员维度上,聚集精英和骨干人员集中对政企客户实施重点营销,避免客户经理流失导致客户服务的阶段性盲区;在区域维度上,设立不同的区域系数计入考核,有效调动区域营销积极性。

(2)实施差异化营销策略,加强科学、缜密的市场调查、市场细分和市场定位。准确地把握客户需要什么,依据调查分析来深刻把握市场,确定突破性发展重点业务和客户等指导性思路,调整收入结构。基于充分的市场调研和数据分析制订营销方案,研究客户流失

原因,逐步将深入细致的经营分析融入经营全过程。

(3)通过分析加强针对性营销活动的跟踪、评估,找准问题,加大考核。做到实时动态评估、定期效果评估与执行改进相结合,彻底改变重执行轻评估的现状,加强对营销过程的掌控力度。从传统运营商被动接收用户投诉转向主动关怀客户的方式。建立客户经理跟踪制,不但让客户充分了解产品的功能和特色,使其对产品产生兴趣,而且及时了解客户需求,解决存在的问题。

3. 拓宽宣传渠道,兼顾传统媒体与新媒体

宣传差异化。随着商品经济的飞速发展和市场竞争的日趋激烈,广告对展现产品价值和促进产品销售起到了重要作用。联通应进一步加大向各大新闻媒体,特别是向中央级媒体、省级媒体和市级媒体的广告投放力度,通过权威性的门户网站,大力宣传各项通信业务。在产品宣传上不仅仅限于对其功能的介绍,而且将产品的功能特色融合到公司的企业文化中,让用户不但了解产品,而且更加了解公司的企业文化。经常通过新闻报道新闻媒体以社会性、大众性、公正性的观点对企业进行报道,给消费者的感觉更真实,更有利于取得消费者的信任。同时通过自有营销渠道,如营业厅安排新业务新产品示范,展示下一步计划推广的通信产品,让消费者和经销商亲身体验新产品的优势和效果,加深对新产品的了解和认识,为产品推广打下良好的基础。还有使消费者通过产品试用,与其他类似产品对比,发现和了解其优点,从而为下一步购买提供参考。重视包装的设计,包装对产品不仅具有保护和方便储运的功能,还具有美观性、醒目性等特点,所以对宣传促销也有着不可替代的作用,素有"无声的推销员"之称,已越来越受到人们的重视。

电信运营商应该在今后3G增值业务发展过程中利用机遇,在业务发展过程中扬长避短来推动3G增值业务的健康发展。这主要从以下几个方面做起:

(1)不断进行产品创新。3G技术具有高质量、高速率、大容量和全移动等特点,为满足当前用户的增值业务需求打好了坚实的技术基础。运营商应该深入挖掘用户需求,根据客户需求特征合理地细分市场,有针对地开发满足用户特定需求的业务,避免同质化竞争。在业务的开发过程中,运营商尤其要注重"固网+移动"的全业务增值服务的提供,移动语音业务、增值业务、数据固定业务之间的有机整合有助于企业实施差异化战略,形成转换成本,提高用户黏性。

(2)提高终端种类及质量3G增值业务的多样化必然对移动终端提出更高的要求。3G初期用户规模不大,势必导致终端制造商成本和市场终端居高不下,从而加大了用户的入网门槛。运营商集中定制和采购有利于降低终端的制造成本,降低用户的入网门槛和终端制造商的经营风险,更好地锁定用户的使用习惯。

(3)注重营销渠道渠道是产品与消费者之间的通路,以前以语音业务为主的渠道策略已不再适用3G增值业务的发展。3G增值业务的丰富应用只有建立在能够直观展示、全面体验的营销环境基础之上才能触发消费者对3G增值业务的需求和购买欲,因此营业厅营销变成了3G增值业务发展的重要渠道。另外由于3G增值业务没有具体实物形态的特点,这些产品的主要传播策略是体验,用户选购这些产品也没有必要一定到现在的营业厅

Media Operation Management
媒体运营管理

办理,可以通过网站、电话、短信、掌上营业厅、自助终端等电子渠道办理业务。未来3G的营销渠道是以网站、电话、短信、掌上营业厅、自助终端等电子化渠道为主,以现有的实体渠道为辅助,通过不断的体验来感知新增值业务的效果,并通过电子渠道完成产品的定购和其他消费行为。

(4)打造共赢的产业链 3G增值业务的不断发展,在实现增值业务服务多样化、综合化、智能化、个性化以及争取业务质优价廉的过程中,仅靠运营商自己的实力是显然不行的,需要联合增值业务产业链上下游各环节的相互促进、相互配合才能做到。增值业务的发展需要产业链的协作,各个环节相互促进而不是相互制约,才能够确保3G增值业务市场能够获得持续、稳定的发展。

第二部分 移动媒体的运营管理

第二章
手机增值业务的运营

第一节 手机增值业务的现状与具体表征

一、手机增值业务现状与发展

随着社会的发展,增值业务由单纯的大众娱乐发展成为人们工作生活提供实际便利的帮手,意味着增值业务市场真正成熟,市场空间也会更大。最早的增值业务应用大多只是娱乐,譬如彩信、彩铃、音乐下载等,给人们带来的是日常之余的轻松、休闲。近一两年,增值业务开始进入工作和生活领域,真正在用户的生活中派上实际用场:出行指南、天气预报、号码百事通等信息服务大众衣食住行,电子钱包为人们节省了时间和精力,业务繁忙的人也因手机邮箱而受益……不仅众多的 SP 挖空心思推出各种新业务类型,许多其他行业的企业也纷纷加入进来,结合自己的传统优势来服务大众。以增值业务的一种类型——短信为例,在作为个人交流的工具如火如荼地发展了几年之后,它被赋予了更大的作用和意义,在 2006 年夏季南方各地的防台风、抗洪工作中,小区短信就帮助市政部门发布信息,避免了许多人生命安全和财产的损失。

特别在 3G 的大趋势下,中国手机增值业务本身正朝着以下几个方面演化:产业链日趋完善,分工越来越明确;市场不断细化,市场需求越来越大且越来越明朗;相关产业政策和监管法规正在制定完善中;以手机增值业务本身在宽带化、个性化、交互化和适应性的要求下不断提高;各种通信技术的不断创新和成熟为移动增值电信业务提供了可靠的保证。

对运营商而言,无线网络能否提供有吸引力的增值业务是吸引高附加值用户的必要条件。而 3G 网络所具备的高质量、高速率、大容量和全移动的业务提供能力,为增值业务的开展创造了极好的平台。随着移动用户的不断增长,移动增值的用户也必将快速增长。据iResearch 统计数据显示,2009 年第三季度中国移动增值市场规模达到 409.2 亿元,环比增长 5.2%,同比增长为 23.1%,移动增值市场迅速增长,尤其 WAP 和 CRBT 用户增长显著。2009 年中国移动公司的新业务收入达到 801 亿元,同比增长 58.65%,其中,彩铃和 WAP

的收入分别达到54亿元和55亿元。移动电话用户规模的扩大为未来移动增值服务的市场快速增长提供了强大的用户基础。预计在3G时代,随着产业链的日益完善,移动增值业务将获得更为长足的发展。

自2003年10月中国手机用户首次超过固定电话用户以来,移动用户数量不断攀升,2011年上半年统计数据显示,中国移动用户数达到6.1亿,其中80%的手机用户将使用增值业务。

因此,我国的3G运营必须采取差异化策略,一方面满足迅猛增长、规模庞大的用户群对移动语音业务的需求,同时还必须满足较高收入用户群对移动数据业务的需求,以低资费的话音业务和差异化的数据业务获取用户与推广3G业务。而移动数据业务将决定3G运营商在3G业务的提供上能否获得稳定的收入来源以及未来发展的动力,应当成为我国运营商提供3G业务的重点。

二、主要业务

传统上,我国手机增值业务主要增值有:短信、彩信、彩铃、手机游戏、手机报、手机银行、手机邮箱、无线音乐、手机网游等。下面对短信、彩信、彩铃、手机游戏四种应用比较普遍的业务进行初步概述:

1. 短信

Short Message Service,简称SMS,是用户通过手机或其他电信终端直接发送或接收的文字或数字信息,用户每次能接收和发送短信的字符数,是160个英文或数字字符,或者70个汉字。短信是伴随数字移动通信系统而产生的一种电信业务,通过移动通信系统的信令信道和信令网,传送手机短信文字或数字短信息,属于一种非实时的、非语音的数据通信业务。短信可以由移动通信终端(手机)始发,也可由移动网络运营商的短信平台服务器始发,还可由与移动运营商短信平台互联的网络业务提供商SP(包括ICP、ISP等)始发。

例如"动感短信业务"是指一种在普通短信正文中用两个"＊"包含一段文本标题的短信业务,用户在接收到带有本业务标识的短信之后,还能接收与该标题相对应的语音、彩铃、文本、图片等可作为附件的内容,相当于能携带附件的短信。用动感短信可以方便地帮用户传送音乐、祝福和笑话。文字加声音可以让短信内容更丰富、更精彩。

2. 彩信

英文名是MMS,它是Multimedia Messaging Service的缩写,意为多媒体信息服务,通常又称为彩信。它最大的特色就是支持多媒体功能,能够传递功能全面的内容和信息,这些信息包括文字、图像、声音、数据等各种多媒体格式的信息。

彩信在技术上并不是一种短信,而是在GPRS网络的支持下,以WAP无线应用协议为载体传送图片、声音和文字等信息。彩信业务可实现即时的手机端到端、手机终端到互联网或互联网到手机终端的多媒体信息传送。

3. 彩铃

彩铃是"个性化多彩回铃音业务"(Coloring Ring Back Tone)的简称,它是一项由被叫客户为呼叫自己移动电话的其他主叫客户设定特殊音效(音乐、歌曲、故事情节、人物对话)的回铃音的业务。有了"彩铃",可以让打电话的人刮"耳"相听;来一段《同桌的你》让昔日同窗好友回想起一起渡过的校园时光;播一段《华尔兹圆舞曲》放松正在急寻你的老板的心情;每逢佳节,来一段喜气洋洋的民乐,给所有朋友送去一份意想不到的惊喜……善解人意的彩铃业务,充分展现用户的独特个性与品位,让简单的通讯过程充满乐趣。

4. 手机游戏

手机游戏是指运行于手机上的游戏软件,按使用方式分单机游戏和网络游戏。单机游戏是指手机游戏玩家不连入移动互联网即可在自己的手机上玩游戏,模式多为人机对战。手机网络游戏是基于无线互联网,可供多人同时参与的手机游戏类型,目前细分类别主要有 WAP 网络游戏和客户端网络游戏。

3G 网络实现了无线网络与互联网的融合,它的高速率传输特点将会给用户带来更舒适的体验,使增值业务更加繁荣。与 2G 相比,3G 增值业务可以分为三类:一是 2G 网络应用比较成熟,在 3G 时代仍然会长期使用的连续型业务,如短信、彩铃、彩信和 IVR 等。二是在 2G 网络就已经存在,然而 3G 网络能够提供更优质服务的增强型业务,如 WAP(新闻浏览、信息查询、小说阅读、聊天交友、移动博客、手机电子商务)、手机游戏、移动定位和无线搜索。三是原有 2G 网络无法实现的大容量、高速率数据传输的创新型业务,如视频电话、在线网游、电子商务(支付、拍卖、凭证)、视听娱乐和移动流媒体。从移动网络运营商业务发展的角度,从"业务控制能力"和"业务发展潜力"两个方面对 3G 增值业务进行分类。结果如图 2-5 所示:

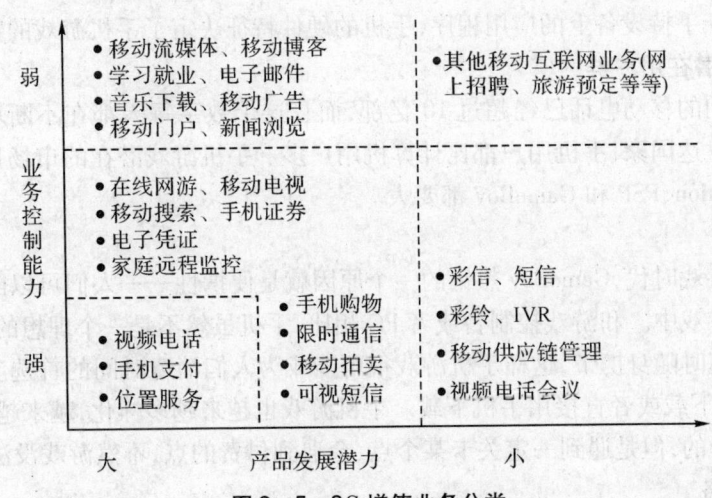

图 2-5 3G 增值业务分类

从图 2-5 可知:一是移动运营商对那些与网络和平台关联性高的业务掌控能力较强;二是大部分有发展潜力的业务都处于运营商掌控度适中的位置,涉及的行业和领域比较宽。有些业务已经存在领跑企业,并占据着很大的市场份额,即使在未来阶段,移动运营商也很难形成垄断地位;三是许多业务发展潜力很大,但市场进入和退出壁垒低,市场集中度较低,盈利模式不明朗,版权保护不得力,对未来整体增值业务贡献度短期不大,移动运营商对这类业务控制能力较弱。

随着3G技术的不断发展,业务与网络的分离使业务提供更加灵活,移动信息服务将无处不在、无所不能,渗透到我们每个人的生活中。这些增值业务如短信、彩信、彩铃、手机游戏等充分挖掘了移动网络的潜力,满足了用户的多种需求,未来将会有更大发展。

第二节 手机单机游戏的产品及运营

一、手机游戏概念及产业链分析

顾名思义,手机游戏就是在手机上玩的游戏,由于手机游戏下载比较方便、费用较低及付费方便快捷而逐渐受到玩家的青睐。游戏玩家可以通过"红外和数据线"以及"WAP网站"下载,同时,由于中国移动和中国联通庞大的客户群,通过"移动百宝箱"和"联通神奇宝典"下载成为玩家的首选,玩家可以通过短信支付、游戏点卡等方式下载并付费。另外,手机游戏的可玩性很高,通常不受时间、空间的限制,随时随地都可以玩,地方通常选在家里、公交车、出租车以及公交车站、候车室。手机游戏由于其良好的便携性,成为用户消磨时间的良好渠道,用户玩手机游戏的频率较高,时间一般集中在晚上和中午两个相对闲暇的时段。

作为运行于手持设备上的应用程序,手机的硬件特征决定了手机游戏的特点:

1. 庞大的潜在用户群

全球在使用的移动电话已经超过10亿部,而且这个数字每天都在不断增加。在除美国之外的各个发达国家,手机用户都比计算机用户多。手机游戏潜在的市场比其他任何平台,比如PlayStation、PSP和GameBoy都要大。

2. 便携性

在控制台游戏时代,GameBoy热销的一个原因就是便携性——人们可以随时随地沉浸在自己喜欢的游戏中。和游戏控制台或者PC相比,手机虽然不是一个理想的游戏设备,但毕竟人们总是随时随身携带,这样手机游戏很可能成为人们消遣时间的首选。现在手机游戏可以从PC上下载或者直接用手机下载。手机游戏也越来越多样化,越来越有意思,通常手机游戏是免费的,但是遇到一定关卡某个点,会遇到付费的点,不然游戏没法玩。

3. 支持网络

因为手机是网络设备,在一定限制因素下可以实现多人在线游戏。以下简单分析一下手机游戏的产业链。

简单来说,手机游戏产业链是电信运营商、游戏内容提供商和手机终端厂商之间利益的博弈。而从深层的产业链架构来看,手机游戏产业链则包括游戏开发商、游戏发行商、游戏分销商、网络运营商、平台提供商、设备制造商及用户等多个环节,如图2-6所示。每一个环节都在最大化地获取自身的利益。在产业链博弈中,国内手机游戏产业的运营模式、收费模式等都处于探索阶段,各个环节还没有形成规范、有效的互补合作模式。

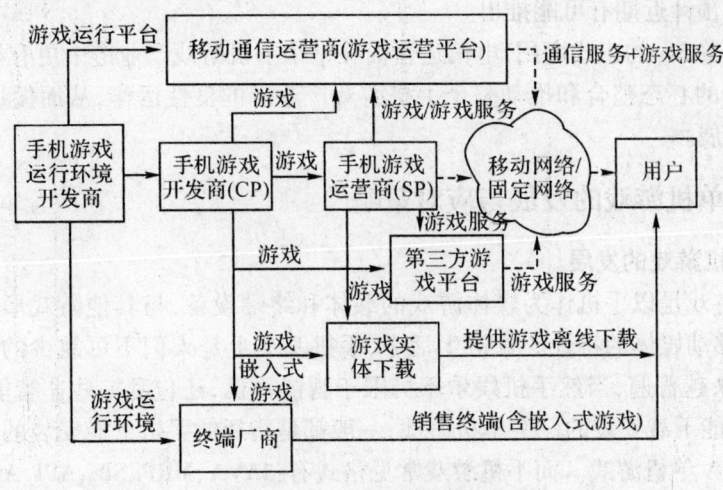

图2-6 手机游戏产业链结构

目前,国内电信运营商在手机游戏产业链中尽管处于主导地位,但定位模糊,推广不到位,未能有效地推动整个产业链的良性运作。其中游戏内容厂商不仅受电信运营商的管制,为了取得游戏上线资格,还要和SP搞好合作。一些非官方的手机游戏推广平台则汇聚了丰富的游戏产品,更关注用户体验,并向游戏内容厂商提供灵活的推广方式,在盈利模式上更具灵活性。因而,目前整个手机游戏产业形成了以非官方手机游戏平台为主的格局,整个游戏产业环境有待进一步完善和强化。

面对国内手机游戏产业链格局现状,中国移动于2007年提出了新建游戏运营管理平台的发展策略。中国移动之前的手机游戏业务主要依托摩托罗拉的百宝箱平台和华为的通用下载平台运作,但两个平台主要负责SP业务的下载支撑,缺乏用户账户管理及灵活的计费方式,中国移动集团层面也没有高度重视手机游戏业务,其手机游戏被分散在精品游戏社区、百宝箱和WAP游戏中,三个产品各自分离、缺乏合力。随着3G牌照的发放,中国移动才开始布局其在手机游戏领域的攻势,规划2008年新游戏平台的上线,并由卓望公司承建及运营,主要游戏开发商参与规范制定。中国移动希望通过推出自有的新游戏运营管理平台,改变自身游戏定位不清、用户管理薄弱的问题,更重要的是加强对手机游戏产业链的掌控力度。为此,中国移动提出了手机游戏的新定位:"合作伙伴首选的优质游戏发行商"与"用户首选的手机游戏获取渠道和互动交流社区"。

从中国移动手机游戏主要策略来看,其新平台主要完成建立完整用户账户体系、支持小额灵活计费方式(特别是游戏点数计费)、支撑高黏度的互动游戏社区、支持分渠道管理功能,通过引入新的游戏运营管理平台期望实现"游戏点数"支持单机游戏以及手机网游道具购买的计费方式,建立以用户手机号为基准的账户管理系统,准确定位推广效果,区分渠道,实现精细化运营,发挥社区黏性。从目前中国移动的执行情况来看,平台尽管已经上线,目前只提供十几款手机网游产品,其完全意义上的手机游戏产品运营还没有拉开帷幕,包括其全新打造的手机游戏品牌也未大规模地进行宣传推广,但其谋划工作在电信运营商中已走在前面,预计近期有可能推出。

事实上,随着3G的正式商用,电信运营商在整个手机游戏产业链中更有机会发挥主导作用,应以积极的心态整合和推动整个手机游戏产业链的良性运作,从而促进整个产业链的协调、健康发展。

二、手机单机游戏的发展与应对策略

1. 手机单机游戏的发展

手机单机游戏是以手机作为媒体游戏的载体和终端设备,与其他游戏形式相比,更需要符合手机做移动媒体的特性。日常生活中,手机基本上是人们不可缺少的一部分,用手机玩游戏也越来越普遍,当然手机娱乐不局限于智能手机,还包乱一些非智能手机自带的单机游戏,网上能下载安装的一些单机游戏,一般都是指智能手机上能安装的或支持JAVA扩展的——JAVA单机游戏。而手机游戏常见格式有:JAVA、MRP、SIS、API、Apk等。

2010年,当我们还在惊讶于网页游戏的营收已能够媲美最热门的客户端网游时,更轻更小的移动游戏与社交游戏正在崛起。《愤怒的小鸟》、《FarmVille》、《宝石迷阵》以及它们身后的Zynga、DeNa、Popcap、Chillingo等公司在轻量化游戏市场取得的巨大成功使得媒体与分析师们交口称赞,仿佛游戏业从冷兵器时代走向了热兵器时代:过去厂商们需要花费很多时间与金钱去培养一个"武士"并把它送上战场,还不能确定其是否成功;而如今,找一个普通人,给一把火枪,他可能就在战场上轻取惊人的斩获。

手机游戏在近年来出现突破性的发展,先是借助智能手机的推广,大量游戏性更高的作品诞生,之后借助3G网络,手机网游开始抬头。与其他便携平台不同,手机在作为移动通讯工具的很长一段时间内已经有了大量的用户积累,为介入其他领域打下了坚实的基础。在3G迅速发展的时代,手机游戏高速发展,但在短暂的未来单机游戏依然是重点。下面是相关调查:

(1)相对于非智能手机来说,智能手机具有独立的操作系统,可以像个人电脑一样支持用户自行安装软件、游戏等第三方服务商提供的程序,并通过此类程序不断对手机的功能进行扩充。鉴于目前软件与硬件的开发大多是分开进行的,智能手机必然是手机游戏的主要平台。

在对游戏用户的调查中,有78.4%的用户拥有智能手机,这一结果远高于在非游戏用户中所占的比例。这一结果意味着大部分游戏用户都已经拥有了较为成熟的手机游戏平台,随时可能进入到手机游戏这一领域。

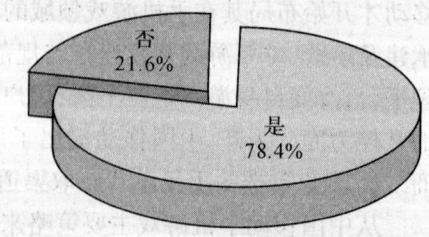

数据来源:互源网消调研中心(ZDC)2011.4

图2-7 2011年中国游戏用户是否拥有智能手机

(2)游戏普及情况

软件方面,现在的手机游戏已经远远不是类似"贪吃蛇"、或者类似"网络泥巴"那种画面简陋、规则简单的游戏了,已经发展到可以和掌机游戏媲美的程度,甚至可以运营一些像样的网络游戏,手机游戏已经拥有了很强的娱乐性和交互性。

在本次对游戏用户的调查中,绝大部分用户都曾经尝试过手机游戏,这部分用户占比高达98.4%,仅有1.6%的游戏用户尚未踏足这一领域。

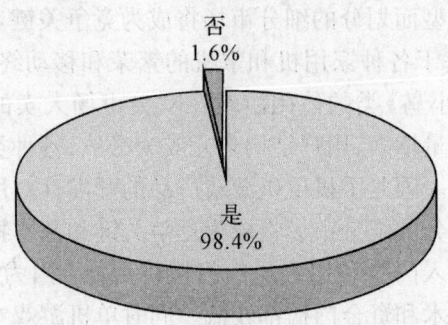

图2-8 2011年中国游戏用户是否体验过手机游戏
数据来源:互联网消费调研中心(ZDC)(2011.04)

(3)用户倾向

鉴于智能手机和移动互联网络日益成熟,平台及游戏在相关用户群体中的普及度较高,大量投资将会投入这一领域,并使手机游戏市场得到进一步的发展。关于手机游戏,大体上可以分为两个类型,即手机单机游戏和手机网络游戏,用户对这两种类型的手机游戏有何倾向?

在对手机游戏用户调查中,有88.0%的用户更加倾向于手机单机游戏,12.0%的用户倾向于手机网游。可见,在现阶段单机游戏将是手机游戏的重点。

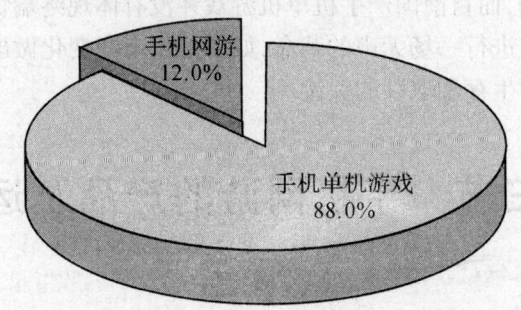

图2-9 2011年中国手机游戏用户倾向于单机还是网游
数据来源:互联网消费调研中心(ZDC)(2011.04)

2. 应对策略

相比较 PC\TV\掌机等游戏而言，手机游戏拥有天然的优势，无论是在开发费用、营销门槛还是潜在用户规模这方面，都是游戏界的一块富矿区，从而受到大家的注视。开发成本仅 10 万美元的《愤怒的小鸟》是引爆了市场，超过 5000 万的下载量让已经发展十年的中国手机游戏业为之一动。在这样的背景下，中国手机单机游戏市场应该从下面三个方向寻求应对策略：

细分，以手机单机游戏类型而划分的细分市场将成为竞争关键。虽然欧美市场在手机游戏类型上越来越丰富，但基于各种家用机和掌机的繁荣和移动终端本身的特征，依旧以休闲游戏为主，这也是《愤怒小鸟》类的休闲游戏在欧美市场大卖的原因之一。而国内环境则不一样，随着用户规模大量增多，用户结构多元成为必然，各种类型的游戏，比如动作、射击、休闲都有大量的用户群。因此手机单机游戏产品的开发针对用户细分市场要做小做细，以手机单机游戏类型而划分的细分市场将成为竞争关键和基本特征。

门槛，手机单机游戏的进入门槛和用户退出门槛将更低。因为单机游戏的天然优势，众多的企业都能轻松进入，技术和资金门槛都较低。同时单机游戏本身相对来说体系比较简单，游戏时长较短，玩家厌倦的速度也非常快，加上单机游戏的非联网特征，从而导致品牌认知度较低，用户的退出成本也极低，因此单机游戏将成为个人或者小团队开发者的地盘，企业投入重兵的价值回报将逐步下滑。因此，单机游戏必将朝向交叉的、持续的、轻联网的方向发展。

创新，市场对于单机游戏的品质和内容创新性要求更高。《愤怒的小鸟》走向家用机、电脑，同时虚幻 3 引擎被引入移动平台，已经代表了各种终端和平台之间的融合，代表的是游戏理念、技术的开拓与融合，传统游戏业为新加入的力量提供了技术支持，新加入的力量为传统游戏业带来了更多用户、拓宽了视野，因此在这样的融合之下，产品本身的创新将尤为重要。手机终端的摄像头、便携性、重力感应等特征都是 PC 终端所不具有的，针对手机终端特性所设计的游戏，将是未来手机单机游戏产品创新的方向，也是抵抗 PC 游戏对于市场占击和渗透的方法，而目前国产手机单机游戏并没有体现终端特征。

手机单机游戏正在进行一场无声的革命，如何根据市场变化做出应对策略将是众多国产手机单机游戏开发商生存和取胜的关键。

第三节　手机网游的产品及运营

一、概述

手机网游是指借助手机或 PDA 等具有广域无线网络联机功能的移动终端设备接入无线互联网，并支持多人同时在线互动的游戏应用服务。随着我国 3G 牌照的发放及 3G 的全面商用，数据增值业务成为各大运营商争夺 3G 市场、提高 ARPU 的主打业务，而手机游戏业务是最被看好的市场增长点。据统计,目前移动互联网用户正在使用的手机应用服务中,手机游戏的使用率位居首位。在3G时代突破网速和资费瓶颈后,手机网游将会以更强的互动性和娱乐性取代单机游戏,成为手机游戏市场上的宠儿。

1. 手机网游的发展现状

3G网络技术的商业化应用以及产业链的逐渐成熟为手机游戏产业营造了更加规范和成熟的产业环境,并在网络环境、流量资费、终端普及等方面极大地推动了手机网游的发展。

(1)付费意愿

2009年,中国移动互联网的市场规模达到388亿元,其中手机用户为各种产品和服务所支付的费用为153.36亿元,仅次于流量费,占比达39.6%,其中,手机游戏和手机音乐等娱乐类应用的贡献最大,手机游戏占比最高(达68%),用户的付费意愿也最高。

(2)用户规模

手机游戏用户中,使用手机网游产品的用户比例逐年快速递增。易观国际的调查数据显示,2008年,我国手机游戏活跃用户达698万户,其中手机网游用户占手机游戏用户的比例约为40%,用户规模达280万户;2009年第一季度,我国手机网游用户规模达到330万户,实现了突破性增长。随着手机游戏产品的不断丰富,我国手机网民中的手机游戏用户也迅速增长。2009年12月底,我国手机网民规模达到2.33亿户,占网民总数的60.8%,手机网民迅速增长的态势将带动手机网游用户规模的迅速增长。

(3)市场规模

易观国际的调查数据显示,2008年我国手机游戏市场规模达13.65亿元,2011年达到42.08亿元,2008年至2011年的手机游戏市场规模年复合增长率达到45.54%。迅速发展的手机游戏市场带动手机网游市场的逐渐繁荣,2008年,我国JAVA手机网游市场收入规模为1.43亿元,2011年达到11.72亿元。

从日本和韩国的手机网游发展情况来看,其手机网游收入已占运营商增值业务总收入的近10%,但在我国该比例还不到1%,这意味着我国手机网游市场存在着巨大的发展空间。良好的产业环境以及庞大的手机用户基础,都预示着作为移动互联网重要应用的手机网游发展潜力很大。

2. 手机网游产业链分析

手机游戏与传统游戏产业的区别是手机游戏产业链中的上下游联系更为紧密,在手机网络游戏中,开发商CP、服务提供商SP、移动运营商等产业链上的主角带有明显的联盟性质(如图2-10所示)。因此,手机网络游戏的发展需要手机网游CP/SP、手机制造商和移动运营商的共同推动,至于产业链的各环节以什么模式合作,由市场决定。

同时,手机网游运营商和手机网游开发商SP/CP也看到,将网络游戏从PC平台移植到手机平台的设想已成为可能,它们把目光聚焦在网络游戏这一强调用户之间交流与沟通的娱乐产业上。对手机网游开发商来说,借鉴PC网络游戏的发展道路,有一部分CP选择了以升级对战为主的大型网络游戏的道路,而另一部分CP选择了休闲类网络游戏的道路。

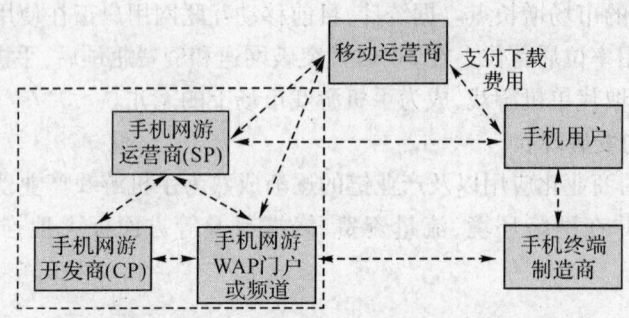

图 2-10 手机网游产业链

但不管哪种方式,它们首先考虑的是游戏的联网速度,即在现有移动网络环境下的在线稳定性问题。其次是手机终端的性能限制问题。在不久的 3G 全新网络平台上,手机网络游戏的交互功能、网络稳定性将完全可以做到现有 PC 网络游戏水平。

对于中国手机网游运营商 SP 来说,在信产部的规范下,增值服务的市场竞争更加规范化,短信暴利的时代已经过去,不管是手机网游的运营商还是开发商,要在行业里寻求持续和长远的发展,必须制作广大用户真正需要的产品。因此,SP/CP 在现有业务上寻找新的增长点的愿望日趋强烈。

3. 突破式增长的契机

现在,无论是在地铁里,还是机场的候机大厅,经常可以看到很多人在不停按键盘玩手机游戏来打发时间,手机网游也在掌上一族中日益流行,已经没有人会怀疑它拥有的巨大潜力了。

同时,随着各界人士对此行业的看好,各制作公司纷纷投入巨额资金开发手机的网络游戏,空中网、掌上灵通、蛙扑网、麻烦网、美通无线等一大批 SP 迅速崛起,甚至不乏国际性的风险投资商在背后助阵。如今,和中国移动合作的手机游戏 SP 已有 300 多家,而联通旗下的合作伙伴则达 40 多家。手机游戏的内容也从简单的小游戏向大型的互动游戏发展。另外,国内著名网络游戏商如盛大、网易等,也纷纷跻身手机网游开发商行列。新浪、搜狐等著名门户网站,也积极涉足手机网游领域,相继开辟专门的手机网游频道和栏目。

据数据统计表明,全球手机游戏市场规模在 2006 年达到 2.9 亿用户,收入 102 亿美元,2008 年达到 10.3 亿用户、520 亿美元收入。而 2006 年中国国内手机游戏市场的整体规模也达到了 18 亿元,2008 年超过 31 亿元,其中,手机网游将取代单机版游戏成为主导。

如图 2-11 所示,随着 3G 商用的形势逐渐明朗化,处在 2007~2009 年的成长期的中国手网游市场呈现井喷式增长。这是因为中国超过 5 亿的手机用户的基数显然要远远大于 PC 网络游戏的用户,成为了创造一个巨大产业非常有利的条件,同时原来的 PC 网游用户也最有可能接受并转化成为手机网游的玩家。如果按照 8%~10% 用户使用比例计算的话,那么我国市场将有 5000 万手机网游服务的潜在用户。所以,中国手机网游的消费群体具有相当的保证,只是还需引导。

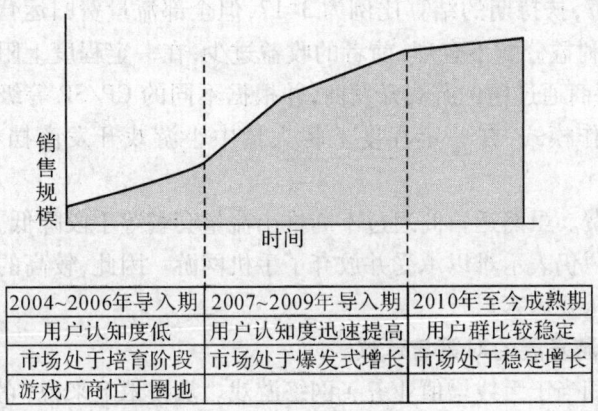

图 2-11

二、手机网游发展瓶颈及对策

1. 手机网游发展的瓶颈

首先是游戏质量。一方面,由于手机网游市场竞争日益激烈,许多网游开发商一味追求低成本和短期利益,减少产品开发中的技术和资金投入,网游产品在内容、方案、功能设计等方面均有欠缺,导致产品质量粗糙,用户体验差;另一方面,由于对用户的产品需求缺乏有效识别,不能正确把握用户对游戏画面、题材、情节等内容品质的需求偏好,导致产品的自主研发创新能力不足,产品同质化严重。低劣的产品质量和同质化的内容设计极大地缩短了网游产品的生命周期,降低了用户的使用黏性。

第二是手机终端。手机终端是手机网游的主要承载工具,虽然目前手机终端逐渐智能化、高性能化,但依然没有一个统一的网游操作平台和标准。由于游戏开发商的同一款游戏必须针对不同平台、不同机型进行不同的设计,因此增加了游戏开发成本及后期维护费用,同时由于真正适合手机网游的终端普及率较低,极大地制约了手机网游的发展。此外,目前手机电池的容量不足以支持长时间的在线游戏,也影响了手机网游的发展。

第三是网络质量。虽然3G已在全国商用,但目前仍处于 2.5G 向 3G 的过渡阶段,网络建设速度及覆盖范围的不足使3G网络存在网速较慢和网络稳定性较差的问题,导致用户游戏过程中数据传输不顺畅、画面不流畅,直接影响了用户体验。此外,手机网游的发展还需要解决游戏过程中因电话进入导致游戏中断后的各方记录保存及游戏接续等问题。

第四是商业模式,包括收费模式和分成模式。

收费模式:目前手机网游收费模式单一,缺乏精细的、合理化的盈利模式。手机网游目前的收费模式更多的是借鉴 PC 网络游戏的收费模式,这种单一的收费模式并不能得到游戏玩家的普遍认可,导致玩家付费意愿不高。尤其对处于培育期的手机网游市场而言,由于缺乏多种可供选择以及用户可自主控制的计费模式,严重影响了用户使用手机网游的积极性和持久性。

分成模式:3G 的发展并未改变原有的分成模式,移动运营商与手机网游优质 CP 的信息费结算比例为3∶7,扶持期的结算比例为3∶17,但全部流量费归运营商所有。由于游戏开发商与运营商的利益分配不合理,前者的收益过少,在一定程度上阻碍了手机网游质量的提高。此外,运营商通过精选游戏开发商,并根据不同的CP/SP等级与游戏开发商按照收入比例分成的合作模式,在一定程度上将大量中小游戏开发商挡在了游戏运营平台之外。

第五是流量资费。虽然运营商通过不断推出流量套餐等手段降低了流量资费,但相当一部分手机网游用户仍表示难以承受并放弃了手机网游。因此,较高的流量资费依然是阻碍手机网游发展的重要因素。

2. 促进手机网游发展的对策与建议

手机网络游戏相当于无线增值业务+网络游戏。从技术上来说,它应该支持主流手机机型、下载客户端方便快捷、大型多人在线、即时互动和全图形化等几个基本要求。从价值链角度而言,产业链的各个主体应具有明确的盈利模式,以及较为成熟的合作模式和利益分成办法。

3G应用的最大卖点是娱乐性,手机游戏的娱乐特征最为显著。手机游戏摆脱了线缆的束缚,具有随时、随地、随身的特点,更适合人们在移动中休闲和娱乐。手机游戏还有可能成为3G的重要拉动力,运营商在推广3G应用时也会首先选择并大量宣传多人的、互动的游戏。手机网游发展的一些推动因素可以简单地归纳如下表所示,如手机性能的提高、移动网络带宽的改善、PC网游的深入发展、独立WAP网站的崛起。

手机网游的一些推动因素表

推动因素	说明
手机性能提高	支持Java/BREW功能的手机日益普及,提供了客户端支持
网络条件的改善	2.5G/3G/B3G移动网络的日益发展
PC网游的纵深发展	提供了可借鉴的经验
独立WAP网站的崛起	提供了广泛和有效的推广渠道

另外,手机网游产业链上各环节企业必须在核心企业的带领下,建立稳定的战略合作伙伴关系,共同推进手机网游产业的良性发展,实现合作共赢。

(1) CP/SP

产品质量方面。CP/SP应根据自身的资金、技术、资源等情况,考虑相关产品的定位与开发。尤其是在市场上手机网游产品数量不断增加的情况下,产品质量的提升至关重要,切不可盲目地将粗制滥造的不成熟网游产品推向市场,以免影响玩家的使用兴趣。研究显示,游戏功能不完善、流量消耗多、资费高昂是用户放弃手机网游的三大原因,其中游戏功能不完善是主要原因。因此,CP/SP应在对自身进行正确定位的前提下,加大对提高手机网游产品内在品质的投入力度,努力改善手机网游产品在功能设计、画面内容等方面的不足。

产品创新方面。一方面，CP/SP应注意游戏题材、背景、情节设计、功能设计等方面的创新，时刻关注用户的需求及偏好，及时调整游戏的研发方向，通过自主创新，创造丰富新颖的游戏产品，带给用户绝佳的游戏体验，从而有效地增加用户黏性。另一方面，资金充足的CP/SP应加强与内容/版权提供商的合作，引进新颖、有趣、知名的游戏题材（如电影大片、畅销小说等），抢占内容资源。

（2）终端提供商

手机网游需求的逐渐旺盛给终端提供商带来了绝佳的发展机遇，终端提供商应在以移动运营商为主体的核心企业的引导下，与手机网游产业链上下游企业通力合作，积极研发突出手机网游特色的高性能终端或手机游戏机，提高终端与网游的匹配度，从根本上解决终端制约网游业务发展的问题。另外，终端提供商要加强与CP/SP的合作，选择与终端匹配度高、用户体验良好的网游产品内嵌于终端，一方面可以借助网游产品促进终端的销售，另一方面也可以提高使用该网游产品的用户数量，并且与CP/SP适当分成，从而促进自身的发展。

（3）移动运营商

移动运营商拥有移动网络的绝对控制权、有效的计费渠道、手机网游所需要的应用平台，并掌握着宝贵的用户信息（包括用户特征、偏好、消费习惯等），是手机网游产业链的绝对核心企业。移动运营商应发挥在产业链中的主导作用，凭借其强大的实力整合产业链，根据用户需求进行合理定位，引导产业链各环节企业的发展，促进产业链的合理分工，避免出现产业链各环节企业各自为政的局面。应对手机网游的发展瓶颈并非单独依靠产业链中某个环节企业就可以实现的，必须依靠产业链各方的通力合作。因此，发挥主导作用，构建合作共赢的产业链是移动运营商的首要任务。

在2.5G向3G过渡阶段，由于网络质量不稳定、网速较慢导致游戏过程中画面传输不流畅，极大地降低了用户体验，导致相当多的潜在用户对手机网游持观望态度。因此，继续完善3G网络，不断优化网络环境，提高网络传输速度和传输质量是移动运营商赢得潜在用户的必然选择。通过多种渠道推广手机网游、增加用户数量可以实现用户的规模效应，从而有利于流量资费的进一步降低，减少用户的资费顾虑，提高用户的使用意愿。

在计费模式方面，目前手机网游领域并未针对玩家的自身特征、使用习惯以及游戏产品本身的分类推出合理且精细化的盈利模式，而是以传统的流量、包月、出售道具等方式盈利。因此，移动运营商应逐步改善计费系统，优化计费模式，采取多种灵活的计费方式吸引更多的用户参与其中。手机网游可以根据不同用户的游戏需求使用多种计费方式，如试玩转激活计费、按次或按小时计费、按日计费、道具计费、依据网络带宽分级计费等，实现资费设计的精细化、合理化、清晰化，提高用户对手机网游的认知度及付费意愿。

在分成模式方面，移动运营商应积极探索制定灵活的分成模式，在促进手机网游健康稳定发展的同时，保证产业链各方的收益。移动运营商可以借鉴Apple Store的合作模式，将手机游戏运营平台和收费通道对所有应用开发者开放，由应用提供者自行为游戏定价，移动运营商最终与其按收入比例分成。在合作费用上，不妨尝试采用零进场费用方式，根据业绩再按游戏收入比例分成。

第四节 彩铃的产品及运营

一、概述

个性化回铃音业务是面向移动通信终端用户的一项电信增值业务,它于2002年诞生于韩国,随后迅速蔓延到全世界的多个国家,发展极其迅速。考虑到业务推广方面的需要,现在国内将此项业务统称为彩铃业务。

在当今这个产业、商业、服务业都充满了个性化的时代中,移动通信已成为人们同社会进行联系的典型渠道,而为这个渠道赋予色彩,并为每个人提供各不相同的个性化服务,是与当今时代追求个性化特点相一致的一种服务发展趋势。变传统的单音回铃为丰富多彩的语音、乐音回铃,并为用户提供可以自选或自编回铃音的个性化服务的目的符合了移动通信的发展趋势。

彩铃业务是一项由电话呼叫接收者(被叫)定制以提供一种悦耳的音调或问候语的电信增值新业务服务。这项服务可以提供个性化表现,而不是电话呼叫方(主叫)在被叫用户响应之前听到的"嘟…嘟"单音的回铃音。图2-12所示的一个彩铃业务典型用范例可充分地体现出上述特点。

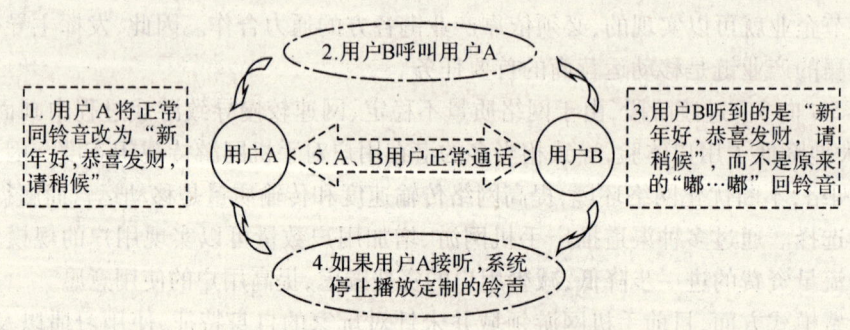

图2-12 典型的彩铃业务使用范例

假设用户A是彩铃业务用户,当他申请了此项业务后,将他的回铃音音乐改为"新年好,恭喜发财,请稍候"之后,如果用户B给他打电话,当A用户的通信设备正在振铃而等待用户接听时,用户B此时将不再听到传统的"嘟…嘟…嘟…"的单音,而是用户A设置的"新年好,恭喜发财,请稍候"。由以上的分析,我们还能看出,彩铃业务是一项面向被叫用户的业务,他所定制的个性化的回铃音是为主叫用户定制,而他自己在进行普通呼叫时不能听到该音乐。

彩铃业务最早由韩国SK电讯于2002年3月在韩国推出,短时间内便风靡全国。彩铃业务在亚洲地区异常火爆,韩国、中国香港、中国台湾、新加坡等发展最为迅速。目前韩国的彩铃业务渗透率已经超过了50%。上海移动在中国率先推出彩铃业务,在2003年5月17日国际电信日当天开始推广彩铃,并提供免费试用服务,到2003年10月1日开始收费,新开通用户数量以每天数以千计的速度飞速增长。中国联通也推出了类似的炫铃业务,固网运营商也对彩铃业务表现出了极大兴趣。中国网通上海分公司在其固定电话服务上开通了彩铃业务,成为网通各分公司中第一家在固话上开通彩铃业务的运营商。

2007年7月31日,在"2007年手机多媒体应用大会"上,中国移动数据部运营管理处副经理侯晓阳透露,中国移动彩铃业务收入发展迅猛,2006年增长到67亿元。由此可见,彩铃已经成为继短信之后的第二大移动增值业务。

现网中彩铃业务的成功,为3G多媒体彩铃(MRBT)的推广奠定了基础。那么什么是多媒体彩铃呢?与现在的彩铃有什么不同呢?多媒体彩铃业务允许被叫用户为呼叫自己的其他用户设定特殊的媒体。当主叫用户拨打多媒体彩铃业务用户时,主叫用户不再是仅仅听到单调的振铃声或单纯的歌曲、乐曲等2G彩铃,而是可以全方位感受极具个性的视频、动画、音乐、图片或文字等多种媒体。事实上,多媒体彩铃可以看做是现在2G普通彩铃的继承与直观扩展。在2007年移动无线网络规划与优化咨询会议上,信息产业部电信规划研究院总工万彭博士认为,多媒体彩铃业务将成为未来3G业务的重点业务。

就彩铃业务的产业价值链来说,目前完整的产业链应该包括运营商、设备制造商、服务提供商和终端用户四大环节,其相互关系如图2-13所示。

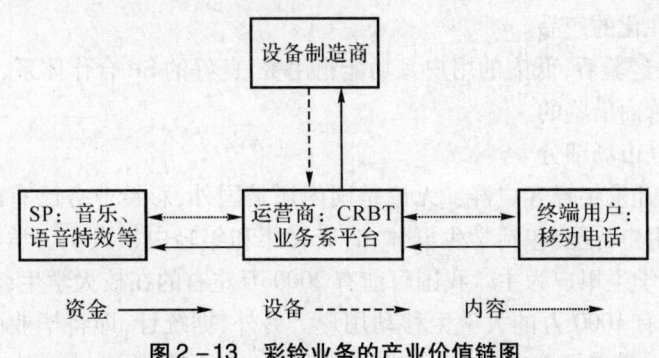

图2-13 彩铃业务的产业价值链图

从图2-13可看出,设备制造商给运营商提供CRBT业务系统平台,并负责在适当的时候对系统进行扩容和升级;运营商通过建设CRBT业务系统平台,结合服务供应商SP们提供的内容,为移动电话终端用户提供彩铃业务的用户注册、回铃音下载使用等业务;服务提供商SP通过运营商搭建的CRBT系统平台,为终端用户提供乐曲、特效语音等回音铃内容的下载使用,但SP并不能直接为终端用户提供内容服务,而是将内容提供给运营商,运营商通过自己的网站和系统给用户定制和使用;彩铃业务的终端用户可以为任何移动电话用户,不论持有何种手机终端的移动用户均可使用该业务。产业价值链的各环节是相互依存的。

如今,小小的彩铃已经唤醒了耳朵经济,如何进一步让它叫唤醒并带来更大的经济利润,需要各方各面共同的努力,我们对它的未来充满信心,相信在经历了高速发展后,彩铃产业链上的各方会更加冷静和以更为成熟的手段来发展彩铃业务,彩铃业务的未来一定更加精彩!

二、彩铃业务的发展与市场推广

1. 提升彩铃业务的方式

(1)学习借鉴海外运营商的成功经验

SK电信是全球最大规模的CDMA移动通信运营商,也是韩国最大的移动运营商,拥有1800万用户,占有韩国53%的市场份额。SK电信在无线数据业务市场一枝独秀,移动数据用户占总用户的57%,已超过1000万。2002年3月,SK电信在全球率先推出彩铃业务,业务一经推出开通的用户数和业务使用率呈指数式增长,目前用户已超过600万,同时彩铃业务也推动了其他业务如话务量等的增长。

SK电信彩铃业务的成功缘于其对市场的细分和产品准确的定位,将用户的不同年龄层次、不同收入水平和不同兴趣爱好进行细分,挖掘出彩铃业务的潜在用户——追求时尚、新奇事务的年轻移动用户,并提供与之对应的全面的服务。SK电信彩铃业务成功的另一个重要的因素得益于与SP的良好合作,能够为用户提供丰富、及时的内容。在移动数据业务方面SK电信聚集了400多个内容网站,将服务渗透到人们生活的方方面面,为用户提供6300多种的应用服务。并且SK电信对SP提供的内容有严格的要求,以确保给用户提供高品质、时尚、个性化的产品。

从SK的成功经验看,低廉的用户月功能租用费,良好的SP合作体系,快速的结算体系都是值得大陆运营商借鉴的。

(2)充分做好市场细分

首先,要深度开发年轻客户群。无论是国内还是国外,彩铃业务已有的和潜在客户主要是年轻的移动用户,主要包括学生群体、时尚青年和年轻白领人士。学生群体包括大学生和中学生,以大学生用户为主。我国目前有2000万左右的在校大学生,其中一半左右拥有手机,也就是约有1000万的大学生移动用户。另外,据统计,即将毕业的大学生手机普及率达90%以上。随着经济的发展,手机话费的进一步下降,预计大学生手机普及率将达90%,即有1800万左右的学生移动用户。同时,手机也已向中学校园渗透,一些沿海发达城市的高中学生手机持有率已接近20%,内地城市高中学生手机持有率也在10%左右,根据目前高中在校学生2900万人推算,我国中学生手机用户约为250万。可见,彩铃业务中学生目标用户约为2000万。时尚青年和年轻白领人士也是彩铃业务的重要目标客户。他们已经有了一定的经济能力,相对学生群体来说,他们更容易接受彩铃业务5～10元的月租费。另外他们接受新事物的能力强,追求时尚,移动通信需求中娱乐休闲的成分较多,将是彩铃业务最主要的目标客户。最重要的是,他们在业务目标客户中所占的比重最大。目前移动用户中时尚青年和年轻白领人士(22～28岁)约占总用户数的30%,即时尚青年和年轻白领人士用户数约为:25000万×30% = 7500万。因此,目前我国彩铃业务的潜在用户约为 9500 万。随着我国移动用户的增长,这一数字也在增长。但是,由于彩铃业务采用月租的形式,就中国移动来说,中国移动将彩铃业务定位在全球通和动感地带签约用户,然后视这一市场的开发程度,再考虑预付费用户。中国联通已开展业务的省市也只对 CDMA 用户开通此项业务。就中国移动的用户来说,全球通和动感地带签约用户数占中国移动总用户的 40% 左右。由此可见,这是一个巨大的市场,无论是运营商还是 SP、CP,都应充分重视这一市场中的客户需求,要有针对性地开发出新的彩铃和营销模式,吸引并刺激该市场中消费者不断换铃。

其次,要关注集团彩铃业务市场。商业用户市场是在 2005 年后逐渐兴起的一个市场,针对商业用户的"集团彩铃"不仅可以提升企业形象,而且使特定产品的植入广告成为可能。商业用户的支付能力普遍高于年轻用户群体,低廉的彩铃业务费用也不会成为商业用户的负担,因此具有非常广阔的市场空间。

目前,商业市场的开发还局限在形象广告的层面,而针对企业某种产品或服务的专项彩铃市场还处于起步阶段。在 2006 年 6 月,微软为在中国进行打击盗版的宣传,已经与滚石移动展开合作,定做"反对盗版"的搞笑公益彩铃,这是彩铃业务的一项非常有意思的探索。另外,联想集团也正在酝酿相关的推广手段,未来可能成为一种使用比较广泛的营销手段。

最后,还可以考虑启动彩铃 DIY 市场,增强彩铃业务的个性化服务。

(3) 关注社会热点事件,加快反应速度

彩铃从某种角度看,属于文化产品的范畴。文化产品需要跟着社会热点的动向来开发,社会热点引导着用户的需求。这样,PS、CP、运营商需要共同关注社会热点,并且,PS 公司可以把握好运营商对于社会热点的认可程度,与 CP 共同开发应时应节的产品。

例如,央视一套热播蒙牛的《酸酸甜甜就是我》广告,湖南卫视的"超女"活动主题曲《想唱就唱》,热播的韩国电视剧《大长今》的主题歌以及春节晚会上的《吉祥三宝》,都是刚与观众见面就立马唱响全国,也成为手机铃声和彩铃下载的焦点,PS 卖的产品是文化产品,这是一个高速变化的市场,需要有敏锐的嗅觉、快速反应和超级判断力,因此,要能对娱乐文化动态具有敏锐的嗅觉,这样才能迅速跟上甚至引领文化动态的发展,第一时间满足市场的需要,这也是提高彩铃换铃率的一个重要手段。

对于彩铃行业来说,内容生产主要由 CP 来负责,PS 来负责运营,双方通过运营商的平台为用户提供服务。我们知道,由于运营商掌握着用户的消费数据,这样一来,SP 和 CP 公司对于用户消费倾向的变化就无法通过很方便的统计方法来得知,因此,SP 和 CP 公司对于用户消费情况的讨论和分析就显得特别重要,只有把握好用户的消费动向,我们才可以开发和提供更对路的产品。

另外,对于当前运营商独大的运营环境,运营商的任何经营策略变动、人事变动甚至网站改版这样的技术变动都会直接影响着 PS 公司的运营方法和 CP 公司的内容生产计划,只有在双方建立了长效的沟通机制后才能更好地面对和解决这些问题。SP 应潜心开发自己的产品,不断完善和丰富所提供的内容。做到将内容的更新周期压缩到一个月或者一周,甚至每天更新,以加快用户更换回铃音的频率,提高自己与运营商的收益。

(4) 提高技术水平

新的技术总能带来新的产品,技术水平的提高能带来产品质量的提高,如推出可以给特定客户制定集团彩铃,给个人客户提供自制彩铃功能,给不能上网的客户提供声动彩铃、彩话、多媒体彩铃等,同时甚至还能利用彩铃对目标客户进行广告,提供广告彩铃这种新的模式。

最新即将推出的"彩铃复制"功能,当用户听到朋友的彩铃音后,因为喜欢而想立刻获取这首歌曲,可以直接按键进行复制,这种极大方便用户定制的做法,则将带来更多直接的收益,这种类似"病毒营销"的模式无疑十分有效。

2. 市场推广策略

(1) 需要更多关注消费者采用因素和内在机理

首先,针对细分的消费者类别采取更有倾向性和针对性的推广策略。任何业务的良好发展都必须做好消费者的细分,这可以分为两个层面,一个层面是根据人口统计特征变量进行细分,另一个层面可以根据不同科技生活形态进行消费者细分。

在人口统计特征方面,需要更加关注年轻消费者,对于性别、学历和收入影响较小,但更倾向于中低学历和中低收入的女性消费者,他们对彩铃业务的接受程度相对更高一些。对于不同科技生活形态的消费者分群,如果可能,可以进行生活形态的调查以区分消费者的类别。根据本研究的一些结论:时尚流行型消费者追求流行,更多地受到周围人员和外界环境包括媒体广告的影响;个性独立型的消费者相对于其他两类消费者,受其他人际影响会少一些,他们更希望通过自己创新或独立做出决策彰显自己的存在,而时尚流行型消费者希望影响其他人际关系,也同样受到其他人际关系的影响,价格敏感型的消费者可能愿意更多地获取其他人员对使用彩铃业务的看法,从而受到影响;时尚流行型消费者会更多根据报纸杂志、媒体广告宣传的流行和时尚趋势来影响自己的决定,而比较少考虑业务本身的便利条件,外在形象比是否便利实现形象更能得到消费者自身的重视等。

对于时尚流行型消费者,要加大媒体广告等外界影响,加大人际传染传播及相互影响,加大彩铃业务外在形象改善的宣传;对于个性独立型消费者,要更加关注消费者自身的价值观和自身需求,要更加关注,通过彩铃业务能够更好地彰显消费者的个性,成为独特的身份符号;对于价格敏感型消费者,要更加关注其对于业务技能、需求和价格的均衡。

其次,加大对外界影响、人际影响、自我控制等主观规范前因变量及自我效能、便利条件等认知行为控制前因变量的重视。运营商和服务提供商需要能够更加注重上述变量对应的策略,可以适当增加彩铃业务的报纸杂志等公共媒体以及广告选择的投入,特别要重视消费者周围人际的关系影响,充分利用彩铃业务传染扩散的特征,比如采用推荐几个新用户就可以延长多少个月的免费服务。加大实现和宣传消费者提高自我控制能力,比如增加分时间段设置或按用户分组设置彩铃业务等。可以加大对消费者技能、经验、需求的重视程度,以及对便利条件的创造和优化,虽然自我效能衡量和便利条件优化并不能直接影响消费者实际采用,但能够有效地增加消费者的使用意愿,从而间接增加实际使用的可能性。

还有,需要更加关注企业彩铃业务的推广。通过推广企业彩铃,有利于用户企业文化理念和品牌宣传和推广,客观上也有助于培育更大的用户群,有利于培育彩铃业务的结果显明性,有助于进一步进行人际之间的影响和传播,从而有利于实现彩铃业务的传染扩散和人际间进行传播。

(2)需要更加关注彩铃业务的特征因素

第一,更加重视和宣传彩铃业务的娱乐性和可观察性,而不用过于重视彩铃业务的认知有用性和认知易用性。

大部分消费者并不是因为有用才去使用彩铃,而且因为它带来快乐,是一种"快乐经济",导致相对优势(认知有用性)的影响力降低,为了进一步表现出彩铃业务的有用性,运营商和服务提供商需要潜心开发自己的产品,不断完善和丰富所提供的内容。做到将内容的更新周期压缩到一个月或者一周,甚至每天更新,以加快用户更换彩铃的频率。具体说来,在流行音乐方面,收集最新的歌曲或专辑,在经典乐曲等其他乐曲方面,提供种类多样、齐全的乐曲,在自然语音及语音特效方面,应不断推陈出新,创作出更多幽默、娱乐、吸引用户眼球的彩铃。运营商和服务提供商主要应在彩铃业务的娱乐性,带来快乐的能力方面多作宣传,而且加大彩铃业务的接触面,加大潜在用户的基数,而不需要去宣传彩铃业务如何有用和如何易用。

第二,改进可试性方法和宣传方法。

目前运营商均采用先试用后正式商用的策略,先采取三个月到半年的用户免费使用的策略,培育市场,激发用户的兴趣;同时进行系统的测试,根据试用期的发展趋势预测市场的发展前景,也为确定业务运作模式、丰富可提供的内容赢得了时间。看起来运营商采取的先试用后商用的策略是比较成功的。无论是中国移动还是中国联通,业务正式商用后,由于内容的进一步丰富和服务的进一步完善,并没有出现用户的大规模的流失,加上新申请的用户,用户数没有出现大幅度的下滑。但随着彩铃业务的成熟和发展,如何看待彩铃业务的试用性,并能够通过彩铃业务使消费者使用态度和使用意愿产生影响,已经与彩铃业务的发展初期有所不同。

由于彩铃业务是一项由被叫用户付费而由主叫用户享用的服务,试用并不会对被叫用户产生直接的刺激,只能通过主叫方的反应来进行鼓励,但彩铃已经被认为是一项非常普遍的增值业务,一般情况下,被叫用户也不会单独予以反馈并进行激励,同时彩铃业务使用仅仅是一个非常微小的决定,是否可试不会产生很大影响,甚至有可能因为运营商主动给号码设置成彩铃,而向消费者进行推介和解释时,消费者因为受到打扰,反而引起了一定的反感。

所以在现实的背景下,仍然可以加大消费者试用的力度,而且应该是不打扰消费者前提下让客户进行免费试用,不用多此一举专门去电话进行解释和宣传,免费使用的目的是加大彩铃业务的无孔不入,使得主叫客户可以经常听到彩铃,同时加大彩铃业务的用户基数,可以加强人际影响和传染扩散的可能性,长此以往,可以通过娱乐性、可观察性和相容性等其他因素来影响消费者使用态度和使用意愿。

第三,进一步降低月租费用和单次下载费用。

彩铃业务与其他移动增值业务比较起来,是个非常容易和微小的决定,这既包括在对自身技能的挑战、自身资源的需求、实现的便利性和资费的要求,而一个特别容易和微小的决定,是有助于消费者随时可以采取实际使用的步骤,成为彩铃业务的客户。但在研究中,也表明对于价格敏感型消费者,与个性独立型和时尚流行型消费者比较,还是会存在一些路径强度上有所区别,说明价格因素仍然是影响价格敏感型客户做出决定的影响因素。

因此,在业务资费方面,应实行用户易于接受的资费,建议运营商继续采用并降低月租费和信息使用费的资费策略。不论是通过直接降低月租还是通过一些合理的买赠(如彩铃用户获取一定的话费优惠,或者赠送特定的彩铃)。调整之后很可能会激发广大预付费用户(占总用户的60%,价格敏感型用户占大多数)和部分签约用户的使用热情,预计用户增长速度会提高一倍,运营商的收入不降反升。由于用户的增多,彩铃的下载使用势必更频繁,从而增加SP的收入,这会给SP以更高的积极性,更好地推动整个业务的发展。

三、彩铃广告

当前彩铃业务已发展到成熟期前期,运营商除了采取各种营销策略固化和加深用户的使用习惯外,是否还有其他的方式增加彩铃的价值?运营商在进行市场细分、开发新应用、寻找新的利润增长点的时候,将广告彩铃看做是彩铃新业务的着力点,但彩铃广告应如何发展?适合采用怎样的商务模式?市场需求和供给又是怎样的?客户的接受状况和消费行为是怎样的?这些因素影响着彩铃广告的进入和发展策略。

1. 彩铃广告发展的必然因素

(1)市场需求:企业寻求新的广告模式,彩铃广告有一定的市场需求传统的广告模式已经越来越不能满足企业产品推广的需求。在尝试了电视、媒体、报纸甚至网络广告之后,企业将目光投向效率更高、更有针对性的广告投放方式——彩铃广告,希望通过一对一的广告宣传达到产品推广的目的,可以说是强烈的市场需求催生了彩铃广告的问世。另一方面,个人受众由于受到彩铃广告使用时获得一定报酬的驱动,相当一部分个人客户愿意成为彩铃广告的受众,为彩铃广告的发展提供了充分的条件。

(2)运营商:探索新的业务模式,寻求新的业务增长点。从2003年中国移动推出彩铃业务至今,彩铃业务在全国已经取得了不菲的成绩,已经进入到生命周期的快速成长期,有的省公司已经发展到了成熟期。面对彩铃业务的不断发展成熟,运营商需要探索新的业务模式,寻求新的业务增长点,保证彩铃新业务的长远发展。彩铃广告成为运营商拓展彩铃业务的有力补充。

(3)彩铃业务:需要市场细分,开发新应用,促进彩铃的发展。彩铃业务已发展到成长阶段甚至成熟阶段,需要对市场重新进行细分,开发业务新功能,以保持彩铃业务更长久的生命力。

(4)广告业务:在无线领域里已有短信广告、WAP广告等形式,运营商试图探索新的无线广告形式短信、WAP等移动新业务作为新型广告载体,已经得到了广泛应用,是企业广告主和运营商追捧的广告业务形式,在得到了市场的认可之后,运营商开始探索新的无线广告业务形式。

2. 商务模式

(1)价值链分析

彩铃广告的价值链由广告主、个人受众和移动运营商等组成,其中移动运营商是连接广告主和个人受众的纽带,价值链中任何一方的缺失或缺乏积极性都将导致彩铃广告业务的发展受阻。彩铃广告的价值链详见图2-14。

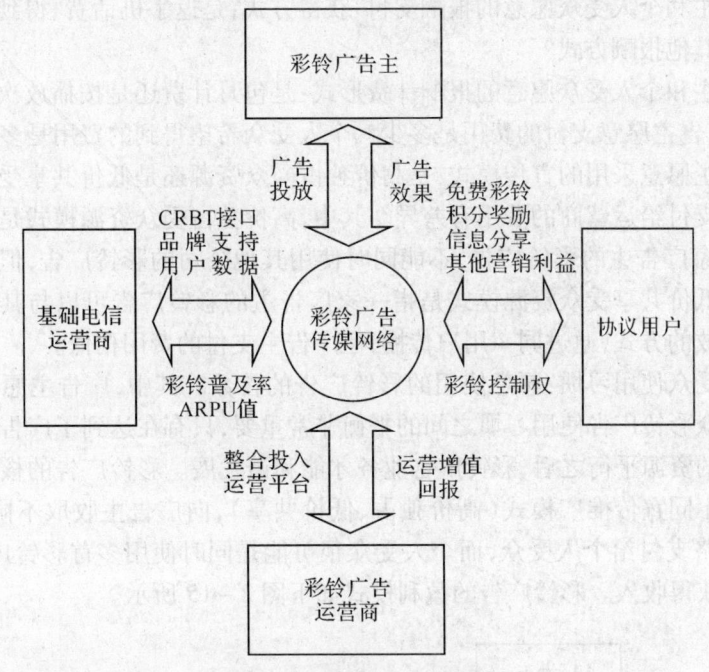

图2-14 彩铃广告价值链

业务流向:广告主面向代理商进行业务洽谈,代理商再将广告主介绍给移动运营商,由移动运营商向最终用户推出业务,发布彩铃广告。

资金流向:彩铃广告的资金是从广告主发起,分别付给个人受众和移动运营商。广告主付给个人受众的报酬是通过移动运营商支付给个人受众的,支付给移动运营商的报酬则需要移动运营商与代理商进行收入分成。

广告主:是彩铃广告价值链的资金源头,也是彩铃广告需求的主要发起方。企业广告主对彩铃广告的需求和购买行为直接影响到彩铃广告业务的发展。因此,对广告主的需求和购买行为进行研究是开发彩铃广告业务的必要条件。

移动运营商:是连接广告主和最终个人受众的关键环节。运营商是彩铃广告业务规则的制定者,包括业务定价、商务模式、计费模式等的制定,以保证价值链良性发展,彩铃广告业务顺利运行。

最终个人受众:是彩铃广告业务的载体,通过个人受众使用彩铃广告进行广告的传播,因此,对个人受众需求和消费行为的研究是规划彩铃广告业务的前提。

(2)运营商盈利模式

彩铃广告与彩铃的不同点是:彩铃广告是通过价值链的整合和循环达到广告主、运营商和个人受众三方共赢的目的,企业广告主通过彩铃广告使产品得到有效宣传推广,运营商获得彩铃广告利润,个人受众得到报酬。基于这种模式下的彩铃广告业务需要解决以下几个问题:

一是彩铃广告的企业广告主和个人受众的接受程度。

二是广告主和个人受众愿意的报酬支付/获得方式:是返手机话费、得到企业的优惠券或打折卡还是其他报酬方式?

三是广告主和个人受众愿意的报酬计费形式:是包月计费还是按播放次数计费?如果按包月计费,广告主愿意支付的费用是多少?个人受众希望得到的费用是多少?

四是广告主愿意采用的宣传模式:是高价独占受众资源还是低价共享受众资源?不同模式下广告主支付给运营商的费用有差异。其中,高价独占受众资源模式是指一个手机用户只能使用一家广告主的彩铃广告,不能同时使用其他公司的彩铃广告,但该公司支付的费用较高。而低价共享受众资源模式是指一家广告主的彩铃广告可以与其他公司的彩铃广告以循环播放的方式,通过同一用户传播,但广告主支付的费用稍低。

五是个人受众使用习惯:愿意使用的彩铃广告的首数。其中,广告主愿意采用的宣传模式与个人受众彩铃广告使用习惯之间的平衡非常重要,只有在达到了广告主需求和个人受众供给之间的资源平衡之后,彩铃广告业务才能和谐发展。彩铃广告的核心在于运营商利用广告主的不同宣传推广模式(高价独占、低价共享),向广告主收取不同的费用,再按一首彩铃的价格支付给个人受众,而个人受众很可能是同时使用多首彩铃广告的,运营商通过这种方式获得收入。彩铃广告的盈利模式如下图2-15所示。

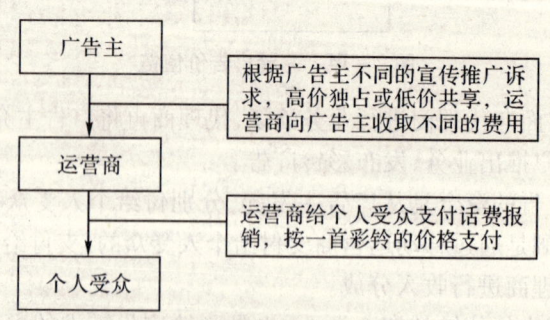

图 2-15 彩铃广告盈利模式

高价独占受众资源:广告主支付给运营商的费用高于运营商支付给个人受众的费用,运营商可以盈利。

低价共享受众资源:个人受众使用多少首广告铃音,运营商都只支付一首广告铃音的费用,因此运营商也可以盈利。

3. 彩铃广告的发展策略

(1) 市场进入策略

彩铃广告的业务开展之前,先要对市场进行周密的调研,了解市场规模、广告主需求及消费行为、个人受众消费行为以及广告主需求与个人受众资源提供之间的平衡关系,只有在掌握了市场行情的情况下,运营商才有足够的资源确定是否发展彩铃广告业务。进入彩铃广告市场有以下两种情况:一是广告主需求与个人受众资源的提供是平衡的这种情况下,运营商可以考虑进入彩铃广告市场,但前提是经过测算,运营商在该业务上能够产生收入,且有一定市场规模,此时运营商可以采用既定的商务模式进入彩铃广告市场。既定的商务模式是指通过调研获得的包月话费定价、广告主的宣传模式需求及个人受众的资源提供。二是广告主需求与个人受众资源的提供是不平衡的这种情况下,需要通过价格策略调整个人受众使用彩铃广告的数量,达到供需平衡。针对高价独占个人受众资源稀缺的状况,对广告主可以较大幅度提高采用高价独占方式的广告主的包月费用,对个人受众可以降低使用多首铃音的个人受众的包月费用,以分流使用多首彩铃广告的用户,使其流向使用一首彩铃广告。当广告主和个人受众供求关系平衡之后,再考虑市场规模和运营收入,以新的商务模式进入市场。

(2) 产品策略:开发系统,创新产品形式

开发系统方面,建立个人客户自主定制彩铃广告的机制:建立彩铃广告网站,提供个人客户可以自主下载的铃音,并设有试听功能;产品方面要求形式多样:提供返手机话费、抽奖、优惠券、打折卡等多种收益类型;在产品形式上,设计成多种产品组合的形式。在网站上注明每首彩铃广告的收费模式、价格、收益类型(即返手机话费、抽奖或优惠券等),让个人客户自主选择。

(3) 推广策略:大力宣传,扭转感知,免费试用

个人受众:通过短信 PUSH 的方式进行宣传,再辅以 10086 电话营销,网站兼具定制和宣传的功能;企业广告主:免费制作,推荐试用。一方面要通过宣传扭转客户的感知,另一方面可以为企业免费制作优秀铃音,推荐其试用。

(4) 合作模式:统一广告界面,寻找优秀代理

移动运营商应提供统一的广告制作单位,保证彩铃广告的制作水平,同时寻找高价值的代理商进行合作,帮助开发企业广告主客户。

第五节 3G 环境下的增强型业务

一、移动商务

1. 移动商务的概念及特点

移动商务也称移动办公,是一种利用手机实现企业办公信息化的全新方式。它是移动

通信、PC电脑与互联网三者融合的最新信息化成果。移动商务是指通过移动通讯网络进行数据传输并且利用移动终端开展各种商业经营活动的一种新电子商务模式。移动商务是商务活动参与主体可以在任何时间、任何地点实时获取和采集商业信息的一类电子商务模式,移动商务活动以应用移动通讯技术和使用移动终端进行信息交互为特性。由于移动通讯的实时性,移动商务的用户可以通过移动通讯在第一时间准确地与对象进行沟通,与商务信息数据中心进行交互,使用户摆脱固定的设备和网络环境的束缚,最大限度地驰骋于自由的商务空间。

与传统的商务活动相比,移动商务具有如下几个特点:

第一,更具开放性、包容性。移动商务因为接入方式无线化,使得任何人都更容易进入网络世界,从而使网络范围延伸更广阔、更开放。同时,使网络虚拟功能更带有现实性,因而更具有包容性。

第二,具有无处不在、随时随地的特点。移动商务的最大特点是"自由"和"个性化"。传统电子商务已经使人们感受到了网络所带来的便利和快乐,但它的局限在于必须有线接入,而移动电子商务则可以弥补传统电子商务的这种缺憾,可以让人们随时随地结账、订票或者购物,感受独特的商务体验。

第三,潜在用户规模大。中国的移动电话用户已接近4亿,是全球之最。显然,从电脑和移动电话的普及程度来看,移动电话远远超过了电脑。而从消费用户群体来看,手机用户中基本包含了消费能力强的中高端用户,而传统的上网用户中以缺乏支付能力的年轻人为主。由此不难看出,以移动电话为载体的移动电子商务不论在用户规模上,还是在用户消费能力上,都优于传统的电子商务。

第四,能较好确认用户身份。对传统的电子商务而言,用户的消费信用问题一直是影响其发展的一大问题,而移动电子商务在这方面显然拥有一定的优势。这是因为手机号码具有唯一性,手机 SIM 卡片上存贮的用户信息可以确定一个用户的身份,而随着手机实名制的推行,这种身份确认将越来越容易。对于移动商务而言,这就有了信用认证的基础。

第五,定制化服务。由于移动电话具有比 PC 机更高的可连通性与可定位性,因此移动商务的生产者可以更好地发挥主动性,为不同顾客提供定制化的服务。例如,开展依赖于包含大量活跃客户和潜在客户信息的数据库的个性化短信息服务活动,以及利用无线服务提供商提供的人口统计信息和基于移动用户位置的信息,商家可以通过具有个性化的短信息服务活动进行更有针对性的广告宣传,从而满足客户的需求。

第六,移动电子商务易于推广使用。移动通信所具有的灵活、便捷的特点,决定了移动电子商务更适合大众化的个人消费领域,比如:自动支付系统,包括自动售货机、停车场计时器等;半自动支付系统,包括商店的收银柜机、出租车计费器等;日常费用收缴系统,包括水、电、煤气等费用的收缴等;移动互联网接入支付系统,包括登录商家的 WAP 站点购物等。

第七,移动电子商务领域更易于技术创新。移动电子商务领域因涉及 IT、无线通讯、无线接入、软件等技术,并且商务方式更具多元化、复杂化,因而在此领域内很容易产生新的技术。随着中国 3G 网络的兴起与应用,这些新兴技术将转化成更好的产品或服务。所以

第二部分 移动媒体的运营管理

移动电子商务领域将是下一个技术创新的高产地。

据中国电子商务研究中心发布的《2010年(上)电子商务市场数据监测报告》显示,截至2010年6月,中国移动电子商务实物交易规模(实物交易包括家电、日用品、服饰等实体商品的交易总额)达到13亿元,用户规模已达到5531.5万,保持了快速增长的势头。

随着移动电子商务呈现出来的快速发展趋势,吸引了更多的企业进军这一领域,并进一步引起了中小企业的重视,这也加剧了市场的竞争格局。不仅如此,各家具备前瞻意识的电子商务公司开始在移动支付、行业门户、移动IM、移动旺铺、移动定位等领域抢先战略布局。

事实上,阿里巴巴、联想、百度等众多行业龙头企业不仅看到了这一价值,而且早已在移动电子商务领域布局。尽管已经有许多企业纷纷进入移动电子商务市场去抢食这块大蛋糕,但移动电子商务市场所蕴藏的潜力远远超乎人们的想象,留有广阔的发展空间。

2. 移动运营商发展移动商务的具体策略

3G环境下移动商务发展初期,移动网络运营商因为拥有大量的用户资源、较好的品牌优势以及强大的网络平台,因而在移动商务产业价值链中居于核心位置,可以采取核心型商业模式,以攫取产业内更多的利润。此时,我国移动商务产业的发展需要居于核心位置的移动网络运营商整合资源,构建整个移动商务产业链的运营,因此移动运营商如何把握机会,如何起到核心带动作用,是直接影响我国移动商务能否快速发展的重要因素。为此,移动网络运营商应做好如下几个方面的工作:

(1)加快推进商务的信息化、培养用户的认知度

消费者应用移动商务主要是获取信息而不是进行事物处理和交易;3G最大的优势不是技术和传输速度,而是凭借技术、传输速率的优势可以为消费者提供更好的业务,为移动客户创造更多的客户价值。因此,移动网络运营商应整合自己的网络、用户以及品牌等资源,更多地倡导一种理念,培育一个市场,加快推动商务的信息化,引导消费者关注移动商务带来的新的生活方式和工作模式而非技术的转变。培养消费者对移动商务的认知程度,一方面应加大宣传力度,为用户营造一个体验的氛围,可以采取提供产品或者整体解决方案等方式进行用户体验和提高的过程。

(2)加深移动商务产业协作

3G环境下移动商务产业发展初期,运营商占据了价值链的核心位置,占据了相当的优势;3G环境下,移动商务价值是由既相互联系又相互区别的应用服务层价值链、网络承载层价值链和终端支持层价值链所组成。因此移动商务产业是一个分工越来越细的产业,产业链条越来越长,产业网络越来越复杂。这要求价值链的各方主体必须有协作精神,移动商务价值链应该使不同类型的企业打破行业界限,使同处一条价值链中的企业保持战略合作的关系,而不仅仅是一种简单的买卖关系。运营商必须清楚自己的地位和角色,避免面面俱到,才能积极推动移动商务产业向前发展。未来竞争将不再是企业与企业之间的竞争,而是价值链与价值链之间的竞争。所以,运营商应当做自己擅长的事情,做好平台和渠道的管理,整合服务提供商、网络运营支持商、移动终端制造商等资源,这样运营商不仅可以增加自身的网络使用量,而且还会促进移动商务产业的繁荣。

(3) 营造"多赢"环境

在3G移动商务产业发展的各个阶段,都要求参与移动商务产业的企业密切合作,协同发展。因此,在移动商务价值链管理中,特别要处理好利益分配的模式问题,责权明确,良好、科学的资费分成可以鼓励和刺激更多的价值链成员如内容提供商和服务提供商等加入到产业价值链中来。

3. 服务提供商发展移动商务具体策略

目前所处的3G环境下移动商务发展初期,服务提供商发展还不成熟,能力有限,提供的服务种类和质量也参差不齐,掌握的客户资源少,市场力量较小,移动商务服务内容完全由移动运营商决定,一定程度上限制了其他应用服务的发展,导致市场上服务提供商服务的同质化,且竞争尤为激烈,在价值链中处于劣势。此时,服务提供商为了在价值链中立足并培养核心竞争优势,适宜采取聚焦型商业模式、集中资源提供差异化移动商务服务比较合适。而要提供满足用户需求的差异化服务需求做好以下工作:

(1) 提供个性化、深度化的移动商务服务

移动商务对用户来讲,必须是增值服务,原因在于移动网络,在速度、资费上的限制和移动终端,在处理能力、显示效果、电池的续航能力等方面的限制,要求提供给移动客户的信息、服务是与需求高度耦合的,所提供的移动商务信息、服务是依据服务对象自身的个性化属性、所处位置的场景相关属性、所要求服务的事件特性、移动终端的属性等将原始信息通过增值加工而形成的,并以最适合的方式传递给移动客户,满足其个性化需求,信息过载和不必要的通信在移动商务环境下是不可接受的。

(2) 进行业务创新,向市场提供差异化的内容和服务

随着移动服务数量不断增加,而从事的业务范围却局限在有限的几个领域内,服务提供商之间恶性同质竞争不断加剧,提供的内容和服务类似,这说明了移动商务服务还不够丰富。因此,服务提供商唯有将发展的思路真正做到业务创新,向消费者提供差异化的内容和服务,推动新的移动商务服务开展,才能解决同质竞争,在服务提供价值创造环节培养核心竞争优势,逐步培养自己的重视客户,形成一定的市场力量,以期随着移动商务产业的发展,遵循移动商务商业模式演化规律进一步参与移动商务产业,在价值链中获取更多的利润。

4. 小结

正如电子商务的发展应用过程一样,移动商务作为一种新的商业模式,其商务应用模式是一个动态发展的过程,需要不断完善。尽管现阶段移动商务的应用面临着隐私、安全、法制信用体系和基础设施可靠性等方面的问题,但是其发展趋势是无法阻挡的。当前,企业应认清现状,把握移动商务所带来的优势,积极发展移动商务,争取在全球新的移动商务革命中获得优势。

二、移动搜索

1. 概述

随着移动互联网的快速发展,手机上网的用户数量正在膨胀式的增长,市场用户基础

正在快速形成,产业参与者的数量、类型资源也日益丰富,这些条件的形成毫无疑问将会带来巨大的产业新机遇,以移动搜索为核心的移动互联网的发展必将带动相关产业成为未来核心产业之一。

在手机移动搜索市场,目前我国与西方发达国家基本处于同一起跑线上,传统互联网时代的照抄美国的局面在这一领域正在改变,如果我们能够把握这一机遇,创新地运用新技术,开发新的商业模式,提供人性化的服务,我国的移动互联网将来引领全球移动互联网市场的发展和变革将可能成为现实。

自互联网诞生以来,随着网络资源的不断丰富,搜索引擎应运而生,成为了网民网络便利生活不可缺少的重要组成部分,为人们从海量的网络信息中便捷地获取有用信息提供了解决之道。互联网向前发展,到手机移动网络出现后,手机移动搜索便随之发展活跃起来。

在目前阶段,手机移动搜索可以理解为移动网络基础上的搜索技术在手机等移动平台上的应用。与传统的 PC 互联网搜索相比,移动搜索具有显著的优势,它可以随时随地帮助用户便捷地获取有效信息,因此,在可预见的将来,移动搜索必将成为人们移动生活的重要组成部分,成为互联网经济的一个庞大的金矿。

2. 手机移动搜索市场的现状分析

第一,移动搜索的商业模式。传统的广告收费模式是移动搜索主要的商业模式。在这种模式下,移动搜索服务商在提供搜索服务的过程中,向所服务的用户投放广告,以达到推广的目的,向投放者收取广告费用。这种商业模式的最大优点是搜索服务商可以非常有针对性地向消费者提供广告,相比传统互联网具有无可比拟的优势。因为操作终端手机的特点,服务商可以通过搜索用户提交的信息很方便准确地获取用户信息,包括用户的所在区位、兴趣爱好等,有针对性地在其搜索结果页面投放广告。对赞助商而言,这样的广告显然是非常受欢迎的。

第二种盈利模式便是我们常说的并被传统互联网搜索服务商广泛运用的竞价排名模式。搜索服务商通过人为干扰用户搜索结果,根据客户(广告商)所提供的费用多少来对用户搜索的结果进行排序。在这种模式下,因为手机屏幕相对于电脑屏幕普遍较小的特性,每页显示的结果非常少,加上手机的小键盘上下翻页查看结果非常不便,当前手机上网流量费用偏高等不利因素,企业竞价的位次将显得尤为重要。向搜索用户收取费用是移动搜索的另一种商业模式。在这种商业模式下,不同类型的用户根据自身的需要定制个性化服务,搜索服务商根据不同的需要提供相关的搜索服务,并向搜索的对象收取费用。提供搜索服务的服务商将客户市场进一步细分,大众化和个性化的趋势明显,服务商通过个性化的服务获取高的收益。

在现阶段,主要移动搜索服务商更多的采用的是传统的广告收费模式,带有浓重的互联网痕迹,缺乏移动网络所独有的特性。移动网络在网络特点、客户终端、内容服务、用户特性等方面与传统的互联网有着很大的差异,这决定着其商业模式必然不能完全照搬传统互联网的模式。

3. 移动搜索市场存在的问题及对策

（1）不断挖掘创新明确有效的市场盈利模式

目前的移动互联网市场正在重复着早前传统网络的老路，用户只需向网络运营商支付使用费，而提供网络内容服务的服务商在不停投入的同时却无法从用户那里获得收入。处于培育期的市场急需发掘能够支撑这个市场良性并快速运转的盈利模式。

（2）大力发展能够支撑市场的网络基础设施建设

跟初期的传统互联网类似，在拥有丰富的资源内容之外，移动网络市场更需要便捷快速的网络、良好性能的终端、能够持续续航的动力支持等作为基础条件来支撑。目前政府在这两个方面的建设工作都需要大力加强，起到产业推动作用。

（3）丰富所提供的产品类别和改善人性化的服务界面

目前专门针对移动搜索提供的 WAP 网站数量上还不是很多，远远没达到像传统互联网那样丰富，并且多数 WAP 站点规模偏小、内容形式单一，同质化严重，离满足用户的多元化需求还有不小的距离。在适应用户手机终端屏幕小、续航能力不强、低流量、带宽窄的特性方面尚有很大空间，只有真正解决了这些问题，这个市场才会有更广阔的前景。

4. 移动搜索未来掘金之路的趋势

（1）搜索功能垂直化、专业化

相对于传统互联网搜索，受限于用户终端的特性局限，移动搜索将摒弃查询结果信息量庞大、结果泛化、深度不够等特点，向"专注、具体、深入"的方向发展，针对特定区域、特定行业、特定人群甚至用户的特定需求提供有较大价值的信息和服务。这种信息和服务范围小，针对性强，能够充分满足用户对搜索效率的需求。

（2）内容服务生活化

手机终端的便携性特点直接决定了与之伴随的移动搜索的生活化服务功能，提供用户日常生活的基本需求，帮助用户解决生活问题成为移动搜索发展的必要条件。未来的移动搜索将在人们的吃、喝、玩、乐、行等五大领域发挥着越来越重要的作用，提供的搜索信息服务将涵盖生活、消费、出行、公共服务等方面。同时，随着移动手机中 3G 功能的扩充，基于用户位置的搜索服务将提供更加高效、更加精确的实地使用信息。

（3）商业模式电子商务化

移动搜索服务向生活化的发展，必将带来如餐饮、旅游、交通等行业与移动网络的大融合。电子商务的概念将得到进一步深化和更广泛意义的扩充，用户的购买行为和支付形式方面，传统的电子商务将与生活更加融合，用户可以随时随地搜索周边商家信息，随时随地发生购买行为，随时随地进行支付，移动搜索将使得虚拟网络与现实生活进一步融合和交叉。

第三部分

电视媒体的运营管理

第一章

电视媒体的运营管理活动

第一节 电视媒体的定义

一、电视媒体的定义及特点

电视媒体是指以电视为宣传载体，进行信息传播的媒介或平台。电视媒体是媒体的一种分类，电视媒体与平面媒体、广播媒体、网络媒体、户外媒体和手机媒体共称为六大媒体。首先让我们来认识电视的主要特点：

1. 直观性强

电视是视听合一的传播，人们能够亲眼见到并亲耳听到如同在自己身边一样的各种活生生的事物，这就是电视视听合一传播的结果。单凭视觉或单靠听觉，或视觉与听觉简单地相加而不是有机地合一，都不会使受众产生如此真实、信服的感受。电视广告的这种直观性，仍是其他任何媒介所不能比拟的。它超越了读写障碍，成为一种最大众化的宣传媒介。它无须对观众的文化知识水准有严格的要求。即便不识字、不懂语言，也基本上可以看懂或理解广告所传达的内容。

2. 有较强的冲击力和感染力

电视是唯一能够进行动态演示的感性型媒体，因此电视广告冲击力、感染力特别强。因为电视媒介是用忠实的记录手段再现讯息的形态，即用声波和光波信号直接刺激人们的感官和心理，以取得受众感知经验上的认同，使受众感觉特别真实，因此，电视广告对受众的冲击力和感染力特别强，是其他任何媒体的广告所难以达到的。

3. 受收视环境的影响大，不易把握传播效果

电视机不可能像印刷品一样随身携带，它需要一个适当的收视环境，离开了这个环境，也就根本阻断了电视媒介的传播。在这个环境内，观众的多少、距离电视机荧屏的远近、观看的角度及电视音量的大小、器材质量以至电视机天线接受信号的功能如何，都直接影响着电视广告的收视效果。

4. 瞬间传达，被动接受

以广告为例：全世界的电视广告长度差不多，都是以 5 秒、10 秒、15 秒、20 秒、30 秒、45 秒、60 秒、90 秒、120 秒为基本单位，超过 3 分钟的比较少，而最常见的电视广告则是 15 秒和 30 秒。也就是说一则电视广告只能在短短的瞬间之内完成讯息传达的任务，这是极苛刻的先决条件。而且受众又是在完全被动的状态下接受电视广告的，这也是电视区别于其他广告媒介的特点。

5. 费用昂贵

费用昂贵，一是指电视广告片本身的制作成本高，周期长；二是指播放费用高。就制作费而言，电影、电视片这种艺术形式本身就以制作周期长、工艺过程复杂、不可控制因素多（如地域、季节天气、演员等）而著称，而电视广告片又比一般的电影、电视节目要求高得多。广告片拍片的片比通常是 100∶1，可见仅是胶片一项，电视广告片就要比普通电影、电视剧节目超出多少倍了，而且为广告片专门作曲、演奏、配音、剪辑、合成，都需要花大量的金钱。

就广告播出费而言，电视台的收费标准也很高。我国中央电视台 A 特段 30 秒的广告收费要人民币 4.5 万元。而国外黄金时段播出费用比这还要高得多，美国的电视广告每 30 秒要 10 万~15 万美元，如果在特别节目中插播广告更贵，有的高达几十万美元。

6. 有较高的注意率

经济发达的国家和地区，电视机已经普及，观看电视节目已成为人们文化生活的重要组成部分。电视广告注意运用各种表现手法，便广告内容富有情趣，增强了视听者观看广告的兴趣，广告的收视率也比较高。电视广告既可以看，还可以听。当人们不留神于广告的时候，耳朵还是听到广告的内容。广告充满了整个电视屏幕，也便于人们注意力集中。因此，电视广告容易引人注目，广告接触效果是较强的。

7. 利于不断加深印象

电视广告是一种视听兼备的广告，又有连续活动的画面，能够逼真、突出地从各方面展现广告商品的个性。比如，广告商品的外观、内在结构、使用方法、效果等都能在电视中逐一展现，观众如亲临其境，留有明晰深刻印象。电视广告通过反复播放，不断加深印象，巩固记忆。

8. 利于激发情绪，增加购买信心和决心

由于电视广告形象逼真，就像一位上门推销员一样，把商品展示在每个家庭成员面前，使人们耳闻目睹，对广告的商品容易产生好感，引发购买兴趣和欲望。同时，观众在欣赏电视广告中，有意或无意地对广告商品进行比较和评论，通过引起注意，激发兴趣，统一购买思想，这就有利于增强购买信心，做出购买决定。特别是选择性强的日用消费品、流行的生活用品、新投入市场的商品，运用电视广告，容易使受众注目并激发对商品的购买兴趣与欲望。

9. 不利于深入理解广告信息

电视广告制作费用高昂，黄金播放时间收费最贵。电视广告时间长度多在 5~45 秒之间。要在很短的时间内,连续播出各种画面,闪动很快,不能做过多的解说,影响人们对广告商品的深入理解。因此,电视广告不宜播放需要详尽理解性诉求的商品,如生产设备之类商品。一些高档耐用消费品在电视播放广告时,还要运用其他补充广告形式做详细介绍。

10. 容易产生抗拒情绪

因为电视广告有显著的效果,运用电视广告的客户不断增加,电视节目经常被电视广告打断,容易引起观众的不满。

另外,电影的传播特点基本与电视相同,因为同属大众传播,这里不再作详细叙述。

二、电视媒介的优势和发展趋势

从某种意义上来说,作为文学媒介的电视和广播十分相似,因为它跟报纸广播一样都是由不同栏目和节目滚动相间构成的一个板块。只不过它集报纸和广播的优势于一身,并且改善了报纸的那种静止画面,而成为像现实生活一样逼真的连续运动。由于视觉的加入造成视听融合的新局面使得文学形象得以根本的改观。此前的口语媒介中的形象飘忽不定,而纸质媒介中的文学形象需要读者的转化,即借助文字想象出相应的画面,而电视则把伴随着声音的形象直接呈现在了观众面前:风景有声有色,人物栩栩如生。所以,电视虽然是一种综合性艺术,但是其主体其实是视觉,而听觉往往处于附属地位。事实证明,媒体对人的听觉所造成的影响远远小于视觉所产生的影响。因为广播的听觉映射只是从接受方式而言,也就是说它拓展的是一种接受空间的更大可能性,至于接受有没有效果便不在它的能力之内了;而电视所带来的视觉映射可以使活灵活现的形象直接跃入接受者的眼帘,使观众在受到震撼的同时念念不忘,也就是说视觉映射能产生一种更加直接而且富于力度的接受效果。与其他媒介相比,电视媒体具有以下优势:

- 信息传播及时;
- 传播画面直观易懂,形象生动;
- 传播覆盖面广,受众不受文化层次限制;
- 互动性强,观众可参与到节目中来。

电视媒体的不足之处是线性传播,转瞬即逝,保存性差。

作为一种完全融入人们日常生活的媒介,电视这种同样并不纯粹的文学媒介与其说是促进了文学的传播,还不如说是冲击了人们接受文学的传统观念。因为它把任何东西都视觉化了,可视性本来是电视的优势,但是视觉的泛滥却可能导致文学艺术内在本性的丧失。如果说舞蹈是以视觉为主的艺术,那么音乐就完全是一种听觉艺术了。但是电视出现之后的音乐却在某种程度上成了看的东西,而不再是听的东西了。观众就像刚学步的婴儿一样密切注视着演奏者摇头晃脑地使乐器发出声音,或者观察着演唱者的一举一动,却忽略了传到耳朵里的声音。画蛇添足的歌伴舞形式体现的正是一种视觉文化,它把只需要闭目聆听的艺术作品弄成了拙劣的观赏之物。这种喧宾夺主的视觉文化以其强有力的方式解构了人们品评文学的接受传统。同时,那些难以视觉化的文学形式如诗歌散文等无疑被推上

了更加边缘的地位。所以,作为视觉文化的电视媒介充当了造成文学品种发展失衡的不光彩角色。

有人说电视造成了人们想象力的衰弱,其实这是对电视的苛责。电视媒介的出现并没有彻底取代纸质媒介,正像纸质媒介的出现并没有完全取代口语媒介一样。虽然有新的文学媒介不断出现,但是传统的文学媒介仍然以其独特的优势而拥有自己的存在空间。但是,每一种新媒介的出现无疑都会伴随着对传统媒介越来越强大的冲击。相比而言,电视对人们的冲击尤其强烈。如果说,广播拥有的是一种独立于人的力量,那么,电视的力量无疑已经达到了诱引和支配人的地步,也就是说人们已经对它产生了依赖性。它让人上了瘾,甚至陷于其中不能自拔。到了网络时代,科技产品所形成的这种对人的支配力量可谓发挥到了极致。

综上所述,电视媒体的发展将走向以下几种趋势:

• 电视媒体将与新兴的载体相结合,将电视变成一种可以移动的电视

所谓移动着的电视,是说电视已经从客厅走到了广场、电梯、手机上,已经不再是以往那样的静止的、等待观众光临的状态。电视不断迁移,与网络、手机这样的终端,与楼宇电视这样的发明相结合,形成新的载体与传播样式。电脑互联网与电视的结合已经是一种定势了。然而这绝对不是互联网对电视的取代,只是电视媒体的一种革新。笔者认为,手机是电视媒体的最新载体。手机较之电脑更为轻便,手机已经成为人们身上不可或缺的一部分。随着,手机功能的日益增多以及3G网络的推广,手机看电视将会成为一种势不可挡的力量。

• 单元传播:适应生活节奏变化与生活方式要求单元传播有其存在基础和合理性

对普通观众来说,从50个频道增加到100个频道,频道增加一倍,所获得的愉悦和满意并没有同步增加一倍,反而会感到增加不少选择的麻烦,要付出更多精力进行搜索。人们希望传媒更多地尽到选择的责任,提供精选的结果。同时,人们生活节奏与活动方式变化,希望在特定的时间提供最需要的东西。而电视台为了争取观众的收视,减少观众的流失,也采取集中播放的方式"黏住"观众,减少换台,形成波段传播的模式。这样,一个频道形成了一个个单元,分布在不同时间段,形成波段竞争。受众结构与收视偏好的变化,必然形成单元化的结果,也促使传播心理发生变化。能否以足够容量"黏住"受众,这是目前电视要回答的问题。解决办法之一,显然就是单元化的节目编排方式,波段式的传播技巧,以波段传播形成有竞争力的传播节奏。新媒体思维对象传播与创造需求对我们所在的时代,可以有三个描述:它是经济全球化时代,更可以说是信息全球化时代,因为信息全球化是经济全球化的前提、过程和结果;它是媒体高度发达的时代,更可以说是新媒体时代,以互联网为代表的新兴媒体具有前所未有的社会影响力;它是物质丰富的时代,更应当说是信息化生存时代,因为信息继物质、能量之后成为人类生存的最重要的资源,成为重要的推动力量。

• 电视媒体的互动发展趋势

越来越多的选秀节目受到热捧,这也是意味着电视媒体势必将走向一种互动的趋势。传统电视媒体,往往是我播你看,观众被动接受。但如今观众不仅要求在第一时间内获取

有关信息,满足"知情权",更希望媒体能够成为自己发表意见、展示主张的平台,实现其同样强烈的"参与权"。所以,从央视到各地方电视台,都创办了各种谈话类节目,让观众参与,与观众互动,取得了很大的成功。

尽管互联网不会取代电视,就如电视不会取代报纸和广播一样,但在今天,要想适应与新媒体的竞争,就要形成建立在体悟互联网文化基础上的电视文化,形成建立在移动化基础上的电视文化,形成受直播卫星进一步发展影响而发生变化的电视形态的电视文化。从同样是建立在体悟互联网内涵基础上的对舆论话语权、主导权的认识来看,可以说,电视的发展从来都不是纯自然的,都会受到国家力量的支持。因此,既然电视在与新媒体激烈竞争,电视人就必须有更多的新媒体思维。至少,要学会更有效地进行对象传播,更积极地创造需求。

第二节 理解电视媒体的管理活动

一、电视媒体运营管理的重要性

运营管理原先被称作生产管理,主要面向制造业。随着国外服务业突飞猛进的发展,生产管理学科不得不兼顾服务业的需要,以至于生产管理这一称谓已不能适应管理学发展的需要,由此运营管理这一称谓开始逐渐替代生产管理。电视媒体一方面应该考虑怎样从运营管理学科获得有益的管理方法,另一方面要考虑构建适合电视媒体自身情况的运营管理体系。

运营管理在媒体各管理职能中的重要性是显而易见的。面对环境的迅速变迁,电视媒体均致力于加强管理。而管理的变革,离不开每一个具体环节的提高。运营管理与广告、研发、营销、财务、人力、信息等职能相互关联,共同服务于媒体战略,如图3-1所示。

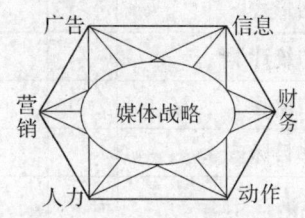

图3-1 电视媒体各管理职能之间的关系

电视媒体运营管理研究的主要价值在于:

- 电视媒体在媒介产业链中占有重要地位,且它涉足调查、制、播等较多环节。因此,研究电视媒体运营管理对提高整个产业链的运作水平具有重要意义。
- 运营管理是促进媒体资源整合的重要手段。行政和资本的推动只是原动力,媒介资源的整合离不开具体管理措施的制定和执行。
- 此类研究还有利于媒体管理研究和教学的进一步深入。业内人士反复探讨的媒体信息化、节目策划与制作、联合制播等许多话题,都和媒体运营管理密切相关,然而在这些研究领域之间似乎还缺少一种桥梁、一种纽带,使得从业者能够用更加系统化的思维方式去管理去运作。媒体运营管理可以起到这样的作用。

二、电视媒体管理的多维度分类

为了加强对电视媒体运营管理的把握,必须对其进行各种分类,从而能够进一步采取更有针对性的管理措施。电视媒体运营管理的多维分类,有助于提高电视节目评价、编排、制作、交易的科学性与规范性,并有利于节目创新和管理创新。如果仅仅参照媒体领域本身已有的文献资料,会无视于其他领域的有益成果,但若机械照搬运营管理等这些领域的概念,又存在不符合媒体实际情况的可能。因此,这里若有考虑不周之处,还期待进一步商榷。如表3-1所示。

表3-1 电视媒体运行管理的多维度分类

分类标准		分 类
接受摄制任务的方式		"订货"摄制/"存货"摄制(如电视剧)
摄制的连续程度		续摄制(如新闻频道)/离散摄制(如纪录片)
摄制批量化程度		大量摄制/成批摄制/单件摄制
行业性质		生产/服务(媒体是服务业,但节目又是"生产"出来的)
节目内容		新闻/影视剧/综艺娱乐/戏曲/音乐/专题纪录/生活服务/广告
节目行业		法制/军事/科教/农业/体育/时政/财经
节目形式		竞赛/谈话/连续或系列/杂志或板块/直播/卡通/引进片
人口统计学		年龄/性别/职业
节目监管		严格管理/有条件管理/基本管理/开放管理
运作目标		商业电视/公益电视
系统层次	组织	岗位/栏目组/部门/频道/台/集团/同类或异类组织之间的联盟
	层次	
	内容	节目内要素/节目/栏目/频道/台/集团
	层次	
节目摄制主体		自行/联合/外包/采购。可用自制-采购分析法辅助决策
节目创新程度		全新/改进/模仿;激进/渐进
节目创新的主动性		驱动市场/顾客驱动/竞争者驱动(Hill,2004)

这一系列分类的依据,主要来自以下四个方面:

运营管理视角。按接受生产任务的方式,分订货生产方式(Produce-to-Order)、存货生产方式(Produce-to-Stock),如电视剧倾向于存货生产;按生产的连续程度,分为连续生产、间断生产,新闻频道比较倾向于连续生产;按生产专业化程度,分大量生产、成批生产、单件小批生产,大量生产方式的产能最高,项目管理是单件生产的重要管理手段,日常节目和特别节目的划分和该分类标准类似;由于媒体兼有制造业和服务业的特点,其运营管理要从生产、服务两个角度看,实现生产、服务双丰收,且既为受众服务,也为社会服务（即推动各层次经济系统的社会经济综合可持续发展）。

根据电视媒体自身规律的分类。采用多维度进行节目分类,以对不同节目进行有针对性的运营;按运作目标,可分商业电视和公益电视;按组织层次,可分为节目运营及栏目、频道、电视台、跨同类组织、跨异类组织运营（跨媒体或跨行业）等层次,不同层次各有侧重,如频道运营负责频道的整体包装、品牌、定位等,栏目运营负责栏目研发和改版等。

新产品开发视角。新频道、新栏目是新产品,每一期节目也是新产品。按创新程度,可分为全新、改进、模仿,或分为激进创新和渐进创新;按运营主体,可分为自行摄制、联合摄制、外包、采购。

根据节目创新的主动性,可分为驱动市场、顾客驱动、竞争者驱动。竞争者驱动不利于竞争优势的取得,而顾客驱动和驱动市场的有机结合则可增强竞争优势。

三、我国现行电视媒介管理体制的主要特点和存在的主要问题

通过研究我们发现,中国现行的电视媒介管理体制具有明显的中国特色。

首先是坚持了"党管理宣传"的基本管理原则,这是由我国电视媒介属于党和人民、政府的"喉舌"的基本性质决定的。其次,实行统一领导、条块结合的管理方式,在宣传业务上纵向指导,在行政管理上受地方政府领导,各级广播电视管理部门既是新闻单位,又是事业管理机关,具有双重身份,也有双重职能和任务。第三是最重要的一点,我国的电视媒介管理机制是以"宣传管理"为核心,宣传管理、技术管理、经营管理三位一体的管理机制。

1958年,中国诞生了第一家电视台——北京电视台,就是中央电视台的前身。与报纸、广播和通讯社一样,中国的电视台一诞生就成为"阶级斗争的工具",即便如此,电视还是显示了新兴媒介的力量,体现出多样化的电视传播功能。1958年4月,中央广播事业局党组在给中共中央的报告中,汇报了当时北京电视台的任务:宣传政治、传播知识和充实群众文化生活。然而,在随后的岁月里,随着"大跃进"、"反右"、"文革"等一场又一场政治运动和政治斗争的进程,电视的多种功能逐渐被单一的宣教功能所取代,荧屏上充斥着政治灌输和说教,电视成了极"左"思想的应声虫。这样的状况整整持续了20年。直到1978年至1998年,中国新闻界经历了二次新闻改革后,电视媒介才改变了单一政治工具的尴尬地位,成为严格按新闻规律办事,经营上有一定自主权的特殊的事业单位,在播出节目方面有了长足的进步和发展。但我国的电视媒介管理仍然是以宣传管理为核心,在此基础上加入了技术管理、经营管理的内容。

计划经济体制和"政治挂帅"孵化出的我国现行电视媒介管理体制,有其产生和发展的历史必然,也有一定的历史作用和贡献,进入21世纪后,随着有中国特色的社会主义建设的深入、市场经济体制的建立、国内外社会经济的发展、媒介产业的不断进步,我国电视媒介管理体制存在问题也日益暴露出来。

第三节　电视媒体管理的发展现状

一、中国电视媒介经营的发展

改革开放以来,中国电视媒介经历了从不播广告到广告泛滥成灾的两个时期。长期以来,我国电视媒介是在事业体制下运行的,由政府财政拨给资金、进行管理,长期以来,电视媒介是"口不言利"、不必经营的。但随着改革开放的深入,电视媒介逐渐产生了商业经营行为,1979年,上海电视台播放了中国电视史上第一条电视广告。电视媒介成为市场经济的一个组成部分,电视媒介机构具备了企业的性质,提出了"事业单位、企业管理"的理念。从总体上看,我国的电视媒介仍然属于事业单位,它首先必须完成国家规定的宣传任务,但同时,电视媒介从事广告和多种经营,又确确实实是企业行为。随着政府拨款的逐年减少,甚至政府对电视媒介予以"断奶",导致电视媒介从业者们追求经济利益最大化,造成了广告满天飞、内容混乱、泛滥成灾,观众怨声载道的局面。

电视媒介最初涉足广告经营时,由于电视媒介本身的"霸主"地位,电视媒介在广告经营中不需要花多大力气,其经营管理就是分配和分割频道和时段资源,谈不上真正意义上的经营管理。随着社会主义市场经济的发展,电视媒介呈现出扩张的势头,电视台新增频道,增加经营平台,同时利用设备和人才资源,开办广告代理公司和节目制作公司。广告客户也将广告投放和节目的形式内容以及观众兴趣联系起来,电视媒介开始重视科学的经营管理,日渐重视受众、开发受众、培育受众。

然而近年来,电视媒介经过媒介扩张之后,架子拉大了,节目显得不足了,同时广告商家的选择增加了,加剧了电视媒介行业内的竞争。同时,第四媒介互联网的迅速崛起,使电视媒介的"老大"地位受到挑战,电视媒介加强了自身科学的经营管理的步伐。然而,由于缺乏具体的经营管理经验,外国的一套又不适合中国国情,中国的电视媒介不得不在经营管理这块"生地"上耕耘,尽管有成功的例子,但失败的不少。如目前东北的一些药品广告,其代理商完全摸准了电视媒介的软肋所在,总是能以"垃圾时段打包"、"年终给予大笔资金帮电视台广告部完成任务"等办法,买下大量的时段,结果给电视媒介自己造成一定的损失。

二、电视媒介管理的法制建设

从新中国成立到改革开放之初,我国的电视媒介法制建设几乎是一片空白,广播电视行政事业管理机关主要靠党和国家的方针政策对电视媒介进行管理。1978年党的十一届三中全会后,我国的社会主义法制建设在政治、经济、文化和社会生活的各方面迅速取得了巨大成就,广播电视媒介领域的法制建设也蓬勃发展起来。

十一届三中全会以来,国家明确提出要发展社会主义民主、健全社会主义法制,必须遵循"有法可依、有法必依、执法必严、违法必究"、"法律面前人人平等"的原则。按照这个原则,我国电视媒介管理的最高决策层认识到,发展和繁荣电视事业,必须要有法律和规章,并学会运用法律手段。为此,1983年国家广电部成立了法规领导小组、行政复议委员会和政策法规司等法制机构,各省(市)广电厅(局)也相继建立了法制机构,并制定颁布了一系列的法规和规章。

近年来,国务院、国家广电总局发布了一系列有关电视媒介的行政法规、规章和规范性文件,对电视媒介进行法制层面的管理,如《广播电视设施保护条例》、《广播电台、电视台设立审批管理办法》、《广播电视无线电管理办法》、《关于引进、播出境外电视节目的管理规定》、《关于加强广播电视广告宣传的通知》、《关于有线电视台、站电视节目管理的暂行规定》等上百件。另外,一些省(直辖市、自治区)还出台了有关广播电视管理的法规和规章。1997年8月1日,国务院常务会议通过了《广播电视管理条例》,并于当年9月1日正式施行。

《广播电视管理条例》对规范电视媒介的设立、管理、经营等都具有重要意义,以国家法律的形式,明确规定了我国各级广播电视行政部门在设立广播电视台、建设广播电视网络以及广播电视节目的制作、播放、对内对外交流互换等方面的管理职责和管理原则。《广播电视管理条例》是目前中国政府对电视媒介宏观管理中领域涵盖面最广、效力等级最高的法规。《条例》从法律层面理顺了电视媒介系统内部以及和外部的关系,制止各种干扰电视媒介发展的违法行为,有利于电视媒介事业和产业的快速发展。

三、中国电视媒介人力资源管理的问题

近年来,在市场经济体制改革的要求下,随着市场化的浪潮和电视媒介机构企业化经营的要求,电视媒介内部发生了重大的变革,包括节目管理评价体系、频道资源分配、经营管理考核等,然而,改革中遇到的最大问题却是人的问题,因为计划经济模式下的电视媒介给现在的电视媒介留下了一大笔"遗产",就是领导终身制和岗位永恒制,这是一笔甩不掉、不能甩、用不了的遗产,原有体制下的职工冗员、庸员过多,成了电视媒介的大包袱。在一些地方电视台,都会有各种各样的冗员,是通过各种关系被塞进来的,却有着国家计划体制下的事业编制身份。于是,改革在这里卡壳了,电视媒介机构想要进人,但上面说没有编制了,但事业要发展、改革、竞争,原来的这些人又无法胜任工作。怎么办?于是,招聘制应运而生了。

招聘制是电视媒介管理改革的一大创造发明,也是一个怪胎。1993年,中央电视台出台《台外聘用人员暂行规定》,最早实行招聘制度,采取了双轨制用人方式,在国家没有出台大的改革政策之前,保留和承认原来事业体制下员工的"事业编制"身份,"老人老办法",承认和保持他们的待遇。而新进入电视媒介机构工作的人员,则采用"新人新办法",采取灵活的考核和分配方式。不管是CCTV还是地方电视台,在那一时期都采取这样的内部管理方式,而优化人才结构,是整合节目资源、进行频道改革、办好电视节目的前提。招聘制为电视媒介的事业发展开辟了一片新天地,经过几年的运行,招聘制也变得更加灵活多样,如中央电视台现有台聘、部门聘等区分,并按照市场经济的供需规律,忙时多聘、闲时少聘、不用的时候就不聘。用人制度的改革,使原来的分配制度也相应发生了变化,电视媒

介机构管理者按照岗位的职责轻重和工作量的大小对员工进行工资、奖金、稿费的分配,逐渐拉开档次,奖勤罚懒,形成激励机制。

另外,制片人制度的出现也是一个大的亮点,制片人制度就是节目生产以制片人为中心,制片人拥有独立的人、财、物大权和对相关人员的指挥领导权,这个人可以不是节目方面的专家,也可以不是技术方面的专家,但他却是节目的生产制作包装推介等流程的实际操作专家。1993年,中央电视台在电视新闻杂志《东方时空》实行制片人制,迅速取得了成功,很快推广到其他文艺、专题等部门,也渐渐被各地方电视台所借鉴、采纳。

第四节 电视媒体运营管理的主要内容

一、电视媒体运营管理的几个原则及相应管理方法

电视媒体运营管理需要遵循一些原则,以下10项原则是结合系统思想和哲学思想,在参考了大量媒体类论文的基础上,从电视媒体实际出发而总结出来的,如表3-2所示:

表3-2 电视媒体运营管理原则与方法的对应表

原则	含义	实现方法
多目标综合考虑	自身利益和利益相关者利益兼顾(经济效益和社会效益兼顾);综合考虑各种媒体运营目标节目创新的主动性	节目全生命周期管理;并行工程
系统层级间整合	同级的同/异类要素之间的相互配合,共同服务于上一级系统的整体他资源、利益;低级系统得到上一级系统的资源的统一配置、集中管理、互相分享	使特定资源、系统得到各方面其系统的支持与配合
定量化	加强各方面的定量化程度	系统评价;预测;仿真;统计;运筹学;
信息化与知识化	采用与管理信息与知识资源有关的管理措施	信息系统;竞争情报;组织学习;知识管理;创新;智力资本
专业化	加强节目内容、岗位、业务、职能分工等的专业化,减少"样样干,样样干不好"的现象	频道专业化;制播分离,非核心业务外包;专业分工;人员、资金、设备等各种资源由专门职能部门统一管理、调配
差异化	通过内容的差异化,提高传播效果	差异化营销;创造卖点;核心竞争力分析;SWOT分析;大规模定制
标准化	在栏目、频道内部制定某些标准,以提高运作效率,并提高传播效果;	制定并执行人员考核、节目评价、节目规格、制作方式等方面的标准;树立栏目

（续）

原则	含义	实现方法
	将自己的内容、管理方法树立为行业标准或该内容所属专业领域的标准	频道的权威性；率先采用先进的管理方式
培育和利用品牌	运用一切手段，培育品牌，并利用品牌效应，提供衍生的产品/服务/活动	将联盟、频道、栏目、大型活动、主持人、记者、专家、竞赛优胜者等确立为品牌，加以打造和充分利用
发展的永恒性	人类世界按从局部到整体、从静态到动态、隔离到互动的趋势不断发展，永无止境。因此，有不尽如人意之处，不应气馁，而要找对策，加以发展	通过媒体管理成熟度模型、标杆比较、Platts - Gregory 方法、Slack 方法、Hill 方法等，把自身运作水平、竞争者水平和自身希望达到的水平摆在一起进行比较，进而制定运作战略；用 QFD 方法，把竞争者的节目和自身加以系统地比较，以助形成策划方案

整合性：每一个层级要充分整合下一层级的资源，实现整体效益最大化，同时又为实现上一层级目标服务。运营层级的划分主要遵循两个线索，一条针对内容，从节目内容要素到节目，再到栏目、频道；另一条针对组织层次，从岗位到栏目组，再到部门、频道、集团等。资源整合可分为两个大类：(1)外部整合：打破组织边界，与国内外制作公司、媒体、各类机构、个人实现跨组织资源共享与协同；同时，通过吸收受众内容资源（如 DV、征集新闻线索）、吸引受众参与（如擂台赛、社会救助、短信等），并依托技术手段（大众化信源，如 DV、摄像头，各种网络，演播室观众表决系统等），与受众和社会建立更紧密的沟通、共享及协同关系，受众的传、受能力都大为增强；(2)内部整合：打破内墙，工种间、节目内部、各期节目间（通过设置悬念、标准化、系列化、后续跟踪回访等）、栏目间、频道间、环节间、部门间以并行工程方式协同运作，实现人财物、内容、信息、知识、资料、专家、工作安排、品牌、包装宣传、营销、广告招商、衍生物开发等方面的资源共享和统一管理，实现媒体运营的系统优化和资源的成倍扩充。

无论是节目内容还是管理措施等，都应放到其环境（即高一级系统）中看待，加强与环境的联系。任何一种行为的持续发展，必须有相应的配套支撑，包括人员、管理、技术、文化、制度等。电视媒体运营管理的提高既受媒体各管理职能和各种资源的影响，也受外部因素的促进和制约，如政策、受众、竞争对手、节目制作业、调查业、咨询业、学术界、合作伙伴等。

以层次划分为基础，电视媒体资源整合可以通过图 3-2 和表 3-3 所示：

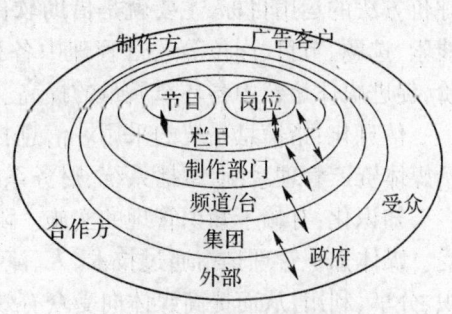

图 3-2 各层次上的电视媒体资源整合

Media Operation Management
媒体运营管理

表3-3 各层次上的电视媒体整合方法

欲整合资源的系统	其上一级系统	整合对象	资源整合的主要方法
节目	栏目	该栏目其他各期节目	设置悬念;标准化;系列化;跟踪回访;预告片
岗位	栏目	栏目内其他	并行工程;师徒制;总结会;策划会;发表心得体会岗位
栏目	节目部	节目部内其他栏目	设备、专家、资料、资金、工作安排、包装、营销、衍生物开发等的统一管理;大编辑部(编辑中心制)
项目管理最佳实践			
制作部门	频道/台	频道/台内其他职能部门	编委会制;并行工程;项目管理;ERP;职能间整合
频道/台	传媒集团	集团内其他媒体	项目管理;设备、专家、资料、资金、工作安排、品牌等的统一管理
传媒集团	外部	受众	受众调查;征集DV作;征集观众和参赛者;电话连线;BBS;聊天室;视频连线;观众俱乐部;短信;彩信;E-mail;信件;并行工程;电子商务;客户关系管理
传媒集团	外部	合作方、制作方等	供应链管理;"敏捷制作";外包;虚拟企业;战略联盟;产业集群;并行工程;"网络化制作";协同产品商务;社会资本;关系资本;专家数据库
传媒集团	外部	竞争者	竞争情报;标杆学习节目创新的主动性

多目标综合考虑:既考虑自身成本、社会与经济效益,又考虑跨组织运营体的整体社会与经济效益,并以全方位、全生命周期的视角考虑总体质量,加快制作周期和栏目创新速度,而且在最恰当的时间向最恰当的受众播出最为其接受的内容。

定量化:固然媒介运营中许多方面难以量化,但定量化是发展的趋势,以前不能量化的逐渐都要量化。具体来说,包括评价、预测、运筹学、统计、仿真等方法。比如,电视媒体对评价方法的运用目标,主要就是借助软件,综合运用各种评价方法,实现对内外人员、新闻线索、选题、节目、岗位等运营管理中各种评价对象的分布式的、省时省力的、可自学的评价,促进媒体运营中各环节质量的提高。

信息化:指信息系统的采用。信息技术是媒体管理的主要基础设施,媒体信息系统包括媒体资产管理系统、编播系统、财务系统等。

知识化:有赖于知识管理的实施。随着知识管理方法的成熟,它将为更多的媒体所接受。媒体知识管理是指通过技术、人、流程这三方面的措施,促进媒体知识的获取、创造、组织、分享、利用,从而提高媒体向受众有效传递知识的能力,最终促进媒体综合效益的提升。电视媒体中常见的知识管理方法有:建立由门户、知识源、知识库(包括多媒体资料)、知识地图、内容检索、群件等构成的知识管理系统,使摄制组成员可随时随地调用所需多媒体资料、找到合适的内外部专家并即刻与之交流;员工相互之间的学习、指导及员工与外部人员、机构之间的知识共享;对知识管理相关行为予以激励;通过竞争情报、受众调查获取关于竞争者、受众的知识。

专业化:包括几个方面:一是频道专业化;二是业务专业化,媒体实行制播分离,保留节目编排、频道策划、新闻与专题节目制作等核心业务,将非核心业务外包;三是内部的专业化,进行更专业的分工,进而各环节、各专业人员统一管理,实行流水线作业,栏目只保留最核心的策划、编导、制片人。若条件允许,频道可使制片人只保留节目制作职能,把其他职能交给职能部门(已为美国几个电视网所实践)。专业化的另一个应用是,简化节目中所传递的信息,突出重点,使受众印象更深。

在各层面上,专业化与复合化应综合运用。我们以人员层面为例。招聘和人才开发应强调人才的复合性,这样有助于适应复杂的业务、便于组织协调、提高效率、降低成本。典型的情况是既熟悉节目内容,又能采编播、策划,了解国内外电视业制作、管理的趋势,兼有艺术、技术、管理的能力,能理解本岗位以外的其他环节的思维方式,具备多种节目形式的创作能力,并具有良好的学习能力。不仅对内部人员如此,对专家的选择也应不仅强调专业水平,还应考虑其镜头感、语言的通俗性等。与此同时,人员的专业化也要加以保证,以提高节目水准、摄制效率等。一人多岗、职责分配矩阵、专家定位、矩阵管理等方法,有助于将业务和人员的复合化和专业化加以统筹。

标准化:岗位考核的标准化;质量评估的标准化;各运营层次的生产标准化(栏目的定位、风格、形态、选题方向、叙事方式、拍摄手法、时长等诸多因素都应有统一的标准;频道的定位、风格等也应标准化);各种要素及各要素之间接口的标准化;将自己的运作方式、内容、主办的赛事活动或质量标准等树立为业界甚至社会公认的某个领域的国内甚至国际标准。标准化有利于认知、熟知、熟练、提高受众忠诚度。标准化和差异化应有机结合,综合运用。

发展的永恒性:管理水平的提高和人类社会发展的趋势一样,遵循从局部到整体、从静态到动态、从隔离到互动的规律,不断发展着。比如,从栏目内整合到栏目间、全频道、频道之间的整合,从有限共享到大规模共享、从部分专业化到全部专业化、部分标准化到全部标准化、局部规范化管理到全面规范化管理、从缓慢的零散创新到持续的全面创新、从不了解市场到全面把握市场、从粗略了解受众反馈到详尽而实时地把握受众反馈,从追求局部最优到全局最优等。员工应把握这些趋势,做出科学的决策,而不要耽于自满或抱怨。

差异化:各运营层次,均应通过内容的(定位、包装、风格等方面)的差异化、人员(主持、嘉宾、后台)的差异化,从而可持续地吸引受众。

品牌增值原则:综合运用一切手段,培育运营系统(跨组织、频道、栏目等)、运营主体(主持、记者、评论员、比赛优胜者等)的品牌效应,并充分发挥其品牌效应,提供衍生产品与服务、开展以品牌为依托的活动。

二、电视媒体的经营管理

广告经营是目前电视媒介经营活动中最成熟的一部分,也是经营收入最大的一块蛋

Media Operation Management
媒体运营管理

糕。电视媒介的经营行为还有开办广告公司或者节目公司、电视直销、网络服务等。但是，面对严酷的市场竞争，电视媒介只有树立正确的媒介市场经营理念，采用科学的经营管理方法，才有可能在市场中生存下去。

电视媒介要搞好经营管理首先必须坚持"喉舌意识"，一方面电视媒介为建设社会主义精神文明服务是追求社会效益，同时国家对电视媒介进行了投入，电视媒介必然要为国家利益服务自身的一项职能。其次，电视媒介的经营管理要利用市场营销观念，电视媒介面向市场(受众)输出核心产品，并利用市场营销手段使节目为视听率和广告的市场占有率不断增加，这是一个完整的市场营销过程。另外，电视媒介无论如何经营，其核心产品只能是节目，其根本性的营销，就是节目营销。

电视剧竞播现象由来已久。2009年的《我的团长我的团》(简称《团长》)风靡一时，四家省级卫视为争夺收视率而引发的播出战争硝烟弥漫，最终由广电管理部门牵头，以23家电视台签订《电视台电视剧播出自律公约》，签署"尊重合约、不搅乱正常电视剧播出秩序"等内容告终。

案例：
一个《团长》引发的争夺战

《我的团长我的团》以独特的视角，讲述60年前中国各地军民联合抗击日本侵略者、承受战争苦难的历史，突出了中国军民的民族大义和豪迈正气。此剧一经推出，便受到观众的高度关注。据了解，《团长》拍摄成本高达4100万元，没有卫视斥巨资买断独播，从而促成省级卫视结盟共同买下此片，采取"4+4+1"的播出模式即东方卫视、江苏卫视、北京卫视、云南卫视四家卫视首轮播出，50天后由浙江、山东、河南、四川四家卫视第二轮播出，一个半月后广东卫视第三轮播出，版权期限为两年。

首播的四家省级卫视以100万元/集的高价买下《我的团长我的团》的集体首播权，并达成播出协议：东方、江苏、云南卫视3月5日开播(北京卫视3月7日开播)，每天只准播放两集。但四家卫视联盟从首播开始即告土崩瓦解。3月5日，江苏卫视"零点首播，黄金档重播"模式播出了两集《团长》；东方卫视将电视剧的前三集剪辑成两集播出，从而比江苏卫视领先一集；云南卫视24小时滚动播出该剧，并与江苏卫视联合宣布，黄金档播出的集数由协议的两集改为三集；北京卫视直接采取三集连播的方式。至此，四家卫视分为两大阵营——东方卫视、北京卫视联手炮轰江苏卫视、云南卫视，一场由电视剧播出引发的省级卫视收视率争夺战激烈上演。

其实，四家省级卫视争夺的不是《团长》，而是收视率和广告市场，它们各出险招，目的就是要完成第一次售卖，争夺收视率、凝聚受众的注意力和影响力，从而完成第二次售卖、获得广告收入，为电视台带来经济利益。

据CSM统计，电视剧由于拥有数量最多、最稳定的观众群体，其广告利润率达到177%，每年为电视台带来200多亿元的广告收入，占全国各级电视台广告总收入的50%以上。另外，由于省级卫视缺乏原创的品牌节目内容，频道创办的品牌栏目难以获得高收视率，使得电视剧愈来愈成为省级卫视争夺收视的"法宝"。虽然2007年全国电视剧产量达到529部、14670集，但质量参差不齐。面对《团长》这样的高成本优秀电视剧，省级卫视一方面希望抢占先机，获得高收视率，另一方面无法单独支付高昂的成本，于是组成联盟共同购买。这种购剧联盟是在利益驱动之下产生的，成员会想方设法通过抢播和反复重播使自己购买的产品实现利益最大化。

在经济低迷的市场状况下，企业的广告投放更加谨慎，许多企业都削减了全年的广告费用，进而影响了电视媒体的广告投放量。据CTR针对100位广告主的调查显示，50%的广告主计划减少预算，2008年广告主电视广告投放的平均比重从2007年的37.0%下降到28.7%。与此同时，随着数字电视产业的推广与发展，电视频道资源成倍增加，电视媒体的广告竞争更加激烈。

由此可了解，《团长》引发的省级卫视竞播战，其实是优秀内容、收视率和广告市场争夺战。电视媒体生态环境"强者愈强，弱者愈弱"的"马太效应"愈演愈烈，虽然省级卫视之间组成的联盟缓解了资源缺乏、成本过高带来的种种问题，但若要在市场竞争中胜利，必须着眼全局，采取切实可行而又符合经济发展规律的措施。

产业资源整合，形成优势资源。省级卫视的核心竞争力在于拥有竞争力强的内容资源，即内容的原创能力、内容资源的整合能力。省级卫视若要晋级成为有全国影响力的频道，必须突破地域化限制，具备"竞合"思维，一方面与资源互补的媒体联合，弥补自身的资源不足；另一方面与资源强势的媒体形成"强强联合"，掌握重要资源的使用权和决定权，从而变资源导向为市场导向，实现战略资源的最大效用。通过产业资源整合，实现资源的优化配置，形成媒体核心竞争力是未来省级卫视的出路之一。近年来，安徽卫视采用独家投拍和买断版权的方式，与强势制作公司联合拍摄，在较大范围内垄断了我国优秀电视剧首播市场，从而吸引众多片商将电视剧资源的首播选择在安徽卫视。

上下游产业链全面开发，发展范围经济。产业链开发指卫视频道以栏目和影视剧创作生产为基础，与上下游联合开发衍生产品和配套内容，达成各种资源的优化配置和组合，从而形成相对完整的产业链。据了解，部分省级卫视已经投资上游产业，如直接投资成立影视制作公司，实现播出平台向上游制作产业的延伸，从而调整电视台在独播剧产业链中的核心地位。如安徽卫视在北京投资1亿多元建立电视节目制作基地，主要进行影视剧、电视栏目以及数字电视节目的拍摄、制作和投资。除直接投资以外，省级卫视还可以利用联合投资、联合制作、委托制作等方式介入生产与制作环节，形成电视节目完整的产业链。从产业链的下游走向产业链的上游，努力实现上下游产业链全面开发，从竞购资源到整合资源再到垄断资源是省级卫视发展的重点思路。

《团长》之争再一次证明，省级卫视"竞合"是个趋势，单打独斗的发展方式已经不适合当今电视媒体的发展，必须向着范围经济的盈利模式发展。省级卫视之间的良性竞争还可以通过行业整合和收购兼并，形成少数大型媒介网络以及定位明确的全国性专业频道和付费频道。地方台保留地方新闻和特色节目,而高成本、优秀的电视剧、娱乐节目则实施全国联播,从而实现媒体的范围经济盈利模式,获得更高的受众占有率。

认清自身竞争优势,省级卫视形成差异化定位。省级卫视要参与竞争,首先要认清自身的竞争优势和发展潜力,分析自身在全国竞争格局中的优劣势,扬长避短,通过对频道特色化的改造,强化频道特色,发挥既有优势,形成更富竞争力的新优势。安徽卫视以"剧行天下"为战略、江苏卫视用情感剧开拓市场,都是市场差异化定位成功的范例。

加强自有品牌节目创作,提升省级卫视影响力。短期内,电视剧是省级卫视获得收视率的法宝,从长远来看,电视剧模式对频道品牌的优势积累有限,自创节目才是省级卫视提升品质和影响力的重要手段。现在,省级卫视节目创新能力不足已成为制约省级卫视发展不争的事实,从各家省级卫视的节目内容可以看出,自创节目后劲不足,复制成风,难以形成忠诚受众。对于省级卫视而言,加强自创节目发展,不仅为争夺收视率增加筹码,更预示着省级卫视之间的竞争进入到培育核心竞争力、加强品牌竞争的新阶段。从省级卫视的长远发展看,集中力量打造彰显频道定位的原创电视节目,与电视剧共同形成品牌组合,不断增强受众对品牌节目的忠诚度,是强势省级卫视发展的正确思路。

第五节 电视媒体管理体制的内涵

按照当前学界的普遍认同的观点,根据资金来源、组织结构、运作方式、与政府和社会其他组织的关系等方面的区别,可以将目前世界各国的广播电视管理体制分为五大类。

在五种体制中,国有国营、国有公营和社会公营的广播机构,通常被称为公共广播;私有私营、公私合营两种机构通常被称为商业广播。由表3-4可以看出,在这五种经营管理体制中,国有公营体制在世界上占有重要地位,这是因为该体制是欧洲各国多年来在广播电视经营管理方面奉行的标准模式,从而与美国广播电视业奉行的私有私营体制形成鲜明对比,二者成为当代资本主义世界广播电视事业的两大模式。

表3-4 世界广播电视五大管理体制

体制类型	代表国家或媒体	体制主要特点	主要优势	主要劣势
国有国营体制	前苏联等社会主义国家,发展中国家,少数发达国家的国营台。	(1)媒体资产为国家所有; (2)政府将其作为国家事业单位直接领导和管理; (3)媒体领导成员由政府任命,业务活动受政府监督; (4)媒体运作经费大多由国家拨款。	(1)便于国家实施统一管理,有计划地安排人力物力财力; (2)合理安排各台设置,协调互补; (3)使广播业务更符合国家需要,从而使社会效益得到保证。	(1)广播事业受政治干预多,业务侧重于对政府、领导负责,忽视对受众多样化需求的满足; (2)行政化管理,高度集中,缺少激励体制,缺乏活力。

(续)

体制类型	代表国家或媒体	体制主要特点	主要优势	主要劣势
国有公营体制	发达资本主义国家和发展中国家的公共台,如英国的BBC、日本的NHK。	(1)媒体资产为国家所有; (2)电台保持独立性,实行企业化管理和运作; (3)媒体领导者是该媒体的董事会,其成员由政府提名、国家元首批准; (4)媒体受到政府规范和监督,具体业务由电台自主决定; (5)媒体运作经费来自受众缴纳的试听费和国家拨款,辅之以广告收入。	(1)便于国家宏观调控,使广播业务符合国家整体需要; (2)媒体具有相对的独立性,避免了政府过多的行政干预,运作有活力; (3)董事会成员来自社会各界,有利于实现媒体的社会化管理; (4)收入来源以试听费为主,一方面使媒体经营运作由财政上的保障,另一方面是媒体始终受到受众监督,为受众服务意识强。	(1)由于国家介入媒体组织管理,媒体运作仍会或多或少有"行政化"倾向; (2)由于受到政府保护,财政来源有保障,因此媒体容易在社会上处于"垄断"地位,缺乏竞争,不利于自身的改进,经营活力也会改小。
社会公营体制	发达国家和发展中国家的部分公共台,如德国的公共广播。	(1)国家对媒体进行宏观调控管理; (2)媒体一般是独立的法人单位; (3)广播事业以服务社会为宗旨;在法律许可的范围内独立进行经营管理和业务运作; (4)资金来源多元化。	(1)媒体不受政府、政党的直接干预,能较好地体现创办者的独立意愿; (2)媒体不受商业集团控制,更注重社会效益,有利于提高节目品位; (3)一定程度上同时避免了纯国营和纯私营体制的缺陷。	(1)媒体实际上难以真正保持独立性; (2)媒体经营运作缺乏有力的经济后盾,易出现财政危机。
私有私营体制	发达国家和发展中国家的私立台,如美国三大广播公司ABC、NBC、CBS。	(1)媒体资金为私人所有; (2)媒体在法律范围内自主经营,自行决定业务方针; (3)国家采用法律形式进行宏观调控,不加行政和经济干涉; (4)媒体通常以营利为目的,采取商业化经营、市场化运作。	(1)媒体不受政府干预,可以千方百计满足受众多样化的需要; (2)媒体在市场环境中生存和发展,善于在激烈竞争中改善经营管理、更新技术; (3)媒体自主运作的空间大,有利于形成激励机制,使媒体动力、活力十足。	(1)媒体以营利为目的,为追求经济利益常常忽视社会效益; (2)一味迎合受众需求,"腥、星、性"现象严重; (3)以广告收入为经济命脉,经营管理和业务运作上容易受广告商、赞助商牵制。

（续）

体制类型	代表国家或媒体	体制主要特点	主要优势	主要劣势
公私合营体制	部分发达国家和发展中国家，如法国、德国的部分广播电台。	(1) 国家通常处于主导地位； (2) 媒体既实行商业化经营，又受到国家宏观控制和相关机构的制约。	(1) 国家可通过多种方式对电台进行调控制约，保证节目内容符合国家利益； (2) 媒体实行自主经营，能重视受众需要，使节目贴近听众，争取高收视率和市场占有率。	媒体经营运作也奉行商业化、市场化方针，可能会导致私有私营体制内容媚俗、受制于广告商等缺陷。

第六节 中国电视媒体管理体制的变迁

创新是前几年中国的流行词语，转型也许会成为今年或明年的流行词语，尤其是电视媒体在内的信息产业中。对转型和创新的认识和理解不同，最后的结果也不会相同。转型就是转变或者转换模式或类型。对电视媒体来说，就是转换思路，转变盈利模式，调整战略、策略和市场重心。转型一般两种情况：主动转型和被动转型。不管是主动还是被动，转型都含有某种不得不转的因素。电视媒体的转型也是在以下几种因素作用下的结果：

一、传统业务与市场竞争加剧

中国电视媒体竞争的日益加剧来自三个方面的原因：

一是卫星电视频道大增。2006 年，上海台、北京台、湖南台先后拥有了一个卡通卫星频道，广东南方台、深圳台、福建厦门台等也纷纷上星。加上中央电视台的 16 个上星频道和内蒙古电视台、新疆电视台、西藏电视台的少数民族语言卫星电视频道，全国市场上已经拥有 56 个卫星电视频道（尚未算上山西黄河电视台和在中国落地的三十家海外电视频道）。为进入卫视收视市场份额的前十名，央视和各省级卫视都铆足了力气，使尽了解数。

二是中国电视媒体收入结构单一。中国电视媒体化进程未久，多元化经营刚刚起步，收入结构不合理，广告收入占行业收入的 50% 以上，有的台甚至 90% 以上的收入来自于广告。以 2006 年为例，全国广播电视总收入 1099 亿元，其中产业收入 960 亿元，而广告收入又占产业收入的 54.9%。各台收视率大战的背后其实是对广告资源的争夺。而广告资源在一定时期的总额增长率都相对稳定的，你多我少，你有我无。

三是电视媒体市场意识的普遍增强和经营水平提高。电视市场化程度的不断提高具体表现在三个方面：第一，工商行业的竞争机制和经营管理理念、制度不断被引入电视行业；第二，随着电视媒体对外交流与开放的不断扩大，国外电视企业的节目形态和经营经验、管理模式不断被中国的电视同行借鉴；第三，中国电视媒体的创新意识不断增强，一些具有自主知识产权的节目形态带有本土色彩的经营管理模式不断涌现。市场意识和经营管理水平的提高无疑使得竞争的烈度和广度不断增加。

二、广告经营模式后劲不足

根据国家工商总局发布的数据，2006年中国广告经营额达到1573亿元，以12%以上的增速继续保持较强的发展势头；其中四大传统媒介的广告经营额为797.9亿元，比上年增加122.8亿元，增长18.2%，占全国广告经营总额的50.7%。而在媒介广告经营中，电视广告收入453.33亿元，比2005年增加了46.79亿元，增长率为11.51%，增速减慢；广播广告连续快速增长六个年份后，广告收入达到59.01亿元，比上一年增加了8.43亿元，增长率16.67%。报纸广告收入在经历了2005年的低谷后开始反弹，增长11%；期刊广告收入出现了负增长。由此可见，不但整个媒介产业广告收入增长缓慢，连媒介广告中的领跑者电视媒介的广告经营也出现了下滑趋势，增长速度甚至低于行业平均水平。这表明，一味依赖广告的电视经营模式越来越靠不住。电视广告收入增速的下降一方面使得广告市场的竞争更加激烈，一方面迫使一些电视台转换增收的重点和思路。

三、观众总体规模下降，分流速度加快

根据2006年央视－索福瑞（CSM）与有关机构合作在全国10个城市（深圳、青岛、大连、太原、南京、南宁、佛山、淄博、绵阳、杭州）进行的问卷调查数据分析，近30%的观众表示，在进行了数字电视转换之后，其收视时间有明显增加。这说明，近年来全国电视观众收视时间之所以有所回升，很大一部分原因是数字化的推动，特别是缘于新型服务对电视消费的带动。电视媒体的数字化在遏制了全国电视观众人均收视时间下滑的同时，节目点播和付费频道等新服务的出现，必然会在一定程度上对传统电视频道的收视市场造成冲击。在我们看来，数字电视媒体及其伴随的新业务对传统电视业务的冲击还是肉烂在锅里，不足为虑，真正让电视媒体寝食难安的是互联网、手机等新媒体对电视观众和广告的分流。

根据CNNIC的第二十次报告，截至2007年6月30日，我国网民总人数已达1.62亿（仅次于美国2.11亿的网民规模），互联网普及率12.3%（美国是60%）。其中宽带上网比例已经占到75.6%，无线接入（含手机上网）比例已经超过34.3%，其中以手机为终端的无线接入比例达到27.3%（同期手机用户已经达到5亿）。在网络的使用者中，18～30岁的年轻人占了53%。而在互联网的用途中，网络新闻和搜索引擎的使用比例已达76.3%。中国网民在家上网的比例在逐步提高，目前已经达到73%而观众看电视的时间也大部分在家里。很明显，未来的家庭娱乐和信息渠道之争将在电视媒体和网络媒体之间激烈上演。

在新闻内容的丰富性、及时性方面，新媒体已经可以和任何传统媒体抗衡，而在便利性、互动性和个性化服务方面则比传统媒体更具优势。CNNIC的第二十次报告显示，我国网民对互联网的总体满意度是60.5%，与2006年年末相比，总体满意度上升了12个百分点。2007年9月6日，新浪网站声称已拿到第一张北京奥运会采访证，以后至少还能拿到

14张,届时将组建500人的报道团队、300人的后方报道团队以及80人的世界各地报道团队。这样的报道阵容即使央视也难免吃惊,更别说其他媒体了。而网络媒体调查机构iResearch提供的数据也显示,2006年中国网络广告市场规模为46.6亿元,比2005年增长48.9%。2007年中国网络广告市场规模达到62亿元,比2006年增长33%。2008年受北京奥运会影响,网络广告市场规模达到98亿元,获得57%的增长率。在特定时期特定市场中,网络媒体广告的高速增长,不可能不影响到传统媒体。

四、电信产业也在转型

中国电信产业是中国电视媒体长期的竞争对手,早些年囿于政策限制,两电尚能勉强维持井水不犯河水。随着新媒体技术的发展和国家对"三网融合"的推动,两电市场的传统界限已经模糊。事实上,中国电信、中国移动和中国联通等电信巨头数年前就开始尝试独自或与电视台、互联网企业合作,向用户提供手机电视和网络电视(IPTV)服务。有的地方电信公司已经制定了媒体发展战略,要联合内容产业,实现业务转型,不但成为媒介,而且要成为媒体,特别是成为多媒体的运营者;有的地方电信公司与娱乐明星广结善缘,已经建立了设备先进、功能齐全的演播室(豪华程度超过当地省级电视台),购买、囤积了大量有播映版权的影视节目;有的电信公司与新浪网、新华社等结成了战略合作伙伴关系,招聘、组建、培训媒体队伍,以期在三五年后有大作为。老实说,电信产业进军新媒体产业也是名正言顺,网络媒体和手机媒体本来就与电信产业不可分割。行业的"特殊性"将渐渐让位于技术和市场的普遍性。可以预计,一旦实力雄厚的电信企业介入媒体市场特别是视频传播市场,将彻底改变电视媒体和媒体产业的格局,影响深远。

电视媒体转型的理由充分,但是,转什么、怎么转,却是大有讲究。转得好,小鸡变凤凰;转得不好,老虎变成猫。就转型的类型来看,可以分为六大类,即技术转型、业务转型、盈利模式转型、战略系统转型、管理转型和观念转型。

1. 技术转型

主要是指电视媒体传播技术由传统的模拟信号传播转换为数字信号传播。根据《国家广播影视科技十五计划和2010年远景规划》和我国举办北京奥运会的相关承诺,我国有线数字电视和地面数字电视的转换工作先后展开,并有了加速的趋势。而我国"十一五"规划中有关推动"三网融合"的论述又使得数字电视的整体转换计划进入了快车道。据格兰研究调查显示,截止到2007年7月份,我国已经有30个大中城市完成了整体平移。据了解,北京、上海、青岛、陕西等省市的地方政府都已经减免了当地有线网络公司的所得税,部分省市还减免了有线数字电视收入营业税,同时对机顶盒进行财政补贴。根据国家广电总局有关部门的统计,截至2007年7月底,国内已经有40多个城市试播过地面数字电视。2007年8月8日,在第四届中国数字电视媒体高峰论坛上,国家广电总局科技司副司长王联表示,数字电视整个产业链已经高速启动,项目规模都是万亿元级别。当然,也有业内专家认为上述数据有点夸张。VOD、付费电视、信息服务、宽带接入等新的增值业务目前尚处于探索阶段,一些背负巨额转换费用的有线运营商如果没有强有力的外援,日子将很难过。

如果数字电视只是收视费提高而内容换汤不换药,如果地面数字电视缺乏相关配套标准和频率规划工作滞后,数字电视媒体的发展肯定不会一帆风顺。但是,不管怎么困难,电视媒体数字化的技术大趋势不可逆转,寰球皆然。

2. 业务转型

主要是指电视媒体从原来的节目制作和播出为主转变为媒体经营和经营媒体为主。媒体经营的含义是不仅仅把节目视为宣传或信息载体,而且把节目及其衍生产品和服务视为经营的对象和盈利的工具。经营媒体的含义是不仅仅把媒体视为信息经营的机构,而且视为像其他企业一样可以进行资本运营和市场资源整合的对象,媒体的概念也不是单一的,而是复合的、多样性的。

具体来说,电视媒体的业务转型主要包括以下几个方面:

(1)从发展事业为主转向发展产业与事业并重。我们始终认为,如果说中国的媒体有什么"特殊"的话,那就是,西方媒体一般只追求经济效益和社会效益,而中国媒体除了这两个效益外,还要兼顾政治效益。中国的电视媒体过去一直被视为事业单位,按事业单位管理,政治效益一度成为唯一的追求,业务类型也非常单一,甚至视产业为事业的对立面。事实上,事业与产业是一枚钱币的两面,合之则用,分之则废。随着技术的发展和市场化程度的不断提高,电视媒体的产业属性将越来越明显,业务面也将越来越宽。

(2)从单一的电视终端传播转向多视屏、多媒体传播。随着网络宽带和视频传播技术的发展,那种看电视只能通过电视台和电视机的时代已经一去不复返了。网络电视、手机电视已经登上时代和市场的舞台,并将全方位地和传统电视媒体争夺受众、广告和影响力。

(3)从单向传播转向互动传播。传统的电视传播都是自上而下、以电视台为中心的单向传播,数字化转换后的传播模式将转变为双向或多向传播模式,"受众"的概念也将转变为"授众"的概念,即有"授权"资格的观众。"授众"规模的扩大取决于电视台个性化、特色化、差异化节目的提供量和价格。当然,无论怎么"互动",电视台也不会发展到网络媒体和手机媒体互动化的程度。

(4)从固定传播模式转向移动传播模式。这个观点来自于两个方面的启示:一是世界范围内的电信固话业务每况愈下,移动电信业务蒸蒸日上;二是移动电视(主要是针对移动人群的电视,包括手机电视和各种交通工具上装置的电视以及楼宇电视等)业务的兴起。固定地点、固定时间"收看"电视的消费模式已成传统,在任何地点和任何时间"送看"电视的移动消费模式已经逐渐形成。当然,"送看"有的是免费的,有的是需要破费的。传统电视台如何适应这种业务模式的转变,攸关未来市场上的位置。

总之,电视媒体业务转型的内容很多,但无外乎三个方向,即延伸传统业务(包括内容、平台、品牌、市场等),开拓增值业务,进入其他产业领域或境外市场空间。

3. 盈利模式转型

随着业务的多元化和与新媒体的交叉融合,传统电视媒体的盈利模式也将日益多样化。如资本运营、各种形式的付费电视、各种与电视节目相关的在线播出与服务、节目交易与品牌授权、各种与节目相关的衍生产品与服务等。

4. 战略模式转型

在目前包括的电视市场大混战中,媒体采取的竞争策略还是有差异的,有的靠市场区位垫底,有的靠资本雄厚占优,有的靠节目品牌取胜,有的靠制度创新领先,有的靠资源垄断支撑,八仙过海,各显神通。但是,根据我们的研究,任何电视媒体要想在全国市场上经营成功,必须至少具备以下八个要素:战略清晰,定位准确,节目创新,覆盖配套,制度完善,注重营销,反应灵敏,善于合作。

没有战略,等于没有方向;定位不准,等于浪费资源;节目平庸,等于驱赶观众;覆盖滞后,等于有车无路;制度残缺,等于轮不在轨;营销不力,等于珠混鱼目;反应迟钝,等于坐失良机;不善合作,等于不会竞争。

就目前的状况来看,国内尚无一个媒体完全符合上述"成功八要素"。这主要是因为国内大多数电视台尚处于"靠天吃饭"的经营状态,缺乏一个主动的、系统的、科学的、可持续的战略发展模式。所以,这里的战略模式转型,主要针对少数有实力、有战略的电视媒体,对大多数电视台而言,不存在战略转型,只有战略建构。

电视媒体应在转型中创新,市场的规则是转则活,变则通,一成不变,必被淘汰。所以,转型的过程,也是创新的过程。创新应包括破和立两个过程。破而不立,是为破坏;立而不破,是为改良;破而后立,是为创新;创而不新,是为失败。从种类上说,创新有两种:一种是虚拟创新,一种是现实创新。虚拟创新是一种精神、观念、制度层面的创新,现实创新是一种产品、技术等形态层面的创新。虚拟创新的价值在于它是现实创新的先导,现实创新的价值在于它能带来新的使用价值。创新还有相对和绝对之分。相对创新是和自己比,或者和过去比;绝对创新是和别人比,或者和世界比。但是,绝对创新的代价往往是巨大的,结果却往往是令人失望的甚至是惨痛的。美国一家研究机构的调查结果显示,真正的创新成功的几率只有5%。正因此,我们并不主张或者怂恿一些人或一些不具备基本条件的企业盲目创新。对大多数人、大多数企业来说,更重要的是到位,是回归,是达到标准水平和应有水平。

第二章
电视媒体的内部运营管理

第一节　电视媒体内部的简要说明

作为党和政府喉舌,电视媒体的权威性是目前网络媒体无法取代的优势。电视则可以充分发挥自身的这一特点,进一步利用好自己的政治资源,增强节目的服务功能,扩大自己的受众群体。而对时政新闻来说,避开机械的图解政治和单纯的传声筒角色、进一步在贴近化、平民化、本土化和服务型上下工夫应该是不无益处。

然而电视媒体作为当下传媒业最先进生产力的代表,由于长期受传统体制和观念的束缚,其管理机制、理念和模式还停留在事业单位、机关式层面,面向市场自收自支的企业行为要求电视媒体必须导入现代企业制度,运用先进的企业化管理理念和运行模式,以提升整个行业的竞争力。

从解放初到1978年前的30年里,中国的政治和经济有两大特点:一是政治上以阶级斗争为纲,政治运动频繁;二是经济上坚持公有制,实行中央集权、级别分明,各种媒介从宏观的体制管理到内部的组织运作都由各级党委直接控制。宏观上,媒介实行完全的公有制、发行与资产,都由党委管理。

在这种状况下产生的电视媒介也不例外,其所有权和经营权都属于国家所有,经费全部由政府拨款,不允许任何经营活动;实行高度集中统一的公共管理体制;电视台是广播电视行政管理部门的一部分,并非独立的行政事业实体,没有独立的经济利益,这样就形成了国有国营的电视媒介管理体制。

电视媒介的主管部门最初是1949年成立的中央广播事业局;1982年5月,中央广播事业局被撤销,成立广播电视部;1986年又改为广播电影电视部;1998年再次改组为国家广播电影电视总局。期间,尽管我国的电视媒介宏观管理体制随着机构调整而不断微调,但大的原则一直没有改变,即所有制为完全的公有制、担当党和政府的"喉舌"、按照行政区划进行分级建设。由此,我国的电视媒介管理形成了在中央统一领导下的分级管理、双重领导的体制。

第二节 宣传导向管理

一、媒体宣传的政治和非政治导向

导向是媒体的首要任务,它体现在政治导向和非政治导向两个方面。政治导向主要指的是党的理论、路线、方针、政策,国家的法律、法规,政府的工作中心等宣传导向,非政治导向主要指的是思想、价值、知识、消费、文化、情趣、娱乐、审美等方面的导向。政治导向和非政治导向是辩证统一的,政治导向是主导,非政治导向是辅助;政治导向是硬性的、显性的,非政治导向是柔性的、隐性的。在实际工作中,政治导向好把握,非政治导向由于社会意识的相互作用带来的复杂性、不统一性,在管理上很难划定界限做统一要求。一些媒体领导因此对非政治导向或疏于管理,或措施不力,认为出了点格但出不了大问题,致使目前广播节目中的政治导向"擦边球"问题越来越严重。

二、导向管理工作的加强

1. 切实增强新闻立台的高度自觉和政治责任

坚持新闻立台不是一个新课题,而是广播电视媒体必须遵循的一个老话题。在新的形势下十分强调和审视这个老话题,具有很强的针对性和现实意义。首先,应当充分肯定,近年来新闻节目的整体质量和社会影响力不断提升,新闻创新工作成效明显。但是,在肯定成绩的同时,我们也必须清醒地看到,在当前媒体传播格局发生深刻变化、文化消费需求呈现多元化、广播电视市场竞争日趋激烈、事业产业混合交织发展的生态环境背景下,部分广电媒体对新闻立台的理念模糊了、淡化了、偏离了,理论上的不清醒、不坚定势必造成行动上的不自觉、不自律,这是一个必然的因果关系。因此就出现了一些带有倾向性的、普遍性的问题,主要体现以下三个方面:一是新闻属性失范、新闻类节目和公益性节目弱化。一家垄断方提供的并不准确、并不科学的收视样本指标成为广电媒体考评节目市场的唯一依据,导致一些频道成了拼收视率的娱乐频道、电视剧频道,新闻节目被边缘化。二是泛娱乐化倾向蔓延,内容格调低俗节目越轨冲线。新闻综合节目过分娱乐化,民生新闻负面内容集中;综艺娱乐节目同质化模仿竞争,过于追求境外明星嘉宾参与;婚恋交友情感节目道德缺失、弄虚作假,价值导向错误;法制纪实类节目知法犯法,追求猎奇,肆意渲染凶杀、暴力、色情、恐怖,缺乏人文关怀等问题,在一些广电媒体中不同程度存在。三是新闻节目创新不足,正面宣传引导失力。一些新闻节目采访浮、时效慢、鲜活少、深度浅,缺乏贴近性、及时性、亲和力和竞争力,难以满足群众多层次的信息服务需求,造成新闻宣传效果不尽理想,一些媒体又据此在认识上对新闻立台产生摇摆和偏差。

这些带有倾向性的问题,最近在相亲类情感类节目中得到集中体现和暴露,严重损害了广电主流媒体的公信力、权威性和社会形象,引起了广大群众特别是主流群体的强烈质疑和普遍不满。评价节目好不好的一个重要检验标准是群众满意不满意、认可不认可。群众不认可、主流不认可，就要反思和调整节目布局和结构。因此，电视媒体工作者应该认真学习、深刻领会和切实贯彻落实中央、省委领导和上级主管部门的指示要求；必须认清坚持新闻立台是党办媒体的使命责任、本质属性和发展之基，是广播电视科学发展、可持续发展的正确方向和必由之路；必须明确新闻立台不能仅仅停留在一般号召上，喊喊口号装装门面，要重在实践、贵在坚持、优在创新，不断地探索、创新和总结成功的做法和经验；必须增强高度自觉，强化坚持新闻立台的使命感、责任感和紧迫感。

2. 牢牢把握新闻立台的基本原则和底线守护

（1）坚持党办党管媒体，走具有中国特色的广播电视发展道路

要始终清醒地认识到，我们的广播电视是社会主义制度下的广播电视，是共产党开办、管理的广播电视，必须坚持新闻立台的宗旨，这是具有中国特色广播电视的本质特征。无论怎么改革、怎么发展，广播电视作为党和政府喉舌、作为重要宣传舆论阵地的本质性质不能改变，党办媒体、党管媒体的根本原则不能改变，广播电视服从和服务于党委、政府中心工作、维护人民群众根本利益的基本职责不能改变。坚持新闻立台、坚持正确的舆论导向，这是广播电视事业发展的最大政治、最硬道理、最根本的任务，在任何时候都绝不能动摇。

（2）强化社会责任，履行引导社会、教育人民、促进发展的重要职责

广播电视主流媒体要有社会担当、责任担当，切实承担起宣传党的路线方针政策、弘扬社会主义核心价值、正确引导社会舆论的重要责任。要围绕中心，服务大局，聚焦热点，反映民意，真实、准确、全面、客观地传播新闻信息，积极、主动、及时、生动地反映时代主流，把广电媒体报道与人民群众需求结合起来，把反映时代主流与正确开展舆论监督结合起来，把体现党的主张与反映人民心声统一起来，不断增强新闻节目的亲和力、吸引力、感染力和影响力，在信息服务中开展引导，在新闻报道中体现正确导向。

（3）坚守三条底线，努力把好政治导向、价值导向和稳定导向

要守住政治思想底线，在政治上与党中央保持一致。要准确地传递党和政府的声音，自觉服从和服务于工作大局。绝不允许出现违背党的大政方针和重大决策部署的报道，绝不能给错误思想观念和有害信息提供传播的空间。要守住道德价值底线，准确把握人民群众多样化、多层次、多方面文化需求的主流。坚持积极健康的格调品位和审美取向，体现社会主义核心价值的正确导向，充分发挥先进文化的陶冶情操、美好心灵、弘扬正气、凝聚力量、提振信心、鼓舞士气的重要功能。要守住真实客观底线，坚决反对弄虚作假、编造新闻、炒作新闻、有偿新闻、愚弄误导群众，坚决切断商业利益对内容导向的影响，珍惜和维护广播电视主流媒体的公信力和权威性。

（4）坚定主心骨，建好主阵地，始终把握事业产业发展的正确方向

要从党管意识形态、党管媒体的政治体制出发，准确把握和正确处理广播电视双重属性、双重功能、双重效益、双重规律之间的关系，力求两者之间的有机统一，但在两者发生冲突时，必须遵循中国特色社会主义广电媒体发展的基本规律，始终把政治属性、意识形态属性、文化规律、教化功能和社会效益摆在首位、放在突出的位置。在任何时候、任何情况下，

都要坚持新闻立台理念不动摇,坚持正确舆论导向不动摇,坚持把新闻宣传作为中心任务不动摇。只有在这些重大的原则问题上坚定主心骨、把好主方向、坚守主阵地、高扬主旋律,才能保持政治上的清醒、敏锐和坚定,才能在复杂情况下不会乱了方寸、迷失方向、浮躁跟风,才能够定准位、谋长远、走正道,自觉地担负起广电主流媒体的社会责任。

3. 积极探索新闻立台的创新思路和有效途径

坚持新闻立台,强化导向管理,必须在工作实践中不断创新思路,探索有效途径,总结成功经验,推广典型示范。

(1)要牢固坚持导向大于一切、高于一切、决定一切的指导方针

导向是新闻宣传的生命,是新闻报道的灵魂,是广播电视办台的根本宗旨。导向正确是国家之福,导向错误是国家之祸。导向既是生命线,也是高压线,导向问题是硬任务硬指标,必须实现一票否决。导向要求是全方位、综合性和全面性的,新闻和主旋律作品导向鲜明毋庸置疑,科教、少儿、体育、娱乐、咨询服务类节目,包括电影、动漫、广告等也有导向,广播电视播出的各类节目都有导向把关的问题。所以,要牢固坚持导向大于一切、高于一切、决定一切的指导方针,把坚持正确导向贯穿于广播影视工作的全过程,体现在每一个环节,实现全员、全过程、全方位的把关。面对纷繁复杂的社会现象,能报什么、不能报什么、支持什么、反对什么,必须旗帜鲜明、态度坚决、方向正确,切实做到政治导向不能出现问题,价值导向、生活导向、审美导向、道德导向同样不能出现偏差。

(2)要积极探索新闻立台的标准规范

研究建立加强新闻立台的规范标准。标准的建立要符合新闻传播的基本规律,符合各地广播电视发展的实际情况,还需要大家在实践中积极探索、集思广益、共同思考和拟定。在当前新闻、电视剧、综艺娱乐三大板块构成的广播电视传播格局中,如何体现新闻立台理念,推动新闻立台实践,首先要端正办台思想,明确频道定位,严格把握宣传舆论导向。在此基础上,对新闻类节目的播出时段、播出数量、节目类型、报道质量、传播效果、目标管理、考核评价等方面,积极探索新闻立台的基本规范标准。要把新闻立台具体落实到广播电视体制机制建设上来,以新闻宣传报道为中心,合理配置各种资源要素,完善新闻类节目的比例、结构和布局,拓展新闻节目的形态和内容,努力实现广电媒体转型升级发展。要按照中宣部、广电总局和省委宣传部提出的要求,真正把新闻宣传放在首要位置,把最好的频率频道、最好的时段拿出来办好办精办优新闻。要把新闻立台的内涵充分体现在导向正确、质量提高、群众满意、影响扩大的实际效果上来。

(3)要研究制定科学公正的考评体系

考评机制问题直接关系到新闻立台能否真正长期持续推进,关系到导向管理的航标和驱动的指向。对此,我们要全面、科学地看待收听收视率。要讲求收视率,但是绝不能将其作为评判节目和导向的唯一标准。要切实重视解决唯收听收视率的绩效评判标准问题,在收视率问题上要坚持职业道德和行业操守,要坚持客观、真实和规范,对人为操纵造假收视率的不正当行为,要有严厉的惩戒措施。同时,要从机制和政策保障入手,研究制定科学公正的媒体考核评价体系,重点突出新闻舆论引导力、影响力和公共服务功能方面的考核。

对新闻频率频道、新闻栏目节目,以及公益性突出的频率频道,要在用人导向、投入导向、资源配置导向、奖惩激励导向和目标考核管理导向上,给予政策倾斜和扶持,为新闻立台创造良好的生态环境。

(4) 要坚持不懈地抓好抵制低俗之风的整治工作

抵制低俗之风是坚持正确舆论导向,加强导向管理,保障广播电视健康发展的一项重要任务。当前和今后一个时期,要继续加强对相亲类、情感类、谈话类、法制纪实类、综艺娱乐类节目的导向管理,绝不允许传播错误价值观,突破社会伦理道德底线。要继续加强对广告播出内容的审查把关,对违规播出低俗涉性的医疗、药品、保健品广告和资讯服务专题节目进行专项整治。要坚持集中整治与日常监管相结合,把抵制低俗之风作为长期任务反复抓、抓反复、常抓不懈、一抓到底。

(5) 要大力推进新闻创新和品牌建设

坚持新闻立台,关键是在创新新闻宣传内容、形式、载体、手段和方法上下工夫,让听众观众愿听愿看,自觉接受感染和教育。要遵循新闻传播规律,提高党和政府权威信息传递时效,满足人民群众的知情权和参与权;要加强新闻深度报道,把党的主张与人民心声统一起来;要加强新闻宣传品牌建设,努力培育和打造一批品牌栏目节目、品牌评论员、品牌主持人;要加强新闻传播高新技术运用,推动广播电视传统媒体与互联网、手机电视、网络电视等新兴媒体的融合发展;要正确把握主旋律与多样化之间的关系,通过鼓励个性化、差异化发展,切实解决节目同质化、模仿化的问题,实现思想性、艺术性和观赏性的有机统一,不断增强新闻宣传的感染力、公信力、影响力、竞争力和可持续发展力。要通过不断提高节目质量、推进节目创新发展,赢得群众的认可和欢迎,牢牢占领新闻立台的制高点。

(6) 要切实加强依法科学监管力度

广电行政管理部门和播出机构都必须自觉服从宣传部门对意识形态工作和导向管理的指导,广电行政管理部门要在宣传部门领导下依法认真履行行政监管职责,广播电视播出机构要在宣传部门和行政管理部门的指导下加强内部管理制度建设和严格纪律自律约束。管办双方要明确各自职责,健全机制,相互理解、支持和配合,形成共同加强导向管理的工作局面。广电行政管理部门要从事后监管转向事前管理,加强预警提示,切实为播出机构做好服务工作。要进一步贯彻落实《广播电视播出机构违纪违规警告制度》、《广播电视播出机构违纪违规处理办法》、《报刊、广播电视播出机构违纪违规行为扣点警示实施办法》等管理制度,规范播出机构行为操守。要加快推进广电监测中心建设,还没有建立监测中心的市要抓紧建立监测机构,把技术监管和内容监管有机结合起来,加强对各类节目播出的日常监控,对一些倾向性的问题,要及时提出并督促改正。要依托公众投诉机制,充分发挥群众监督、社会监管作用。广播电视播出机构要落实一把手负总责的管理责任制,一把手要切实担负起重要选题和关键环节的把关责任。要强化媒体自律行为,强化内部管理机制,强化广电台包括各个频道自身监听监看监管措施的落实。各地要坚持"谁主管、谁负责"、"谁办台、谁负责"和分级管理、属地管理的原则,切实强化责任追究机制,对发生严重导向问题的单位和负责人要严肃追究处理。

（7）要重视加强新闻队伍建设

要创新推进"三项学习教育活动"，把导向要求融合到新闻业务中去，切实增强新闻从业人员政治意识、大局意识和责任意识。当前，要特别重视抓好主持人的选拔、培育和管理，不断细化完善主持人的准入标准和行为准则，进一步提高主持人的自身素质、业务能力和整体水平。

第三节　电视频道管理

一、中国电视编播模式的演变

中国电视编播模式可以分为三个时期：节目生产时期、栏目管理时期和频道竞争时期。节目生产时期是电视发展的早期，生产力水平低；栏目管理时期时栏目已经成为资源配置的基本单位；而频道竞争时期则是以频道为单位整合电视资源成为提升市场竞争力的必要手段。各个电视台更加注重频道的整体定位、编排、策划、包装、宣传推广和经营管理，这个时期也正是我们现在所处的阶段。

二、电视频道的市场定位——STP营销

STP营销包括识别细分市场（Segmentation）、选择目标市场（Target Marketing）和心理定位（Position）。

在细分市场中，市场由购买者组成，传媒市场的购买者包括受众、广告商和衍生产品的消费者。他们各不相同，他们的不同之处可能是在愿望、资源、居住地区、购买行为和购买方法上。传媒市场细分的基础是同类产品市场中使用者需求的差异性，这种差异性产生的结构性变量将成为我们进行传媒市场细分的基本依据，并构成市场细分方法的组合因素来源。电视频道细分市场的主要变量包括了地域细分、人口细分、内容细分以及形态（风格）细分。而频道专业化的本质则是频道的市场定位策略。

而目标市场选择需要评估和选择不同的细分市场，一方面是传媒细分市场的自然吸引力，主要有市场规模、成长性、竞争状况和利润水平来决定。另一方面是媒体自身的产业适应力，包括媒体的目标、资源和能力。这就决定了市场的机会要和媒体自身的能力相匹配。

心理定位，是指消费者根据产品的重要属性定义产品的方法或者说是相对竞争中的其他产品而言，产品在消费者脑中所占有的位置。如湖南卫视具有娱乐节目和创新活力，江苏卫视充满情感特色。对于省级卫视来说，目标市场要更大众化，节目内容集中资源，形成主打产品，品牌形象也要区域心理定位差异化。

三、电视媒体频道管理的基本模式

表3-5是电视媒体频道管理的基本模式，包括：

表 3-5 电视媒体频道管理的基本模式

基本模式	结构属性	优点	缺点
中心制	职能机构。按照专业职能进行分工,频道只是节目编播单元,不设独立机构。如节目生产部门:节目部(中心),如新闻、社教、文艺……;技术支持部门:技术设备设置、播出传送等。	专业化,规模经济性,减少重复配置。	追求职能目标而看不到全局目标;没有一种职能对最终结果负全部责任;不同职能领域的成员相互隔离,发生冲突;不利于从职能部门培养高级管理人才。
频道制	事业部结构,按频道建立相对独立的节目生产、编播和广告经营单元,频道总监对频道绩效全面负责(在频道内部包含着职能型结构)如频道1:节目生产、编播和广告经营。	强调结果;频道总监对所在部门负全部责任;有利于引入内部竞争激励机制;使摆脱关注日常运营事务的负担而专注于组织的长远战略;事业部形式是培养高级经理人员的有力手段。	活动和资源出现重复配置,导致组织总成本上升和效率的下降;内部竞争容易导致内耗。
混合制	中心制与频道制的结合,统分结合,广告统一经营。		

第四节 栏目与节目管理

一、栏目的管理

1. 栏目的规划管理

无论是一家电视台,还是一个电视频道,需要设置多少栏目、设置哪些栏目、什么日子推出、在什么时段播出,都要反复论证,订立规划。一个台的栏目应该是有机联系、有序排列着的,具有很强的互动性和互补性。栏目规划有中长期的,也有短期的;有战略性的,也有战术性的;有针对具体重点栏目的,也有不涉及具体栏目的。栏目规划的依据是综合的、多元的,因为它要考虑到方方面面的因素。如本台(或本频道)的人力物力财力状况、本台的发展战略、观众的分层构成及需要、政治经济文化舆论环境、兄弟电视台(或频道)的栏目设置与编排情况等。所以,栏目的规划必须建立在大量的缜密的调查研究的基础之上,必须经过认真严格的论证,必须把它作为事关全局的发展战略来决策。栏目规划必须立足全局,立足长远。审定栏目规划必须由电视媒体的最高决策层完成,必须有一整套科学的程序加以保障。

2. 栏目的定位管理

栏目的定位就是一个栏目有别于其他栏目的内容、形式、功能、传播对象、传播方式等方面的规定性。电视栏目的定位是一个多层面的复合概念,它包括受众定位、功能定位、内容定位、节目形态定位、节目风格定位、节目包装定位、记者定位、主持人定位等。栏目的定位必须兼顾到本台所有栏目乃至能够收看到的所有电视台栏目的情况,必须符合本台的栏目规划,属于宏观决策方面的内容。栏目定位一旦完成审批,节目制作部门必须严格遵行,不得擅改。

3. 栏目的日常生产管理

栏目的日常管理包括报道(节目)的策划、选题的审查、报道力量装备的调度、栏目内容和舆论导向的把握、报道(节目)质量管理等。这些管理内容,有的属于宏观方面的,如舆论导向、特别重大的报道(节目);有的则属于中微观层面的,可以授权节目部门去管理。

4. 栏目的资源配置与成本、效益管理

在相当长的一个时期,电视栏目是不讲投入与产出、成本与效益的。栏目花的是台里的钱,用的是台里的装备,吃的是台里的"大锅饭"。没有动力,也没有压力。随着电视产业化进程的加快,电视栏目的财务核算正式提到了栏目管理的议事日程,有的电视台还推行了栏目单独财务核算制度。一个栏目的正常运营,需要人员、装备、资金、信息、播出时间等资源。过去,这些都靠台领导"无条件"的配置,现在就不行了。市场经济要求用市场的办法来优化配置资源。在电视栏目方面,就是要"好钢用在刀刃上",要把最优质的资源放在收视率最高、社会影响力最大、观众满意度最好的栏目上。如何配置呢?近几年,国内电视台已经有了一些成功的做法,但总的来说,还在探索之中。栏目的成本效益状况,主要靠投入产出比来体现。计算电视栏目投入产出比的公式是:投入产出比=栏目的年总收入÷栏目的年总成本×100%。栏目的总收入主要包括:栏目带动的广告收入、栏目接受企业和社会各界赞助的收入、栏目组织社会活动产生的收入、销售节目取得的收入等。栏目的总成本主要包括:员工工资、绩效工资和福利、节目采访制作经费、设备维护折旧费、耗材费、车辆维护与折旧费、节目播出时段费、房租水电费、各项管理费、税收等。栏目收入与投入产出效益成正比,栏目成本与投入产出效益成反比。

5. 栏目受众评价管理

目前,我国电视媒体大都通过收视率等一系列精确化的受众调查指标来构成电视栏目的评价体系。在一个相当长的时间内,收视率在中国电视传播业内一直不被业内人士所看重。随着电视业的逐步产业化和市场化,收视率已经成为电视台进行节目编排、广告经营、受众分析的不可缺少的重要依据。但在国内,运用收视指标评价电视栏目的电视台还不多。除了管理意识方面的原因外,主要还是因为调查收视指标的电视栏目面还不大,远没有实现日常化,调查样本过小,手段还不够先进,所以调查的误差还较大;对调查数据的分析处理能力差;缺乏权威的行业性的参照指标体系等。

早在1986年,中央电视台开始对全台日常节目的收视指标实施全面统计,为运用客观的收视指标对栏目进行科学的评价奠定了基础。1995年,又率先用受众调查数据构建客

观、科学的栏目、节目评价指标体系。1999年,北京广播学院对全国电视传播者对收视率认知情况进行了问卷调查,结果73%的被调查者认为收视率应该作为栏目评价的最主要因素,并且绝大部分被调查者认为,在栏目评价体系中,收视率应占70%以上比重。

现在,对国内所有的电视媒体来说,要解决采用受众调查指标评价电视栏目的问题还有两个最主要的障碍:一是解决评价指标体系的全面性客观性问题。因为收视率不能作为评价栏目优劣的唯一指标。为了解决这个问题,近几年,一些电视台在评价栏目时,除了收视率外,还增加了达到率、知名度、满意度、忠诚度等辅助指标。二是解决不同类型、不同形态、不同频道、不同时间段电视栏目的可比性问题。为了解决这一问题,电视界也进行了一些探索,如对黄金段与非黄金段播出的栏目分别乘以不同的收视系数、调查同一时间段电视栏目的收视占有率(即设定同一时间段所有能接收的电视频道的收视占有率为100%,然后调查同一时间段播出的每一个栏目所占有的相对份额)等。尽管如此,包括收视率在内的收众评价指标仍然不能作为作为栏目评价的唯一标准,只能作为重要标准之一。

二、节目的管理

电视节目管理就是要合理地运用计划、组织、控制手段,合理地组织传播内容,使节目群系统处于最佳运行状态,提高节目质量和播出品质,最大限度地满足观众的需求并实现电视台的经济效益,达到社会效益和经济效益的统一。

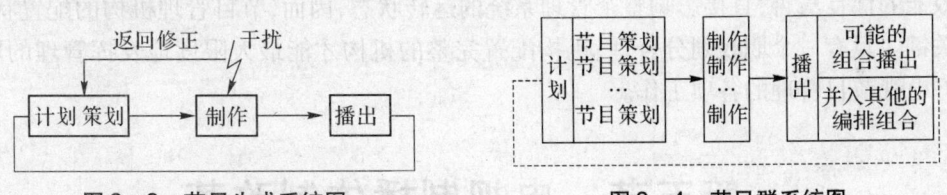

图3-3 节目生成系统图　　　图3-4 节目群系统图

1. 电视节目计划管理

电视节目计划管理是电视节目管理最重要的部分。如果说电视节目管理是电视台一切工作的龙头,那么计划管理则在节目管理中起着统筹全局的作用。节目计划管理体现的主要内容就是电视台的选题计划、计划的特点、原则、基础工作、计划的编制方法及实时控制。

2. 电视节目的策划

不同内容、形式的节目有不同的特点,其策划目标及重点都有所不同。电视节目的策划将分新闻性节目、教育性节目、文艺性节目、服务性节目四大类进行论述,并把电视剧策划作为专题进行研究

3. 电视节目的播出管理

分两个方面:一是着重讨论电视节目的播出编排问题、为节目安排合理的播出结构是提高收视率的有效方法,体现着一个电视台在管理上的竞争力;二是讨论节目的安全播出操作问题。

4. 电视节目的收视研究

收视研究是节目系统中的反馈环节,也是电视台与观众间最直接的联系环节,可以考察电视传播的实效,了解观众的收视指向,作为系统运作的参考依据。

5. 磁带资料的整理

作为节目系统的辅助元素,资料是主要的一个方面,它是电视台的重要财富。节目资料可用于重播、再生新的节目等。对磁带资料管理的重视程度体现一个电视台的管理思想状态。磁带管理的技术条件,磁带的检索、著录、音像节目的主题词标引及磁带库的计算机综合管理系统都是磁带管理的内容。

6. 电视广告管理

作为独特的电视传播内容和形式,电视广告与电视节目有密不可分的关系,给电视业带来丰厚的收入。电视广告成为电视台间竞争收视率的主要动力之一。因而,如何经营管理电视广告,电视广告播出与主题节目播出的比例关系,时间段与电视广告的收费标准等成为每一个电视管理者关注的问题,也是电视广告管理的重要论题。

7. 电视节目管理的机构和人员

对电视节目管理的主题机能进行探讨。人是管理的主体,也是被管理的对象,任何管理的工作行为,都是由人来进行的,因而,人的因素在任何管理中都不应被忽视。电视节目管理的办事机构(目前在我国各电视台中称为总编室),在系统中起着控制器的作用,控制器效能的优良与否,直接影响整个管理系统的运转状态,因而,节目管理机构的配置状态也很关键。只有一个职权划分合理、机构配置完整的机构才能最大限度地发挥管理的职能,做好电视节目管理的各项工作。

第五节 电视制播体制改革

在中国电视体制改革进程中,制播分离(或者说制播体制改革)是一个无法回避的字眼。在 20 世纪 90 年代末,这一概念的提出,就已经承载着中国电视体制改革的巨大成就与光荣使命。而在今天,对它的探讨和实践,更多的是反映改革开放 30 年后我国电视产业改革的现状与瓶颈,以及一种正待摸索的趋势与方向。

一、三十年的体制内观念革新是引发制播分离的理念先导

从 1978 年至今,在经历了思想启动(1978~1983)、全面改革(1984~1988)、治理整顿(1989~1992)、改革深化(1993~1995)、强化管理(1996~2000)和整体转型(2001 年至今)等六个改革阶段之后,我国的电视业发生了翻天覆地的变化。不仅建成了内宣与外宣并重,中央和地方、城市和农村相结合的卫星、无线、有线等多种方式混合覆盖的广播电视网络,形成了中央、省、地市、县市四级广播电视机构,构建了多种节目、多种频道、多种服务

的广播电视生产格局。而且更为重要的是,深化了对广播电视事业属性和产业发展规律、特点的理论和实践探索,促进了市场意识的强化和产业经营理念的觉醒,为制播分离创造了良好的外部舆论环境和开放的观念基础。

思想启动及全面改革阶段:"自己走路"的思想和全面改革阶段"四级办广播、四级办电视、四级混合覆盖"的方针,极大地调动了各级政府和广电机构兴办广播电视的积极性,推动了电视事业的勃兴与发展,一个最为直接的表现就是各级、各类电视台数量的剧增。这一改革解放了广播电视的生产力,实现了较大规模的广播电视覆盖和总体规模,但是也产生了一个电视台的节目内容供给无法满足电视台节目播出需求的矛盾,特别是到 90 年代初,随着有线电视、卫星频道的出现,频道数量大量增加后,这一矛盾就显得尤为尖锐。但是,就制播体制改革而言,却为社会力量参与节目制作、电视台尝试制播分离埋下伏笔。

治理整顿阶段(1989~1992)的"社会效益和经济效益并举观"以及改革深化阶段(1993~1995)的"电视第三产业论",标志着在我国经济体制已由计划经济走向社会主义市场经济的大背景下,广播电视业一方面要突破前期爆发式增长所造成的力量分散和效益不高的局面,按照"控制总量、调整结构"的原则,摒弃以往"大而全"的粗放式增长模式,实现从扩大规模数量为主向提高质量效益为主的转变。另一方面,要做到"自主经营,自负盈亏",通过有效的广告经营和电视节目运作,摆脱对政府的财政拨款依赖,践行产业化改革。而这也正是制播分离所倡导的专业化和集约化生产原则,即通过专业化分工,做到"有所为,有所不为",实现整个媒介产业在各环节的规模化生产和多元化供给,走注重内涵的集约化发展道路。

强化管理阶段(1996~2000):"广电集团化"改革的推行,赋予了"事业单位企业化管理"新的内涵。虽然 2004 年后不再批准组建事业性质的广电集团,但是,从市场化改革的角度来看,在当时能够提出集团化的改革思路,表明市场意识、成本意识、产业意识等已经如同"党的喉舌"性质一样,成为广电事业发展的内在要求。广播电视机构需要在政治宣传约束的前提下,更多地按照市场竞争主体的思维决策,配置媒介产业资源。而制播分离作为媒介产业链日趋完整,媒介交易市场化的产物,作为电视产业化的标志,在产业化意识愈加强烈的环境下,呼之欲出的可能性也就越大。于是,在 1999 年的 82 号文件中就暗含了在"网台分营"的基础上实行制播分离的信号。1999 年 7 月,国家广电总局在"全国广播影视系统内部管理座谈会"上,也明确提出要"积极推进除新闻类节目外的其他广播电视节目播出与制作的分离,进一步发挥市场机制对广播电视节目制作的基础作用"。自此,制播分离成为广电行业和理论界重点关注的改革热点问题。

进入新世纪的整体转型阶段后,广播电视的"开放观"以及"数字化"背景下的数字电视和付费频道的兴起,更是让市场化和产业化改革成为中国广电行业不可逆转的趋势。"中国的电视产业在 2000 年之前基本上只有改革,没有真正的开放",直到 2001 年 10 月,中央电视台与美国 AOL/时代华纳公司签署了第一项互相开放的协议,以及后来星空卫视、凤凰卫视、阳光卫视等频道在广东的相继落地和一系列开放政策出台,才标志着中国电视市场的正式开放(虽然随后进入一个政策紧缩的阶段)。市场的开放意味着中国的电视业必须"师夷长技以制夷",借鉴国外传媒的成功经验与模式,应对国际化背景下的传媒业竞争。制播分离,这一在传媒业发达国家占主导地位,在竞争性市场环境下演变而生的广电产业链纵向关系治理模式就是值得借鉴和实践的重点。对电视业而言,"数字化"所带来的媒介革命不仅是一种缘于新媒体的挑战,也是继有线电视和卫星电视之后的又一次技术突破,对内容的数量和质量的需求也达到前所未有的高度。制播分离改革正是促进内容产业发展,推动数字电视和付费频道建设的重大制度安排。

相应地,制播分离也得到了经由观念再到政策上的认可。如下表3-6所示,在几项重大的产业发展规划和意见中,都将制播分离和节目制作的社会化、多元化问题作为重要内容提出。

表3-6 "整体转型"阶段的制播分离政策

时间	政策名称	相关内容
2003年12月30日	关于促进广播影视产业发展的意见	允许各类所有制机构作为经营主体进入除新闻宣传外的广播电视节目制作业。
2004年4月20日	关于发展我国影视动画产业的若干意见	要实行动画制作和播出相分离的制度,改变影视播出机构动画制播一体化的状况。
2004年8月20日	广播电视节目制作经营管理规定	国家鼓励境内社会组织、企事业机构(不含外商独资企业或中外合资、合作企业)设立广播电视节目制作经营机构或从事广播电视节目制作经营活动。
2005年1月25日	2006年广播影视工作要点	除新闻类、社会访谈类节目外,文艺、体育、科技类节目等可逐步实行制播分离,引入市场机制,实行节目的市场招标采购。

二、体制内外的自主性实践是探索制播分离的渐进式改革

与催生改革的观念革新相一致,包括电视台在内的各类电视节目制作单位通过自主性实践探索着我国电视制播体制的渐进式改革之路。在思想启动和全面改革阶段,处于初级状态的制播体制改革内容主要集中在体制内的电视剧专业化生产上。在1983年,中国电视艺术委员会电视剧制作部和中国广播艺术团电视剧团、中央电视台电视剧部就合并成立中国电视剧制作中心,标志电视剧生产结束了以往碎片式生产状态,逐步走向规划有序、独立专业和规模化生产的新局面。1986年,随着电影系统合并到广播电视部,全国二十多家电影制片厂也相继成立了电视部或电视剧部,扩大了电视剧的生产规模,推动了电视剧市场的培育与发展。为此,1989年10月,广播电影电视部专门做出《关于实行电视剧制作许可证制度的规定》,对电视剧制作试行许可证管理制度,标志着电视剧生产开始向多元化、制度化方向发展。

进入90年代的治理整顿、改革深化和强化管理阶段后,电视剧生产中的独立制片人制,项目负责制等创新性制度开始出现,不仅促进了电视剧的专业化生产和市场的繁荣,也带动了其他电视栏目的制播分离。1993年,中央电视台推出的《东方时空》在中国电视新

闻界率先实行制片人制,成为电视台栏目内部制播体制改革的先行者,也是业界典范。随后,湖南电视台的《真情》、《快乐大本营》等栏目也成为制播分离的试验者和受益者。此时,以北京光线、嘉实文化和银汉文化等为代表的民营制作单位开始崛起,以《中国娱乐报道》、《影视新干线》为代表的民营电视节目争相涌现,标志着以民营企业为主体的社会制作机构开始成为体制外制播分离改革的中坚力量。然而,受政策的限制,民营企业无法获得电视剧制作许可证,只能采取与"国"字号影视制作单位合作的方式"借船出海",换取生存和发展空间,其市场地位和竞争实力无法与国有机构相抗衡。

进入整体转型阶段后,制播分离的改革开始呈现出愈加全面和开放的格局,实施和参与改革的电视台和社会制作单位数量不断增加,被改革的节目类型也不断更新。2000年4月,作为新世纪的三大改革措施之首,中央电视台开始对第五套和第八套节目实施制播分离。2003年2月,中央电视台又提出了改革新举措:"除了保留新闻频道外,其他频道将逐步全部成为商业经营的专业频道,全部采取市场核算,以广告收入决定节目生存,也就是实现电视频道的商业化管理。"2004年,央视以《开心辞典》、《幸运52》、《艺术人生》、《同一首歌》等10个栏目为试点,彻底进行制播分离的改革。同样的,许多地方电视台的黄金栏目也都成为制播体制改革的优秀成果,如东方卫视的《东方夜谭》、浙江卫视的《太可乐了》、陕西卫视的《都市碎戏》等。2008年4月,凤凰卫视的品牌栏目《鲁豫有约》落户湖南卫视后更名为《快乐心灵——说出你的故事》,更是探索出电视台之间"单节目合作"的制播分离新形式。

值得一提的是,自2003年8月起,国家广电总局开始向符合条件的民营制作公司颁发《电视剧制作许可证(甲种)》,政策的松绑使得民营制作单位的实力开始壮大,对国有制作单位形成正面威胁。截至2008年4月,全国拥有《电视剧制作许可证(甲种)》的机构有117家,拥有《广播电视节目制作经营许可证》的机构达到2874家。2007年,这些机构所生产的电视剧产量超过1.4万集,影视动画年产量突破10万分钟,数量和质量都得到稳步提高。

三、体制改革的困境是制约制播分离的瓶颈

在持续的观念革新和自主性实践探索下,改革开放前传统的制播合一体制渐次松动,尤其是在20世纪90年代末制播分离的改革方向确立之后,准市场化的电视台内部分离和完全市场化的外部分离更是一度甚嚣尘上,大有后来者居上之势。但是,客观地说,目前制播合一模式仍居主导地位,制播分离还处于攻坚阶段。原因在于,制播分离改革是"体制层面的改革,涉及法律法规建设、人事、财务改革以及广告经营等宏观、中观、微观方方面面的改革"。因此,既有体制上的束缚制约着这项改革的顺利推进,这些困境也正是电视产业改革和制播分离所要突破的瓶颈。

1. 政策环境的不确定

我国的媒介性质和运作机制不同于西方国家,对应的行业规制政策体系也应有所差异,这是巩固"党的喉舌"性质和"党管媒体"原则的必然要求。但是,在市场化改革的过程

中,多是以阶段性的通知、内部文件和领导讲话,而不是以公开、正式、明确的法律制度形式,容易产生导向、经营和投资方面的风险,造成了政策环境的不确定性,直接影响到参与主体的改革预期和实践积极性。比如说,民营制作单位是最重要的体制外改革力量,它们的兴衰在很大程度上取决于政策的导向,可谓"成也政策,败也政策"。1999年的"82号"文件吹响了制播分离的改革号角,带动了民营电视机构的发展,但是,2000年下半年一次高层会议上的"制作权、覆盖权和播出权三权合一的宣传权不能分离"的表态却让民营机构跌入低谷,一蹶不振。一面是鼓励社会力量进入传媒业,塑造市场竞争结构,另一面呢,政策上的"过山车"和"翻烧饼"现象让本已弱小的民营机构难以招架发展上的"冰火两重天",只能选择退出或观望。缺乏稳定、明晰的法规政策,无疑是影响制播分离向前推进的首要因素。在这方面,也有学者指出,我国广播电视法制建设现状呈现出"行政管理色彩过浓、立法滞后、体系不周、缺乏权威、前瞻性弱"的不足。

2. 市场建设的不完善

制播体制改革是系统工程,是电视产业领域中生产关系适应生产力发展的客观需要,不仅涉及宏观层面上法规、政策和体制的耦合,而且涉及中观层面上人、财、物等资源的整合和相关市场的建设。首先,就资本市场而言,随着传媒业投融资体制的进一步完善,资本市场向广电产业链的生产和流通环节的开放力度加大。但是,相对于西方国家传媒业的上市公司数量和公开市场融资规模来说,我国的传媒业资本市场尚处于起步阶段,资金供不应求的矛盾仍很严重。其次,电视节目的交易市场建设和发展缓慢。虽然说目前已经形成了上海国际电视节、四川国际电视节、广东华语电视周、北京国际电视周、全国电视节目交易会等五大节目市场,构建了全国省级电视台节目交流网、全国市级电视台节目交流网、全国原有线电视台协作体等三大节目交流网络。但是,在这些市场和交流网络中成交的电视节目数量极为有限,很多节目和电视剧的交易还是靠制作公司的"自产自销",或者是电视台之间的"物物交换",还没有建立起一个类似于美国电视辛迪加这样的全国性的、固定的电视节目交易体系和多级交易市场,来对全国电视节目统一协调,形成规模效应,降低交易成本。

3. 竞争地位的不对等

电视台所具有的先天买方垄断优势,是造成电视台,电视台内部制作单位与社会制作单位等微观主体之间竞争地位不对等的根本原因。这些不对等主要表现在:第一,电视台对节目选择的绝对话语权。在电视节目是否播出、播出频道、播出时间等问题上,电视台都享有绝对的话语权。尤其是面临与电视台内部制作单位的竞争时,社会制作单位的劣势更加明显。第二,电视台对节目价格的控制权。这种控制不仅是电视台联盟以集体的方式打压节目价格,而且包括让制作单位接受苛刻的贴片广告时间、擅自增删制作单位广告等现象,把节目制作风险和广告经营的风险全部转嫁到制作公司身上。第三,电视台对版权的所有权。有的节目是电视台和外部制作单位共同或委托完成,但是在版权上严格归电视台所有,严重损害了制作单位在电视节目后期多轮销售中的利益。

4. 系统内体制改革的不完全

制播分离的改革关系到电视台内部机构的剥离与重组,牵涉到错综复杂的人事、财务、设备等管理制度调整,以及各种利益集团的得失,这些尚不完全的体制改革也是制播分离推进缓慢的一个重要原因。比如说,在制播合一的模式下,某个节目组一年有几百万的预算,如果制播分离后被划归到某个公司,不仅人员要重新编制,经费也可能被全部划走。显然,这个节目组将会极力反对或阻止分离改革。

如果在强制性制度安排下实施制播分离,随之而来的还有人事安排制播分离。有学者认为,人事制度改革可能是最为棘手的环节,因为长期以来,在我国的广播电视业界出现了人员过剩与人才紧缺并存的矛盾问题。如果播出部分保留原有的人事制度不变,制作部分实行产业化人事管理,必然引发孰走孰留、攀比争议等细节性问题,实际操作难度很大。如果这些问题不解决,制播分离的改革就不可能完全彻底。

四、推进制播分离的体制改革重点

1. 政策体系的建立与完善

要改变政策环境不确定这一状况,首要的任务就是在梳理现有广电政策体系的基础上,建立起面向市场化和产业化改革方向的广电政策新框架。在这个新框架中,应当以《媒介法》或《广播电视法》为核心,在突出广电行业的特殊属性的同时,强调产业的性质,即对媒介性质、媒介组织、媒介管理、媒介关系等以法律的形式进行权威性表述或界定。同时要制定相应的社会性规制和经济性规制指南,并据此出台专属于广电行业的法律,以保障各参与主体的合法权益,确立产业的发展方向,指导产业的政策制定,稳定产业的发展环境。同时要对制播关系中电视节目制作机构的节目版权、电视节目制作与播出机构的利润分配比例、制播双方的技术规范、异地制播市场的准入和退出、制播企业的不正当竞争和垄断行为等问题给予法律规定和保障。这些都将是制播分离走向规范、产业走向成熟、管理走向科学的标志。

2. 相关市场的建设与健全

鞍随辔至,方能马到成功,配套市场的建设必须与制播分离的改革同步跟进。资本市场方面,要充分认识到资本市场的支持是企业获得超常规发展的支点。在政策导向上,除了鼓励采取 IPO,买壳上市或借壳上市等方式从证券市场募集资金外,还可以在翻新和修订 2004 年的《中外合资、合作广播电视节目制作经营企业管理暂行规定》的基础上,以投资指南的方式,吸引业内外战略投资者,拓展资金的来源渠道,扩大投资规模。此外,还可以鼓励传媒业之间的兼并收购,提高广电产业链各环节上配套企业(尤其是制作单位)的竞争实力,提高单一企业的制作规模和水平。在电视节目交易市场的建设上,可以借鉴辛迪加的形式,形成首轮、二轮、多轮以及多种节目类型、多个市场区域的电视节目交易网络,形成流通环节的专业化市场,集聚针对播出方的抗衡势力,抑制下游电视台的买方垄断行为。

3. 市场竞争主体地位与权益的保护

要扭转微观层面上竞争地位上的不对等和对制作单位的"所有制歧视",归根结底就是要打破电视台的买方垄断。由于电视台的买方垄断是一种基于产业政策保护的行政垄断,也是一种基于频道资源稀缺和规模经济的自然垄断,破解这一"双重垄断"难题,可以

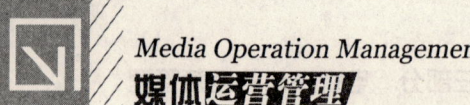

借鉴航空、电力和通信等行业放松规制的经验,在保障电视节目播出平台自然垄断属性的前提下,对播出内容、内容的来源渠道及其比例、节目的价格和广告贴片规范等制定细则,指导制作单位和电视台之间的交易,并对电视台的不正当竞争和滥用市场地位的行为实施反垄断规制,以确保制作单位的平等地位和合法权益。

4. 系统内体制改革的深入

电视台内部的改革是电视体制改革的深入与细化,是电视产业市场化和产业化改革的重中之重。正所谓"不破不立",针对制播分离的人事、财务、设备等制度的改革,应当从电视的角度出发,建立起符合现代企业制度的人力、财务和设备管理制度。以人事管理为例,可以以制播体制改革为契机,实行全员聘用制,变身份管理为岗位管理,按岗设人,量才聘用,建立并严格执行工作绩效考核和奖惩制度。还可以采用管理功能向市场化输出的方式,推行人事代理制度,从直接管理向间接管理、从直接管理人向直接管理企埋、从直接管理人向直接管理企案的社会化管理。当然,任何改革都必然会引起阵痛,会伤及某些集团的利益,但是,应当从电视产业所面临的国外竞争压力和未来发展趋势出发,力争全面改革,一步到位。

五、自制节目的新时期复苏

所谓"自制剧"其实与"制播合一"概念类似,电视台独立投资制作拥有自主版权的电视剧,在自己的平台上播出并进行二次销售。自制剧的概念并不新鲜,构成"韩流"主力的韩国电视剧超过八成都是电视台自制剧,美国 HBO(Home Box Office)也是以高质量的自制剧集令其他电视网倍感压力。香港无线电视台(TVB)从 20 世纪 60 年代开始就以自制剧作为主打产品吸引受众,获得极大成功,并将其影响力和销售拓展到中国大陆、台湾以及东南亚地区,成为华语电视剧的第一品牌;80 年代,中央电视台、上海电视台等也有自己摄制的电视剧,但随着影视节目营销系统的建立和专业影视制作公司的涌现,这种方式很快就被"制播分离"的方式取代。近两年来,有实力的内地电视台又走上了自制之路,以湖南卫视的《丑女无敌》为标志,各大卫视纷纷仿效,自制剧炙手可热,成为电视剧竞争的新高地。

自制剧虽然还未形成电视剧市场的主流产品,但在收视率、影响度方面却是异军突起。2008 年,湖南卫视自制剧《丑女无敌》成为中国电视剧行业的热点话题,尽管业界和观众对这部剧的看法褒贬不一,但《丑女无敌》一开播收视率就突破 1%,稳居省级卫视同时段第一。《丑女无敌》第一季获得晚间 10 点档收视第一,第二季调整到晚间黄金档,虽然有谍战剧、年代剧、战争剧以及央视开年大戏等围追堵截,收视惯性群体也由年轻族群过渡到家庭观众,但仍坐稳了全国收视第二的交椅,向电视剧 8 点档霸主发起了冲击。

自制剧兴起以前,独播剧是市场追逐的目标,但"独播"非"独家"的硬伤使独播剧优势逐渐瓦解。而独播剧式微是自制剧破茧而出的直接推动力。所谓独播剧,就是指播映权、发行权等相关权限都被买断,买方拥有独家资源,只在特定播出平台上播出的剧种。但独播剧资源消耗巨大,按每天两集的播出速度,一家电视台每年需购进三四十部电视剧才能满足日常播出需要,但每年国内产出的好剧数量有限,引进剧在黄金时段播出又受到限制,造成电视台和好剧之间"僧多粥少"的局面,电视台对好剧的争夺抬高了购剧成本,如果广告收益无法达到预期,电视台将因此背负沉重负担。浙江卫视曾以3200万的天价购进《争霸传奇》的独播权,最后损失惨重,在业界引起极大震动。

当下,各家卫视打造频道核心竞争力的重点是要解决电视剧资源的独有性问题,传统的独播模式已无法达到这一要求。随着市场竞争进一步升级,在可预见的未来,中国电视剧市场竞争一定会从播出市场的首播剧、独播剧大战,延伸到电视剧制作领域——既然买不到、买不起,那么自己生产、制作也许能开辟出一片新天地。

自制剧不仅是解决资源独有性的需要,也是电视台实现可持续发展的需要。首先这是节目创新的要求。目前节目创新的成本越来越高,难度越来越大,综艺节目受政策影响较多,观众容易出现审美疲劳,生命周期很短。克隆国外节目门槛虽低,但也极易被抄袭,要选择一个具有一定技术含量同时不易被模仿的节目形态,自制电视剧是首选,唯有自己团队操作的电视剧才能通过故事的不断改变实现内容的经常性创新。其次是结构优化的要求。很多电视台在新闻、综艺节目方面均有较强力量和很好的栏目,而电视剧制作成为一个短板,产业结构不均衡导致整个产业发展受限。自制电视剧可以利用其他成功节目的优势经验和人才优势,紧密联系观众需要,实现栏目化和季播化。栏目化和季播化的电视剧能更准确地找到目标收视市场,因而更容易吸引到大公司的广告投放和一流的赞助商。

第三是延伸产业链和价值链的要求。国内电视剧交易量巨大,但电视剧生产的质量、内容和价格等均受制于市场,非电视台所能掌控,电视台不得不把大量广告收入投入到电视剧购买上,盈利也单纯靠广告。自制剧能使电视台盈利模式由单一向多元发展。《丑女无敌》第一季热闹开场后,观众很快发现,广告无处不在:剧中人只喝某品牌的茶,洗浴只用某品牌的产品……第二季中这一现象有增无减。植入广告作为一种特殊的广告形式并不陌生,但如此高密度、不加掩饰地在一部电视剧中出现却不多见。这就是自制剧的优势,因为有播出平台,不必担心销售,电视台可以进行项目化操作,为广告主量身打造剧集,于是植入广告便很正常了。除了广告植入,自制剧在营销上还有更大的延展性,如衍生产品开发、同名话剧、音乐版权、视频点播、网络游戏开发等。

自制剧最大的优势是在构建电视台的核心竞争力方面。所谓核心竞争力是一个企业能够长期获得竞争优势的能力,是企业所特有的、竞争对手难以模仿的技术或能力。它是个集合名词,是由一组能力构成的集合体,其中每一种能力都决定了企业在某一方面的优势。当企业在运行中综合运用各方面的能力,形成一种核心力量时,企业便拥有了核心竞争力。一直以来,电视剧、综艺、新闻三大节目是引领收视的"三驾马车",其中电视剧占据主导地位,大部分频道的大部分时间在播放电视剧,主要靠其拉动收视率,争取市场份额,获得广告收入。因此电视台对电视剧资源的掌控是打造核心竞争力的基础,而自制剧在制作、播出、售卖过程中整合凝聚各方面资源,创造独特价值,形成一种核心向量——真正独享的优质电视剧资源,从而实现持续的竞争优势,成功构建电视台的核心竞争力。

Media Operation Management
媒体运营管理

　　优质电视剧资源已成为各家省级卫视提升竞争力的重要因素,对优秀电视剧资源的掌控已是卫视发展战略的重要手段。电视剧资源的独有性必然成为有实力的电视台打造品牌的必由之路。可以预见,国内电视台越来越多参与自制剧的投资拍摄必将成为电视竞争的新趋势。但对于仍处于起步阶段的自制剧,尚有许多理论和实践问题值得探讨,这应该是未来业界和研究者面临的一项重要课题。

第三部分　电视媒体的运营管理

第三章
电视媒体的人力资源管理

第一节　电视媒体人力资源的特点

一、人力资源管理的含义

人力资源管理规划,也称人力资源计划（Human Resource Planning,HRP）。人力资源规划是人力资源开发与管理过程的初始环节,是人力资源开发与管理各项活动的起点。搞好人力资源规划,对于搞好人力资源整体管理,取得人力资源效益和组织的多种效益,都有重要作用。

对人力资源规划理解,可以从狭义和广义两个角度进行。

1. 狭义的人力资源规划

狭义的人力资源规划,是指组织从自身的发展目标出发,根据其内、外部环境的变化,预测组织未来发展对人力资源的需求以及为满足这种需求提供人力资源的活动过程。简单地说,狭义的人力资源规划是人力资源供需预测,并使之平衡的过程。可以把它看成是组织对各类人员的补充规划。

2. 广义的人力资源规划

广义的人力资源规划的内容很多,可以分为组织的人力资源目标规划、组织变革与组织发展规划、人力资源管理制度变革与调整规划、人力资源开发规划、人力资源供给与需求平衡计划、劳动生产率发展计划、人事调配晋升计划、员工绩效考评与职业生涯规划、员工薪酬福利保险与激励计划、定编定岗定员与劳动定额计划等。

二、人力资源规划原则

组织在制定人力资源规划时,应该注意以下原则:

1. 目标性原则

目标性原则,即人力资源规划的制定和实施要与组织的发展目标相统一。人力资源规划的应用范围很广,既可以运用于整个组织,也可以局限于某一部门或某个工作集体。不

管哪一种规划,都必须与组织的整体发展目标相统一,这样,才能确保组织各项资源的协调,使人力资源的规划具有准确性和有效性。

2. 动态性原则

动态性原则,即人力资源规划要充分考虑环境的变化、积极主动适应环境的变化。世界是变化的,事物是运动的。未来总是充满许多不确定的因素,包括内部和外部不确定因素。组织内部的变化,涉及业务的变化(对企业来说,尤其是销售额的波动和产品的更新)、发展目标的更替、组织结构的变化和组织雇员的更换等;组织外部的变化,涉及市场的变化、政府政策的变化、人力资源供求格局的变化和竞争对手的变化等。

为了更好地适应这些变化,作为对面向未来、对组织绩效起着重大作用的人力资源规划,应当对可能出现的情况做出预测和应对,才能够发挥好人力资源这一最重要资源的价值和效用。

3. 兼顾性原则

兼顾性原则,是尽量达到组织和员工双方的共同发展。组织和员工共同发展,是现代管理的一项理念,也是人力资源开发与管理的基本理念。因此,进行人力资源规划,不仅要为组织服务,而且要能促进员工的发展。在知识经济时代,随着人力资源素质的提高,员工越来越重视自身的发展前途,组织的发展也越来越离不开员工的贡献,两者是相互依托、相互促进的。在人力资源规划中,应当使组织和员工的利益都得到保证,从而达到组织和员工共同发展的结果。

三、中国电视媒体人力资源管理中的特色问题

当前,人力资源管理已成为企业经理人员的一个热门话题,各个企业中的高层人士都想方设法借助人力资源管理来提高企业的经营绩效。对我国电视媒体而言,人力资源管理尚未起步,新旧体制的转型、媒介市场身份的模糊以及上级主管部门的政策都在限制着电视台大刀阔斧地进行人事改革,中国电视一方面在内挤外压的局势中努力转变角色,以企业行为介入市场竞争;另一方面,由于内部机制改革特别是人事改革的没有及时到位,使得媒体改革后继乏力,虽然频频改版,却"换汤不换药",没有形成有效的激励、竞争、淘汰机制,小环境发展,低层次重复。中国传媒大学黄升民教授针对我国媒体机制的现状,做出"如果再不进行改革,国企的今天就是媒体的明天"的论断,这绝非危言耸听。

从人力资源管理角度来讲,电视媒体有两个方面的问题需要解决:一是理念,二是体制。

在理念上,我们必须要认识到管理的本质就是人力资源管理,这是前提,对电视台亦然。一个单位的人力资源部门作为职能部门,被授权以协助和建议的方式支持直线经理人员实现组织的目标。对国内电视台来说,由于受长期的行政事业单位管理模式影响,人事部门和主管领导大多还没有形成人力资源管理的概念,很多人认为人力资源管理是西方企业管理理论,与中国国情存在很大的现实反差,中国的广播电视管理体制是高度计划管理体制,特别是人事管理,从计划体制下的人事管理转变到符合现代企业制度先进的人力资

源管理有许多观念需要转变,其中最根本的一条是对人力资本的认识。我们知道,资本是能带来剩余价值的价值,对人力资源实行有效开发,转变为人力资本是电视媒体实现持续发展的保证。

在机制上,电视媒体面临五个问题:

第一,是因岗设人还是因人设岗。无论人事管理还是人力资源管理,核心问题是人和事相匹配的问题。过去电视台进人主要由毕业分配、部队退伍、机关调动等几种渠道,人员配备不是按照市场规律,人和事不相匹配问题非常严重。可以想象,在一个组织内部,如果让一个不恰当的人来承担某项工作,怎么管理也难以达到效果,这与当前电视台人浮于事、工作效率低下的现状密切相关。

第二,激励机制的建立。员工流动率高、员工工作不积极,这是国有单位最大的问题,究其原因是缺乏有效的人才激励制度。组织激励水平越高,员工积极性越高,组织生产力也就越高,这是常识。美国哈佛大学威廉·詹姆士的一项研究表明,员工在得到充分激励时,可发挥能力的80%至90%,而在仅保住饭碗不被开除的低水平激励状态,员工仅发挥其能力的20%至30%。因此改革劳动、人事、分配制度,激发员工的积极性、创造性是人力资源转变为人力资本的又一关键,也是电视媒体走出困境的当务之急。

第三,人力资源的数量调节和合理配置。人力的数量调节和合理配置是指实现人员的能进能出,岗位配备合理,以最优的人力组合实现组织效益的最大化。由于电视节目制作、播出全过程是多部门多环节的分工协作的结果,电视台各种生产要素的能力必须匹配,人均技术装备及资金占有达到一定水平,才能充分发挥人的作用。社会化大生产要求发挥分工协作的作用,人力太少就难以形成专业分工优势和协作优势,开发人力资源的第一任务就是根据电视节目市场需求、电视台发展战略及现有人力的余缺,余则分流,缺则补充,使各个环节人员实现合理的组织和配置,力求人尽其才,各尽所能。

第四,教育培训与人力发展。通过教育、培训提高员工素质,是电视台在现有基础上进行人力资源开发的基本途径,我们称之为人力发展。根据联合国教科文组织提供的研究结果,劳动生产率与劳动者文化程度呈指数曲线关系。如与文盲相比,小学毕业可提高劳动生产率43%,初中毕业可提高108%,大学毕业可提高300%。可见人力发展是最有效的人力资源开发途径。但教育投资不能立即产生利润,往往在急功近利的潮流中被人忽视,这在我国各类企事业单位中普遍存在。我们要区别"教育培训"与"成人教育"的概念,现在社会上许多所谓的"培训"实际上是成人的学历教育。要建立实用的培训体系,需要用人单位深入介入培训的各个环节,以保证培训的专业性和实用性。

最后,最重要的一点是人员配置是不是建立在工作分析和职位说明书的基础上。人浮于事,工作职责不清,以及对员工尤其对正式职工无法进行淘汰流动,员工考核、晋升、培训等机制没有科学地建立,是电视台人事管理的"通病"。电视台如何建立现代人力资源管理?其基础设施是做工作分析,在工作分析的基础上做职位说明书。工作分析就是为进行描述工作而对工作活动信息进行收集、整理和分析的系统过程,基本目的是讲求工作的规范化和科学化,包括两个方面内容:一是确定工作的任务是什么?二是确定应该用什么人

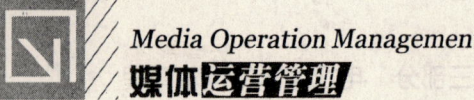

来承担这项工作。职位说明书一般由职位标识、职责、薪酬、绩效期望、任职要求等方面组成,制定职位说明书和工作规范能更有效地实现员工的招收、选拔、任用、考核、晋升、培训、奖惩、薪酬等人力资源管理的基本功能。工作分析和制定职位说明书应是电视台推行人力资源管理的基础和起点,有许多操作上难点问题有待在电视管理的实践中摸索。

第二节 转变电视媒体人事管理的观念

目前,中国电视人事管理存在如下现象:

一、机制改革滞后,聘用人才流失

电视台作为事业单位,其人事管理部门没有进人权,用人需要上级人事主管部门的审批。随着电视事业的飞速发展,原先核定的人事编制已远远不能满足电视节目生产、经营、管理的需要。聘用制的推行解决了电视台一时用人之急,但随之也带来了一些问题:一是聘用人员的经济收入如何能真正做到与正式职工同工同酬?二是聘用人员尤其是主创岗位的聘用人员如何能与正式职工一样享受同等的政治待遇,如人事任免、职位评聘等。一个显而易见的现实是:聘用人员在电视台经过几年的学习和实践,日渐成熟成为骨干,但由于身份不明和个人价值难以体现,一旦有好的机会便另择高枝。其实,解决这两个问题的实质在于电视台要全面推行全员聘用制,打破人在两种体制下生存所带来的身份差别。由于长期受计划体制和传统发展模式的制约,我国电视媒体的正式职工队伍存在近亲繁殖、学历层次偏低、职称比例失衡、专业结构不合理等弊端,高素质人才以聘用的方式引进,对于改善电视台员工的知识结构,适应电视业高速发展是非常必要的,也日趋成为当前各电视台人才引进的主要形式。因此如何在机制上留住优秀的聘用人才显得至关重要。

二、制片人制难以真正推行

电视节目特别在电视台内部栏目生产推行制片人制已成为各电视台栏目管理的基本模式。制片人制确立了栏目作为单独的制作单位,使节目生产决策环节大大减少,对市场反应更加快捷,同时制片人还被赋予很大的人事权和财权。在栏目内,制片人享有人员的录用、进出、岗位分配、待遇设定等权利。这有利于制片人合理配置栏目内部资源,调动有限的人力、财力来做好节目。在栏目内人员能上能下、能进能出、收入能高能低,这种动态化的管理,使每个工作人员形成一种良好的竞技状态。但由于新旧体制并存,真正意义上的制片人制在多数电视台仍难以推行,人、财、物支配权及配套机制不能及时到位。当前有三个问题需要解决:

一是制片人的选聘,制片人的素质问题尤为重要。如何确定制片人的素质标准,通过公平、公正、公开的竞争机制,让真正德才兼备的优秀人才脱颖而出,走上管理岗位是制片人制推行的关键。

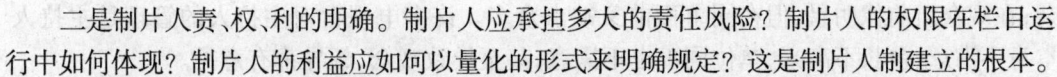

二是制片人责、权、利的明确。制片人应承担多大的责任风险？制片人的权限在栏目运行中如何体现？制片人的利益应如何以量化的形式来明确规定？这是制片人制建立的根本。

三是打破台——部门——制片人三级分层、栏目设在宣传部门的管理格局，取而代之以频道总监——制片人两级管理新格局，使频道（台里）对栏目管理的中心环节减少，使制片人的人事权、财权、节目策划权、制作权等权利得以真正实现，这是尤为重要的一环。当前在两台合并的形势下，专业频道管理模式的建立应充分考虑这一现实问题。

三、播音员、主持人管理引进存在误区

播音员、主持人作为电视台的"门面"和形象代言人，是电视台特殊人才。各电视台都把优秀主持人的遴选作为人才引进的一项重要工作来抓，这从近年来举办的"朵而"女性主持人大赛、"荣事达"杯全国主持人大赛以及中国传媒大学播音系毕业生抢订风中可见一斑。当前的现状是：电视台急需的名主持太少，一般主持人太多；从各种大赛中或地方电视台千方百计"挖"过来的主持人一调到台里马上黯然失色，缺乏一种让播音员、主持人优胜劣汰的竞争机制和发展环境。分析原因主要有以下几点：

一是播音员、主持人的引进动辄以占编调进的形式，而不是采用特殊岗位年薪制聘用的方式。以调动入台的方式引进主持人，既增加了电视台本身的人事负担，又易被现有环境所同化，存在的弊端显而易见。年薪制的推行，可使播音员、主持人的引进、淘汰的渠道更为畅通，因岗设人、因岗定薪、适者生存，这样保证了播音员、主持人作为特殊人才应享有的特殊待遇和应承担的风险。当然，推行特殊岗位的年薪制有一个薪酬标准制定的问题。

二是播音员、主持人管理过于分散，没有形成系统管理机制。系统管理是一项综合性工程，它包括对人才的引进、培训、任用、考核、选拔等全过程。不少台的播音员、主持人分属栏目和部门，没有成立专门机构对全台播音员、主持人进行系统管理，因而使得播音员、主持人缺乏日常性的专业培训、考核。

四、领导干部老龄化，中青年骨干积极性难以发挥

长期以来，电视台作为事业单位，干部任免与政府机关和国有企业一样带有明显的行政色彩，岗位职责、薪酬分配与行政职位紧密相连。中国电视经过几十年的发展，一个不争的事实是领导干部明显老龄化，中青年业务骨干成为电视台发展的生力军。但由于机制的原因，为数很少的走上领导岗位，长此以往，必会造成人才流失和工作积极性难以发挥。因此调动中青年业务骨干的积极性应成为电视台机制改革的突破口。

以上问题，将在下文中进行进一步剖析与探讨。

第三节 播音员主持人管理

主持人管理重要而复杂。主持人优秀而多才，个性多样、八面玲珑、人缘众多、关系复

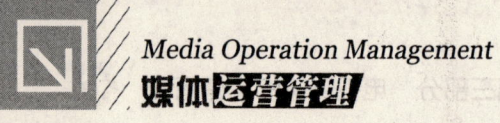

杂;在观众面前像明星,但在同事面前又缺点众多。许多电视台对主持人的管理是主持人本身不满意、台长不高兴、单位同事也不满意,甚至导致观众、领导都有意见。

一、如何做好电视台主持人管理的计划工作

作为电视台来说,要做好主持人管理工作需考虑几个问题:

1. 电视台需要什么类型和风格的主持人

这要根据该台自身的定位以及该台的栏目设置及风格来进行统一规划。

2. 电视台需要多少数量的主持人

根据各台自身规模的不同,所需要的主持人数量也会有明显的差异,如果计划不好,会造成机构臃肿或不济,或者导致有些栏目主持人过盛而有些栏目主持人又人满为患的状况。

3. 电视台需要什么层次的主持人

任何一个组织机构都希望其下属个个优秀、出类拔萃,但实际情况却不可能。优秀的人员需要更大的平台、更好的条件、更高的回报。但从市场角度看,电视台需要不同层次、不同级别的主持人合理搭配,才能做到媒体品质与媒体成本的更好兼顾。

4. 电视台主持人的工作生命周期要合理搭配

任何一样事物都有其进入、成长、成熟、衰退的周期,主持人也不例外。合理搭配处于不同工作周期的主持人结构,对于一个电视台的持续发展显得尤为重要,让处于成熟期的人有成熟感,处于进入期的人有期望,处于衰退期的人有使命感,处于成长期的人有兴奋感。

5. 对特殊类型主持人的储备和重视

主持人是一个创意人才,而且是优秀的创造性人才。其工作特性和自身的素质让其有许多特殊性,甚至于在性格、个性、为人上都有差异,这需要领导的高度包容和认可。古人曰:"养兵千日,用兵一时。"电视台对于特殊类别的主持人,对于有着特别才艺的主持人要采取人才储备的态度加以重视和培养。人才的特殊性从另一方面也正是人才的稀缺性,媒体只有拥有特殊的、相对稀少的资源才会有竞争优势的相应最大化。

6. 主持人管理的计划工作是主持人管理的基础

电视台只有确定了需要什么样的主持人,需要多少数量、多高层次的主持人,才会有的放矢、目标明确。

二、如何有效做好主持人管理的组织工作

计划工作是基础,组织工作是保障。要做好主持人管理工作的保障,需着重注意两方面事项。

1. 主持人管理机构的设置

(1)中国电视台对于主持人的管理可谓五花八门,有放任自流的,有用人部门直接管理的,有对主持人统一管理的,也有几种管理方式并存和相互交叉的。

(2)对于管理机构的设置,主要有以下几种方式:

＊机械式组织和机构设置

职能型组织:将相似或相关职业的人组合在一起来组建结构。

分布型组织:每个单位或事业部都是自治的,由分部经理对全面绩效负责,同时拥有充分的战略和运营决策的权利。

＊有机式组织设计

简单结构:指低复杂性、低正规化和职权集中在一个人手中,它是一种"扁平"组织,通常只有两三个纵向层次。

矩阵结构:将工作部门化,对结果的侧重和责任感与职能专业化的优势结合起来。矩阵结构的特点是:项目经理分配对项目小组成员行使有关项目目标达成的权力,而将晋升、工薪建议和年度评价等决策的责权留给职能经理。

网络结构:只有很小的中心组织,依靠其他组织以合同为基础进行经营活动。

(3)电视台主持人管理的组织和机构设计主要可借鉴两种方式:

＊职能型结构:将相同类别的主持人集中管理,如新闻主持人集中于新闻中心,娱乐类主持人集中于文艺中心等。依照不同类型节目对主持人的要求进行相对集中的管理,以期使主持人间的工作更具有可比性,对于主持人的培养专业性也相对明确。

＊矩阵结构:每个主持人由用人部门进行直接管理,同时成立统一的主持人管理机构进行总体评估与协调。但在矩阵结构管理中存在主持人要同时面对两个领导:直接工作部门与主持人统管机构的双重领导,要求两个管理机构要明确各自职责,充分沟通协调。一般要将应该是用人部门、项目部门分配工作、督促完成,职能部门负责考核和评价,包括薪酬制定等。但矩阵机构管理的缺点是隐含着项目部门与职能部门的权力斗争。妥善处理好二者关系是采用此组织机构的成败关键。

2. 主持人的培养与选拔

(1)优秀的人才都需要培养,主持人更不例外。主持人的培养工作复杂而艰巨,主要集中在几个方面:

＊主持人心理素质的培训;

＊主持人主持业务技能的培训;

＊主持人沟通技巧的培训;

＊主持人对媒体的忠实度的培训。

(2)对于电视台来说,除了培养自身的主持人,还要注意引进和选拔优秀的主持人加盟,在选拔和引进工作中也要注重几个问题:

＊引进合适的主持人,而不是追求最优秀的主持人。在主持人的选拔工作中,一定要做好相应规划,引入自身媒体和相应栏目需要的主持人,而不是一味追求主持人的全面优秀、业内出名,不然会遇到大材小用、无栏目可主持以及风格不匹配等诸多问题。

＊"请来和尚,气死方丈"是人才引进中最常见的问题,在对外引进选拔主持人工作中一定要兼顾原有主持人群体的利益和感受,要充分认识到现有人员是工作的核心力量和中

坚人员，引进人员只是做相应的调整和补充。在选拔外来人员过程中要注意预先制定公平合理的选拔措施、政策和条件，要给予本台现有人员相同的机会和标准，从而起到既宽慰人心、又对现有人员增加压力的作用。

（3）做好离岗主持人的安置工作和心理辅导。做好妥善处理的目的是要从事这个职业的后继者们能够看到更多的希望，在无后顾之忧的状态下专注工作。

三、如何做好主持人管理的领导工作

要做好主持人的领导工作首先要认真研究"组织行为学"，了解个体行为、群体行为的不同特点与规律，在这里谈论主持人领导工作的重点是想讲一下如何更好地激励主持人。

对于激励体系有非常完整的理念和学说，这里结合不同的激励理论对主持人激励做一些论述。

1. 早期激励理论

（1）需求层次说

最著名的激励理论就是马斯洛的需求层次说。他将人的需求分为五个层次的需要：生理需要、安全需要、社会需要、尊重需要、自我实现需要。他将前两种需要称为低级需要，后三种需要称为高级需要。

在主持人的激励管理实践中应更加注重对其高级需要的满足，使其获取更强烈的荣誉感、责任感、实现自我价值的满足。

（2）X 理论和 Y 理论

这一理论提出了关于人性的两种截然不同的观点。一种是基本上消极的 X 理论，其假设人天生不喜欢工作，会逃避责任、安于现状，没有雄心壮志，必须采取强制措施或惩罚办法才能完成组织目标；一种是基本上积极的 Y 理论，其假设人会视工作如休息，勇于承担责任，会对工作做出承诺并主动达成目标，并且认为大多数都具备做出正确决策的能力。

对于这两种截然不同的 X、Y 理论，对于主持人来讲更应该采用 Y 理论假设，主持人的工作特点使其具有天生的责任感与使命感，所以让主持人更多地参与决策，提供更多富于挑战性和责任感的工作，建立良好的群体关系，这都会极大地激励主持人。

（3）双因素理论

赫茨伯格的双因素理论又称为激励保障理论。按照其理论认为导致工作满意的因素与导致工作不满意的因素是有区别的，因此管理者消除了工作中的不满意因素只能带来平和，而不一定对员工有激励作用。简单举例说我们薪酬中的工资部分一般是用于解决满意问题，奖金部分是用于解决激励问题。

在管理中，其实还不光是主持人管理，最常见问题奖金工资化、奖金已成为解决满意问题的部分，而导致激励力量的大幅削弱甚至消失。

2. 当代激励理论

（1）三种需要理论

其理论认为个体在工作情境中有三种主要的动机或需要：

a. 成就需要：达到标准、追求卓越、争取成功的需要；
　　b. 权力需要：影响或控制他人且不受他人控制的欲望；
　　c. 归属需要：建立友好人际关系的愿望。
　　对于这一理论的研究表明高成就需要者喜欢"独立负责，可以获得信息反馈和中度冒险的工作环境"。所以对于主持人这一对于成就感很看重的人群，就应充分考虑上述因素：承担更多责任，独立工作，良好反馈和中度冒险的工作环境。
　　(2) 目标设定理论
　　此理论认为"对于具有一定难度且具体的目标，一旦被接受，将会比容易的目标更容易激发高水平的工作绩效"。
　　(3) 强化理论
　　本理论与目标设定理论相对应，目标设定理论认为个体的目标引导其活动，而强化理论则认为人的行为是外部因素控制的。
　　(4) 公平理论
　　这一理论认为员工首先思考自己收入与付出的比率，然后将自己的收入、付出比率与其他人收入、付出进行比较，若相同即产生公平感，若不同就产生不公平感。
　　参照这几种理论，主持人激励中首要解决是公平问题，要让电视台的主持人感受到评价体系与标准的相对公平，感受到自身投入回报比率不能与他人有较大差距，还要为每一个主持人设定一定难度的目标，目标太低反而很难让主持人有成就感和激励作用。
　　总之，主持人的激励工作涉及诸多方面与因素，有着许多实际的困难和情况，但只要电视台的决策者在思考如何激励主持人的问题就一定能找到合适的办法，解决问题远比认识到问题要容易得多。

四、如何对主持人管理工作进行系统有效控制

　　计划、组织、领导、控制，作为管理工作中重要一环，主持人管理的控制与反馈工作同样十分重要，在控制中要充分兼顾三个环节：事前控制、事中控制与事后控制，在管理控制中预防、调整、反馈系统结合。在人员财务、工作过程、信息收集与反馈以及组织中更多聚焦和关注就会获得主持人管理工作的全面成功。
　　最后，在现实电视台的主持人管理工作中还要充分注重管理艺术和技巧的使用，注重在主持人管理中尊重政府和社会的意见和建议，才能更有效地发挥主持人潜能，充分执行管理者意图和达成组织目标，从而实现电视台品牌价值、收视率与满意度的全面提升。

第四节　电视制片人管理制度

一、电视新闻栏目制片人的内涵和产生的基本动因

　　电视新闻制片人的概念，20世纪50年代最早产生于美国。我国有关制片人的概念最

早是从文艺影视中发芽的。由于新闻宣传的特有属性,新闻制片人和纯电视剧制片人的内涵是不相同的。电视剧侧重娱乐、审美范畴,组织形式是可相对独立生产的单元;新闻节目多是上传下达,进行宣传教育的载体,和整个新闻宣传连成一体。从我国电视新闻的实际来看,栏目的制片人是电视新闻栏目化节目的负责人。制片人不仅要对完成节目负责,而且要对栏目政治影响、经济收入和支出负责;制片人是整个栏目的总策划和管理者。从1994年底开始,广东电视台试行栏目制片人。电视台给栏目制片人所需的用人权、资金筹集与支配权,保证制片人有一个宽松的栏目制片环境。台里对制片人所经营的栏目进行定期评估,质量好的给予表彰,质量差的限期改正,逐步按照栏目(节目)的收视和社会影响来调控栏目的发展改革。

广播电视既是党、政府和人民的喉舌和耳目,又是第三产业。新的指导思想是电视新闻管理机制改革的落脚点。电视新闻栏目制片人体制的实施,大致来自三个方面:

动因之一:从宏观上说,新闻栏目制片人制适应了发展社会主义市场经济体制的要求。

党的十四大明确我国经济体制改革的最终目标是建立社会主义市场经济,这就意味着电视事业赖以生存的社会环境将发生根本性的变化。现存的电视新闻管理的内部机制是在长期的计划经济的年代里形成的,市场经济要求电视管理在电视运转上对资源进行最佳的合理调配。电视新闻宣传管理做到社会效益和经济效益协调发展。电视新闻管理要从过去办报纸、办广播的经验中摆脱出来。只有建立较灵活、完善的电视新闻管理机制,才能加快电视新闻宣传的步伐,满足受众日益需求信息的时代特征。《东方时空》和《焦点访谈》的脱颖而出,就某种意义上说应归结为人才、新闻资源的合理配置和有效利用。而两个栏目的制片人管理的实施,为电视新闻栏目发挥最佳效益找到了立足点。

动因之二:从管理科学上看,栏目制片人制则是电视新闻组织结构、分级管理、统一目标和职权一致的现代管理科学的体现。

管理学认为:"通过改善管理层次之间的相互关系,能够增大有效管理的幅度,减少管理层次,从而提高管理工作的效率。"现有的电视栏目节目制作体系层次多,从台长到最后做节目的编辑记者之间存在部、科、栏目组等层次。这样多的层次容易造成信息不够畅通。有效的分级管理要求只设最必要的管理层次。电视新闻栏目制片人制将改变过去由于电视台部门多、层次多、造成调度信息滞后和宏观指挥失灵的状况。也将消除基层第一线记者编辑发现了一个好的重要题材,经过层层请示,到搬上荧屏时往往成为明日黄花的状况。栏目制片人制运行要求栏目与新闻中心、台领导这层次只保持最必要的联系。所谓最必要的联系,就是中心只为栏目提出具体目标,下达栏目的发展计划、制定规章,而不能随意干预电视新闻栏目的日常工作,从而提高电视新闻制作的效率。

节目(频道)总监责任制下的栏目制片人制,台长和节目总监合理划分人事权,除有关宣传的重大问题以台编委会讨论决定之外,总监直接领导栏目制片人。这就减少了管理层次和中间环节,提高了效率。

动因之三:电视新闻激烈的竞争和电视新闻质量效率的要求推动栏目制片人制的实行。

电视新闻业的竞争已不言而喻,竞争的焦点从求得新闻信息量的外延转到提高新闻质量的内涵上来。而电视新闻质量、栏目效益则取决于管理并最终体现到人的管理上。管理的人本原理,要求管理者明确"做好管理工作、必须以'人'为'本',使全体人员明确整体目标、工作含义、相互关系,从而主动地、积极地创造性地去完成任务"。人是任何一个社会系统中最主要、最基本的要素,是社会生产力中最活跃的因素,是实现组织目标的决定性力量。电视新闻栏目管理要求栏目的制作人员高度明确所属栏目的目标,制片人与制作人员都具有相应的职责范围,使每个栏目人员能充分发挥其聪明才智,能保质保量完成任务,从而提高效率。栏目制片人要对电视新闻宣传的总体目标进行科学合理的分解。栏目作为最基本的单位,使制片人到制作人员的所有目标组成为实现总目标的有机部分。

二、电视新闻栏目制片人的主要职权

电视新闻栏目制片人制管理方式,要求制片人享有和承担一定的职权。这是电视新闻栏目制片人制与非制片人制管理方式的一个重要区别,也是制片人制产生动力、活力的源泉和保证。下文可清晰反映栏目制片人与传统节目负责人在职权方面的区别。

制片人制的主要几种模式:

栏目制片人制,作为电视新闻管理的一种新机制还在探索之中。由于受社会环境、电视系统的内部条件、人才等各方面因素的制约,栏目制片人制尚不完善,更不可能有一个统一的标准。但从中央到地方各级电视台都在不同程度上对推行栏目制片人制作了有益探索,根据不同的情况相应规定了栏目制片人制的要求特点。主要有以下四种模式:

1. 中央电视台《东方时空》和《焦点访谈》栏目制片人制模式

特征:栏目设立总制片人制和子栏目制片人制。

主要表现在:

(1)用人上除核心成员是台内业务骨干之外,记者编辑绝大部分向社会公开招聘;

(2)经费上,采用承包制,"以栏目养栏目";

(3)制片人在人才的选用、选题的确立和经费支配中有一定的实权;

(4)栏目内部竞争和约束机制较强;

(5)栏目影响大、知名度高。

2. 广东电视台的"周末版"栏目制片人制模式

特征:栏目以内部承包制为主的制片人制。

主要表现在:

(1)用人上以台内现有人员为主,很少聘用外面的社会人员;

(2)经费上一部分由台里下拨、由制片人支配,一部分从栏目广告获得;

(3)制片人与工作人员实行双向选择,制片人没有解聘正式员工的权力;

(4)栏目质量提高明显,但还不够稳定。

3. 上海电视台十四频道和八频道的栏目制片人制模式

特征:栏目实行频道总监负责下的栏目制片人制。

具体反映在：

(1)栏目的责权管理层次清楚，效率较高；

(2)用人上，制片人由总监直接聘任，栏目制片人有一定用人权，同时向社会少量招聘栏目工作人员；

(3)经费来源采取全额下拨方式，实施切块承包、节约提成，栏目不必为经费操心；

(4)制片人直接参与栏目中每档节目的选题审定；

(5)栏目制片人制实施范围最广，制片人制已为电视台工作人员所广泛接受。

4. 吉林电视台的新闻中心下的栏目制片人制模式

特征：栏目为强化同步式的一体化栏目制片人制。

主要特点有：

(1)强调以新闻生产为中心，形成以新闻为中心，配套管理、经营的运行机制；

(2)制片人成为新闻栏目的核心，所有栏目内的采编制作人员在制片人下共同参与制作；

(3)在用人上制片人自主权较小；

(4)在经费来源及财务管理上，栏目从广告部手中接受栏目广告经费，而广告部只负责栏目广告的管理。

三、实施栏目制片人制的关键因素

1. 制度保证

要加大现有电视管理体制的改革力度，为实施电视新闻栏目制片人制创造良好的内外部环境，逐步建立和完善栏目制片人制的管理规范。制片人制的核心管理主要体现在用人制度上。江泽民同志在党的十四大报告中指出，加快劳动人事制度改革，逐步建立健全机关、企事业单位不同特点的科学分类管理体制和有效的激励机制的重要性。电视管理的改革促进制片人制管理方式规范化，从制度上保证栏目制片人制的运作自始至终处于良性循环之中。这主要体现在以下几个方面：

(1)在栏目的目标、任务和政策明确的情况下，应该使任务执行者(制片人)有权处理工作中出现的一切常规性问题，上级不得随便干预。制片人只有在遇到始料不及的难题时，才向上级请示。上级只有在下级的工作中出现严重偏离目标的情况时，才进行直接干预。

(2)栏目制片人应该接受上级领导对其履行职权的检查和指导。这要求制片人在业务关系上明确受制于节目主管或台长直接派出的代表。后者有权对栏目运作、经营、节目宗旨、质量提出指导和批评性意见。

(3)要相应制定一套有利于电视新闻传播的新闻栏目制片人制发展的行为规范、规章。制片人的功过、栏目的优劣、节目质量的高低，必须有负责监控的职能部门定期根据总体要求和具体情况，公正、严格地给予衡定和评分。同时在条件成熟时，可建立起电视新闻制片人的行为规范。质量的评估标准体系，除加强对现有制片人的培训、考核外，逐步建立起既适合电视新闻"喉舌"性质又适应电视产业化趋势的电视新闻制片人上岗证制度。

2. 栏目制片人的能力素质

在西方,制片人制新闻栏目的高起点、高标准、高效益,取决于高素质的综合型人才。"制片人是通才而不是专才,是行政型的,也是业务型的。"

既然制片人制管理方式不同于一般的行政指挥型,显然制片人的组织管理才能应视为制片人最重要的素质要求之一。在目前情况下,制片人必须熟悉党的宣传方针,了解社会主义市场经济条件下电视产业运转的客观规律和市场经济的理论。除必不可少的政治素养外,从组织管理才能的各个层面说,一个称职而又富有创造活力的新闻制片人应该具备四个方面的能力素质:

(1) 具有组织策划新闻栏目各个环节的才能

电视新闻节目栏目制片人要有较扎实的新闻专业技术能力,对新闻节目制作这一特殊活动能深刻理解和熟练掌握。包括具备运用专业知识在专业范围内的分析能力以及灵活地运用该专业的工具和技巧的能力等。新闻栏目组织编制才能是制片人最基本的技能,它集中体现在栏目的创新意识。

(2) 人事组织才能

栏目制片人有一个基本的权利是有人事权。权利的享有必然要求制片人充分具备对人员的量才使用能力。这是栏目最终成败的关键。制片人组织能力表现在,他要带领一定数量的制作人员去完成既定的任务,善于建立一个团结、高效的栏目制作群体。制片大既要作为栏目组织集体一员有效地进行工作,又要在他所管理的栏目中建立起同心协力、搞好工作的关系,人才管理的成效实际上与节目质量是成正比的。《东方时空》和《焦点访谈》栏目现有制作人员170多人,两栏目人才管理在初期是有一定的难度的。这里既有人员心态不平衡的反应,也有采编人员知识结构不平衡的表现。作为栏目的总制片人和制片人在条件艰苦的情况下,合理地发挥调动栏目每一位制作人员的长处。《东方时空》和《焦点访谈》的成功,实际上是体现在人才的合理配置和有效利用上,最终求得工作的有效性和栏目传播的最佳效应。

(3) 具有现代经营管理的能力

电视新闻栏目制片人拥有栏目经费的支配权和收入分配权,这势必要求制片人从纯粹的新闻制作者转到新闻宣传与经济创收协调发展的管理者方面来。随着广播电视行业的不断深化改革,"事业单位、企业管理"的性质已确立起来,电视逐渐从差额拨款转向自收自支经费自筹的企业化管理模式。实际上,自筹资金已是我国电视媒体解决经费来源的主要途径。因此,按照制片人制的既定要求,广辟创收途径弥补宣传经费的不足已成为制片人竞选上岗的必然选择。制片人要学会理财、要有经营管理头脑。无论是中央电视台还是地方电视台在现阶段,都或多或少要求制片人向社会筹集制作经费。事实上现有的栏目除了少数由台里全额拨款外,大多是走"以栏目养栏目"的路子。栏目的广告工作接受台广告部的业务指导,广告收入则用于栏目生产和发展。栏目的财务收支情况已成为衡量制片人制和栏目运转是否正常顺利的因素之一。

(4) 制片人要具备公关策划能力

以促销电视栏目,扩大栏目的社会影响。

栏目的营销意识实际上是一种潜意识投资,即通过开展卓有成效的公关活动,全方位地介入社会政治、经济生活,借助社会这个大舞台,淋漓尽致地展示其风采,缩短栏目与观众的心理距离。栏目作为一个组织单元,除要求制片人在注重栏目的制作水准外,还要求制片人通过一系列的公关行为,扩大栏目的影响与知名度,从而提高栏目的收视率。《经济半小时》栏目坚持每年在"3·15消费者权益日"活动时,搞现场大型咨询联谊活动,树立栏目的品牌形象。目前,我国一些知名的栏目通过召开专家研讨、观众联谊会或栏目主持人、记者编辑面对面与观众交流,以此树立栏目形象,最终在受众中确立栏目的整体宣传效应。而这一切都有赖于栏目制片人的公关策划能力。中央台的名牌栏目《东方时空》和《焦点访谈》注意开展形象策划活动,卓有成效地宣传栏目的品牌。这也是精品意识强化的必然要求。

第五节 一线专业采编技术人员管理

一线专业采编技术人员是电视台的骨干力量,对于该人群的管理有着相当的难度。2005年,中共中央宣传部、国家广播电影电视总局、新闻出版总署发出《关于新闻采编人员从业管理的规定》。全文如下:

坚持以马克思列宁主义、毛泽东思想、邓小平理论和"三个代表"重要思想为指导,拥护中国共产党的领导,拥护社会主义制度,树立政治意识、大局意识和责任意识,贯彻团结稳定鼓劲、正面宣传为主的方针,把握正确舆论导向;支持改革开放和现代化建设,为人民服务,为社会主义服务,为全党全国工作大局服务。要遵守宪法和法律,遵守党的新闻宣传纪律,维护党和国家利益,维护人民群众的根本利益。要严格保守党和国家秘密。要依法维护公民个人隐私权,依法维护报道对象的合法权益。

规定强调,新闻采编人员要坚持真实、全面、客观、公正的原则,确保新闻事实准确。要认真核实消息来源,杜绝虚假不实报道。新闻报道在新闻媒体刊发时要实行实名制。新闻采编人员要发扬实事求是、敬业奉献的精神,深入实际、深入生活、深入群众,调查研究,求真务实,努力改进工作作风和文风,不断创新报道内容、形式和手段,使新闻报道贴近实际、贴近生活、贴近群众,增强新闻报道的针对性、实效性和吸引力、感染力。

规定提出,新闻采编人员从事新闻报道活动时,如与采访报道对象具有亲属关系、友好关系、利益关系或直接地缘关系等,应实行回避,并不得对稿件的采集、编发、刊播进行干预或施加影响。新闻单位各级分支机构和派出机构的主要负责人(分社社长、记者站站长等),实行任期轮岗制和任职回避制。

规定严肃指出,新闻采编人员要杜绝各种有偿新闻行为。不得利用采编报道谋取不正当利益,不得接受可能影响新闻报道客观公正的宴请和馈赠,不得向采访报道对象或利害关系人索取财物和其他利益,不得从事与职业有关的有偿中介活动,不得经商办企业,不得在无隶属关系的其他新闻单位或经济组织兼职取酬。

规定明确要求,新闻采编人员要严格执行新闻报道与经营活动分开的规定。不得以记者、编辑、审稿人、制片人、主持人、播音员等身份拉广告,不得以新闻报道换取广告,不得以变相新闻形式刊播广告内容,不得为经营谋利操纵新闻报道。新闻采编人员不得以订阅报刊为条件进行新闻报道,不得直接要求被采访报道单位或个人订阅报刊,更不得以批评曝光为由强迫被采访报道单位或个人订阅报刊、投放广告或提供赞助。

规定强调,规范新闻采编人员记者证件管理和使用。公开的新闻采访必须出示经新闻出版单位、广播电视主管部门资格认定,由国家新闻出版行政主管部门核发的记者证件。对使用假记者证或冒充记者的人员要严肃查处。新闻采编人员有虚假报道、有偿新闻等行为,情节严重的,一律吊销记者证。凡被吊销记者证的新闻采编人员,自吊销之日起5年之内不得从事新闻采编工作;因故意犯罪被判处刑罚的,终身不得从事新闻采编工作。

中宣部、广电总局、新闻出版总署要求,各级各类新闻单位要认真执行这一《规定》,对违规违纪的新闻采编人员要按有关规定和纪律严肃查处。要向社会公布监督电话,方便群众监督。

随着该《规定》得到良好执行,一线专业采编技术人员的管理现状得到了改善与提高,但仍旧存在一些问题。人才乃兴业之本。只有一支高素质的电视队伍,才能适应新时期电视事业发展的战略性要求,才能保证电视优势的长效发挥和长远发展。因此,做好电视台人才管理刻不容缓。

第一,进台职工应该公开实行招考制度,杜绝内定和连带关系。

许多电视台进人渠道比较单一,一般先是临时或部聘,干几年转为台聘,最后就熬成正式工。然而,有些从业者进台由于存在"关系",管理起来很难,况且有的专业素质也不是很高,所以在一定程度上,拖了电视台的后腿,成为用人的一大弊病。电视台必须规范进人和用人的渠道,实行公开招考是最好的方式,类似公务员的招聘制度。

第二,定岗定编定员,规范用人体制。

电视在人才的管理以及人力资源的开发上,相对比较滞后。作为带有企业性质的事业单位,实施人力成本核算,非常关键,这是消除人浮于事、祛除效率低下的一个重要措施。人力成本的核算,需要对各个岗位进行全面细致地分析,然后,确定设置岗位的必要性和配备必要的人数,即要实行定岗、定编、定员的"三定"原则,做到岗位合理设置,人员合理配置。

以温州广播电视总台进行的改革为例。2008年,温州市广播电视总台开始了"三定"原则的尝试,首先对庞大的行政口进行缩减,从原来的9个部门压缩为6个部门,然后根据实际需要确定人员,最后精简了三分之一,有23人充实到一线的记者队伍中去。行政部门人员的大量缩减不仅没有影响行政工作,反而提高了工作效率,可谓一举多得。2009年,总台继续对各频道、频率的岗位和人员进行核定,以合理的规范职数和人员。同时还对那些已到退休年龄的老职工实行"一刀切",一律办理退休手续。对那些在岗而不在职的20

多位员工予以内退和解聘。对那些总台不在册的部聘和临时工一律予以辞退,这样,使总台庞大的人员机构很快得到精简,在职人员的管理系统也更加健康有序,也使总台编采和管理人员的干劲和气势得到了很大提升。

第三,建立优胜劣汰的竞争和激励机制,确立以"绩效"为导向的人力资源管理理念。

岗位确定后,全体员工要实行竞争上岗和末位下岗制度;按照"干部能上能下,职工能进能出,收入能高能低"的要求,确立以"绩效"为导向的人力资源管理理念,建立灵活的用人机制。

第四,建立各种形式的培养机制,使员工得到再学习的机会。

要经常组织开展不同形式的业务研讨、业务讲座、业务交流、节目栏目评比、节目讲评、新闻理论研讨会、学术报告会,有力促进钻研业务浓厚风气的形成。

总之,要做好一线专业采编人员的管理,必须以人为本,建立完善的人才把控和培育机制,不断培养和造就出一批坚持正确方向,深入反映生活,受到群众喜爱的名编辑、名记者、优秀后期人员,立足于当前的实际,在营造用人环境、创新用人机制、提高编采人员整体素质等方面采取有效措施,确保在电视竞争中立于不败之地,促进广电事业实现科学发展。

第六节　编外人员管理

时下,从中央到地方的广播电台电视台或多或少都招聘了一批编外、业余编播人员,被一些人称为广播电视的"雇佣军"。应该说,在新闻事业快速发展中,这些编外人员成为广播电视事业发展的生力军,对推进广电事业的发展,调动在职工作人员积极性,提高节目质量等方面都起到了积极促进作用。

但是,事物都是一分为二的,广播电视新闻媒体"雇佣军"虽然已经是一支不可缺少的"兵种",但是也存在令人忧虑、值得关注问题,这些问题如果不能及时妥善地解决,势必会影响广播电视的发展和传媒的形象,给新闻事业带来不必要的损失。如"雇佣军"多是编外人员,增大了开支;"雇佣军"素质不高,或者参差不齐,缺乏基本的新闻工作者素养;"雇佣军"缺乏基本的新闻纪律教育和编辑、播音、采访等方面的综合培养,大部分人员不能生产出较高质量的节目,粗制滥造现象比比皆是,严重影响了媒体形象。

那么,如何使编外人员这支生力军在当今的新闻事业中发挥更大更好的作用呢?

第一,强化管理,严明纪律。首先,让他们能够按一名新闻工作者的标准严格要求自己,使之自觉增强紧迫感、责任感和危机感,时刻按照规章制度办事。

第二,定期组织学习、培训和考核。新闻单位是党和政府的喉舌,是人民群众的代言人,这一特殊的工作职能,要求广播电视单位在严肃组织纪律的同时,更应强化编外人员的组织学习。按着当前宣传工作任务,定期组织编外人员学习理论、学习业务知识,使其适时掌握和运用理论指导自己的工作。同时,加强编外人员业务培训。有条件的话,可以办各类培训班,或派出学习,推进编外人员业务水平不断提高。在此基础上,也应加强编外人的考核，这种考核是内外结合。内部考核方面主要是业务能力和业绩以及组织纪律考核，外部考核应该悄无声息地进行，派相关人员到编外人员经常接触的单位，询问了解工作情况，征求意见，发现问题及时解决，以便编外人员在岗位上更好地工作。

第三，搞好"传、帮、带"，初期应该避免个别人单枪匹马行动。这也是相对而言。应该说，凡是到广播电视单位工作人员都是经过各方面严格考核接纳的，都有一定的理论水平和工作能力，一定意义上讲可以单枪匹马独当一面。然而，业余人员，大都不太熟悉采访业务，需要外出工作时，应该选派素质好的人员陪同一起采访。这样，对编外人员的个别言行有约束。就是在一些特殊岗位，如主持节目，初期也要有老同志带领、指导。

第四，聘用业余人员，尤其是一些特殊岗位（如主持人、播音员等）应该避免"走后门"现象。眼下，热门岗位用工"走后门"现象普遍存在，让人无可奈何，但特殊岗位（如主持人、播音员等）必须杜绝。有个女"主持"据说很有背景，可她连普通话都说不好，竟然上台主持节目，受众反响特别强烈。一位台长也有苦衷：明明缺少主持人，却不敢公开招工，一旦公开招工，市级领导趋之若鹜，哪个也得罪不起，致使选拔人才的计划落空。所以，只好明察暗访，选贤用能。但是，无论怎样，避免"走后门"、做好聘用业余人员，尤其是一些选拔、培养、使用优秀的主持人、播音员是一项必须做好的工作。

第五，解决"雇佣军"问题是一项长远的工作。这是一种新的用工方式，不仅增添了用工单位的活力，也促进了人才流动，也可以视为是对新人的培养。因此，这是一项复杂而长期的工作，不是短期就能抓好的工作，不是出台几个管理规定就能解决的问题。现在，许多电台形成了一整套"节目质量监控评估体系"，对节目、人员等各方面进行时时监控不说，还配以相应管理办法，这是行之有效的、科学的、值得普及和推广的，也是解决"雇佣军"存在问题的好办法。

第四章

电视媒体业绩管理

第一节 电视广告经营管理

归根结底，有别于西方电视网，我国的广电系统是党和政府的喉舌，人民群众的喉舌，在权威性、可信度方面具有无可比拟的、独特的优势。

也正因为如此，其蕴含的品牌价值和市场潜力是巨大的，而这两方面恰恰也是广告客户特别看重的。如何建立适应市场经济形势的广播电视广告宣传管理模式，既能激发广告经营活力，又始终把握正确舆论导向，是摆在电视工作者面前的一个新课题。而对于电视广告的管理，是广告宣传必须处理好的重要工序。

一、充分认识加强电视广告宣传管理的重要性和紧迫性

电视台向广大干部群众提供权威重大的时政要闻，宣传党的理论、纲领、方针、政策，这决定了广播电台、电视台必须在政治立场上与党中央保持高度一致，在新闻上必须保证高度的真实性与权威性，以维护党和人民的利益为前提。电视的性质和受众定位决定了它必须将社会效益放在第一位，但是，它也要面临同样的市场竞争，也要有良好的经营，这样才能保证在激烈的市场竞争中仍然保持旺盛的生命力和强大的竞争力。近年来，我国广播电视广告业迅速发展，对繁荣市场、促进消费、推动经济发展发挥了积极作用。但是，一些媒体发布虚假广告和夸大宣传商品或服务效果的问题也比较严重，特别是部分关系人民群众身体健康和生命安全的药品、医疗、保健食品等的宣传广告，违法违规现象尤其突出，社会反应强烈。因此，我们必须充分认识加强广播电视广告宣传管理工作的重要性和紧迫性，必须以对人民群众高度负责的态度，集中治理媒体广告宣传中存在的各种问题，确保广告市场秩序良好。

二、强化依法经营意识，切实抓好新闻媒体自律

加强新闻媒体自律，是确保广告宣传正确导向的根本措施。广播电视部门要进一步弘扬新闻职业道德，加强内部管理，依法开展广告经营。

一是努力把握正确的广告宣传导向。电台、电视台严格遵守《中华人民共和国广告法》、《广告管理条例》等法律法规,大力弘扬新闻职业精神。电视台发布的各类广告内容必须真实合法,不得欺骗和误导消费者,拒绝发布烟草广告、恐怖和耸人听闻等惊扰公众的广告、损害未成年人身心健康的广告、有违社会公德和社会风尚的广告及法律法规禁止发布的其他广告,自觉维护新闻工作者的声誉和形象。执行细节上,广告播放必须做到不超时、电视剧中不插播、不播放游动字幕广告、挂角广告,不播出不良短信和声讯服务广告。

二是严格内部广告经营审查制度。建章立制,规范运行。严格程序,建立健全广告业务承接、登记、审核、档案保存等管理制度,严格执行广告审查员制度,实行单位负责人和广告审查员共同把关制。不断完善广告价格服务收费制度,广告服务收费每年应及时向价格主管部门和工商行政管理部门备案。

三是加强重点商品和服务广告管理。电视台在承接广告业务时,都要对相关证件进行认真查验,对无出证(批准)文号、证明文件不全或不符合有关规定的广告,坚决不予发布。严格按照批准的广告内容发布广告,广告的批准文号应列为广告内容同时发布。同时按照上级统一要求,严禁发布和变相发布国家明令禁止发布的7类药品和11种医疗广告;严禁发布处方药广告;严禁以药品医疗科研机构、专家及患者的名义做虚假宣传;严禁利用医疗广告宣传药品和医疗器械,在医疗广告中宣传推销自治方剂、制剂,夸大宣传医疗器械的功能作用;严禁在广告中使用绝对化的,含有有效率、治愈率或表示功效的断言保证。

四是严格媒体广告宣传责任追究制。为了更好地加强对广播电视广告的宣传管理,还应进一步严肃纪律,实行广告宣传责任追究制。宣传、广播电视、新闻出版等部门要加强对新闻媒体刊播广告的管理。广告监督管理机关在查处涉嫌违法广告时,有权查阅与违法行为有关的档案材料和财务资料,责令媒体单位停止发布涉嫌违法的广告。媒体单位必须积极配合提供有关情况,不得伪造、隐匿、毁灭和转移证据。

三、加强管理协调,建立完善的广告监管制度

新闻媒体广告宣传管理工作涉及面广、范围大。各级、各有关部门必须经常沟通协调,建立健全密切配合、齐抓共管的工作机制,采取行之有效的监管措施,只有这样,才能进一步加强对媒体广告宣传的管理。

1. 建立健全媒体广告共管机制

形成立体化监管网络。工商行政管理、卫生、药品监督、新闻出版、广播电视、公安等部门要建立定期广告会诊制度。对媒体广告要继续实施行之有效的领导监督、群众监督和舆论监督,执法部门要建立举报制度,健全举报网络。要充分发挥舆论宣传的作用,对广告监管过程中发现的典型虚假违法广告要及时向社会曝光,披露违法真相,警示违法单位。

2. 建立健全广告监测网络,全面掌握媒体广告发布动态

建立健全广告监测网络,坚持定期监测和日常监测相结合,建立健全监测制度。工商行政管理和卫生、药品监督等部门要做好新闻媒体广告的监测,并根据监管需要对媒体广告进行不定期抽查,确保监测的全面性和系统性。

3. 建立健全通报公告制度,强化社会监督

建立媒体广告通报制度,定期向各级党政领导、新闻媒体主管部门和媒体单位负责人通报情况。同时,建立健全公告制度,广告执法管理部门要通过网站和有关媒体,每月向社会公告一次未经审批擅自发布的违法违规广告;对媒体单位必须严格遵照执行的广告法律法规和规范性文件,要及时告知媒体单位,督促媒体严格自律,依法经营。

4. 建立健全广告信用评价机制,实施科学有效管理

加强媒体信用体系建设是规范媒体广告宣传的治本之策。广告执法管理部门要建立健全媒体广告信用评价体系,根据媒体广告的信用情况,区别不同情况作出处理。对诚实守信、守法经营的媒体向社会公告,给予通报表彰;对把关不严、违法违规现象突出的媒体,依法分别给予责令整改、行政告诫、行政处罚、暂停广告发布业务、停止广告经营业务和取消广告经营资格等处罚。对严重违法的媒体,要依法从重处罚,构成犯罪的,依法追究其刑事责任。

第二节 未来电视广告的营销空间

一、经济背景:持续高速健康发展,行业存在增长条件和空间

中国政府在二十几年的改革进程中培养了比较充分的驾驭市场的能力。经济的高速增长为广告业的繁荣创造机遇。目前我国的广告总额还不到国民生产总值的1%,而在经济发达国家一般都占到2%左右。这说明中国的广告市场还有较大的增长空间。随着电视业产业化改革的深入推进,电视广告将分得自己那份应有的蛋糕,有望在高位上继续高速增长。

根据中国加入世贸组织的承诺,2004年在华广告公司拥有了控股权,国际企业可以开办独资广告公司。这很长时间以来是国际传媒界尤其是广告公司盼望已久的事情,他们的有备而来加剧了广告代理公司间的竞争。上级管理部门也希望电视媒体能彻底贯彻代理制,促进传媒业的进一步发展。然而广告行业仍然存在一些亟待解决的问题。本土广告公司发展时间短、规模小、专业人才短缺,无法满足广告业的迅速发展,这种现象已经制约了广告业的进一步发展。国际企业可以开办独资广告公司则给广告业注入新的活力,其国际化理念客户中心意识、规范化操作模式、重视数据分析等将更深入地影响到本土广告公司的运作方式。在竞争中广告市场优胜劣汰速度就会加快有些不思进取、能力低下的小公司将被市场淘汰。

对电视媒体而言,广告公司的成熟与壮大将拉动电视广告市场的发展有利于在规范化市场经营中实现多元。广告公司规范化、重数据的操作模式也将影响到媒体的广告管理模式。

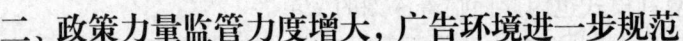

二、政策力量监管力度增大，广告环境进一步规范

电视广告在增长的过程中也经历了国家广电总局号令限制广告时间、限制引进剧、警匪剧播出时间、工商部门严查一些典型违法广告事件，带来了不小的动荡和影响。这些规定和事件还将影响到未来的广告管理。可以预见主管部门的监管力度将进一步加大。初涉市场的电视媒体必须学会在法律、规章制度允许的范围内经营发展。

电视台作为大众传播平台，是受众获取信息、休闲娱乐的重要工具，必须真实、权威、讲正气、负责任。另一方面，广告环境的优化与改善，也有利于保护大多数广告客户的利益。广告其实是电视节目的一部分，也必须在符合政治导向、法律要求、受众利益的条件下播出才能长远、健康地发展。电视媒体产业化的进程在各界关注下呈加速度推进之势。觉醒较早的电视台在搞好广告经营的同时已开始向多元化经营迈进，比如开发网络、纸媒体，向文化体育甚至房地产等方面投资。这种内在驱动，再加上国际传媒集团的外在压力使电视业的竞争和危机意识前所未有。电视媒体产业化和国际化进程加快竞争态势更加激烈。

随中国媒体环境的进一步宽松，国际传媒大亨比如新闻集团维亚康姆、迪斯尼等早已看好中国传媒市场，这不仅仅让中国观众耳目一新，更是预示中国电视业将一步步走向国际化。国际传媒对中国电视媒体的影响犹如广告公司对本土广告公司的影响将进一步加大业界的竞争，引发媒体市场的优胜劣汰。

三、中国电视广告经营空间巨大，任重道远

营销在中国企业界曾经是一个很时尚的词语，而现在则成为中国电视媒体必须面对的一个课题。媒体产业化、集团化、规范化、国际化的推进越来越让电视台感受到了生存与竞争的压力。学会营销自己、努力打造品牌，才会有出路有发展。

第三节　现当代电视媒体的盈利模式转变

自从我国传播媒体企业实行"事业化编制，企业化管理"的时候，我国传媒企业开始正面面对"盈利模式"的问题。时至今日，对传媒企业"盈利模式"问题的研究已成为热点。

对"盈利模式"的概念、定义、特征等问题，论述研究多集中在经济管理学科领域，研究对象多是对一般企业"盈利模式"的分析。对传媒企业"盈利模式"问题的研究，虽然可以借鉴经济管理学科领域企业盈利模式研究的理论成果，但是由于传媒企业特殊的身份和地位，使得传媒企业盈利模式问题显得比较复杂。

盈利模式单一与竞争日趋激烈，使得中国传统电视媒体的生存和发展问题日益严峻。尤其是在新媒体技术的强势冲击下，作为和新媒体技术结合最紧密的电视媒体，其盈利模式自然受到理论界和学术界的高度重视，对其盈利模式问题的研究就显得很有必要，也很有意义。

新的传播技术带来新的传播模式，而新的传播模式需要新的盈利模式来支撑。深受新

Media Operation Management
媒体运营管理

媒体技术影响,电视媒体的盈利模式也因此面临着深刻的变革。

早在1998年,就有学者对我国电视媒体经营严重依赖广告的问题表示担忧,认为单一广告盈利模式对电视产业的持续稳定发展带来了严重的限制和威胁。

21世纪是新媒体的世纪。在新媒体时代,盈利法则已经发生改变,获取利润的方法和途径也随之要改变。传统媒体的盈利法宝是用内容来吸引受众,阅读率和收视率决定了广告投放量。而在新媒体时代,这种法则已经行不通了。新媒体内容价值、传播模式、传播效果和传播特点等,使传统媒体的弊端凸显,新媒体的传播优势、精准性已经得到越来越多的投资者、广告主、营销机构的认同,对传统媒体的冲击日益严重。我们发现新媒体技术给电视媒体带来的挑战凸显在两个层面:

一是分流电视媒体的受众数量。

由于新媒体个性化突出、受众选择性增多、表现形式多样、交互性极强等属性已经博得了越来越多的受众喜爱。因此电视媒体的受众将有限的时间重新分配,逐渐向新媒体转移。

二是影响电视媒体的广告收入增长。

面对新媒体对观众注意力的争夺和对广告市场的侵吞,传统电视媒体已被推倒了媒体变革的风口浪尖。随着新媒体的价值逐渐获得企业主认可,广告主将逐渐消减电视媒体的营销费用,将其投向新媒体。

面对新媒体产业强大迅猛的发展势头,传统的电视产业应该采取怎样的盈利模式呢?我们认为应首先基于以下两点:

第一,积极融合新媒体。

新媒体技术对电视产业来说正如一柄双刃剑,面对新媒体带来的机遇和挑战,融合是最为重要的。内容优势和行业壁垒,使得传统媒体不会倒在新技术带来的冲击下,只要创新,与时俱变,新技术同样是电视媒体的机会。

第二,产业链的完善。

随着新媒体技术的不断发展,传统电视的产业链条面临巨大的挑战,因此完善产业结构已成为当务之急。电视媒体应加强同产业链上下游企业的业务联系,这种业务联系不仅能使得电视媒体和产业链企业间共担风险,把新媒体技术更快更好地应用到产业当中,也有利于更好地服务于多元的需求市场,有利增强自身的竞争力。

基于当前新媒体技术下,电视媒体的经营环境的深刻变化和数字化多媒体融合的发展趋势,我们认为,新媒体技术下电视媒体盈利模式创新的核心应该包括五个方面:以价值创新为灵魂,以占领客户为中心,以经济联盟为载体,以创新能力为关键,以信息网络为平台。

网络化、数字化已成为时代主旋律。事实上,网络已经不再仅仅作为一种独立的技术或产业经济在发展,而是在影响和改造经济生活的各个方面。电视媒体新的盈利模式必须重视信息网络的力量,脱离信息网络平台,将无竞争力可言。

但无论如何,在先进技术支持下的电视媒体,其主要业绩来源仍旧是广告的投放。虽然广告是传统的盈利方式,但手法可以足够新颖。新时代的电视媒介需要与各种新媒体进行联姻,其最终目的仍旧是达到广告利益的最大化。

第四部分

广告及其他媒体的运营管理

第四部分　广告及其他媒体的运营管理

第一章
广告公司及其经营策略

广告公司作为媒体机构重要的合作者之一,与媒体的运营管理有着重要的关系。一方面,广告公司是广告主与媒体的代理中介结构,在经济利益上与媒体具有千丝万缕的联系,其经营策略的成功是媒体成功运作与经营的标志。另一方面,广告的运营方法、代理运作方式是媒体运营管理的重要内容,广告公司的运营和管理方法是媒体经营的重要部分。

第一节　不同媒体广告投放的具体表征

广告是以媒体为载体传达信息的大众传播方式,广告公司的经营随着不同媒体广告形式和投放特征的不同,也相应具有很大的差异。因此,了解不同媒体广告投放特征,是学习广告公司经营策略的起点。

传统媒体以电视、报纸、杂志、广播四种媒体为主,近年来随着互联网应用的普及,网络媒体取得了快速的发展,成为一种重要的媒体形式。随着媒体应用环境的变化,媒体地位也发生着改变,本书在阐述媒体广告投放特征时,不仅关照传统广告媒体特征,对于近年来发展较快的网络媒体和户外媒体也进行了介绍。

一、电视广告媒体

电视是在20世纪进入人类媒介发展史的,从1936年在美国诞生以来,只有不到一个世纪的时间,在全球新媒体不断涌现的环境下,电视仍然是具有主导地位的媒体。这一主导地位主要源于电视媒体的强大优势。

1. 电视媒体的优点

（1）视听合一、直观性强

电视是视听合一的传播,通过视觉和听觉信息的同时传播能让人亲眼看到、亲耳听到,就如同发生在自己身边一样的各种活生生的事务,这种视听合一产生的直观性非常有利于信息的接受。电视媒介可以超越读和写的障碍,最大限度地适应了在获取信息时的需求——以眼和耳为主渠道,使不识字、不会写的受众也可以理解传播内容。

(2) 动态演示，冲击力强、感染力强

图像的运动是电视媒体非常突出的特点，能够进行动态演示使得电视利用有声语言、流动画面、音乐、音响、字幕等方式综合传达信息，兼有报纸、广播、电影三者的优势。电视用真实的记录手段再现信息的形态，直接刺激人的感官和心理，以求取得受众经验上的认同。

它汇图像、声音、色彩、动作、文字等于一体，具有一定的知识性、故事性和趣味性。不仅可以具体生动地反映商品的特点，而且富有强烈的表现力和感染力，给观众以美的享受，并在某种程度上有意识地说服人们去购买广告宣传的商品。电视广告用真实的画面介绍产品，伴有生动的语言解说，有的还有广告模特的示范表演，直观真实，即使是文盲或小孩，也都能看得懂广告内容，产生对广告所介绍商品的购买欲。电视广告被比作"无人的家庭推销员、商品模特的表演员、使用商品示范动作的解说员"。

(3) 传播范围和影响力广泛

电视媒体能够覆盖到电波信号覆盖的任何地域，传播范围广。在看电视已经成为现代人一项重要娱乐活动的时代，电视媒体是最具有影响力的媒体之一。相比之下，电视媒体广告的影响力也比其他媒体更明显。

2. 电视媒体的缺点

(1) 信息量有限

电视广告一般只有15秒、30秒，通常不超过1分钟时间，在这种短时间内广告所承载的信息量非常有限。而且由于时间的一维性，电视广告播放完毕，不能保留或传阅，不利于反复观看和记忆。这就要求电视广告片尽量避免相对复杂的信息或深度诉求。

(2) 瞬间传达，被动接受

从传播环境来看，受众在接受电视广告信息时是毫无主动权的，他们完全处在被动的状态。这种随机性使得受众完全不知道自己想看的广告内容何时会播放。而同时，广告主也不清楚收看广告的受众是否是自己的目标消费者。这就使精准传播不可能实现。

(3) 受收视环境影响大，传播效果难衡量

电视的传播效果影响因素较多，包括电视机的质量、电视机接受信号的功能，还有具体的观看情境，如观众多少、距电视荧屏的远近、观看角度。这些收视环境因素对传播效果都有一定程度的影响，使得衡量传播效果很难评估。

二、报纸广告媒体

报纸是历史最悠久的大众传播媒介。自1650年第一张报纸广告在伦敦出现，已经有300多年的历史。报纸广告是平面广告中出稿量最大、传播范围最广泛的媒体，也一直受到广告主的关注。

1. 报纸媒体的优点

(1) 发行量大、覆盖面广

报纸发行的覆盖面几乎渗透到社会的各个领域，特别是全国性的综合性报纸横跨社会

各行各业、各阶层。因而为广告信息的传播提供了极好的前提条件。

(2) 读者广泛且相对稳定

经过一定时间的发行,报纸一般都会形成自己相对固定的读者群体,便于广告主根据目标市场的需要进行选择。特别是在目前,报纸的读者多以订阅为主,在整体的读者群中,主要分三个部分:党政机关和事业单位的领导、职员,大、中型企业中层以上管理人员和私营企业管理者,具有较高文化水平的其他人员。这种相对广泛又稳定的读者群,给广告主提供了极大的选择性。

(3) 信息量大,适合理性传播方式,版面空间灵活

报纸作为平面媒体,是以文字传递信息为主,对于以产品性能和作用原理为诉求的广告,能够以较大的篇幅进行解释,适合进行理性诉求。

此外,报纸广告的面积可大可小,大到全版、半版、跨版,小到报眼、中缝,既能以小版面、巧布局发布方寸大小的广告,又能以全版面的文字图形、文字的编排配合协调,满足品牌对于广告在高端、大气方面的要求。

(4) 有效时间长,主动阅读

报纸比电视广告和广播广告的有效时间长,一般为 1~2 天。而且读者多为主动阅读,报纸广告可以利用人们阅读新闻等内容的机会,让公众有意无意地接触到。这种阅读方式决定了读者对于广告信息的排斥心理并不是很强。另外,报纸的阅读不受时间、地点和设备的限制,还具有一定的传阅率,可以使报纸广告到达更多的人。

2. 报纸媒体的缺点

图片色彩效果差和逼真性不强是报纸媒体的主要缺点。报纸的画面印刷相对粗糙,艺术感染力较差,制作较为简单。这些特点决定了一些高端品牌在选择媒体时,较少会选择报纸媒体。这是报纸媒体的一个明显的局限。

三、杂志广告媒体

杂志媒体是平面广告中的贵族媒体,也是目前的媒体类型中需要消费者花费较高金额去取得的媒体。这种付费模式是一把双刃剑,既限制了商业杂志媒体的受众接触人数,也提高了杂志的读者群质量。因为通常杂志的读者结构一般都是具有较高品质,并且深度接触杂志媒体。

1. 杂志媒体的优点

(1) 保存时间长。杂志具有比报纸优越得多的可保存性,因而有效时间长,没有阅读时间的限制。这样,杂志广告的时效性也就很长。同时,杂志的传阅率也比报纸高。

(2) 发行量大,发行面广。许多杂志具有全国性影响,有的甚至有世界性影响,经常在大范围内发行和销售。运用这一优势,对全国性的商品或服务的广告宣传,杂志广告无疑占有优势。

(3) 编辑精细,印刷精美。杂志广告的编辑极少不规则地划分面积,力求整齐统一,这样可以争取读者的阅读,提高其阅读兴趣。同时,由于杂志应用优良的印刷技术进行印刷,

用纸也讲究,一般为高级道林纸,因此,杂志广告具有精良、高级的特色。精美的印刷品无疑可以使读者在阅读时感到一种高品位的艺术享受。它还具有较好的形象表示手段来表现商品的色彩、质感等。

(4)可利用的篇幅多,没有限制,可供广告主选择,并施展广告设计技巧。封页、内页及插页都可做广告之用,而且,对广告的位置、可机动安排,可以突出广告内容,激发读者的阅读兴趣。同时,对广告内容的安排,可做多种技巧性变化,如折页、插页、连页、变形等,吸引读者的注意。

(5)专业性杂志由于具有固定的读者层面,可以使广告宣传深入某一专业行业。目前,杂志的专业化倾向也发展得很快,如医学杂志、科普杂志、各种技术杂志等,其发行对象是特定的社会阶层或群体。因此,对特定消费阶层的商品而言,在专业杂志上做广告具有突出的针对性,适于广告对象的理解力,能产生深入的宣传效果,而很少有广告浪费。

2. 杂志媒体的缺点

时效性低是杂志广告的主要缺点。杂志的出版周期相对较长,至少是周刊,一般为月刊、双月刊,甚至是季刊。这种明显的出版周期限制了杂志媒体广告的投放效果,一方面促销信息为主题的广告投放不适合在杂志刊登,另一方面又很适合刊登以塑造品牌和企业形象为目的的广告。

四、广播广告媒体

广播是以电波为载体,靠语言、音乐、音响产生听觉形象来传播信息的媒介。近年来,以交通台为代表的广播媒体较为活跃,成为发展较为成功的媒体之一。

1. 广播媒体的优点

(1)传播的及时性和广泛性

广播传播的速度极快(电波速度:30万公里/秒),这种传播速度使得广播能将世界上最新发生的事件在极短的时间内迅速传遍全球。在媒体形式日益多样化的今天,这种及时性是广播不能被取代的重要因素。

电波传输不受空间限制。广播的发射技术比电视简单得多,理论上广播的覆盖面积可达到世界上任何一个角落。因此广播的传播范围也非常广泛。特别是不受天气、交通、自然环境的限制,尤其适合于一些自然条件比较复杂的地区。

(2)收听方式的伴随性

相对于报纸、杂志、电视等媒体来说,收听广播最为简便、自由和随意。受众在收听广播的时候,可以同时做其他事情,这种伴随性也是广播独有的特点。在这种伴随性下,广播的使用情景也就变得多种多样,与受众的日常生活融为一体。这些使用方式的独特之处,使得广播媒体的适用性非常好。

(3)广告成本低

由于广播电台的设备及技术相对来说比较简单,维持正常的运转费用也远不如电视台那么高。加之广播广告的制作过程相对也比较简单,仅需要的录音一般来说也不是很复

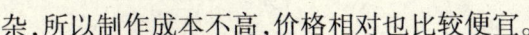

杂,所以制作成本不高,价格相对也比较便宜。

2. 广播媒体的缺点

(1)稍纵即逝,无法保存

广播与电视一样,属于强制性时间媒体,听众基本上是在毫无心理准备的情况下被动收听广播广告的,对于转瞬即逝的广告很难记住。这种传播方式对于广告效果的影响很大。

(2)仅靠听觉传播,方式单一

广播广告因无法直接展示商品的外观,就无法给人以直接的印象,也无法进行示范性表演,所以不容易产生太强的说服力。而且只有听觉接触,听众讯息可能产生误判。

五、户外广告媒体

户外广告媒体是历史较为悠久的一种媒体,狭义上的户外广告媒体,指传统的户外媒介,如路牌招贴、霓虹灯、灯箱、民墙等,还有空中广告媒体,如飞艇、热气球、降落伞、烟雾等等。广义上的户外广告媒体还包括交通工具内、写字楼内、候机室、加油站内的招贴、灯箱、电子反转牌以及电视屏幕墙等。

1. 户外媒体的优点

(1)到达率高

通过策略性的媒介安排和分布,户外广告能创造出理想的到达率。据实力传播的调查显示,户外媒体的到达率目前仅次于电视媒体,位居第二。户外媒体的高到达率,一方面来自它自身的无孔不入,几乎任何户外的地方都可以发布大小、形式不一的广告,另一方面则来自人们户外活动的规律性。遵循人们的生活出行规律,可以大大提高户外广告的到达率。

(2)视觉冲击力强

户外广告的面积大、色彩鲜艳、对于受众的视觉冲击力强。如果能综合运用广告的大小、形状、载具形式、色彩、三维等各方面要素,就可以为广告的创作提供创造的灵活性,表现力强。

同时,一些运用视频、数字、移动等新材料、新技术的户外媒体也逐渐成为一种趋势。户外媒体给人的印象已不是简简单单的平面单一信息传达,目前数字电子技术的应用使户外媒体开始"动"起来,有了动态大屏幕、数字视频网络播放系统、公交车中的CD。有了三维成像展示台,很多户外媒体开始走向多元化,这也正是户外媒体生命力所在。

(3)发布时段长

许多户外媒体是持久地、全天候发布的。它们每天24小时、每周7天地伫立在那儿,这一特点令其更容易为受众见到,都可方便地看到它,所以它随客户的需求而一直存在。

(4)城市覆盖率高

在某个城市结合目标人群,正确地选择发布地点以及使用正确的户外媒体,可以在理想的范围接触到多个层面的人群,广告可以和受众的生活节奏配合得非常好。

2. 户外媒体的缺点

户外媒体是一种相对来说性价比很高的媒体，但是由于强制性不强，传播环境容易受到干扰，这些特点也使得它的受众不容易评估，传播效果也很难测量。传统的户外媒体在效果评估方面是一个弱势，但是随着技术的进步，二维码等数字技术的使用使得这一问题逐渐得到解决。

六、网络广告媒体

互联网广告从20世纪90年代起步，随后在全球很多地区都获得了非常迅速的发展。中国的网络广告在1997年实现了零的突破。1997年3月，第一条商业性网络广告出现在Chinabyte网站上，广告形式为动画横幅广告。互联网广告有多种多样的形式，随着网络技术的发展，新的形式还在不断涌现。随着互联网的普及，已经有越来越多的中国企业开始接受网络广告。网络广告的特征主要包括以下一些方面：

1. 信息传播的互动性

互联网最重要的特性就是互动性，它打破了传统大众传播媒介单向传播的模式，给受者和传者提供了一个地位对等的平台，其传播模式呈环形分布。

在具有互动功能的介质上传播的广告必然带有互动的特征，网络广告的互动性主要体现在受众对广告的链接上。受众点击广告，表明他们对广告内容做出了积极的响应，受众的主动点击行为是他们与广告主开展更为深入互动的第一步。

2. 广告投放具有针对性

依靠网络技术，广告主可以有针对性地进行广告投放，将广告信息直接送达特定的目标受众。有针对性的网络广告投放主要通过两种方式实现：

第一，网站服务器自动跟踪浏览者的行为，根据浏览者在网站的行为特点有选择地投放广告。这些行为包括：访问者访问了哪些网页？访问者在什么时间访问？访问者在特定的页面停留多长时间？对同一页面或者频道的访问频率如何？访问者使用什么浏览器？访问者的IP地址是什么？例如，经常长时间停留在体育内容页面的浏览者将会看到有关体育用品和体育赛事的广告。

第二，吸引访问者自愿注册，登记个人资料、信息需求、产品偏好方面的信息，然后有选择性地向他们递送电子邮件广告。

3. 广告效果可以精确测量

提供网络广告服务的网站可以实时地向广告主报告含有广告的页面被打开的次数以及广告被点击的次数，根据这些报告，广告主便能准确地评估广告效果。

4. 广告形式新颖多样

网络广告集文字、图片、声音和影像于一身，传送多种感官讯息。随着网络技术的进步，网络广告一直在不懈地追求推陈出新。新异的广告形式相对于常规的广告形式更能吸引浏览者的注意，激发他们的点击欲望。

第四部分 广告及其他媒体的运营管理

第二节 广告业的兴盛

广告是商品经济的产物,它是伴随着社会经济的发展而发展的。日本神户高等学校教授中山静指出:"广告不是社会制造的,而是自然产生的。"广告起源最直接最重要的动因是人们在商品交易和其他商业活动中产生了更广泛的告知信息的需求。在经过了古代漫长的发展后,随着报纸等近代媒体的发展,广告业也随之进入了繁盛期。

一、古代广告的形式

作为广告的最初形式,广告物很早便已出现,例如招牌广告和广告传单。而以今天的定义来衡量,广告是从17世纪出现广告媒介后才开始的。在大众媒体产生以前,古代广告的形式主要以下几种:

1. 口头广告

口头广告又称叫卖广告,这是最原始、最简单的广告形式。早在奴隶社会初期的古希腊,人们通过叫卖奴隶、牲畜,公开宣传并吆喝出有节奏的广告。古罗马大街上充满了商贩的叫卖声。古代商业高度发达的迦太基——广大地中海地区的贸易区,就曾以全城无数的叫卖声而闻名。美国《广告时代》发表一则四行诗节形式的广告,据说是在古代雅典应用的:

为了两眸晶莹,为了两颊绯红,
为了人老珠不黄,也为了合理的价钱,
每一个在行的女人都会——
购买埃斯克里普托制造的化妆品。

在英国古代,也常听到这样的叫卖声:"您需要点什么,先生?""快来买吧。"
在我国古代,相传姜太公在未被周文王起用时曾隐居市井,操屠宰之业,他在铺子里"鼓刀扬声",高声叫卖以招揽顾客。明代汤显祖在《牡丹亭·闺塾》中曾有"你听一声声卖花,把读书声差"的描述。在我国古代叫卖广告还采用不同的腔调,使人一听便知在叫卖何物。由此可见在我国古代,叫卖广告这种形式也非常普及。

2. 商标字号广告

商标字号也是古老的广告形式之一。商店的字号起源于圣经时代的以色列、庞贝和古希腊。在古罗马帝国,人们用字号标记来做角斗表演和马戏团的广告。

商标字号一般都具有象征性,如古罗马的一家奶品厂就以山羊做标记,一条骡子拉磨盘表示面包房,而一个孩子被鞭子抽打则是一所学校采用的标记。在中世纪的英国,一只手臂挥锤表示金匠作坊,三只鸽子和一支节杖表示纺线厂。伦敦的第一家印第安雪茄烟厂的标记,是由造船木工用船上的桅杆雕刻出来的。

我国古代的商标字号广告在唐、宋、元、明、清时极为盛行。从北宋张择端的《清明上河图》上,我们可以看到诸如"刘家上色沉檀拣香"、"赵太丞家"、"杨家应症"和"王家罗匹帛铺"等门匾招牌。再例如用"鹿鸣春饭庄"做招牌,"鹿鸣春"这一命名,就取自我国古代政治家曹操《短歌行》中的"哟哟鹿鸣,食野之苹,我有嘉宾,鼓瑟吹笙"的著名诗句。在我国古代还出现了用名人手迹做招牌广告,如"太白遗风"(酒店)、"民食为天"(米店)、"颐养天和"(药店)等,既吉祥如意,又标明了经营特色。

3. 音响广告

音响广告是人们利用器具所发出的声音代替口头叫卖的一种广告形式。早在西周时期,我国便出现了音响广告。《诗经》的《周颂·有瞽》一章里就有"箫管备举"的诗句,汉代的郑玄注说:"箫,编小竹管,如今卖饧者吹也。"唐代孔颖达也疏解说:"其时卖饧之人,吹箫以自表也。"可见在西周时,卖糖食的小贩就已经懂得以吹箫管之声招揽生意。在我国古代,各行各业都有自己的音响工具,如茶摊子敲响盏唱卖、布贩子摇拨浪鼓、补锅的敲大锣、卖油的敲油梆子等,不胜枚举。今天,在大街小巷偶见收废品的就以敲镲来招徕生意,可谓古风遗存。

4. 招牌广告

招牌广告这种形式在古代多以悬物为主要标志。《韩非子·外储说》写道:"宋人有沽酒者,升概甚乎,遇客甚谨,为酒甚美,悬帜甚高著。"这是我国酒家和酒旗的最早纪录。酒店开设在固定场所,为了招揽顾客,悬挂一面酒旗,这是吸引顾客的一种广告形式。唐代张籍有"高高酒旗悬江口",杜牧有"水村山郭酒旋风"等诗句。《水浒传》里也有这样描绘:"武松在路上行了几日……望见前面有一个酒店,挑着一面招旗在门前,上头写着五个字迹:'三碗不过冈'。"《元曲·后庭花》中也有"酒店门前三尺布,过来过往寻主顾"的诗句。《费长房》中说"市有老翁卖药,悬壶于肆头",就把葫芦作为药铺的象征性标志,悬挂街头或药铺的门前。现在饭店、小吃店门前的"幌子",就意在告诉人们,此店正在营业。

二、以英国为中心的近代广告

15世纪50年代,德国工匠古登堡发明铅活字印刷术并得到广泛应用以后,引起了传播手段的革命,同时也成为近代广告变革中最重要的因素。古登堡的铅活字印刷得到了广泛的应用以后,为印刷广告的发展提供了条件,使人类广告活动由原始古代的口头、招牌、文字广告传播进入到了印刷广告的时代。以印刷广告为代表的近代广告以英国的发展为中心。

1. 印刷广告的出现与普及

1472年,英国一个出版人威廉·坎克斯顿(William Caxton)印制了推销宗教书籍的广告,张贴在伦敦街头,这标志着西方印刷品广告的开端。广告内容有:"倘任何人,不论教内或教外人士,愿意取得使用于桑斯伯来大教堂的仪式书籍,而其所用字体又与本广告所使用者相同,请移驾至西斯敏特附近购买,价格低廉,出售处由盾形标记,自上至下有一条红色纵贯为标识。"这则广告被大多数广告专家认定为现存最早的印刷广告,目前在英国还保存了两张。

第四部分 广告及其他媒体的运营管理

在印刷广告之外,十三四世纪左右的欧洲出现了最早的报纸雏形"新闻信",其内容是报道市场行情和商品信息。这种新闻信息实际上就是一种商业广告。到了十五六世纪,在地中海沿岸的威尼斯出现了最早的手抄报纸,上面提供了一些商业与交通信息。这些都已初步具备了报纸广告的模式。

16世纪以后,欧洲经历了文艺复兴的洗礼和工业革命的风暴,资本主义经济得到了进一步的发展,德、英、美、法等经济发达国家陆续出现了定期印刷报刊。报刊使广告的影响大为扩大,头脑机敏的商人很快发现并开始大力使用这一最佳广告媒介。

1609年,德国出版了世界最早的定期印刷报纸《报道式新闻报道》。1622年英国托马斯·阿切尔创办了《每周新闻》,并在报纸上刊登书籍广告,这被学者认为是世界上最早的报纸广告。1631年法国最早的印刷周报《报纸》出版,世界上最早的报纸广告究竟从何时何地出现,目前尚有争议。有的认为最早的报纸广告是1625年英国的《信使报》刊载的一则图书出版广告。有的认为是1650年英国《新闻周报》在国会诉讼程序里登载的寻马悬赏启事,这被认为是世界上第一篇真正的报纸广告。1666年,《伦敦报》正式在报纸开辟了广告专栏,这是第一个报纸广告专栏,各报纸竞相效仿,报纸广告从此占据了报纸的一席之地,并成为报纸的重要经济来源。1675年英国《Public Advice》报纸上刊登的"咖啡"食品广告,反映了当时人们对食品状况的了解:"旧交易所后边的巴少鲁密街上,有一种叫咖啡的饮料,这是一种医学上认为对健康非常有益的饮料。它具有助消化、感冒、身体衰弱、头痛、水肿、风湿、败血病、淋巴腺肿等其他很多方面的疗效。每日早晨及下午3时出售。"此后,不仅商人登报纸广告,一般市民也开始利用广告,如法国的《时事要闻》报上,有寻找职业、主妇雇佣仆人的广告。

2. 广告新技术的应用

近代广告在发展中的另一个重要表现是新技术在广告领域的应用,使广告的形式多样化起来。

1853年,在摄影技术发明不到几年的时间里,纽约的《每日论坛报》第一次采用照片为一家帽子店做广告。从此,摄影图片成了广告的重要表现手段。美国第一家最大规模的服装店的创始人约翰·瓦纳把100英尺长的大招牌悬挂在宾夕法尼亚州到费城的铁路线上,并采用气球、宣传车和实物馈赠的方式作为广告的手段。1891年,可口可乐公司在投产五年后就开始用挂历做广告,这是世界上最早的挂历广告。可口可乐广告挂历自从进入人们的生活开始,就成为人们生活中不可缺少的物件,这个传统一直延续了100多年。

1910年夏末,在巴黎举行了一次国际汽车展览会,展览会的正门是用荧光灯管装饰起来的,美丽的彩色灯光令人大为惊奇。一年后,在巴黎蒙马特林荫大道的时装店,安装了第一个霓虹灯广告招牌。这个招牌是用弯曲成字母形状的荧光灯制作的,霓虹灯广告从此风行世界。

近代广告于19世纪在全球都获得了充分的发展。从1850~1911年,世界上最有影响的报纸先后创办。适应经济的发展和人们对信息的需求,报纸、杂志加速向大众化发展,也成为主要的广告媒介和广告形式。如英国《每日邮报》(1896年),美国的《纽约时报》

(1851年),日本的《每日新闻》(1872年)、《读卖新闻》(1874年)、《朝日新闻》(1879年)。这些报纸的主要收入来自广告,广告也成了沟通产销信息的主要手段。以当时《纽约时报》为例,广告篇幅占整个篇幅的62%左右。随着媒介的成熟和壮大,专业广告公司开始兴起,标志着广告向现代的过渡。

三、以美国为中心的现代广告

美国是世界上广告业最发达的国家,也是近代广告的发源地。从1841年诞生第一家广告公司到现在,美国的广告公司已有170多年的历史。据不完全统计,美国已经拥有大小广告公司6000多家,其中规模较大的有600多家,有多家广告公司的年营业额在30亿美元以上。纽约是公认的世界广告中心之一,著名的麦迪逊大街集中了10多家大型的美国广告公司,是美国广告业的象征。从全球范围看,无论从人均广告费、广告营业总额还是广告费用总额占国民生产收入的比例,美国均居全球首位。

1. 美国现代广告的发展

1729年,被称为美国广告业之父的本杰明·富兰克林创办了《宾夕法尼亚日报》。在创刊号的第一版,刊登的是一则推销肥皂的广告,取代了新闻的重要版面。此广告由富兰克林亲自制作,标题巨大,四周有相当大的空白,开创了报纸广告应用艺术手法的先例。1864年,有位传记作家曾评论说:"我们必须承认,是富兰克林创立现代广告系统。"1833年9月3日,本·戴(B. Day)在纽约创办了《太阳报》,因其只卖1美分而被称为"便士报",出版了四个月就成为当时美国发行量最大的报纸。这种报纸的最主要收入来自广告,经营管理企业化,使报纸迅速成为理想的广告宣传媒介。

南北战争后,美国的重大政治制度问题得以解决,经济发展的速度直线上升。通讯业的各项发明(电报的完善、海底电缆的铺设、新式印刷机的普及、打字机和造纸术的改进、照相制版的应用、电话的发明)接踵而来,报刊的广告营业额已经占全美广告经营额的3/4。报刊成为一种利润丰厚的行业,有些报纸竟然拿出3/4的版面刊登广告,企业对广告宣传也日益重视。1869年,美国的Ayer & Son广告公司在费城成立,是现代广告公司的先驱。

这时,美国企业的广告观念已经相当成熟。可口可乐诞生后的百年广告史就是一个典型的例证。可口可乐百年的兴盛与其各个时期成功的广告战略密不可分。1886年,可口可乐刚试产时,一年只有50美元的销售额,却拿出46美元做广告。到1892年正式成立公司时,年销售额只有5万美元,而广告费就有1.14万美元。可口可乐一直坚持在广告中不对产品做任何夸张的说明,而只表现使人愉快的场景。早期的可口可乐大多以年轻漂亮的女孩做模特,总是出现在月历、托盘以及一些杂志上。广告中说:"没有什么比健康、美丽、富有魅力和充满温柔的女性形象更能使人联想起可口可乐了。"自从电视广告出现以后,可口可乐广告似乎成了青少年的王国。广告中总是以一群年轻漂亮、体格健美的青少年在尽情玩耍为特征,口号是"这就是可口可乐",把人们带到一个美好的世界。可口可乐公司百年广告哲学是:"广告必须是高级的,必须由社会看起来感到快乐、爽快。广告必须表现出我们公司内外都是被人爱好的态度,这就是我们实际上所做的广告。"

第四部分 广告及其他媒体的运营管理

19世纪末20世纪初,垄断资本主义在美国逐渐形成。1900~1903年世界性的资本主义经济危机的爆发使大批的商品出现了"过剩"问题,企业的经营观念从生产导向型转向销售导向型。企业开始关注消费者和市场,广告业在此形势下日益兴盛起来。

20世纪20年代是美国广告大发展的年代。一些现代化通讯传播手段应用于广告业,使广告业获得了空前的发展。美国商业广播电台创始于1920年,1922年电台开播广告业务。1926年,出现了全国性的广播网以后,广播广告便盛极一时。1941年美国创建了电视台,"二战"后,电视业发展迅速。50年代以后美国首创彩色电视,使电视广告成为影响面最大的广告手段,从而突破了印刷媒介一统天下的格局。随着广播、电视、电影、录像、卫星通讯、电子计算机等电讯设备的发明创造以及光导纤维技术的运用,广告传播实现现代化。

而广告公司的广告经营活动向着全面智能型、能向广告客户提供全面服务的现代广告代理业过渡,推动了一些大型广告公司不断产生。1923年,美国最大的广告公司——杨·罗比肯广告公司创办。该公司利用一切可能得到的媒介,为消费品制造业和消费服务业提供全面的服务。

30年代经济大萧条时期的美国,保护消费者利益的组织纷纷兴起,对工商业的不法买卖行为和欺骗性的广告进行了监督和揭露,向消费者提供公正的情报,这对于提高广告的真实性和准确性起到了积极的作用。

在"二战"时期广告主要是为战争服务。美国广告发展中,不断地在广告观念、广告手法和经营方式上进行革新,促使广告经营向现代化方向迈进。在20~30年代兴起市场调查研究热潮,帮助广告客户劝诱、购买施展推销术;40~50年代,则在广告主题上大做文章,USP策略被广泛推广;到了60~70年代进入为产品定位、为企业树立形象的"形象广告时代";80年代以后,随着电子媒介的飞速发展与普及,电子计算机设计广告、广告策划、广告战略的运用,广告活动普遍走向整体化;进入90年代,整合营销传播成为一种新的趋势。

2. 现代广告发展的表现

(1)专业广告公司的产生

1841年,伏而尼·帕尔默在美国费城开办了第一家广告代理公司,并自称是"报纸广告代理人",从而宣告了广告代理业的诞生。开始只是为客户购买报纸广告版面,广告文字、设计工作仍由报刊承担,并从中抽取25%的酬金。由于这项工作有助于增加报纸的收入和提高报纸本身的效率,广告代理工作受到报业的欢迎。

1845年以后,帕尔默相继在波士顿、纽约开办了广告分公司。到了1860年,有30多家广告公司为4000种美国出版物出售版面。1865年,乔治·路维尔在波士顿成立了一个划时代的广告代理店公司——"广告批发代理"。他和100家报社订了栏目合同,为期一年,然后再把它向广告主出售。这种出卖版面的业务,成为今日广告公司的前身。路维尔更于1869年,发行美国新闻年鉴,公开发表全美5411家报纸和加拿大367家报纸的估计发行份数,因此对于版面价值有了评价的标准。从此,广告代理公司脱离了报社的代表身份而获得了独立存在的地位。

1869年,美国的Ayer & Son广告公司在费城成立,它具有现代广告公司的基本特征。

其经营重点从单纯为报纸推销版面转到为客户服务。他们站在客户的立场上,向报社讨价还价,帮助客户制定广告策略与计划、撰写广告文字、设计广告版面、测定广告效果,受到客户的欢迎,推动了广告公司的发展。

据统计,这一时期在美国建立的广告代理公司约有1200家。可见19世纪以美国为代表的广告代理业正在快速发展。

(2)广告理论与广告管理的发展

19世纪末,西方已经有人开始进行广告理论研究。1874年,H. Sampson 写作《广告的历史》一书;1866年Laiwood和Hatton合著《路牌广告的历史》;1898年,美国的 E. S. 路易斯提出拉 AIDA 法则,认为一个广告要取得预期的效果,必须能够达到引起注意(Attention)、产生兴趣(Interest)、引起欲望(Desire)和促成行动(Action)的效果。后来有人对 AIDA 法则加以补充,增加了可信(Conviction)、记忆(Memory)和满意(Satisfaction)这几项内容。1900年,美国学者洛·盖尔在多年的调查研究的基础上写成了《广告心理学》;1903年,美国西北大学校长、心理学家瓦尔特·狄尔·斯柯特写成了《广告学原理》一书,这些都为广告学的建立奠定了基础。可见,广告已经逐渐成为一门学科。

美国的广告管理也得到了加强。20世纪最初的20年里,伴随广告业的繁荣,出现了种种欺骗和虚假的广告宣传,引起了公众对广告的指责,这使美国的广告业进入了一个反省的阶段。

由美国广告联合会的前身美国联合广告俱乐部,领导了一场为广告的真实性和道德性而斗争的运动,主要是反对假药的改革运动。1911年这个联合会为广告制定了道德法规,并且提出了"广告就是事实"的口号。还在1911年,制定了著名的《普令泰因克广告法草案》,它被认为是美国最早的广告法案;1914年,美国成立了商业改进局(BBB),负责监督商业包括广告的经营。广告法规在此之后得到了发展,广告行业的杂志《印刷者油墨》制定了一套法规,即是后来著名的《印刷油墨法规》。1945年,该法规经过修改后被27个州确定为《广告法》,并被另外17个州部分采用。

3. 杰出广告人及其作品

第二次世界大战以后,美国广告业进入一段繁荣时期,出现了一批杰出的广告人,他们创作了很多流程久远的广告作品,在这个时期出现的广告观念对整个行业都产生了推动作用。

(1)大卫·奥格威

奥格威的职业经历非常丰富,在他的自传《大脑,生血和啤酒》里谈道:"我的生命在不同的空间里度过了几个阶段:在巴黎做厨师、在苏格兰卖炉具、为好莱坞做民意调查、服务于情报机构、在阿米什人那里做农民,然后创办广告公司。"

奥格威在纽约创办奥美广告公司的时间是1949年,那一年奥格威38岁。那时,他没有文凭、没有客户,银行账户里只有6000美元。十年过后,奥美公司成为全球最大的五家广告代理商之一,在29个国家设有分公司,拥有1000个客户,营业额8亿美元。同时,奥格威也赢得了各种赞美之语,奥格威以他敏锐的洞察力和对传统观念的抨击照亮了整个广

第四部分 广告及其他媒体的运营管理

告业,令任何广告人都无法企及。

品牌形象论(Brand Image)是大卫·奥格威在20世纪中期提出的创意观念。品牌形象论是广告创意策略理论中的一个重要流派。在此策略理论影响下,出现了大量优秀的、成功的广告。他认为品牌形象不是产品固有的,而是消费者联系产品的质量、价格、历史等。此观念认为每一则广告都应是对构成整个品牌的长期投资。因此每一品牌、每一产品都应发展和投射一个形象。形象经由各种不同推广技术、特别是广告传达给顾客及潜在顾客。消费者购买的不止是产品,还购买承诺的物质和心理的利益。

大卫·奥格威重视创意的力量,他认为"广告是科学而非艺术",关于对事实的重视,他明确表示:"我对什么事物能构成好的文案的构想,几乎全部从调查研究得来而非个人主见。"大卫·奥格威在为劳斯莱斯汽车做广告前就先后多次走访了加油站和汽车维修站,以便发现问题寻找创意。实践证明,由市场调查为引导的方法是一个非常有效的方法,"当时速60英里的时候,新劳斯莱斯汽车中最大的噪声是来自那架电子钟"这样巧妙地以动写静的点子使新劳斯莱斯汽车名声大震。除此之外,奥格威还有戴黑眼罩模特的海瑟威衬衫等多部成名广告作品。

(2)罗塞·瑞福斯

罗塞·瑞福斯被认为是广告史上最具有影响力的人物之一。他的职业生涯从新闻报道工作开始,后进入弗吉尼亚银行,为银行的内部刊物撰写文章,不久他又转到银行的广告部门工作。之后,他来到纽约,作为一个年轻而勤奋的广告文案人员,他辗转多家广告公司,直到1940年加入达彼思公司,并在这里开始了自己辉煌的事业。

他帮助总督香烟、高露洁牙膏重塑了形象,推动了玛氏巧克力的销售。1952年罗塞·瑞福斯为艾森豪威尔成功地策划了竞选总统的电视广告,从而对美国政治广告活动产生了巨大的影响,同时他也为广告从印刷媒体走向电视媒体作出了巨大的贡献。

20世纪50年代,罗塞·瑞福斯在任美国TedBates广告公司董事长期间,提出了"独特的销售主张"理论。"独特的销售主张"(USP)是广告发展历史上最早提出的一个具有广泛深远影响的广告创意理论。它的意思是说:一个广告中必须包含一个向消费者提出的销售主张,这个主张要具备三个要点:一是利益承诺,强调产品有哪些具体的特殊功效和能给消费者提供哪些实际利益;二是独特,这是竞争对手无法提出或没有提出的;三是强而有力,要做到集中,是消费者很关注的。

罗塞·瑞福斯认为,只有当广告能指出产品的独特之处时才能行之有效,即应在传达内容时发现和发展自己的独特销售主张,并通过足量的重复将其传递给受众。一条没有提出主张的广告是无足轻重的小玩意儿。事实上,瑞福斯给出的广告定义就是:"以最小的成本将独特的销售主张灌输到最大数量人群的头脑中的艺术。"

(3)威廉·伯恩巴克

伯恩巴克是著名广告公司DDB广告公司的创始人之一。1947年,DDB公司成立之初,全部资本只有区区1200美元,而到了1982年,当公司庆祝自己的35周年诞辰时,DDB已是世界第十大广告公司,年营业额超过了10亿美元。作为DDB的创始人并自始至终参与了公司创业历程的伯恩巴克,为这辉煌成就做出了巨大努力。

在从业历史上,他为大众汽车、艾维斯出租汽车、宝丽来立拍得相机、美国航空等公司服务,并创作了一系列至今被广告界称道的作品。在《广告时代》杂志评选的 20 世纪 100 位卓著的广告人中,威廉·伯恩巴克位列第一;在 100 个最优秀的广告作品中,有四分之一来自 DDB 广告公司。这样的成绩足以标示威廉·伯恩巴克在广告史上的重要地位。

伯恩巴克一贯认为,广告上最重要的东西就是要有独创性和新奇性。因为世界上形形色色的广告之中,有 85% 根本没有人去注意,真正能够进入人们心智的只有区区 15%。正是根据这一无情的数字比例,伯恩巴克才坚持把独创性和新奇性作为广告业生存发展的首要条件。只有这样,广告才有力量来和今日世界上一切惊天动地的新闻事件以及一切暴乱相竞争。也正是在这一信念指引之下,伯恩巴克在美国同时代的广告大师之中,能够另辟蹊径、自成一家,常常拿出令人拍案叫绝的作品。

四、近代中国广告业的发展

随着帝国主义的军事侵略,西方资本主义国家展开了对中国的经济和文化的侵略。外国资本和商品大量涌入,客观上促进了我国工商业的发展。而大批商人、政客、传教士、冒险家的到来,不仅为中国带来了各种各样的商品,也带来了西式的报馆,"广告"一词也正是在这时候传入我国的。现代形式的报纸在中国的出现,客观上促进了中国广告向现代形态的演进。可以说,中国现代意义上的广告起始于鸦片战争以后报纸在中国的开始。

1. 各种媒体广告的发展

(1) 报纸广告、杂志广告

第一批近代中文报纸是在鸦片战争前后由外国传教士传办的教会报纸。其宗旨主要在于阐发基督教义,商业色彩不浓,只刊登不多的广告。1815 年 8 月,英国传教士米怜在马来西亚创办了《察世俗每月统计传》,这是最早刊登广告的定期中文刊物。鸦片战争以后,外国人在中国的办报活动日益增多。到 19 世纪末,外国人来华创办的中外文报刊已经近 200 家。其中在中国广告发展史上具有特殊意义的或者有代表性的报纸有《遐迩贯珍》、《孖剌报》、《申报》、《新闻报》等。到 1853 年,由英国传教士马礼逊和麦都斯在香港创办并发行销售到广州、上海等地的《遐迩贯珍》,首先刊登了诚招广告商的启示:"若行商租船者等,得借此书以表白事款,较之遍贴街衢,传闻更远,获益至多。"1858 年,由外商首先在香港创办了《孖剌报》,增出了中文版的《中外新闻》,最早刊登商业广告。1861 年后,《孖剌报》成为专门刊登船期、物价的广告报。在《孖剌报》之后,一些报刊相继开辟了广告专栏,其中,《申报》和《新闻报》在广告经营方面具有一定的代表性。

1872 年 4 月 20 日,由英国人安纳斯脱·美查和菲尔特力·美查兄弟二人在上海创办的《申报》,在第五号刊登了诚招广告商的启示:"招刊告白引。"最早在《申报》上出现的广告是"戒烟丸"和"白鸽票"。而后各行各业的广告相继在《申报》上出现,其中洋行和银行的广告比较多。1872 年 9 月 28 日,《申报》刊登了中国报刊史上最早的一条戏剧广告。广告在版面中所占的比重逐渐增多,一般都在 50% 左右。创办于 1893 年上海的《新闻报》在外商报刊中也有重要的影响,它的广告收入和经营情况,在《新闻报》30周年纪念册中曾有记载:"今年广告几占篇幅十之六七,广告费的收入,每年几及百万元。"西报的广告活动为中国从事报刊广告活动提供了经验和方法。

从19世纪50年代开始,在香港、广州、汉口、福州等地,陆续出现了中国人自己办的近代报刊。1858年,创办于香港的《中外新报》是第一份中国人主办的现代报纸;1874年1月5日,王韬在香港创办的《循环日报》是近代中国出版时间最长、影响最大的报纸。到1922年,我国的中外文报纸已经达到1100多种。报纸广告的广泛出现,标志着中国广告开始进入现代阶段。

随着报刊的分工,杂志开始走上独立发展之路,这其中杂志广告为刊物提供了独立于发展的经费。《生活周刊》、《东方杂志》、《妇女杂志》等在读者中影响较大,它们都刊登较大篇幅的广告。

(2)广播广告、户外广告

1923年1月23日,美国人奥斯邦在上海与《大陆报》报馆合作创办了我国境内第一座广播电台,在节目中插播的广告是中国最早的广播广告。1926年,由中国人创办的第一座广播电台——哈尔滨广播电台开始广播。1928年,国民党在南京建立了中央广播电台。1934年"中国电声广告社"成立,为国民党中央台承办广告。抗战爆发的前十年里,中国的广播事业有了较大的发展。1927年3月,第一座中国人创办的民营电台——新新公司广播电台在上海开播。截至1937年6月,全国有民营广播电台55座,仅上海就有44座,多数是商业台。

除了报刊广告和广播广告之外,也出现了许多其他形式的广告。1917年10月20日开业的上海先施百货公司制作了我国最早的橱窗广告。1927年,上海开始出现霓虹灯广告。最早的霓虹灯广告安装在上海大世界屋顶。这一时期,车身广告、月份牌广告、日历广告等都已经出现了。1936年,上海《新闻报》把写着"新闻报发行量最多,欢迎客选"的广告条幅用气球放入空中。这是我国首次出现的空中广告。

2. 广告代理公司的产生

19世纪下半页开始,专门从事广告经营活动的广告公司和广告专业人员应运而生,广告业在中国诞生了。我国早期的报馆广告代理人是做拉广告生意兼卖报纸的,后来逐渐演变为专业的广告代理人,单纯以给报馆、杂志拉广告为业。1872年,《申报》在《申报馆条例》中曾有:"苏杭等地有欲刊登广告告白者,即向该卖报店司人说明,并须作速寄来该价,另一半为卖报人饭资。"在这里"告白"即广告,"卖报人"即最早的广告代理人,"饭资"则是广告代理费。广告代理人开始只是为报馆承揽广告业务,收取佣金。后来,随着报馆广告业务的不断扩大,报馆内设立广告部,广告代理人逐步演变为报馆广告部的正式雇员。而专业广告制作业务的广告社和广告公司业开始在中国出现。

中国最早的专业广告公司是以外商在华设立的广告公司为开端的。1915年,意大利人贝美在上海设立了贝美广告公司;1918年,美国人克劳在上海开设了克劳广告公司;而英国人美灵登1912年在上海成立了美灵等广告公司。在中国人自己开办的广告公司中,规模较大的有成立于1926年的华商广告公司和成立于1930年的联合广告公司。广告公司的兴起是中国广告发展史上的一个里程碑。

随着广告业的发展,广告教育也开始出现,广告专业书籍也不断问世。1918年10月,北京大学成立了新闻学研究会,该研究会把"新闻纸之广告"作为研究和教学的一项内容。1918年6月,商务印书馆出版了甘永龙编译的《广告须知》。1919年徐宝璜先生出版了《新闻学》一书,书中将"新闻纸之广告"作为一章进行了专门的论述。1927年,戈公振先生的《中国报学史》出版,该书以丰富的史料系统地论述了广告的发展历史。

五、当代中国广告业发展阶段

现代中国广告业的20年的发展大致可以划分为三个时期:1979~1982年是中国现代广告业的恢复期;1983~1994年是中国广告业的发展期;1995年至今是中国广告业的成熟期。

1. 恢复期

当代中国广告业在新中国成立后,经历了一个曲折的发展过程。1949年以后,人民政府对广告业进行了整顿,广告业得到了一定程度的恢复和发展。到了1953年,中国开始实行计划经济,广告业因而退出了当时的经济活动。1978年12月,党中央召开了十一届三中全会,提出了"对外开放和对内搞活经济"的政策,社会主义商品经济得以迅速发展,广告也开始恢复。1979年,被称为中国广告"元年":

1月4日,《天津日报》刊登天津牙膏厂广告;

1月28日,上海电视台播出了我国第一条电视广告——"参桂补酒";

3月15日,上海电视台播出我国第一条外商电视广告——"瑞士雷达表";

8月,北京广告公司成立;

11月,中宣部下发文件《关于报刊、广播、电视刊登和播放外国商品广告的通知》。

1980年1月1日,中央人民广播电台播出建台以来第一条商业广告;从此中国广告业开始迅速发展。

到1999年,全国广告营业额已经达到了622亿人民币,广告经营单位64882个,广告从业人员58.7万人。2009年,我国广告营业额已达到2041亿元,广告经营单位20万户,广告从业人员133万人,广告市场的总体规模进入世界前列。

从1979年广告市场重建以来,在恢复和发展期中国广告业的发展经历了低起点、高速度的发展形态,形成了众多而力量分散的广告公司,而媒体在整个广告产业结构中处于核心和强势地位。

2. 发展期

20世纪80年代,中国广告业每年以40%~50%的速度增长。1979年,我国广告营业额仅为1500万元,而1992年就达到68亿元人民币。1993年,广告营业额首次突破100元亿大关,达到134亿元人民币,比1992年增加98%。2003年广告营业额首次突破1000元亿大关。"低起点、高速度"是中国现代广告业发展的最基本特征。

而中国广告业发展的另一个特征是广告从业人员、广告经营单位在数量上的快速增长。中国现代广告业的发展期正是以1983年广告营业额比上年增加56%,广告经营单位比上年增加56%为开端的。全国广告经营单位的数量从1983年的2340家发展到1994年的43 046家,几乎增加了近20倍。而全国广告从业人员1994年有410094人,这一方面说明中小规模的广告公司大量存在,另一方面,也说明了人均广告营业额不高。这意味着中国广告公司的生产效率不高。由于中国媒介的特殊体制属性,以及政府行政管制赋予媒介的广告资源的垄断性经营,造成了在发展期内媒体的核心和强势地位。

从企业的角度看,中国广告业在这一时期是"黄金时期"。只要做广告就一定有钱赚,"大媒体、大投入、大产出"是广告主的主要思路。广告价格上涨,大制作、高密度投放的地毯式轰炸盛行,这一时期的广告基本上是有效的。也造就了一大批明星企业的成长,如娃哈哈、健力宝、恒源祥、美加净等一批名牌企业。

3. 成熟期

中国广告业经历了几十年的发展,到1999年,全国广告营业额已达到622亿元人民币。广告业的发展也从"低起点、高速度"向平稳发展过渡,广告公司的力量开始集中,强势媒体的地位也开始弱化。20世纪90年代的后半期,广告业的增长速度随经济增长速度的放缓而趋于缓和,广告营业额占国民生产总值的比例已经从1983年的0.04%提高到1994年的0.457%,逐步接近0.75%~0.8%的平衡点。广告营业额的增长速度开始从发展期的40%~50%的高速度降到20%~30%左右,到1998年、1999年,已经降到16.4%~15.7%,广告业开始进入相对平稳的发展时期。

步入平稳期,广告公司的数量增长开始明显放缓,1995年,广告经营单位的增长速度从12.7%降到1996年的10%,再降到1999年的5.1%。大型广告公司开始出现,广告公司之间的联合趋势也初露端倪,市场集中的指数在平稳上升。1997年,中国前八名广告公司的营业额占全国广告公司营业额26.05%。跨国广告公司通过整合媒介资源正在谋求广告市场的主导权,一些大型的外国广告公司已经进入中国市场。到1994年,外资广告公司已经达到300家。国际知名的广告公司,如奥美、智威汤逊、李奥贝纳、DDB等已经不同程度地进入中国市场。媒介市场竞争的加剧造成了强势媒介的弱势化趋势。

从企业的方面看,花足够的钱做广告也未必有钱赚(1995年至今),策划、创意、策略、品牌成为这一时期企业市场竞争的法宝。广告主开始理性地进行广告的投放,更注重品牌的经营,一批民族品牌开始走向国际市场,如海尔、春兰、青岛啤酒、李宁服装等。

第三节 不同类型的广告公司

一、广告公司的种类

广告公司又可称为广告代理公司,是社会中专门从事广告经营的企业。广告公司站在广告主的立场制定广告方案并根据这个方案购买媒介,实施广告活动。广告公司是广告活动中最重要的主体之一。按照广告公司的功能不同,可以分为综合型广告公司、专业型广告公司、广告代理商以及广告制作机构。

1. 综合型广告公司

综合型广告公司也叫全面服务型公司。它们具备提供与传播和推广有关的各方面服务的能力,因此广告主与其合作后,一般不用再去寻找其他的代理公司。综合型广告公司向广告主提供广告与非广告范围的整体服务:广告范围的服务主要以完成广告策划为主,其内容包括市场调查策划、创意、广告制作、媒体选择与购买服务等;非广告范围的服务则是协助广告主制作一些促销素材、宣传文件、公司年报、商战陈列品以及销售人员培训素材等等。

根据 4A 规定,广告公司的业务包括以下几项:

(1) 商品研究。广告公司通过搜集需做广告的商品的特点、性能、形象、寿命周期、发展动向和市场状况等各方面的资料,经加工分析之后,为广告客户提供制定广告计划所需的商品资料。

(2) 市场调查与预测。通过分析市场调查资料和市场历史,广告公司为客户找出潜在顾客、现实顾客、影响市场销售的外在因素以及市场环境对市场的影响等。

(3) 商品销售分析。对广告商品的销售渠道、销售网络等商品流通系统进行了解和分析,根据不同的销售渠道、方式和方法,提出与之相适应的广告宣传策略。

(4) 广告媒体分析。对不同种类、不同国家或地区的广告媒体从质与量两个方面考察了解其特点、影响力、覆盖面、印象浓度、物理要求、受众状况、使用成本等情况,以选择最有效益、最佳的广告信息传播媒体及其渠道。

(5) 制定广告计划。对广告客户提出的广告目标和确定投入的广告费进行分析,确定广告活动的具体行动步骤,包括为客户提供有关确定商品市场、改进销售网点、改变价格策略、创造广告作品、应使用的广告媒体、广告诉求主题、广告信息内容、广告预算和广告活动内容的和咨询意见,以达到最佳的促销效果。

(6) 实施广告计划。广告公司与广告客户及广告媒体分别签订合同,并按照合同的规定,把广告计划付诸实施,负责到底。

(7) 开展咨询活动。对广告客户除了广告活动方面给予咨询服务外,还能配合客户为其商品设计、包装装潢、营销活动等提供信息咨询服务和市场活动服务。

案例:

4A 广告协会介绍

该协会是 20 世纪初由美国各大著名广告公司所协商成立的组织,成员包括:Ogilvy&Mather(奥美)、J. WalterThompson(智威汤逊,JWT)、McCann(麦肯)、Leo Burnett(李奥贝纳)、BBDO(天联)等著名广告公司。该组织的最主要协议就是关于收取客户媒体费用的约定(17.65%),以避免以 AC 恶意竞争,此后各广告公司都将精力集中在非凡的创意和高超的客户服务中,从而创造出一个接一个美妙的广告创意。从而 4A 也成为众多广告公司争相希望加入的组织。

从20世纪70年代末到90年代初，4A成员们渐渐地进入到华人世界里，从台湾、香港一直来到中国大陆。由于国内尚未允许外商独资广告公司的存在，所以4A公司往往与国内公司合资成立合资广告公司，比如盛世长城（Saatchi&Saatchi与长城），智威汤逊中乔（J. WalterThompson与中乔）等。

80年代末90年代初，改革开放初期随着跨国公司纷纷进入中国，国际广告公司也纷至沓来。当时，国内的广告业尚未发展，4A公司凭借着国际客户的声誉以及大胆而精妙的创意、精彩的导演和拍摄树立了其在国内广告界的名声，国内广告界渐渐了解了4A公司，4A公司便成为代理国际品牌广告代理公司的代名词了。

那些并不是4A成员的国际广告公司也被列为4A之列，比如Dentsu（电通，日本最大的广告公司，业务量甚至超出了许多4A公司）、博报堂等。由于广告公司的人员流动性比较大，所以大多数广告人都有多家4A公司的背景。

所以一般我们所说的4A是指国际上有影响力的广告公司，如奥美、智威汤逊、精信、麦肯、电通、电扬、BBDO、李岱艾等。

据美国广告协会(4A)所制定的广告公司服务标准，其重要者有下列数项：1. 研究顾客的产品或服务，以决定产品本身的优劣点及其竞争能力。2. 分析市场现况与潜力，以其产品劳务，适合市场的需要。诸如市场位置、可能销售量、季节性、贸易与经济情况等均在分析研究之列。3. 讲求运输、销售及其执行方法之知识。4. 有效运用各种媒体向消费者、批发商、代理商、零售商说明产品与服务的知识，此知识包括商品特性以及效果等。

2. 专业型广告公司

专业型广告公司是一种只承担部分广告功能的广告公司。这种类型的广告公司依靠其某方面的专门的独特能力，承担部分拥有其特长优势的广告经营业务。一般来说，这类广告公司规模不大，经营范围比较狭窄，只有一项或几项服务功能，如只承担设计、制作广告工作，或只承担制作、代理、发布路牌广告等。它们的活动只是帮助企业广告部门解决某些特殊需要。

专业型广告公司包括创意工作室、网络广告公司、媒介购买公司等。下面主要对媒介购买公司重点介绍。

媒介购买公司，即从事媒介信息研究、媒介购买、媒介企划与实施等的独立运作的经营实体。其将报纸、杂志、电视电台的广告版面以及时段买断整合，然后推荐给广告主。最早的媒介购买公司诞生于欧美。业界一般将1966年法国卡拉特国际媒体公司的成立作为媒介购买公司诞生的标志。同时媒介购买公司是欧美模式的广告代理制的产物，也是广告公司、广告主和媒体三方博弈的结果。

1996年10月，由盛世长城国际广告公司与达彼思广告公司合作成立的中国实力媒体（Zenith Media China）在北京宣告成立，自此，实力媒体成为国内第一家正式的媒介购买公司。1997年11月，由上海奥美广告有限公司和智威汤逊-中乔广告有限公司的媒介购买部门合并而成的传立媒体成立，并分别在上海、北京、广州、深圳和福州设立分公司，提供全面的媒介服务,包括媒介策划、购买、调研、电视制作包装、数字化媒体咨询等。

1999年,OMD浩腾媒体中国公司在天联、恒美和李岱艾三家广告公司媒介部门的基础上合并而成。2000年5月Carat International进入中国成立凯洛媒体,同年,Interpublic集团旗下的优势麦肯公司在中国成立。伴随着全球各大媒体传播集团旗下的媒介购买公司纷纷进入中国,外资媒介购买公司在中国迅速地发展起来。

媒介购买公司能够在近几年取得迅猛的发展,与其独特的优势分不开:

(1)丰富的客户资源。大部分媒介购买公司成立的背景为跨国广告集团或媒介集团,因为有原来广告公司母体的客户资源作保障,媒介购买公司的客户规模和质量相对而言比较高。例如,实力媒体的主要客户就包括沃尔玛、P&G、诺基亚、麦当劳、索尼等。

(2)庞大的媒体购买量。国际媒介购买公司一般都是将同一集团旗下几个广告公司的媒介业务合并并独立出来形成的,这样就节省了可观的运营成本,更为重要的是,合并后庞大的媒体购买量使媒介购买公司获得了更有力的谈判优势,能向客户提供有较大折扣的广告价格。以2006年新成立的博睿传播为例,据RECMA统计的评估,其2005年在中国的媒介代理购买量达110亿元。占2005年中国媒体投放的13%左右。如此大的媒介购买量,就赋予了媒介购买公司极大的资源优势和谈判的实力。而媒介购买公司一旦占有大量的时段和版面,就会对竞争对手产生巨大的压力,使得自己在同行之间、客户的竞争对手面前,甚至在媒体面前都能够占据主动地位。

(3)专业化的服务能力。由于媒介环境日益复杂,广告主对广告媒介投放的有效性越来越重视。于是,专业性的媒介服务就成为了媒介购买公司又一制胜的法宝。先进的理念、庞大的资金支持、领先的技术、优秀的人才使得媒介购买公司在专业性上拥有了无可比拟的优势。媒介购买公司,特别是国际知名的几大媒介购买公司,每年都要投入大量的资金用在提高专业化水平上面。传立媒体在中国一年要花超过1000万元人民币购买第三方调查资料,还不包括自己投资开发的调研、调查工具等。实力媒体每年在调研方面的开销也达到1000万元人民币以上,还斥巨资用以招聘、培训和聘用优秀人才,为员工提供ZOOM(Zenith Optimization Of Media)品牌下的先进媒体专用系统。

3. 广告代理商

广告代理商也是专业广告公司的组成部分之一。他们本身不承担广告的创作和制作任务,只承担广告主与广告媒体之间的联系工作,负责为广告主寻找广告媒体,或为广告媒体寻找广告主,从中收取佣金。他们就是通常所说的广告经纪人。广告制作机构一般是一些美术社、摄影社、装潢社等,他们只负责广告的设计、创作和制作,而不负责广告的策划和发布,只收取制作费用。

4. 内部广告公司

广告客户为了节省经费,在广告活动中掌握更多的主动权,在企业内部自办广告公司。公司根据需要直接向媒介购买时间、版面并得到佣金,同时还可以为企业提供各类广告服务。

二、广告公司的收费制度

广告大师奥格威在其80岁生日的演讲中意味深长地说过一段话:"如果因为想要赚钱而在服务上偷工减料,你可能会被客户炒鱿鱼;如果不计代价地为客户服务,他们会爱死你,但是却会使你一无所有。"广告公司的收入与报酬,一直是一个需要认真平衡处理的问题。经过长期的发展,目前较常使用的广告公司收费制度有以下几种:

1. 媒介代理制

媒介代理收费制是媒介代理制度的产物,而且是一种历史比较久的收费制度。起源于19世纪20年代美国的艾耶父子广告公司。到20世纪50~60年代,美国、加拿大、日本、西欧等国家开始接受15%的媒介代理费用,使15%的佣金成为国际惯例。

在20世纪初,广告代理人主要是一些版面经纪人,而媒介代理费起步时的做法也很简单:比如你有一家广告代理公司,准备为你的客户制作一条整版杂志广告,杂志社刊出这版广告的费用为10000元,广告公司为杂志找到愿意投放广告的客户,就可以得到15%的代理费。于是,广告公司从客户那里收取10000元的媒介购买费,同时免费为广告主提供创意制作、媒介排期和客户服务,将8500元付给杂志社,余下的1500元用来支付广告公司的开支并从中赚取利润。

代理费的收取标准一般都有法律规定,虽然各国不尽相同,但大多为15%。我国《广告管理条例施行细则》规定:"承办国内广告的代理费,为广告费的10%;承办外商来华广告付给外商的代理费,为广告费的15%。"近些年来,媒介代理费的固定比例有了很大的变化,对于比较重要的客户,广告公司的媒介代理费用可通过双方谈判来商定,或者双方根据具体情况按照变动比例提取媒介代理费用。

2. 酬金制

酬金制(Fee System)是指广告公司的收入来源于广告主那里收取的酬金(Fee)。广告公司可以按本公司的支出向客户收取平均水平的酬金。虽然目前采用的酬金种类很多,但一般可以分为三大类:第一类为固定酬金,指广告主与广告公司共同认可的、由广告主按预定年工作量付给公司的一定数量的金额。一般来说,酬金按年定下来后,每月按相同数目支付,无论当月的工作量是多少。第二类酬金是按支出盈余的方法执行,广告公司认真记录为客户提供服务所花费的每一笔金额,定期将这些账单送交给客户,再加上双方同意的某一利润边际。在这种制度下,很多广告主都要核实广告代埋的账目,确认支出。第三类佣金与前两者都不一样,混合了媒介代理费和酬金制度,按照上述这些方法,如果广告公司收取了媒介代理费,那么酬金就会下降。

3. 激励制

激励制是一种在理论上非常合理、但是实践中问题重重的收费方式,它们是广告主和广告公司双方根据事先约定的标准评价广告服务的效果(这些标准有广告记忆度、记忆评分、单位销量或者市场占有率),而后支付酬金的做法。如果广告效果好,广告主就提高付费总额或者比例,反之则减少广告费。这种方法的依据是"广告公司做得有多好",而不是

"广告公司为广告花费的账单有多大"。激励制在实施方面有很多困难,主要是评价标准如何定制以及有谁来评价的问题。另外,广告效果的好坏往往是由多种因素决定的,如何对某一项广告服务做出客观评价也是一个挑战。

案例:

全球主要广告公司简介

1. 奥姆尼康——全球规模最大的广告与传播集团

全球广告业收入排名:第1位

下属主要公司:天联广告(BBDO)、恒美广告(DDB)、李岱艾、浩腾媒体。

2. Interpublic——美国第二大广告与传播集团

全球广告业收入排名:第2位

下属主要公司:麦肯·光明、灵狮、博达大桥、盟诺、万博宣伟公关、高诚公关。

麦肯·光明:全球仅次于电通的第二大广告代理公司;

灵狮:源于联合利华广告部的"蓝色"。

3. WPP——英国最大的广告与传播集团

全球广告业收入排名:第3位

下属主要公司:奥美(Ogilvy & Mather, O&M)、智威汤逊(J Walter Thompson, JWT)、电扬、传力媒体、尚扬媒介、博雅公关、伟达公关。

WPP的广告客户:喜力啤酒、亨氏食品、诺基亚、罗氏制药、辉瑞、福特汽车、英美烟草、美国远通、AT&T、格兰素史克、IBM、雀巢、联合利华和菲利浦-莫利斯等超大型跨国公司的知名品牌。

智威汤逊:品牌创建为先;

奥美整合传播:业务众多的"360度品牌管家";

奥美环球(Ogilvy & Mather Worldwide)于1948年由"现代广告之父"大卫·奥格威(David Ogilvy)在纽约始创。目前其在中国的客户包括IBM、摩托罗拉、宝马、壳牌、中美史克、柯达、肯德基、上海大众、联合利华和统一食品等。

4. 阳狮集团——法国最大的广告与传播集团

全球广告业收入排名:第4位

下属主要公司:阳狮中国、盛世长城、李奥贝纳、实力传播、星传媒体。

实力传播:是全球第四大媒体购买公司。

5. 电通——日本最大的广告与传播集团

全球广告业收入排名:第5位

下属主要公司:电通传媒、电通公关、Beacon Communications。

6. 哈瓦斯——法国第二大广告与传播集团

全球广告业收入排名:第6位

下属主要公司:灵智大洋、传媒企划集团、Arnold Worldwide Partners。

7. 精信环球——最具独立性的广告与传播集团

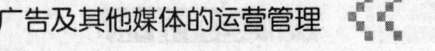

全球广告业收入排名:第7位

下属主要公司:精信广告、Grey Direct、GCI、领先媒体、安可公关。

该公司为宝洁服务的时间超过40年。

8. 博报堂——日本最具创意的广告集团

全球广告业收入排名:第8位

下属主要公司:博报堂广告——是日本排名第二的广告与传播集团,也是日本历史最久的广告公司。1996年9月与上海广告有限公司合资成立上海博报堂广告公司,并于1998年和2000年先后在北京和广州设分公司。

9. 多伦多MDC Partners——最具颠覆性创意的广告集团

全球广告业收入排名:第9位

下属主要公司:CP + B

MDC Partners认为广告创意应该深具颠覆性,让消费者被强烈震撼是他们做创意广告的初衷。他们最擅长的传播方式就是网络病毒式传播,主要客户包括汉堡王、大众等。

10. 旭通——日本第三大广告与传播集团

全球广告业收入排名:第10位

下属主要公司:旭通广告、ADK欧洲。

第四节 广告公司的运营方法

广告公司及其经营管理活动是整个广告运作框架的核心和轴心。广告公司是广告业的核心组织。广告公司一般可分为广告代理公司、广告制作公司、广告主或媒介自办广告公司。从国际广告公司发展过程以及广告自身运作的发展前景来看,广告代理公司将是大势所趋。随着广告市场的竞争和发展,广告代理公司也将区分为全面服务型广告公司和专门型广告公司。整合传播的要求以及广告主需要对整个广告活动的策划和监控,全面服务型广告公司将占主体。因而,本节将以国外全面代理公司为借鉴对象,探讨其运作规律。

一、广告公司的运营模式

1. 全案服务型广告公司

广告代理公司的业务从接受广告主的委托开始,然后进行广告策划,最后将广告作品传达给目标受众,广告效果调查数据反馈给广告主,这样广告公司的一次完整的广告运作活动才算完成。整个广告代理公司的运作流程需要经过以下基本流程:

(1) 客户委托

这是广告公司业务开始运作的起点,以得到客户的代理委托书为工作目标。广告主需要广告公司对其产品或服务进行代理,达到广告主预期的效果。广告公司首先通过客户服务人员与客户进行接触与沟通,了解客户委托代理的意图和愿望,委托代理的业务内容及其欲达到的目标,并向客户全面推介本公司;然后广告公司调研部开始初步收集相关的市场资料,为具体代理业务活动的开展做好初步准备;最后召开由双方高层管理人员和相关业务人员共同出席的客户说明会,由客户代表正式说明委托代理的业务内容,并详细通报有关客户的基本情况,包括产品、通路和市场状况以及客户的营销状况与营销目的等,完成客户与广告公司高层与深层的沟通与交流。

(2) 前期准备

广告公司得到客户的正式代理委托书后,就要确定具体的工作计划,为紧接着的广告策划做好充分的准备。这个阶段的工作主要是召开业务工作会议,对客户委托代理的业务项目进行具体的讨论和分析,确认这项业务推广的重心和难点,检查相关资料的收集是否齐全。如资料不够详备,还需进行对该种资料的市场调研以及结论分析。资料收集详备后确定为开展此次业务的具体工作计划,包括制定该项目的客户联系人与业务负责人,以及具体工作内容与工作进度的安排。

(3) 广告策划

这一阶段的工作为广告公司业务运作的重点,是广告公司代理水平与服务能力的集中体现。其主要工作内容为建立具体的广告目标以及为达成这一目标的策略手段。也就是具体规划如何以最适当的广告讯息,在最适当的市场时机,通过最适当的传播途径,送达最适当的广告受众,最有效地实现预定的广告目的。其重要的工作方式就是广告策划会议、广告创意与表现会议。完整的广告策划方案或广告计划书,是这阶段需达成的工作目标,如果广告公司还为广告主代理整合营销传播的其他内容,则需同样制订详细的执行计划。这在第三节会有具体的阐述。

(4) 广告提案

提案是指广告策划阶段所形成的广告策划方案或广告计划书。进行广告提案包括两个内容,首先是广告公司对提案的自我审核与确认,然后再让客户对该提案进行审准与确认。因而这一阶段的工作方式为公司的提案审核会议,以及对客户的提案报告会。公司的业务审核,由公司的业务审核机构执行,或由公司资深的业务人员组成临时会议,具体负责在正式向客户提交前,对该提案的科学性与可执行性进行审核。提案报告会,由公司向客户具体报告已形成的广告方案,并接受客户对该方案的审核和质询,最终获得客户对该方案的认可。

(5) 广告执行

这阶段的工作内容为具体执行获得客户认可的广告策划方案或广告计划书。一方面依据方案所确认的广告创意表现策略,进行广告制作,可由本公司制作部门执行,也可委托专门的外援执行。并对已制作完成的广告作品进行发布前的效果测试和刊播试验;另一方面依据方案所确定的市场时机、媒体策略和媒体计划,进行媒介购买、媒介投放与发布监测。此外,还需执行属于广告公司代理范围内的其他整合营销传播的内容,例如人员促销,就要事先物色促销地点和促销人员,进行活动洽谈和人员培训,安排时间进度和经费预算,同时考虑是否要配合媒介广告等。

(6)效果评价与总结

依据广告公司与客户双方的评估方案,对此次整个广告活动进行事后评估。广告公司还应以报告会的形式,对客户进行评估报告和业务总结。至此,广告公司的一次完整运作才算总结。当然,随着广告公司在市场中的竞争和发展,广告公司的业务运作都是反复循环进行,并且根据特定情况作出相应的修改和经验总结。

案例:

以AE的工作内容来看4A广告公司工作流程

AE是英语Account Executive一词的缩写,它是指在广告公司中执行广告业务的具体负责人。"AE"制度在美国和日本等国的广告界较为流行。

制作流程工作表

■预报

□客户部

·必须提前向创意总监就预期项目进行预报,告知可能的工作项目及时间安排。

■简报

□客户部

·从客户处接受简报后必须填写"工作指令及简报"单;

·"工作指令及简报"经客户总监、创意总监等主管签字确认;

·针对具体工作向创意同事进行详细的解释并讨论。

□签发工作卡号

■草图

□创作部

·必须在简报中予以的限定日期内完成工作,如有疑问应及时提出。

□客户部

·安排初稿形成前的内部讨论会,由客户部、创作部参与人员共同确认后形成正式的初稿。

□创作部

·提交的初稿必须经由创意总监确认签字,交于客户部经理及以上的人员签收。

□客户部、创作部

·和创作部同事讨论后共同向客户提案。

□客户部

·从客户处获得修改意见后填写修改卡,再报告给创作部。

■估价单

□客户部

·通知制作部准备估价单,同时必须准备充足的材料可以帮助取得又快又确切的估价单;

· 估价单必须由客户部总监或以上人员确认签字并提交客户；
· 客户部必须提醒客户在一周内确认估价单；
· 将客户确认的估价单同时复印一份给制作部；
· 客户部必须将客户签字的估价单存入档案；
· 所有牵涉到第三方的工作，必须待客户确认签回估价后方可开始工作。

■完稿
□客户部
· 待客户确认初稿后，把修正卡交给创作部进行完稿制作（进入完稿的修正卡必须有完整的资料，如尺寸、颜色、文案及文件形式等要求）；
· 如有拍摄、插画、租片等第三方外发工作，客户部必须协同创作部及制作部一同讨论决定制作方案。
□创作部
· 按简报制作完稿；
· 完稿必须由项目负责的艺术指导及文案的确认签字后交给客户部。
□客户部
· 必须对完稿进行校对确认并签字，同时检查是否有创作部同事的签字；
· 将完稿提交客户确认签回，并归档。
■创意执行
□创作部
· 完稿制作中所牵涉的拍摄、插画、租片等工作，创作部必须以书面形式简报制作部，通过制作部联络第三方制作商。
□制作部
· 由制作部向第三方制作商签发PO单，简报工作；
· 协助创作部负责人员控制第三方制作商完成工作的时间及质量；
· 并控制外付费用的成本；
· 将完成的稿件提交创作部，并督促创作部及客户部在确认稿件并签字。
■制作
□客户部
· 将客户确认的完稿提交创作部及制作部。
□制作部
· 开具PO单并得到创意总监确认；
· 联络菲林输出公司；
· 检查菲林打样质量；
· 控制完成时间及成本。
□客户部、创作部、制作

第四部分　广告及其他媒体的运营管理

· 针对菲林打样进行最终的确认并签字；
· 若需提交光碟，必须严格检查是否有打印稿件及详细说明；
· 打样稿一份提交客户部，一份由制作部归档。
□客户部
· 请客户确认菲林打样并签字；
· 归档。
□创作部
· 整理完稿文件，提交制作部归档。
□制作
· 归档所有客户的完稿制作文件及菲林打样。
□客户部
· 通知财务部结束卡号。

■会议前
□客户部
· 事先确定会议日期，预定会议室，会议器材，发出会议通知与会相关人员；
· 确认客户参加人员，头衔，讨论议题，会议时间；
· 会议前30分钟检查会议室，包括空调、窗帘、电源、投影仪、电视、录像机、笔记本电脑，将准备好的会议议程、纸、笔以最美观的角度置于会议桌上；
· 确认所有会议所需的资料均已准备齐全，包括前次的会议记录，客户简报，前次的提案作品，竞争品牌作品等；
· 录像带或幻灯PPT调整至可直接播放的状态；
· 同时确认会议室已布置好（包括电脑、投影仪已设置完成等）；
· 会议正式开始前，必须确认每一位客户均已有了茶水；
· 整理衣冠，男生必须是西服、衬衣、领带；女生必须是套装，同时需化妆（忌浓妆），第一次会议，需带上名片（创作部与会人员未必正装）；
· 关闭手机等，通知总台留言。
□创作部
· 必须确认所需提交创意作品已准备妥当；
· 确认衣冠整洁；
· 了解提案前后顺序。

■会议中
· 配合会议中所有项目的顺利进行；
· 确保客户的杯中茶水充足；
· 记录会议结论与要点；
· 切勿在会议进行中频繁进出会议室。

■会议后
· 将客户送至电梯口;
· 清除会议室相关纪录(白板/白纸);
· 必须在24小时内将会议记录形成电子文件提供客户确认;
· 将会议上确认的内容以修正卡形成传达至创作部、制作部。

■归档
□客户部
· 将所有的最终确认稿归档(包括完稿、估价单、合约);
· 每个客户必须有自己专属的一本档案,其中可以分类为:传真进、传真出、会议记录、工作进度表、草图、完稿、媒介计划表、其他;
· 必须为每个客户整理一份作品集(打样稿即可)。
□其他部门
· 整理与自己有关的档案。
■财务系统
■财务流程
□制作部
· 制作每一个工作的制作估价单。
□客户部
· 请客户部总监确认签字并传真给客户;
· 确认客户在一周内确认并签回估价单;
· 将客户确认的估价单提交给制作部留档;
· 填写"发票申请单",向财务部申请发票;
· 收到财务部开出的发票后,连同发票签收单一起快递给客户,并确认客户已收到发票,并签回发票签收单;
· 将发票复印件存档。

二、广告公司的组织结构(见图4-1)

1. 客户服务部

客户服务部最主要的任务就是与客户共同决定如何使客户的产品或服务最有效地利用广告。首先必须明确客户的产品或服务能够提供哪些利益,这种产品或服务的潜在目标受众是谁,以及这种产品或服务的最佳竞争定位在哪里,然后设计出一套完整的广告计划。有时,广告公司的客户部还可以提供基本的营销和消费行为调查。有些广告公司还拥有分析人员,可以进行基本的消费行为和消费者价值观调查,测试产品概念,评估广告战役。该部门由客户联络、客户总监或客户经理带领,统筹整个广告活动。客户部经理还与客户一起,通过广告公司的创意部将文化价值观和消费者价值观转化成广告讯息。最后,他们还

第四部分 广告及其他媒体的运营管理

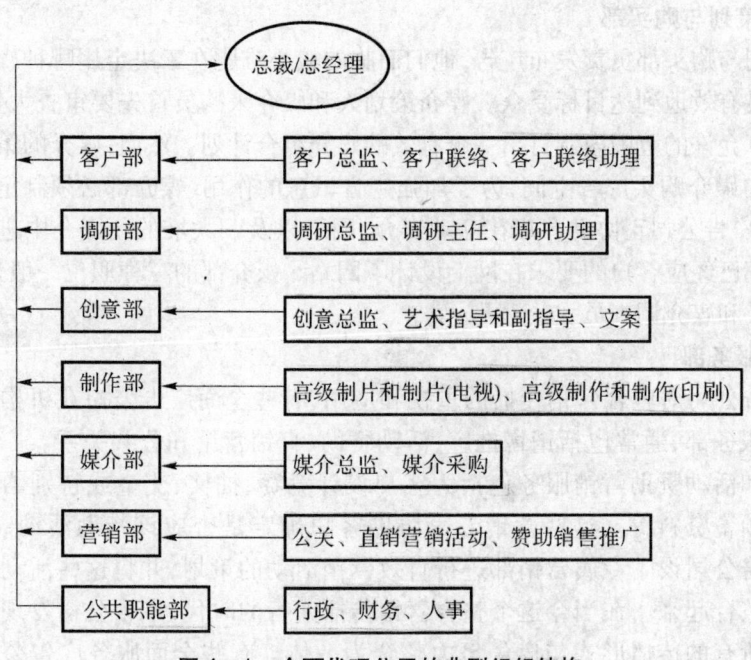

图4-1 全面代理公司的典型组织结构

要与媒介部一道制定出有效的媒介战略,以便以最佳的方式发布广告,到达目标受众。客户部的一项重要任务就是使公司内的不同部门(创作部、制作部、媒介)在预算内按计划完成广告任务。

2. 市场调研和研究部

市场调研部主要负责对广告实施前的有关产品、消费者、市场等进行调查分析,对广告计划、营销计划和广告作品的事中测验,以及对广告实施后的效果进行调研和总结。因而它的工作是贯穿于整个广告活动的始终。调查总监领导调研小组制定调查的方案和执行计划,在规定的时间和预算内决定收集的资料来源以及需要调查的内容,然后有调研小组执行实施细则,包括调查的时间、地点、方式以及人员安排等等。最后将调研所得数据编入电脑进行统计分析,形成调查报告以书面的形式交于其他部门,作为公司进行当前或今后广告决策的依据。

3. 创意部和制作部

创意部人员的职责就是用有趣而难忘的方式表达产品或企业品牌的价值。广告公司的创意小组一般由创意指导、艺术指导和文案人员组成。制作部包括制作人(有时为导演),由其将创意转换成具体的广播、电视和印刷广告。制作人员负责物色场地、招聘导演、寻找合适的演员以及与制作公司和后期制作公司签订合同。另外,制作人通常要对广告的制作进行管理和监督。创意部和制作部人员为客户提供的市场价值带来活力,并通过对广告讯息进行加工和润色表现那种价值。有些广告公司还拥有专门的辅助性媒介制作人。这些辅助性媒介包括路牌、招贴、交通广告和礼品广告(例如带有企业标志的赠品)等。

215

4. 媒介策划与购买部

媒介策划与购买部负责发布广告,他们面临的核心难题在于决定用哪种媒介组合方法使广告作品最有效地到达目标受众。媒介策划人和媒介采购员首先要审查大量的媒介,然后在客户预算允许的范围内制订出一个有效的媒介组合计划。然而,媒介的策划与购买并不单纯地指向媒介购买广告空间,为了加强广告讯息的作用,媒介部必须制定出各种媒介战略。目前,广告公司正协助客户在互动媒介、网络以及一大堆的新媒介中进行选择。不少广告公司都已经应客户的要求在网上设计了网站。媒介部的三种职位一般是媒介策划、媒介采购人员和媒介调查员。

5. 营销服务部

随着广告公司对整合营销传播的重视和应用,有些全面广告公司在机构设置上专门设置了营销服务部,通常包括销售推广、活动赞助、直销营销和公共关系。广告公司提供的销售推广和活动赞助营销服务包括为客户设计竞赛、抽奖、奖金或特别赠送活动以及为商业开发预备资料等。这些营销专家协助客户确定是否应该赞助活动、如何赞助活动。有些广告公司设了专属营销部进行直效营销活动的策划,并将这些活动与企业的主要广告活动整合起来。在当今这个整合营销传播盛行的时代,广告公司发现越来越多的客户要求将所有的传播形式与广告努力整合为一体。有些全面服务广告公司正在自己的营销业务范围中增加公共项目,希望能够更多地控制客户的营销传播,确保整合营销传播的真正实现。

6. 公共职能部

和其他行业一样,广告公司也必须管理自己的商务活动。因此,广告公司也设有行政部、人事部、财务部以及向客户推销本公司服务的销售人员。行政部主要为公司的运作提供协调功能;财务部除了对自身公司财务进行管理和监控外,还要对每次广告策划活动的经费预算进行核查和控制;人事部主要负责对公司内部员工的激励和奖惩,还要随时为公司注入新鲜"血液",保证公司人员的正常流动,制定积极的人力资源考核方法,激励公司员工发挥出自身的最大价值。

三、广告公司的经营原则

1. 人才经营的原则

广告公司经营活动的开展是以高素质、高能力的广告专业人才力保证的。广告公司是属于知识型、智能型、技术型的企业法人组织。广告公司的工作不属于简单操作或重复操作性工作,而是具有独立性、创新性、技能性的独特工作,它完全是依靠广告公司中人员的智能与创造来维持其存在和不断发展的。"广告公司的财富随员工下班而消失"正是道出了杭州广告公司与其他公司的显著性差异。

奥美广告公司如果没有大卫·奥格威,洛德暨托马斯广告公司如果没有约翰·肯尼迪和克劳德·霍普金斯,DDB 广告公司如果没有威廉·伯恩巴克,想必不会在那个时代创造辉煌的。

2. 依法经营的原则

依法经营是广告公司生存的前提,或者说是广告公司的生命,这是任何一个广告公司在从事广告经营活动时所必须坚持的第一位的原则。

广告活动是以法律为前提的活动,同时又是法律规定的活动。依法经营包括两个方面的意思:一是广告公司要符合广告管理法律广告公司的权利、义务和责任在法律、法规中的明确规定,使广告公司在广告活动中有法可依。二是广告公司的活动要符合国家的相关法律规范,如《民法》、《反不正当竞争法》、《消费者权益保护法》等。

3. 优势经营的原则

优势经营是指广告公司根据自己的具体情况而确立自己的发展战略,形成自己经营特色。优势经营的本质就是广告公司的经营定位。

广告公司要根据自己的具体情况,选择经营优势,发展经营特色,推动公司获得较大的经济效益和社会效益。

4. 非业务冲突原则

广告公司只能为某一类产品的一个客户服务,以防止形成"业务冲突"的出现。一般情况下,广告公司应该十分珍惜与代理客户之间所形成的信任关系,不应该再接受与该企业有着直接竞争关系的广告业务。这已经成为美国、英国等国家广告界行业惯例。

在国际上,除日本之外(1992年1月之前,电通广告公司同时拥有丰田轿车和日产轿车的广告代理,而后日产转为博报堂代理),美英等国广告公司在经营过程中大都避免出现"业务冲突"现象。在我国广告公司迅速发展时,只有逐渐与国外经营惯例、原则相适应,才能与国际广告经营接轨。

第二章
广告市场的开发运营

在市场经济时代,市场是进行资源配置的基础和有效手段,广告以及广告活动作为商品经济的产物,也是伴随着市场经济的发展而发展的。广告起源最直接最重要的动因就是热门在商品交易和其他商业活动中产生了更广泛地告知信息的需求。而广告就是能够提供这种信息告知需求的供给。有需求和供给就会产生市场,广告市场由此形成。

在如今的买方市场环境下,这种需求在一定程度下也会趋近饱和,因此就需要进行广告市场的开发和运营。作为市场中的一种广泛存在的活动,广告市场的开发运营已经成为当今广告行业一个十分重要的问题。

第一节 广告市场的开发范围

一、市场(Market)

要弄懂广告市场,首先要弄清什么是市场。

1. 市场的涵义

狭义上的市场是买卖双方进行商品交换的场所。广义上的市场是指为了买和卖某些商品而与其他厂商和个人相联系的一群厂商和个人。市场的规模即市场的大小,是购买者的人数。

市场是商品经济运行的载体或现实表现。商品经济越发达,市场的范围和容量就越扩大。市场具有相互联系的四层含义:一是房地产市场商品交换场所和领域;二是商品生产者和商品消费者之间各种经济关系的汇合和总和;三是有购买力的需求;四是现实顾客和潜在顾客。

市场是社会分工和商品经济发展的必然产物。市场是商品交换顺利进行的条件,是商品流通领域一切商品交换活动的总和。市场体系是由各类专业市场,如商品服务市场、金融市场、劳务市场、技术市场、信息市场、房地产市场、文化市场、旅游市场等组成的完整体系。同时,在市场体系中的各专业市场均有其特殊功能,它们互相依存、相互制约,共同作用于社会经济。

第四部分 广告及其他媒体的运营管理

2. 市场的分类

市场有许多种类型,可以按照市场的主体不同来分类,例如消费者市场、转卖者市场、政府市场等;也可以按照按消费客体的性质不同分,例如按交易对象的最终用途分为生产资料市场、生活资料市场;按交易对象是否具有物质实体分为有形产品市场、无形产品市场;按交易对象的具体内容不同分为商品市场、技术市场、劳动力市场、金融市场、信息市场、广告市场等;甚至还可以按照人文标准分为妇女市场、儿童市场、老年市场……按市场的地理位置或商品流通的区域可以分为国内市场、北方市场、南方市场、沿海市场等。

在这里,我们所说的广告市场,是按照市场交易对象的不同来定义的。广告市场的交易对象就是广告。

二、广告市场(The advertising market)

1. 广告市场的内涵

广告是为了某种特定的需要,通过一定形式的媒体,公开而广泛地向公众传递信息的宣传手段。广告有广义和狭义之分,广义广告包括非经济广告和经济广告。非经济广告指不以盈利为目的的广告,又称效应广告,如政府行政部门、社会事业单位乃至个人的各种公告、启事、声明等,主要目的是推广;狭义广告仅指经济广告,又称商业广告,是指以盈利为目的的广告,通常是商品生产者、经营者和消费者之间沟通信息的重要手段,或企业占领市场、推销产品、提供劳务的重要形式,主要目的是扩大经济效益。

广义上说,广告市场是指广告主体和广告客体以广告信息为交易标的而形成的各种经济关系的总和,它包含许多方面的内容:①广告市场的组成要素,包括广告主、广告代理公司、广告制作公司、广告媒介等主体,以及广告策划、广告创意、广告设计、广告发布等一系列广告活动;②广告市场的规模和容量,包括广告费用、广告成交量等;③广告市场中价值运行及其规则,包括广告市场开发运营原则、维护规则、有关广告的法律法规和政策等;④广告市场与其环境——商品市场的关系。

2. 广告市场的外围

具体来说,广告市场主要包括以下内容:①广告主:广告主是广告活动的发起者,是在网上销售或宣传自己产品和服务的商家,是联盟营销广告的提供者。任何推广、销售其产品或服务的商家都可以作为广告主。广告主发布广告活动,并按照网站主完成的广告活动中规定的营销效果的总数量及单位效果价格向网站主支付费用。广告主是广告市场中的消费者,是广告活动进行的需求方。②广告代理方:广告代理是随着广告事业的发展而出现的事物,具体说,广告代理是指专业从事广告策划和广告制作活动的专业广告公司及其他专业广告组织。③广告信息:广告信息是广告市场的核心内容,主要包括商品、劳务或观念信息等。广告信息最终都要通过一定的广告作品呈现出来,广告作品是广告信息的载体。④广告媒介:广告媒介是进行广告活动传播广告信息的技术手段,也是广告作品的载体。⑤消费者:消费者是广告的对象,也是广告活动中广告信息流通的最后一环,消费者对于广告的态度,决定了广告的最终成败。⑥广告费用:包括两个方面的内容——媒介价格和广告作品价格,前者指发布广告时租用媒介所需的代价,而后者则是指广告的制作费用及广告公司的收费等。广告费用是整个广告活动以金钱形式进行支持和运作的体现形式。一般来说广告公司进行策划、创意,经过比稿之后会制作和执行广告,寻找合适的媒介进行发布并做相关效果评估,在广告活动结束之后,按照当初拟定的合同,广告主对于进行的整个广告活动进行支付,按照媒介代理费制、酬金制和激励制等方法支付给广告公司。综上所述,广告市场的活动是围绕着广告信息展开的,广告信息的源点为广告主,传播终点为消费者。中间的广告公司和广告媒介则都是为传输广告信息而建立起来的桥梁和纽带,是必不可少的中间环节。

广告市场是现代市场体系的重要组成部分。在市场经济条件下,广告市场的发育状况与发展水平直接反映出一个国家的市场繁荣状况,是衡量其经济发展总体水平的重要指标。

三、广告的分类

广告的分类多种多样。一般而言,广告可以通过报刊、广播、电视、电影、路牌、橱窗、印刷品、霓虹灯等媒介或者形式,刊播、设置、张贴广告。具体包括:①利用报刊、图书、名录等刊登广告;②利用广播、电视、电影、录像、幻灯等播映广告;③利用街道、广场、机场、车站、码头等建筑物或空间设置路牌、霓虹灯、电子显示牌、橱窗、灯箱、墙壁等广告;④利用影剧院、体育场(馆)、文化馆、展览馆、宾馆、饭店、游乐场、商场等场所内外设置、张贴广告;⑤利用车、船、飞机等交通工具设置、绘制、张贴广告;⑥通过邮局邮寄各类广告宣传品进行直邮营销;⑦利用馈赠实物进行广告宣传;⑧利用网络 E-mail、BANNER 等进行广告宣传;⑨呼叫中心进行直接营销;⑩利用短信、彩信进行广告宣传;⑪利用其他媒介和形式刊播、设置、张贴广告;⑫还有口碑传播的口头广告等。随着新媒介的不断增加,依媒介划分的广告种类也会越来越多。

以内容为标准,可以将广告分为产品广告、品牌广告、观念广告、公益广告;以目的为标准,可分为告知广告、促销广告、形象广告、建议广告、公益广、推广广告;以广告策略为标准可分为单篇广告、系列广告、集中型广告、反复广告、营销广告、比较广告、说服广告;以表现手法为标准可分为图片为主的图像广告、以文字编排为主的文字设计广告、以幽默情景为主的幽默广告以及人物肖像广告和视听广告;以广告传播对象为标准,可分为消费广告、企业广告;以广告主为标准,可分为一般广告和零售广告;以广告传播范围为标准可分为国际性广告、全国性广告、地方性广告、区域性广告等。

在这里,我们暂时将广告市场以传播媒介为标准进行划分,可分为电视广告、报纸广告、杂志广告、广播广告这四大传统媒体的广告市场和近年来发展十分迅猛的网络广告、手机等移动广告市场、电影广告等,此外,还有招贴广告、POP 广告、交通广告、车体广告等户外广告形式以及直邮广告、包装广告、门票广告等。

但在本章中,我们将着重探讨网络、手机等近年来发展迅猛的新媒体形式的广告市场,此外,由于北上广等一线城市的广告市场已经渐趋饱和,因此我们还将针对农村广告市场的开发进行特别关注。

第四部分 广告及其他媒体的运营管理

第二节 广告市场的开发

广告市场的开发,即广告公司或者媒体为了满足广告主的需要,进行广告资源的开拓和发展,并针对广告资源进行各种运营管理等方面的探索。广告市场的开发,是广告公司和媒体的直接利润来源,是打通广告公司、广告媒体和广告主之间的桥梁,是广告业创新发展的重要推动力量。

一、中国广告市场的现状分析

广告行业的兴衰一直被认为是经济发展的明显风向标,而广告市场的活跃程度在一定程度上是与经济市场的活跃程度成正比的,2009年的第一季度,我国GDP即增长了6.1%。广告市场总花费达到1870亿元,增长9.1%。中国广告增长率高过了GDP增长率,而第二季度广告市场花费同样保持了欣欣向荣的增长态势。

近年来,中国广告市场的发展已经成为了全球广告业关注的热点,就如同稳步快速提升的中国经济,为整体陷入低迷的世界广告市场注入活力。

(一)四大媒体广告市场

目前电视媒介在广告支出依然占据老大地位;互联网新媒体冉冉升起,特别是社交媒体、视频分享和微博;平面媒介的主要机会在女性、财经和青春类时尚杂志,虽然很多报纸开辟了手机阅读的方式,但是并未如期吸引到新的读者;影院广告目前正处在自身发展的鼎盛时期;广播媒介发展稳定。

从广告主的角度来讲,总体而言,近年来各行业广告支出均有稳定增长。其中,奢侈品、饮料、化妆品、手机和家电行业增幅明显。增长主要来自于新品发布、新店开张以及广告主开始拓展二三线城市市场。

1. 电视

(1)电视仍是广告媒介老大

一份针对美国、中国、俄罗斯、英国和沙特阿拉伯的约1500名消费者进行的调查表明,电视仍是目前为止最大的广告媒介。从中国的整个媒体市场来看,2010年电视媒体的老大地位将更加巩固;而从电视媒体行业内部来看,其行业格局的两极化态势也将更加明显。

从电视媒体广告经营额占四大传统媒体总额的比重情况看,2006年至2008年,该比重已经连续三年都持上升状态,根据2009年电视广告市场的表现来看,该比重依然还会持续上升,从这个层面来看,传统媒体广告大盘的增长很大程度都来源于电视媒体的强力拉动。

从各电视媒体2010年的招商情况看,央视招标总额达到109亿元,强势省级卫视的广告收入也逐年水涨船高。2009年湖南卫视单频道全年广告收入突破20亿元,浙江卫视广告也实现50%以上的增长,达到9.5亿元左右,江苏卫视的广告收入则超过12亿元。电视

媒体凭借其广大的受众规模、多样的呈现方式及权威的传播身份在经济不景气时期反而更加受到重视,尽显大将风采。2010年,电视媒体仍将保持其强劲势头,老大地位不可动摇。

(2)受政策影响和互联网挑战,电视广告创收产生一定影响

但是,当前媒介广告经营与外部宏观经济运营形势的关联度变得越来越高,近三年来,中国经济增速放缓,产业结构不断深化调整,特别是在经历了2008年到2009年的金融海啸与全球经济衰退的挑战,国内大多数企业主的广告政策已产生了根本性的变化,追求媒介投放的性价比与精确性成为主流,更多地采取集中和优化的投放和媒体推广策略,这也对整个电视媒体的广告创收产生了一定的影响。

不过,目前电视仍是最有活力的媒介。近些年电视在广告媒介方面的地位得到增强,虽然数字媒体广告增长迅速,但数字视频摄录机、环绕立体声等技术的应用使电视跟上了时代发展的步伐。同时,在许多发展中国家,电视用户数量也不断增多。因此,并且还会继续下去。据估计,至2013年,全球电视广告市场规模将达到2160亿美元,届时电视广告的市场份额也将会从2005年的37%上升至42%。

2. 广播

(1)广播的媒体价值进一步提升

2010年全国城乡居民的广播接触率为59.7%,城乡广播听众总规模达6.6亿人,比2009年略有上升。城市居民广播接触率仍明显高于农村,为64.0%,城市听众约4.1亿。在农村地区,广播的接触率是50.3%,较2009年略微下降,农村听众大约为2.5亿。总的来说,城市依然是广播市场竞争的中心区域。

(2)广播的驾车听众规模在不断扩大

随着中国经济的快速增长,汽车进入寻常百姓家已经不是梦想。数据显示,中国汽车行业预计2011年将持续保持增长,预计增长率在19%至20%之间。由此推算,中国驾车听众规模也将会以每年19%至20%的速度增长。

私家车的迅速普及,驾车不再是男性的专利,女性驾车者也在快速增长。数据显示,与2009年数据相比较,驾车听众中女性上升了3个百分点。随着中国汽车拥有量的剧增,中国的广播市场将也会沿着国外广播市场发展轨迹发展。

(3)广播媒体的时间资源日益丰富

随着城市人的生活节奏越来越快,越来越多的听众选择移动收听,而且收听广播的时间越来越分散,与过往数据相比较,全天的广播收听高峰不再像以往那么明显与集中。一天中,尽管在早上7:00~9:00、中午12:00和傍晚18:00以后收听广播的听众相对较多,所谓传统意义上的黄金时段依然存在。但相对于以往的数据,全天中听众较少的时间段不多,只有14:00~15:00的听众比例稍微低一些,说明在听众收听时间趋于"碎片化"的情况下,广播将有异于其他媒体,时间资源将会日益丰富。

近年来,广播媒体一直被看做弱势媒体,对于2010年上半年广播广告增长强势抬头,领跑媒体广告市场。2010年上半年广播广告增幅领跑其他媒体达到35%,前三季度增幅为33%。2010年广告业生态调研的数据显示,2010年上半年80%被访广播媒体实际广告

收入实现了增长,这一数据创五年以来的新高。

这一强势增长主要受益于外部因素拉动:一是宏观经济的回暖,支柱行业投放回升。虽然房地产广告在房产新政的影响下回升势头不劲,但是金融、汽车行业对广播媒体投放价值颇为认可,发展态势稳步提升。二是受政策影响,61号令导致电视广告价格普遍上涨,广播性价比较高的优势凸显。浙江之声营销中心主任范少俊表示:国家广电总局61号令下来以后,电视广告时间压缩,大部分电视媒体价格上涨,这对广播广告经营是有利的。对一些中小广告主而言,电视广告投入过高无力承担,转而投向性价比较高的广播。三是听众回流,广播广告市场扩大。随着整个中国市场消费结构的升级,在一、二线城市私有车主增多,广播的收听群体和影响力在扩大。

3. 平面媒体

(1) 总体广告市场渐趋缩小,前景堪忧

近年来,在互联网和手机等新兴媒介广告份额不断增加、电视广告地位得到提升的情况下,报纸、杂志等印刷媒介广告的市场份额却在呈不断缩小之势。据估计,到2013年,网络广告将代替印刷广告,成为占市场份额第二的广告媒介。

(2) 在震荡中前进

2010年平面媒体经历了一次较大的增长。2010年,报刊广告市场继金融危机之后迎来了增长,这个增长是连续5年来少有的一次双位数的增长,达到了16.94%,对于报纸媒体来说,更是少有的增长。全年平面媒体广告刊例额为1196.18亿元,同比增长16.94%。其中报纸广告总额1061.02亿元,同比增长16.45%;杂志广告总额135.16亿元,同比增长20.95%。2010年中国广告业生态调查的数据显示,被访报纸媒体上半年实际广告收入较上年上升27.4%。亦有50%的被访杂志媒体表示2010年上半年实际广告收入实现增长。CTR发布的2010年上半年广告花费统计数据显示,报纸、杂志也是电视广告缩减的获益者,上半年广告投放呈现较快增长,增幅分别为22%和21%,前三季度这一数据同为19%。

2011年,虽然刚过去半年的时间,但是平面媒体广告市场已经表现出了不小的"动荡",从表面上看,报纸广告市场,房地产、机动车、家电等重点行业的广告量同比增速大幅下滑,房地产行业增长由同期的五成下降到了二成,机动车行业更是由同期的70.56%下降到了11.24%,而家电行业从前两个月的广告总量来看却是负增长的趋势。

4. 互联网

(1) 互联网广告市场增长迅速

近年来互联网广告行业飞速发展,2010年全球网络广告市场规模已经达到了618.8亿,占全球广告总体市场份额的14.0%,同比增长14.2个百分点。而这一数据在中国也十分让人振奋。截至2010年6月,中国网民规模已经达到4.2亿人。2011年一季度中国网络广告市场规模达到85.5亿元,同比增长43.7%,环比下降8.8%,市场显示出很强增长性。随着网络技术的发展,新的网络广告形式不断出现,网络广告的效果不断增强,网民数量的不断增长等复合性因素都激发着广告主在网上做广告的信心,网络广告的营业额将不断增长。

(2) 互联网广告的优势

随着互联网的发展,网络广告的优势逐渐凸显出来。如,网络广告的传播不受时间和空间的限制;网络广告不仅可以面对所有网络用户,而且可以根据受众用户确定广告目标市场;网络广告信息是互动传播的,用户可以获取自己认为有用的信息,厂商也可以随时得到宝贵的用户反馈信息;网络广告的内容非常丰富,并且以图、文、声、像等多种形式,生动形象地将产品或市场活动的信息展示在用户面前;网上的广告可按照需要及时变更广告内容,这样广告商就可以随时更改诸如价格调整或商品供求变化等信息;与报纸和电视相比,单位面积(时间)的广告价格相比,网络广告在价格上极具竞争力。

(3) 互联网渐成广告主青睐的营销方式

互联网广告如今已被越来越多的中国企业所接受。随着网络的不断普及,目前,全国已有数以万计的中小企业主选择在网络上投放广告。仅 2010 年二季度,中国网络经济的营收规模就达到 389.4 亿元,互联网广告市场规模达到 85.2 亿元,同比增长 87.3%。网络广告、网络营销、电子商务、门户广告、搜索引擎、无线广告、富媒体广告、数字娱乐、社区营销等崭新的互联网广告传播方式层出不穷,为企业更好地展示、宣传和包装自己创造了丰富的展示平台。2010 年中国网络广告营销规模实现 321.2 亿元,占中国广告市场 11.1%。

用互联网进行营销已经成为广告主市场营销的必然选择。企业采用互联网营销的形式丰富多彩,包括在各类型网站投放图形广告、文字链广告、利用搜索引擎进行竞价排名营销,利用游戏、视频类媒体进行植入式广告,利用社区类网站所进行的互动营销。随着网络营销行业的快速发展,行业的价值链日益成熟。与传统营销业类似,目前,网络营销行业已经形成了比较成熟的价值链,涵盖了包括网络媒体、网络媒体代理、网络广告设计、广告主在内的价值链体系。价值链上各环节紧密合作,共同推动网络营市场保持快速发展。

广告媒体在历经报纸(杂志)、电台广播、电视的不断演变后,网络广告已经逐渐为人们所接受。鉴于网络超高的信息传播效率和无与伦比的全球覆盖性,网络广告这一新型的推广渠道已经逐渐成为了传媒行业的新宠。网络广告市场优势不断凸显,广告效益愈发显现。

5. 移动互联网

当今是一个媒体极度丰富的时代,从广播、报纸、电视等传统媒体到互联网、手机等新媒体,人们的注意力已经被极度碎片化,新媒体正在赢得越来越多的社会注意力。号称"第五媒体"的手机媒体价值一直受到广泛的关注,不断增长的内容资源使手机日益成为承载广告的重要载体,移动广告市场正在快速形成。

(1) 移动广告的概念

移动广告目前尚没有统一的定义。美国移动营销协会(MMA)将移动营销定义为:介于品牌和终端用户之间作为通讯和娱乐渠道的移动媒体的使用。移动营销是随时、随地都能够带来即时、直接、交互沟通的一种亲身渠道,也就是通过移动渠道来规划和实施想法、对产品或服务进行定价、促销、流通的过程。但移动广告与移动营销还不是完全相同。

参照其他相关概念，可以对其进行界定。移动广告是指由广告主通过手机终端向目标受众群体投放的产品服务相关的品牌、销售、商业或其他信息。移动广告能实现比传统媒体广告更准确，更低成本的完成信息传递与点对点或点对多的分享。

(2) 移动广告市场发展状况分析

据统计，2011年全球行动广告市场达到33亿美元，为2010年的16亿美元两倍。在2015年，全球行动广告市场规模将扩增至206亿美元，其中基于位置的广告收入将达到62亿美元，占整个移动广告收入的将近35%，占整个基于位置的服务收入的60%以上。

据调查，北美和西欧地区的移动广告预算成长最为快速，至2015年，在全球市场的比重将分别达28%和25%的比例。不过，亚太地区和日本在仍处于移动广告的领导地位，于2011年的市场比重可达49.2%，估计至2015年仍占33.6%。

移动广告已被视为品牌业者、广告主和出版业者以改善收益，具针对性和内容关联吸引消费者的方法。有鉴于此，移动广告的预算在不同种类和区域皆以极大的幅度成长，占整体广告预算的比重将自2010年的0.5%增至2015年的逾4%。当智能型手机和平板媒体(Media Tablet)为更多消费者采用，移动广告的受众将增加，且更易于进行市场区隔及定位，将带动品牌业者和广告主对移动广告支出的成长。

2011年带动市场成长的关键因素纷纷到位，预期市场在接下来两年皆将呈倍数成长。其中移动广告的目标和内容关联(contextualization)，特别在社交网站与应用程序方面，都将不断改进成长。行动搜寻和地图服务将是最大的营收来源，影音广告的成长则最为快速。行动广告已被视为品牌业者、广告主和出版业者以具针对性和内容关联吸引消费者的方法，进一步改善收益。有鉴于此，行动广告的预算在不同种类和区域皆以极大的幅度成长，占整体广告预算的比重将自2010年的0.5%增至2015年的逾4%。

(3) 中国移动广告市场发展情况

我国移动广告市场2006年正式启动。根据艾瑞咨询研究发现，2006年中国移动广告市场规模达到5亿元。随着3G网络在中国的开展、移动运营商对移动数据业务的重视、Freewap业务的发展、智能手机终端的普及以及无线上网用户的迅速增长，2007年移动广告市场规模达到7.1亿元，2008年移动广告市场规模达到11亿元，而2010年达到18亿元。2005～2010年的年平均复合增长率为50%。

截止到2010年第一季度，我国移动用户已经达到7亿户，1.2亿手机互联网用户，其中88%的用户为18～39岁的年轻拥护群体，这是一个巨大的潜在广告市场，一部移动终端就代表了一个广告对象，手机已经成为真正的"第五传媒"。同时手机用户比较多地同外界联系，接收信息的能力强，其消费需求相对多样化，适合不同类型的广告宣传目的。2011年中国移动应用广告平台总营收将达3.1亿元，同比增长342.9%。

二、广告市场的开发途径

广告市场的开发途径多种多样，各地的媒体和广告公司以及移动运营商也在积极探索，寻找新形式的广告形式以获得其他利润增长的机会。

(一)传统媒体

1. 电视

电视广告资源是一种时间资源、注意力资源,看不见、摸不着,但是价值很高。在2009年国家广电总局颁布61号令之后,电视广告的时常受到控制,因此,要开发电视广告资源,就是要提高电视广告的性价比。可以通过以下几个方式实现:

(1)适度提价弥补资源压缩

各大电视媒体纷纷采取提高单位广告时间的价格弥补资源量的缩减,2010年电视媒体中89.8%的电视媒体提高了广告刊例价。很多卫视广告价格出现大幅度增长,其中,江苏卫视晚间平均价格增长31%,山东卫视增长29%,浙江卫视平均增长30%,湖南卫视增长37%,安徽卫视平均涨幅15%,贵州卫视更是暴涨45%,远远超过往年10%左右的增幅。而具体到某些栏目广告则涨价幅度高达100%,例如浙江卫视的《我爱记歌词》等名牌栏目的冠名、贴片广告刊例价涨幅超过100%。

(2)多元化的营销方式

电视台可以在活动营销上进行探索,着力将频道、节目栏目的定位以及广告主的需求打通,从节目打造之初就与广告主深度沟通,突出个性,为广告主量身定制节目、栏目。

2010年电视荧屏上一个活跃的身影就是自制剧、定制剧。究其原因,一是各大卫视竞争导致电视剧尤其是优质剧价格激增,自制剧意味着较低的成本;二是国家广电总局的相关政策中,暂未对植入式广告的时长、形式等做出明文限制,对于电视台来说意味着具有较大的植入广告的操作空间。2009年广告主植入广告的主要方式还是品牌在节目、剧中的曝光,而2010年植入广告已经走向了与内容深度融合,通过植入的方式与消费者深度沟通品牌内涵,并在增强黏性的探索上升级。

(3)跨媒体整合,向新媒体领域拓展

2010年电视媒体都纷纷加大集团内各种形态媒体的整合,不断把自有传播平台的触角延伸到电影、手机、网络和杂志等其他媒体形式中。可以看到,以央视为领头的传媒机构及湖南广电、上海文广、凤凰卫视等都纷纷开始加大集团内资源的整合力度。在2010年的招标中,央视全面打通旗下各频道,整合包括央视网、手机电视、IPTV、车载移动电视、《中国电视报》等在内的各媒体资源,设计了相关的广告产品。湖南广电集团不但整合了旗下卫视、经视、金鹰网、芒果TV、快乐8杂志等,下一步还将成为国内第一家在网游领域"吃螃蟹"的电视台。上海文广集团更是拥有庞大的传媒网络,专门建立了整合营销部负责集团资源的整合。

2. 广播

随着广播市场的深入,广播广告创收的压力将越来越大,进入"后医疗广告时代"后,广播广告增收的压力顺理成章地转向品牌广告方面,提升广播媒体价值的责任也更多地落在广播自身品牌提升和广播影响力提升方面。广播要提升自身的媒体价值,需要借势:

(1)借重大事件之势,提升广播的影响力

2010年,对世界杯、世博会、亚运会等盛事更为及时到位、信息充实丰满的有效报道,也进一步增强了听众对通过收听广播获取相关信息的依赖性。

（2）借频率专业化、类型化兴起之势，继续提升听众对广播的依赖性

广播发展到目前，类型化频率已经在大江南北屡见不鲜，频率节目内容的针对性、频率风格的强一致性、整版广告专题节目的销声匿迹，都大大提升了听众收听的连贯性，听众可随时随地听到自己喜欢的音乐、想知道的信息。这样有利于听众形成稳固的收听习惯，提升了听众对广播的依赖性。

（3）配合广告主营销策略调整，针对客户量身提供服务

针对广告主对营销活动中多种手段协同并用的趋势，媒体的经营应该主动出击，结合自身优势和广告主的需求提供多样化的服务。调研数据显示，媒体向广告主提供的服务呈现多元化、普遍化的趋势，服务种类普遍看涨。此外，媒体策划服务、论坛活动、公关活动也有明显上升，媒体为客户提供的增值服务呈现多元化特征。

3. 平媒："危""机"共存布局全媒体

（1）顺应新媒体潮流，做好与新媒体的衔接

现阶段做好纸质报纸和未来互联网络的衔接现在正是报纸的影响力没有完全削弱，网络媒体没有完全发挥作用的时候，这是个历史性机遇，必须做好战略性调整，让报纸、杂志的编采人员主动参与到网络媒体的运作之中。因为现在的大部分网络媒体还没有新闻的发布权，这正是报纸和杂志等平面媒体利用好网络工具使用发布权发挥作用的时候。

（2）利用原品牌优势，做好全媒体拓展

2010年被报纸媒体经营者广泛热议的"全媒体营销"已经成为一种发展必然趋势。平面媒体要想不被淘汰出局，就得在报纸、杂志等平面媒体传播载体之外寻求其他内容输出和广告落地的平台。通过拓展、合作的方式向其他媒体类型（如专业杂志、户外 LED、DM 直投甚至是电视、广播）延展搭建传播平台。在广告经营上将平台资源打通向广告主推荐，为广告主的营销传播提供立体化的媒体传播平台。除此以外，还可以与通信和网络运营商联合，建立综合性地方媒体网站，形成一个成规模的、有品牌效应的、权威性的全媒体平台。

（3）盈利模式的创新

未来平面媒体的盈利模式可能是多样化的。"新闻定制"服务费：除了传统的广告收入外，在网上要尝试为受众提供"新闻定制"的服务。比如报纸的网络版，当读者订阅时，就要填一份信息表，表明自己喜欢哪一方面的新闻，以后报纸网站每天就只发送你所需的新闻信息，使网民避免了在信息的海洋里艰难地寻找自己想要的信息，节约了人们找寻信息的时间，便利了网民，这就形成了个性化的电子报纸，使人们真正享受到个性化的服务。这种定制，可以为未来的个性收费提供铺垫。

（二）新媒体

随着各种新媒体层出不穷，各种新媒体广告资源的开发利用成为一个巨人的蛋糕。新媒体是一个宽泛的概念，是利用数字技术、网络技术，通过互联网、宽带局域网、无线通信网、卫星等渠道，以及电脑、手机、数字电视机等终端，向用户提供信息和娱乐服务的传播形态。严格地说，新媒体应该称为数字化新媒体。还有学者把新媒体定义为"互动式数字化

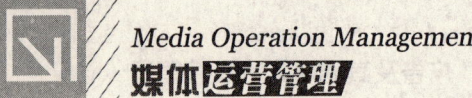

复合媒体"被形象地称为"第五媒体"。新媒体主要分为三类：互联网、数字电视与移动媒体。

相比传统媒体覆盖面广、千人成本低的特点，新媒体可以以更快的速度将更多的信息向更大范围、更精准地入群渗透，在乎的是沟通质量。这无疑符合了现代企业细分市场的营销理念，能够更好地满足企业面对不同顾客群体时的沟通需要，因此对企业更具吸引力。新的品牌传播渠道正改写着历史，顶尖广告主、广告公司等都在触摸行业新的增长点——多样化的新媒体方式以最短时间传递讯息并向消费者渗透，成为企业未来品牌宣传推广新的利器和新宠儿。

1. 网络

(1) 与定向营销全面结合

网络广告最大的特点就在于它的定向性，网络广告不仅可以面对所有网络用户，而且可以根据受众用户确定广告目标市场，例如，生产化妆品的企业，其广告主要定位于女士，因此可将企业的网络广告投放到与妇女相关的网站上。这样通过网络，就可以把适当的信息在适当的时间发送给适当的人，实现广告的定向。

这是一种一对一的理想营销方式，它使可能成为买主的用户与有价值的信息之间实现了匹配。网络广告的优势还在于它可以给受众选择的余地，如价格、购买渠道等，一旦受众对广告产品或服务产生兴趣，他们就可以进一步点击以了解更多的情况，还可以直接利用电子邮件进行线上定购，并通过划拨电汇方式付款，由企业通过邮寄或送货上门进行货物交割，不会出现其他广告常有的"脱节"现象。

(2) 广告形式多样化

随着中国网络广告规模的逐年扩大，多种多样的网络广告形式也在蓬勃发展。现在，诸如流媒体、VRML等网络视频技术的发展，为网络广告技术的发展提供了技术上的保障，随着互联网技术的发展及宽带技术水平的提高，网络广告的表现形式也越来越丰富。常见的网络广告形式：①横幅广告；②按钮广告；③对联广告；④漂浮广告；⑤文字链接广告；⑥弹窗广告，其中又包括普通弹窗、背投弹窗、右下角弹窗；⑦拉链广告；⑧富媒体广告；⑨导航广告；⑩视频广告等，在文字、图片、音频乃至视频上的表现形式各具特色，已经表现出充分的生动性和多样性。未来，富媒体广告、视频广告、网络游戏植入式广告以及网站提供的精准定制整合广告营销方案，将越来越受到广告主的青睐。

(3) 与传统主流媒体合作，整合传播

随着宽带网络的发展，宽带网络对网络广告的容量限制不复存在，网络广告也可以参照电视广告的模式进行制作。目前公认的观点是，随着宽带网的普及，以流媒体技术为核心的网络视频服务将会成为下一个主要的网络广告载体。将电视广告和网络视频广告融合，即将网络视频广告作为电视广告的一部分，一前一后互为补充，寻求最佳的传播效果，也是未来网络广告的发展趋势之一。IT、汽车、消费电子等产业正在将更多经费投放到网络广告中，并与其他广告形式整合传播，这样的方式在未来将受到越来越多产业的青睐，以期产生联动效果。

2. 数字电视

数字电视从技术特征讲,是指电视节目的采集、制作、编辑、播出、传输、接收的全过程都采用数字技术。数字电视有高清晰的电视画面,可与 DVD 相媲美;有优质的音响效果,有抗干扰功能,因此画面稳定,扩展功能多,可增加上网、点播等。

(1) 数字电视的优势

数字电视的最大优点是:数字化以后的电视信号占用网络带宽资源大大减少,使目前线路的传输能力由原来几十套扩展为几百套。向用户提供的数字电视节目内容更加丰富。另外,数字电视还可以开设增值服务,可以分成更多更细的专业频道一方面,在模拟时代的电视"受众"到了数字时代有了自己的主动选择权,可以点播自己喜欢看的节目内容,不再像过去那样只能被动接受;另一方面,由于有存储功能,看电视用不着再"赶点儿"了,可像电脑一样进行文字录入、上网浏览、收发邮件、电视购物、远程教学、远程医疗、股票交易、信息咨询等。它改变了图像、文字等信息的生产、传播、交换和消费的方式,使信息传播从单向单一形态向双向多元化形态转变、从资源垄断向资源共享转变。

(2) 探索互动广告形式

新媒体广告业务孕育着的巨大价值,有线数字电视应该立足创新,深入探索开发出新媒体系列广告。相对传统的电视媒体广告形式,有线数字电视新媒体广告目前主要是依附于数字电视的人机操作界面上,脱离了线性广播的传统电视频道内容,独立于频道视听内容之外的各种广告信息传播形式,如开机页面广告、换台信息栏广告、音频广播背景广告、电子节目指南广告等。随着技术的演进和发展,在双向网络上也将出现更多的互动广告,如在搜集用户信息的基础上,定向推送针对性的广告内容,用户还能够进行线上交易。当然,在目前还存在大量的单向机顶盒和单向网络的情况下,通过数据广播技术也能达到一定的互动效果。

有线数字电视可以对不同形式新媒体广告的响应时间和持续时间都做相关的要求。系统还可以实现在不对终端机顶盒进行升级的情况下灵活地进行新媒体广告功能的启用和关闭。广告功能关闭后将使用不带广告位的广告形式;可以设置每个广告图片显示的优先级和频率;能控制终端广告图片的显示,支持默认图片的更新功能;在播出编排上支持数据内容格式和数据量的自动监测。目前,新媒体广告的表现形式主要表现为主页类、UI 嵌入类、角标类、跑马灯类四类。

3. 手机等移动媒体

(1) 手机媒体的优势

当前我国的手机拥有量已位居世界第一。手机作为一种新型媒体,它的新角色身份也呼之欲出。它集多媒体、移动性、随身性、私密性、交互性、定向传播、定向记录即时反馈等特色于一身,是一种比较理想的新型媒体。

从世界发达国家广告市场变化情况看,新媒体特别是互联网广告在社会进入数字化时代后,必然获得急促扩张。如美国 2007 年网络广告收入达到 210 亿美元,占整个广告收入的 40%,且近几年这一比例基本未变,目前新媒体的广告收入只占中国广告经营额的 2%,

但其年增长率已达到30%,从发展趋势看我国必然会形成发达国家这一态势。

(2)手机媒体可开发的广告方式

手机媒体的移动媒体广告形态是依靠移动媒体的发展而产生的一种广告形态,主要以手机为载体。手机终端的主要表现是功能越来越多,越来越强。起决定作用的不是来自传媒,而是来自移动运营商。移动、电信、联通以及广电的CMMB。具体形式为短信广告、彩信广告、彩铃广告、手机网站类广告。

目前,移动广告运营商要由移动通信运营商、移动广告代理商、无线门户及Freewap站点运营为主,移动通信运营商阵营主要以中国移动、沃达丰、Sprint、Verizon为代表,在广告代理体系中以Madhouse、架势无线为主要代表,无线门户及Freewap站点主要以3G门户、空中网、新浪、搜狐为主要代表,Freewap站点以公司状态运营的有500家左右,如果加上注册独立域名的站点将会达到5000家左右。除此之外其他产业巨头也将移动广告作为新的业务切入点涌入这个市场,比如Google、诺基亚、阿朗、高通等也对移动广告市场虎视眈眈。

(3)从消费者的需求出发

对于免费接收带广告的内容与付费接收不带广告的内容两种选择相比,消费者还是倾向于免费,宁可内容中夹带广告。只有1/5的消费者愿意付费以免去广告。根据iResearch市场咨询的研究显示,手机用户对订阅的分类短信广告具有良好接受度,从用户愿意订阅分类短信广告情况来看,男性用户比女性用户更倾向于接受IT产品价格资讯、手机增值服务以及游戏推荐等分类短信广告;女性用户则倾向于接受气象服务、商场促销信息、音乐及旅游资讯等内容。

(三)农村市场

1. 现实意义

广大三四线市场以及农村成为广告市场蛋糕扩大的蓝海。随着城市的广告竞争已越发惨烈,媒体越来越丰富,上游市场竞争环境日益激烈、市场容量基本饱和,实力不济的广告公司生存空间越来越狭窄。再反观农村市场,却成为广告竞争的荒芜地带,这对那些在城市市场的竞争中显得力不从心的广告公司,特别是中小广告公司来说,无疑是提供了一条值得认真考虑的蹊径。占人口多数的乡镇和农村市场越来越显现出重要的市场地位。特别是近年来农村居民收入大幅度增加,农民支付能力迅速增强,农村作为一个有着无限消费潜力的庞大市场日益受到各方的重视。

对于我国这样一个有着特殊国情的国家来说,不同地方的农村市场不尽相同,民风民俗也存在巨大差异,所以就有必要对农村广告市场做一个界定:这里的农村广告市场移植了营销学对农村市场的界定,在营销学中,将市场分为四级,大城市为一级市场,中小城市为二级市场,小县城为三级市场,乡镇和农村为四级市场。既然是农村广告市场,理所当然的就是以四级市场为主的乡镇和农村广告市场。

2. 农村市场消费特点

(1)消费支出结构不合理

农村居民的消费结构变动的基本趋势是:逐步从低层次型的消费结构向较高层次型

的消费结构转变,即必需品的消费比重趋于下降,小康性和发展性商品和服务的消费比重趋于提高。总体来看,增加最快的四项消费分别是交通、运输、食品、医疗保健。

(2)市场不理性

农村市场处在产品消费的萌芽期或成长期,产品知识与消费知识尚未普及,市场处于不理性期,主要表现在:一是品牌观念模糊,农村市场消费者对品牌的理解是"知名度",知名度高为名牌;二是农村市场消费者购买力不强,对产品的质量和耐用性要求较高,在售后服务方面处于启蒙阶段。

(3)消费心理要调整

由于我国农民很长一段时间以来都是广告的荒芜地带,又受到近二十年来改革大潮的冲击,其消费心态很不理性,需要调整。一是表现在从众心理:在农村市场,消费者会根据一些"知名人物"的使用而选择趋从消费,跟风现象明显;二是价格导向明显,在农村的买卖关系中,讨价还价是一种常态,虽然追求以最低的价格购买最好的产品是每个消费者的目标,但是在农村为了追求低价而往往不考虑其质量。

(4)购买集中

在农村市场,购买成阶段性、集中性特点。节庆前后、丰收前后出现集中购买的高潮,但随着农民收入的增加,这种现象正在减弱。特别是近年来,农村的节日气氛正在减淡,节日期间与平日的消费差异不大。

(5)新一批消费势力崛起

这主要是由三个方面的原因造成的:一是农村居民的文化素质不断提高,特别是农村义务教育的实施,很多农村孩子上了高中、大学,他们对一些新的消费观念有较快的接受能力,在消费上与他们的长辈有很大的不同;二是我国人口流动加剧,大量农民外出务工,他们在城里不但取得了比在农村更多的收入,消费观念启蒙也较早;三是电视、手机等新的传播工具在农村的日益普及,农村信息流通加快,农村的信息不像以前那样闭塞。

3. 农村市场消费重点

(1)基本生活消费品

"柴米油盐酱醋茶",民以食为天,基本的生活资料永远是农民消费的重中之重。2005年,基本生活资料占农村居民总消费支出的45.9%。

(2)建筑材料消费

可以说建房是农民的终身大事,儿子能不能娶上一个好媳妇,往往要看父母家的房子怎么样。所谓先立业后成家,对农民来说立业成家往往是指有没有建一栋宽大的房子,如果没有装修漂亮的新屋,婚姻大事就可能成为问题,所以很多农民外出打工最大的目的就是为了能够回家建新房子。建房是农民毕生的追求,只有建房的需求满足后,才会转向其他日用品及耐用品。

(3)教育支出

可以说,我国农民还从来没有这么重视对子女的教育过,他们为了能够让孩子上学,往往省吃俭用。据调查,在读农村大学生半数以上都有了电脑,有的农民为了能够让子女上大学,甚至不惜到处借债。

(4) 节庆消费

在农村,节庆消费也是一笔不小的支出,主要包括丧事、婚庆、寿宴、月酒、建房等。以婚庆为例,所需消费就包括以下几个方面:一是嫁妆,如彩电、棉被、皮箱、床垫、家具等;二是食品,主要用于招待亲朋好友。

(5) 生产资料消费

如农用化肥、农用机械、农药、种子等。

4. 农村市场可供使用的广告媒体

现在的农村交通正在变得四通八达,农村信息传播也越发现代化。出于对农村市场利益的巨大诱惑,物流企业、移动通信企业、甚至笔记本电脑制造商都纷纷把目光瞄准农村市场。这些变化必然会带来农村信息传播的革命性巨变,而这种变化首先就表现在传播的手段,即媒介上。

在农村市场上,可供使用的媒体主要包括:

(1) 传统大众媒体

①电视媒体:电视主要包括中央电视台、省级电视台、市级电视台以及县级电视台等。同时随着经济的发展,一些乡镇电视台也成为为农民服务的重要媒介。央视媒体在农民心目中地位比较高,一般认为能够在央视做广告的都是有实力的企业;省、市级电视台在本省影响力较大,省内台农民关注度较高;县级电视台和乡镇电视台适合小型企业发布广告,而且比较容易播出一些富有乡土气息的节目,在小范围内很受欢迎。

②广播广告:收音机的普及率在农村是比较高的,尤其是在广大农村地区、山区的农民、渔民、牧民、或是边远地区的居民。而且随着"科技兴农"意识的兴起,以及很多地方成功的实践,使农村居民越来越关注科技信息,收听广播的热情高涨。所以出现了很多经济台、信息台、商业台等与信息科技相关的广播台。所以企业在传达信息的时候就应该优先选择这些广播台。另一方面,据调查,车内收音机收听者增加,而且农村搭车的班次不是很明显,一般是坐满才发车,所以等车的时间较长,这样广播就成了消遣的一种方式,受到车主和消费者的欢迎。对于这部分信息的接收者来说,主要是安排在娱乐节目中。

③报纸广告:由于交通的更加现代化,有利于报纸更深入地发行到农民手中,特别是现在居委会、村委会的建设更加完善,为农民朋友阅读报纸提供了方便。更为重要的是,随着国民素质的不断提高,农民朋友的阅读能力正在增强。

(2) 特殊媒体

①墙体广告:这里的墙体广告不完全是指涂在墙上的广告,还包括写在道路护栏、电线杆、驿站、岩石壁等上面的广告统称为墙体广告,这种广告比较醒目,而且操作比较简单,农民也比较容易接受,脑白金、红桃K几乎把墙体广告用到了极致。

②横幅广告:横幅广告在农村也是比较常见的,通常出现在车辆较多的公路上、乡镇的集市或者居民点上,横幅广告成本较低,传播面广,但是传播信息有限,如果需要大范围的传播,则会造成管理不便。

③流动广告:主要有两种,一种是车身广告,现在农村中巴车、小巴车比较多,可以作为一种不错的广告媒体,通常客车都是连接乡镇与县城的纽带,传播范围比较广;另外一种是乡镇文艺演出队、流动宣传车、三下乡活动、送科技下乡活动,这些都可以通过赞助的方式作为广告传播的一种手段。

(3)新媒体广告

手机广告:现在农民用手机已经不是什么新鲜的事情了,随着手机在农村的普及,这就为企业发布广告信息提供了一种新的选择途径。手机媒体广告可直接到达目标群体。其他形式的广告难以区分受众,对于广告到达效果只能通过销售业绩的变化情况来进行推测,但手机广告就可以将广告直接送达目标人群,可通过跟踪记录客户消费信息,甚至直接同消费者通信,准确获知广告效果。

总之,在实施媒体组合策略的过程中,尤其要注意根据当地的市场环境和风土人情进行农村广告媒体的创新。诸如形式简单的墙体广告、物美价廉的车贴广告、实惠的赠品广告、赠品包括年历、春联、挂历雨伞文化衫打火机等促销品,这种方式正日益受到农民的青睐。而这些创新媒体的运用必将进一步推动媒体组合方式的多样化。

三、广告市场开发步骤

广告市场的开发需要根据目标客户的特点,结合自身的特点,运用市场营销学原理,通过建立良好的广告服务体系,进行精准的广告市场定位,推进忠诚的广告市场营销以及开展多样的广告促销活动来开发客户,实现盈利。

1. 目标市场定位

目标市场定位(简称市场定位),是指企业对目标消费者或目标消费者市场的选择;而产品定位,是指企业对用什么样的产品来满足目标消费者或目标消费市场的需求。媒体要想开发广告市场,就应该根据自身的时机情况,对自己的产品(即节目)进行合理的定位,从而在一定的受众群心目中树立一定的地位,而这一群观众其实就是广告主需要寻找的目标消费人群。

2. 寻找目标客户

在对自身作出合适的定位之后,就需要寻找合适的目标客户,比如根据自身的节目和观众资源,比较适合某个行业的客户,做到有的放矢。在确定可能性大的行业客户之后,就需要针对其进行重点开拓。必要的时候需要通过拜访客户、召开媒介资源发布会等方式。

3. 解析营销计划

广告活动不是独立存在的,它是企业营销活动的组成部分,因此需要通过与企业的沟通充分了解以下信息:广告主要去向哪里?打算如何实现目标?广告在企业营销组合中处于什么位置?成熟的企业都有自己明确的营销计划,一般包括:(1)描述目标;(2)将营销计划的目标聚焦在消费者身上;(3)鉴定目标市场;(4)了解竞争对手;(5)市场形势分析;(6)制订行动计划。

4. 进行市场调研

明晰了广告主的营销计划之后,还需要进行调查和分析进一步为广告策划活动做具体的准备。包括:(1)环境调查,包括企业所处行业的市场情况、竞争对手、企业内部环境等;(2)消费者行为研究,包括消费者的人口统计特征、兴趣爱好等特征,购买动机、利益关心点等;(3)产品研究,包括竞争对手的产品、产品的特性、是否满足目标消费者的需求等。

5. 制订广告计划,参加提案

广告计划是实现广告目标的行动方案,是一个行动方案。一份完整的广告计划包括市场分析、竞争者分析、消费者分析、产品分析、广告定位、广告创意、媒体选择等等,是广告公司给广告客户最完整的关于广告活动战役的蓝本。广告提案,即广告公司向广告客户做有关广告活动企划、创意构想、调查结果等报告。也就是把创意策划准确生动地向客户提交与说明,以求赢得客户的赞赏与支持。

6. 制作广告

在广告计划和广告策划都通过以后,就需要把现有的思想层面的东西体现在广告作品上,这是一个思想、创意向实物性的作品转化的过程,广告的表现形式多种多样,既有平面广告,又有视频广告,还有各种异型广告,在现在这个整合营销传播时代,通常都是各种广告形式相结合,广告的表现与所选择的介质和媒介的关系越来越紧密。

7. 进行媒介投放

广告公司应该帮助广告客户针对媒体的选择、媒体的刊播时间以及广告量在各媒体上的分布等。媒介投放必须以营销目标和广告目标为依据,需要针对目标受众选择媒体,需要对媒体的特性、媒体的受众和讯息特点做一个通盘研究,然后做一番媒介组合,此时需要考虑广告费用和媒介排期,最终购买媒介时段和版面。必要的时候做一些辅助性的事件和活动营销。

8. 评估广告效果,作出效果报告

广告效果评估,是指广告活动实施以后,通过对广告活动过程的分析、评价及效果反馈,以检验广告活动是否取得了预期效果。最后一项任务是评估广告战役的整个执行结果,包括执行进度和效果,作为下一次广告活动的依据,对客户有一个交代。

四、广告市场开发策略

对于媒体来说,广告是支撑整个媒体运转的重要和必备调节,因此广告客户是至关重要的,这就涉及广告客户的开发和媒体的广告运营。从某种角度来说,广告经营是一种特殊的市场营销,因此,市场营销中常用的策略在这里都有借鉴意义。

(一)主要策略

1. 产品策略

广告资源是一种产品。电视广告和广播广告等通过音视频表现的广告作品,卖的是时段;报纸和杂志广告通过平面呈现的广告作品,卖的是版面;互联网广告以其多媒体的特性卖的是位置和时段等多种;其他还有如户外广告、手机广告等,也根据其广告媒体的不同材质和不同特性,呈现出不同的表现形式和效果。

最终,广告卖的其实是一种注意力资源,对于电视、广播来说,它是一种动态的资源性

产品,广告时间不能保存、也不能运输,只能即时实现其广告价值,一旦过期就不再存在。对于平面广告,虽然可以保存广告,但是如果潜在消费者没有看到,或者是过目就忘,没有引起任何人情感和行动上的变化,其实这个广告就是失败的。

2. 价格策略

价格策略是广告经营的重要策略,主要是指怎么制定科学合理的价格体系,怎样实施价格策略,怎样通过价格杠杆吸引客户的广告投放。价格策略是广告经营中最敏感的杠杆,在广告出现旺销的时候,变化价格也能获得高额利润,在广告销售遇到困难的时候,变化价格策略往往最能立竿见影。

3. 代理策略

广告代理公司是广告的分销商,代理策略属于市场营销中的渠道,其目标主要是要使销售渠道更加畅通,企业(广告主)购买广告更加方便。代理策略实施得好,可以调动广告代理公司的积极性,建立起科学有效的客户网络。广告代理费是实施代理策略的一个重要砝码,电视台或其他媒体根据广告代理公司的业绩,增加代理费、发给奖金等就属于代理策略。

4. 客户服务策略

为客户提供更好的服务是市场营销的宗旨,广告经营是一种服务市场的营销,更应该为广告主提供更好的服务。好的服务不仅包括提高为客户办事效率、待人积极热情等常规方面,还体现在树立良好的客户服务意识和品牌形象。广告经营人员有好的专业素质,能为广告主提供有价值的专业咨询,准确、及时地为广告主提供科学、客观的监测数据等。

5. 品牌营销策略

品牌营销策略,在广告中也是十分重要的一环,广告媒介本身也应该进行品牌宣传和推广,来吸引更多优质的广告客户资源。例如电视台的广告经营,就需要电视台进行节目和电视台自身的包装和宣传推广,可以通过打造品牌节目、名牌栏目以及召开节目资源推广会和寄送给客户相关宣传资料等多种方式打造媒体品牌。近年来,媒体自身的品牌化也成为一种趋势。

(二)市场开发策略

1. 保留现有客户,争取深度合作

对于现在已有的广告主客户,媒介和广告公司应该尽力保持和他们的合作,并且在深度上挖掘双方可以合作的资源。常用的市场开发途径有增加广告时段、增加广告版面以及做各种多元化形式的活动,拓展和市场营销。

2. 拓展新领域的客户

针对那些现在还没有成为客户的广告主,媒介和广告公司更应该尽力争取联系,让这些潜在的广告客户了解自己,尽力推销自己的媒介和广告资源,此时可以通过举行一些活动,例如客户见面会、客户答谢会以及资源推广会等推介资源,还可以通过内部人员的个人关系来联系客户,但是要注意一定要建立起一定的奖励机制和跟进机制,不能造成内部争抢客户资源和利益分配不均等问题。

(三)媒体选择策略

以上是从广告公司和媒体的角度考虑的,以下从广告主的角度来考虑具体在选择媒体应该考虑的因素。广告主在决定用哪种媒体投放广告时,主要考虑以下几个问题:

1. 足够大的客户群(覆盖人群)

足够大的客户群就需要足够大的覆盖人群。一方面是这个业务是否有足够多的用户(比如这个网站的注册用户有多少),是否有足够大的用户基础。另一方面是这些用户是否是企业"真正"要寻找的那批用户,比如活跃用户、忠诚用户等。足够大的用户基础也是广告获得好的投放效果的前提条件。

2. 足够详细的用户信息

只有用户数是不够的,广告主还希望能获得详细的用户信息,包括用户的姓名、手机号码、手机型号、地址、性别等,这些是用户的外在信息。另外还有用户的兴趣爱好、身份、职业等人文特征,则可以通过分析用户的媒介消费习惯和方式而得到,这些都是对广告主非常重要的营销信息。

3. 智能分析系统

当用户在使用某个业务时,这个分析系统可以通过用户的行为(比如点击、浏览、购物等行为)了解用户的偏好(用户的内在信息),同时分析系统可以将用户的外在信息和内在信息结合起来,这样可以对用户进行分类,了解用户有什么样的使用习惯,从而可以向用户推送定制化的广告,提高广告的接受程度,这也是移动广告区别于传统广告最大的地方。在传统媒体中,比如在电视、报纸、杂志等媒体中,广告都是通过大规模投放来提高展示程度,而广告主很难了解他的用户,也无法获得用户的反馈。而手机这个媒体具有传统媒体不具备的精准性和互动性,广告主可以了解用户特征,只向目标用户展示广告,这样既可以节省成本也可以提高广告的接受程度。

4. 效果评估系统

广告主在投放广告后,最为关心的就是广告投放效果和消费者的反馈。这就需要广告服务商具有广告评估能力,帮助广告主获得反馈,并为他们进一步改进产品或宣传计划提供参考。

因此,用户数量、用户特征、是否有定制化广告以及效果评估等是广告主最关心的问题,他们往往会对广告平台提供商提出这样的要求。除此以外,广告主还应关心的其他问题还有:广告投放的频率、载体、形式等。

(四)选择广告媒体的要素

1. 市场方面的因素

(1)要考虑消费者的属性

要根据个人品位来选择适合的媒体,不同教育或职业的消费者,对媒体的接触习惯都不相同。一般来说,教育程度较高者,偏重于印刷媒体;教育程度较低者,偏重于电波媒体,因此要配合消费者的性别、年龄、教育程度、职业及地域性等来决定应用何种媒体。

(2) 要考虑商品的特性

各种商品的特性不一样,应该按商品特性来考虑媒体。例如消费者(生活)用品广告和工业用品广告的媒体策略完全不同,前者是全体的消费大众,后者是特定的工厂、老板、或董事,很显然,千万元的别墅广告和普通公寓广告的媒体使用应当有所不同。

(3) 要考虑商品的销售范围

商品市场究竟是全国性的销售,或是限于地方区域性市场的销售,这关系到广告接触者的范围大小,由此才可决定选择何种较经济有效的媒体,以免使用不适当的广告媒体而毫无传播效果。

2. 媒体方面因素

(1) 要考虑媒体量的价值

如报纸的发行量、杂志的发行量、电视的收视率、电台的收听率,才能了解效果。

(2) 要考虑媒体的价值

即考虑媒体的接触层次,应仔细分析其类型,以期与产品消费者的类型符合。同时需考虑媒体的特性、优缺点,节目或编辑内容,是否与广告效果有关。

(3) 要考虑媒体的经济价值

要慎重考虑各媒体的成本费用,不仅要考虑"绝对成本",即媒体的实际支付费用,同时亦应考虑"相对成本",如用印刷媒体的每天读者数,或电波媒体的每分钟每千人的视听成本。

3. 广告主方面的因素

(1) 要考虑广告主销售方法的特征

销售方式究竟以推销员为主还是以零售商为主,这要看用什么样的销售策略,销售策略不同选择媒体的标准也不同。

(2) 要考虑广告主的促销战略

如计划一个赠送样品的广告活动,要找能配合赠送活动的媒体。

(3) 要考虑广告主的经济能力

任何广告活动,广告主都要量力而行,根据广告活动的基本目的和广告预算总数,决定广告费用的分配额。

第三节 广告市场的开发原则

一、广告活动必须遵循的原则

广告市场的开发原则就是媒介和广告公司在进行广告市场的拓展时必须遵循的原则。广告市场作为市场的一种形式,也必须遵循市场的基本原则。《广告法》第五条规定:"广告主、广告经营者、广告发布者从事广告活动,应该遵守法律、行政法规,遵循公平、诚实信用原则。"这是关于广告活动应遵循的基本原则的规定。在广告经营活动中,广告从业者应该遵循的基本原则是:守法原则、公平原则和诚实信用原则。

1. 遵守广告管理法规的原则

广告市场经营活动涉及社会主义市场经济的政治、经济、文化等方面,是社会主义经济的重要组成部分,直接影响社会主义市场经济的运行。广告活动的参与者必须遵守国家法律、法规,任何违反法律、法规和行政规章的广告经营行为,都应承担相应的法律、行政责任。

2. 公平竞争原则

公平,是市场交易的灵魂,是衡量市场交易活动是否有序、是否规范的试金石。广告是推销商品、服务,塑造企业形象的重要手段,是市场营销的重要组成部分,因此,广告市场经营活动的主体必须按照公平竞争的原则从事广告活动。利用虚假、引人误解的广告宣传,欺骗消费者购买商品,则是一种明显不公平的行为。利用回扣、贿赂等手段承揽广告业务,利用自身优势地位搞垄断,阻碍他人参与广告市场公平竞争等行为,都违反了这一原则。

3. 诚实信用原则

诚实信用,是现代市场交易活动的基本精神,也是社会工人的商业道德观念在法律上的体现。它是指广告主、广告经营者、广告发布者在广告市场经营活动中应保持善意、诚实,恪守信用,反对任何形式的欺诈性行为。在广告市场经营中做出虚假、引人误解的意思表示,在广告交易中提供各种不实资料的证明,在广告交易中不遵守合同和事先约定的承诺等行为,都是违反该原则的表现。目前,广告行业中出现的公众人物代言虚假广告、广告质量低下、广告市场比较混乱等现象……这些都严重影响了我国广告市场的发展。

4. 遵守广告活动道德规范的原则

广告活动的道德规范是广告活动的基本道德准则。我国的广告经营人员都应该自觉遵守。广告行业组织应该在政府广告监管机关的指导下,积极开展行业自律,促进广告行业的职业道德建设。广告主应当自觉维护消费者的合法权益,不得以不正当的方式干扰其他广告主合法的广告活动;广告经营者应该避免使用不符合我国社会主义精神文明建设的创意;广告发布者应当尊重我国民族传统和大众的消费习惯。

5. 市场导向原则

企业的存在和发展必须以市场为导向,这是市场经济条件下企业主体的根本指导方针。广告作为市场经济中最活跃的行业之一,在进行市场拓展时,也一定要建立在了解市场情况、预测市场未来、分析市场动态的基础之上。把握目标消费者的需求,以市场的实际和潜在需求为出发点。以市场需求作为编制计划的基本出发点。

6. 创新原则

在进行广告市场开发时,还需要运用动态的观点坚持不断创新。主要包括以下几点:(1)开拓新市场,创造新需求,发现新的广告营销机会。(2)开发新产品。随着社会的进步和科学技术的发展,要求广告行业也不断地开发新广告资源产品。(3)新价格的确定。(4)改革流通渠道,迎合新媒体潮流。最近我国广告业发生了很大变化,导入了不少新的广告业态,如电视购物、直邮、口碑营销、事件营销、互动营销等。尤其成为热门话题的电子商务、网络营销,这是在今后必定大力发展的新的渠道模式。(5)开发新的促销方式或在现有方式上增加新的内涵等。

二、广告市场开发建设原则

目前,我国的广告市场还存在着虚假广告、虚假代言和广告监管机制不到位的多种问题,要改变广告市场建设滞后,消除广告市场的公害,培育开放统一有序竞争的广告市场,是当前广告界面临的重大问题广告市场的培育和开发,要依据广告市场运行规律,全面、循序渐进、精心的培育。

1. 全面增强广告市场意识

广告市场的开发建设不是纯经济行为,其实质首先是观念的革新。意识、观念来源于实践又指导实践。陈腐观念是愚昧落后的伴侣,与现代广告市场建设格格不入;对广告市场责任意识淡薄,就无从谈市场培育。时至今日,应该全面地从广告管理者的管理思想上、广告经营者的经营观念上和广告创意、策划、设计、制作人员的意识上,提出一套更新历史上遗留下来的自然经济和产品经济的传统观念、落后意识的措施办法。中国广告市场新秩序应该是开放的、统一的、有序的、公平的、竞争的、完备的特征思路。排除陈腐观念的束缚,是培育我国广告市场的必要前提。

2. 全方位规范广告市场主体行为

广告市场要发育,没有规范广告市场主体行为是不行的。对此,应当确立广告主、广告经营者、发布者真正的广告市场主体地位。即必须加快产权制度改革,建立与市场运行相适应的现代企业制度,使之成为产权明晰、自主经营、自负盈亏、自我发展的广告市场主体。同时,要完善《广告法》,加紧制定一系列配套法规,形成广告法律体系以规范广告市场主体行为,维护广告市场公平竞争和有序化的运行。当今的广告市场,其主体的各种社会关系错综复杂,要认真地组织执法检查,真正做到执法到位、有法必依、违法必究,维护法律的严肃性和统一性,广告市场主体的行为才能切实得到规范、广告市场才能有效地得到净化。要做到全方位规范广告市场主体行为,还要加快政府机关职能转变、规范政府行为、完善宏观调控体系并强调以立法和司法来保证执行政府调控市场主体的各种手段,防止以言代法、以权压法。这是广告市场健康发育的基本保障。

3. 大力提高广告市场上的广告质量

广告产品质量、广告服务质量,反映着广告市场的面貌和内容。以优质全方位服务,对适销对路、优质的产品,能创作出名符其实而有魅力的广告。对假冒伪劣产品,能坚决杜绝用广告来"拔高"、欺骗,而使虚假广告不再流入广告市场趋于泯灭,处处呈现的是高文化品位、富有艺术魅力的广告作品。这样的广告市场,形象良好、公众赞誉、有助于市场经济发展,就是健康的广告市场。因此,在广告市场建设中,要采取各种有效措施,鼓励博采众长、提高广告作品这一属于知识形态的智力产品的创意、设计、制作水平。同时,要以全面实行广告事前审查制、完善广告监控系统、组建广告审查机构网络来保障;要以建立国际水

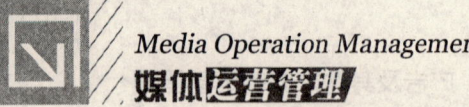

准的广告质量研究评定权威机构、制定广告质量标准体系、技术进步标准体系和考核来培育。这也是建设广告市场不可忽视的内容。

4. 努力完善广告市场经营机制

广告市场只有在科学合理的经营管理体制中，其机构才能恰当的发挥作用、结构效能才能优化、经营机制才能正常运转。因此，在培育广告市场中，要坚持发展的观点，采取有力措施放开经营、继续把广告业推向市场。用市场机制吸引一切有利于广告业发展的知识、人才、技术、资金等资源并得以合理配置，尽快壮大广告业实力。同时，努力推行广告代理制这一国际通行的广告经营体制，逐步在广告业内部建立科学的企业运作机制。建立与完善既有利于增强广告企业活力、又有利于广告业有序运行的宏观调控机制和指导协调服务体系，实现广告行业结构的优化和利益结构的合理，并在此基础上形成比较稳定的广告经营新秩序和广告宣传新秩序。这样，由于稳妥地解决经营职能交叉、功能错位和替代问题，广告市场新秩序的建立就有可靠的保证。

5. 坚持强化广告市场的管理

管理也是一项极为重要的资源。在广告市场的建设中，按市场经济新思路绝不是要削弱管理，更不是不要管理，而是要适应新形势，改革其不合理、不科学、不完善的部分。改革广告行政管理体制，加快政府广告管理机关职能的转变，用科学的政策实现有效的管理并崇尚法制，做到"管"有章法、有制度、有力度，"活"不放弃原则、不软弱、不放任自流。既要加强基础管理，又需完善宏观调控体系和监督保障体系，还要大力发展市场中介组织，以适应广告市场上因广告活动频繁而事务急剧增多的局面。通过强化科学有效的管理，充分发挥广告市场的经济联系功能利益调整功能、信息传递功能、自动调节功能、社会评价功能等，为广告业发展服务。

6. 开发智力资源，重视广告市场的理论建设

丰富的广告实践需要科学的广告理论。加强广告理论研究，用科学理论武装广告行业、指导广告市场的建设，才不致陷入误区。人才是知识理论的创造者、传播者。现代广告业如同社会上各行各业一样，都是由人创办运作的，都是由人的要素与物的要素所构成的。在建设广告市场中，既要重视技术设备的更新以提高物的素质，更要重视理论建设、强化人才培养，以提高人的素质，并把理论与实践、人与物优化结合起来。因此，要下大决心增加智力投资、开发智力资源，建立广告人才培训中心。同时，要建立广告科学研究、开发基地，大力提倡广告理论研究风气，完善广告系统的咨询信息网络，开发信息资源，造就一支高素质、精通理论、会创作设计、巧经营、善管理的广告人才队伍。

第四部分 广告及其他媒体的运营管理

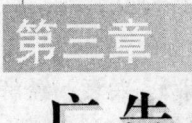

第三章 广告运营

自开创大众传播时代以来,现代广告历经了一个世纪的发展,伴随着市场的竞争变化,全世界各大小广告公司在摸索中逐渐发展壮大。经过一百多年的发展,现代广告逐步形成了自身的运作规律,尤其是广告代理制的引进,开创了广告运作的科学性大门,广告市场的竞争变得规范有序。随着整合营销传播的兴起和媒介环境的转变,也使得广告运作的规律更趋于现代和合理。

广义的广告运作我们称之为广告活动,视为整个广告过程的概括;狭义的广告运作则视为广告公司的一次完整的广告策划活动。本章论述广告运营,指的是广义的广告运作。本章先对广告运营有一个总体的介绍,然后分别从代理运作、媒体运作和客户管理运作三大方面分别进行具体的阐述。

第一节 广告的运营方式

一、广告运作的环境

广告运作的环境包括内部环境和外部环境,内部环境称为微观、可控环境;外部环境称为宏观、不可控环境。

1. 广告运作的内部环境

(1)广告主及其产品和服务。

(2)广告代理公司以及相关的广告服务机构。广告代理公司各职能部门主要包括:人事部、经理办公室、财务部、业务部四个部门。业务部门分为四个部分:客户服务部(是龙头)、创作部(核心)、市场部(形成整体性、系统性和相关性)、媒介部。

(3)广告媒介。

(4)消费者(从市场看广告面对是消费者;从信息传播看面对的是受众;传播所要接触和到达的目标受众是广告的诉求对象,影响和改变目标消费者)。

(5)竞争对手。

2. 广告运作的外部环境

（1）人口环境。现代广告运作强调以消费者为中心，而所谓人口环境就是最基本的消费者。根据人口地理分布、人口流向和流量等人口流动的情况，广告主可以为自己的产品或服务寻找准确的目标市场。

（2）经济环境。经济环境决定着广告运作的有无、兴衰。经济的景色与否决定了广告运作的兴衰。经济发展影响人们的生活方式、消费行为和消费观念。

（3）政治法规环境。法规环境又称控制环境，是为了保证广告运作的正常、有序进行而制定的法律、法规以及设立的相关管理机构。1982年国务院颁布的《广告管理暂行条例》到1987年发布的《广告管理条例》，再到1995年开始施行的《中华人民共和国广告法》。

（4）科学技术环境，是指整个社会科学技术的发展水平和社会文化环境。对广告运作的主要影响表现在对广告公司影响上，也间接地影响了广告运作。

二、广告运作的特性

广告运作作为广告公司运作业务的战略性统筹谋划，具有以下不同于一般计划的特殊性：

1. 战略性

广告运作是从广告角度对企业市场营销管理进行系统整合和策划的全过程。因而它要配合企业的整体营销进行战略层面上的运筹，眼界应高远、宽广，其作用具有原则指向性、抗衡协同性。

2. 全局性

广告运作对于未来的广告计划、广告执行具有统领指导作用，因而它必须是既向前看，又要向后看，既要有前瞻性，又要有全局性。广告运作者在策划时必须尽量全面地考虑一切因素，包括常规的和突发的，在脑海里要时刻装着整体的概念，这样的策划才不会轻易地被外界因素所干扰。

3. 策略性

广告运作的灵魂和核心是战略指导思想、基本原则和方向的确立，是决定"做什么"的问题；一旦战略确定，就要有与此相匹配的可操作性的、巧妙的战术和方法，同时要制定出关于"如何做"的一系列策略，例如广告表现策略、广告媒体策略等。

4. 动态性

广告运作要适应变化多端的未来环境和条件，应该是富于弹性的、动态有变化的。广告运作是伴随着整个广告活动全过程，包括事前谋划、事中指导、事后监测，因而是周而复始、循环调整的。在整个广告活动过程中都有相应的阶段性策划工作重点，应该把策划作为广告活动的调控器来运用。

5. 创新性

广告运作活动是一项创造性思维活动。创造性是广告运作的关键和保证，创造性的策划具有从别人的所有特点中找出空隙的能力，具有找出别人所没有做过事情的功能，其具体表现在广告定位、广告语言、广告表现、广告媒体等各个方面。

三、广告活动运营的主体

1. 广告主

主要是指商品生产者、服务机构、转卖商(包括零售商、批发商和经销商)以及政府机构和社会团体。它是整个广告活动的起点。广告主发起广告活动,它寻找代理商,通过与广告代理商的交换与合作,达成自身的广告目标,满足经济利益,获得更多效益。

2. 广告公司

是广告市场的经营主体之一。目前有综合型的全面代理公司,专门化的代理公司包括创意公司、媒介购买公司以及企业和媒介专属的广告公司。在广告市场的整体活动中,广告公司居于核心的地位。通过承揽广告业务,广告公司与广告主形成了合作关系,通过自身的专业化广告运作,广告公司完成整个广告的策划活动;通过代理,广告向广告媒体购买广告版面和时段,将广告信息向最广大人群投放,争取目标受众,以达成广告目标。通过自身的服务代理行为,广告公司获取经济效益。目前,我国广告市场的现状是,尚未建立起以广告代理为核心的合理的运作机制,以及以广告代理为主干的合理的市场结构和体系,广告市场仍处于发育阶段。

3. 外援

随着整合营销传播的盛行以及广告业中专业化程度的提高,即使全面代理广告公司也无法完整出色地完成每一项活动。因而,外援日益在广告活动中担负起重要的角色。虽然广告公司可以给广告主提供许多服务,并且正在增设更多的服务项目,但广告主往往要依靠专门的外援进行广告的策划、准备和发布。外援就是指向广告主和广告公司提供专门服务的组织或者个人。这些外援通常包括营销和广告调查公司(为广告主调查产品潜在市场或消费者对产品和服务的看法以及提供效果测定)、制作公司(在广告的制作过程中和过程后提供一些必不可少的服务)、咨询顾问公司(就广告活动的相关领域提供咨询服务)以及其他传播公司(主要包括公共关系公司、直销营销公司和销售推广专业公司)。

4. 广告媒介

在规范化的广告市场运行中,广告媒介担当的角色主要是广告信息的发布者。媒介是广告媒体资源的供应者,通过出卖版面和时段来获取经济效益。媒介组织主要包括电子媒介、印刷媒介、互动媒介以及一些辅助性媒介和媒介集团。在广告信息的传播过程中,广告媒介起到了重要的渠道作用。对于广告市场而言,它往往形成渠道提供和制约。借助媒介渠道,广告公司向广告目标受众传播广告信息。不同媒介发送广告信息,会到达不同受众。

5. 受众

广告活动的目的是通过改变或强化广告受众的观念来达成广告目标。受众是整个广告活动的终点,也是广告全过程的重要评价者。在广告活动中,受众是无需付出任何物质代价的直接受益者。同时,广大受众通过广告了解商品或服务信息,依据自身需求产生广告媒介购买行为,使广告目标得以实现。这是推动广告市场发展的重要条件。

四、广告运营的原理

1. 作为传播活动的广告

交流是人类的一个基本的生存方式,而广告也是一种交流活动。因而,要想全面了解广告,就必须首先了解一般的交流活动以及特定的大众交流活动。关于这一点,让我们借鉴国外广告学著作经常使用的一个大众传播的现代模式以及对其的解释,作为了解广告运作的第一步。

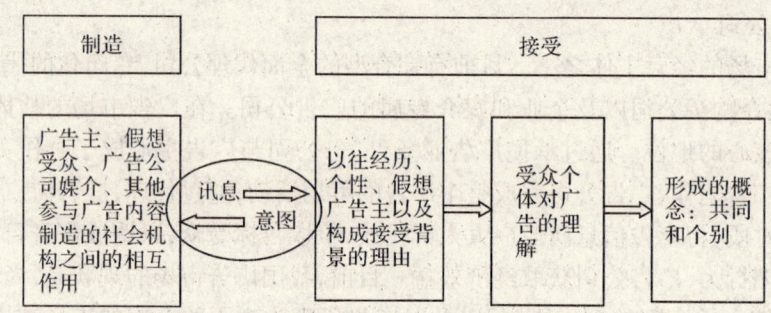

图 4-2 大众媒介传播模型

大众传播是一种通过媒介(诸如广播、杂志、电视或电脑)而非面对面方式实施传播的传播活动。广告也是大众传播的一种形式之一。在大众传播学领域中,虽然有许多模式都非常有价值,但我们在图中只选用了一种现代大众媒介传播模式。这种模式就是将大众传播表现为一种个人之间和机构之间的相互作用过程,它有两个主要部分,每一个都代表着一个半独立的活动:制造和接受。

首先,从模型的左边至右边,我们看见的是传播产生的过程,大众传播的内容在这个过程中被制造出来。如同大众传播的其他形式一样,广告是某些机构(诸如企业、事业单位、广告公司和媒体机构)为制造一定的内容而相互作用的产物(即出现在纸上的印刷广告和出现在电视上的电视广告或出现在电脑屏幕上的互动广告)。广告主的讯息内容,广告公司对目标受众的预测,包括对其在信息需求方面的推断和受众理解广告文案方式的假想,以及承载广告讯息的媒介的传统、规则和约束,这些因素相互之间复杂的作用共同形成了某一条广告。显而易见,广告是集体或社会的产物,而非个人的杰作。

其次,在图的中间,我们看见协调沟通正处在传播过程的制造阶段与接受阶段之间。制造者的讯息和接受者的意图在传播活动中同时起作用,协调沟通就是理解的过程。对于任何一位消费者来说,讯息都是对社会的反应,不是与世隔绝的某个人闭门造车的结果,而是对他所了解的讯息制造者、其他接受者以及商品、服务和讯息赖以生存的社会作出的必然反应。当然,无可否认,所有这些理解活动都以极快的速度发生着,没有经过多少思考。然而,人们毕竟对广告有了一定的认识。人们对广告的理解水平可能很浅(仅仅保留在认知水平上),也可能很深(对广告进行深入、细致的处理),但无论怎样,肯定有所理解,尽管这个理解的过程迅速又不易察觉。作为消费文化中的一员,消费者个人从小就学会了识别广告,并能作出非常成熟的理解。

再次,制造过程和接受过程都是相对独立的。因为讯息的制造者虽然可以控制广告的形式以及在媒介上的发布位置,但他们却无法控制,甚至无法密切监督受众对广告的实际接受和理解情况。广告主根本无法直接观察受众个人接受广告的情况,而受众则完全可以按照自己的意愿来理解广告(当然,绝大多数受众对广告的理解也不是完全"本能的")。同样,受众个人也不可能对讯息的实际制作有多少控制或影响。正是由于传播的这些因素,图4-2中的传播模型才表示制造者和接受者都是"假定的",也就是说,双方彼此虽然没有明显的直接接触,但对对方的情况都大致了解。

最后,图中的模型强调了这样一个观点,即没有哪条广告包含的意义对所有的受众都一样。打个简单的比方,女鞋广告对女性的意义肯定有别于男性对其的看法。因而,广告对受众的意义还要由其自身来决定。虽然受众个体对广告的理解会有一定的差异,但其接近的程度却足以让广告产生效果。如果同一群受众中的成员具有相似的背景、社会地位和目标,那么,他们通常会在某一条广告中体会到非常接近的价值,这样,广告便可以实现自己的目标了。

2. 广告活动的一般规律

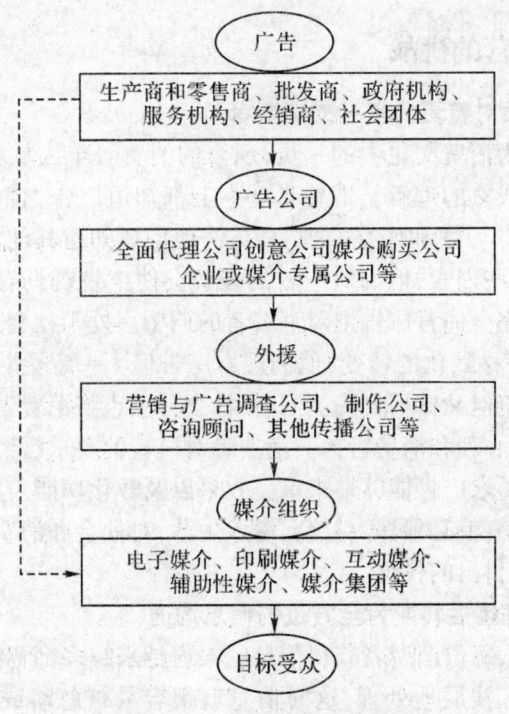

图4-3 广告活动的一般规律

广告活动是通过广告主、广告代理公司、广告媒介、广告受众四者之间的互动而展开的。随着广告活动的精确性和科学性的提高,专业化也日益提高。一个再全面的广告代理公司也需要邀请外援的帮助,因而,外援成为广告活动的第五个参与者。广告主是广告信息的发布者,广告受众是信息的接受者,广告媒介是广告信息的传播载体,而广告公司和外援则是这三者的连接体。

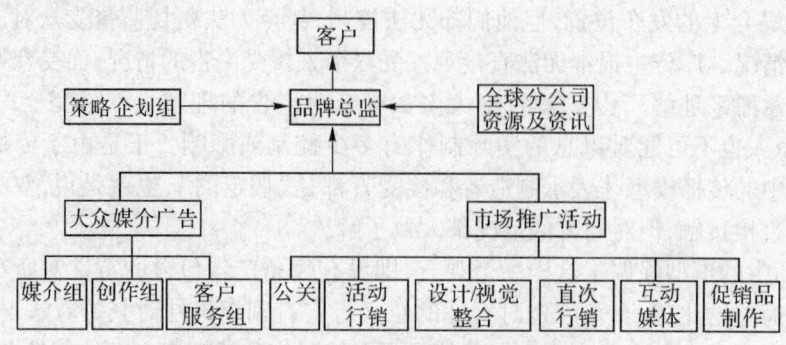

图 4-4 全方位的广告公司运作系统

广告主发起广告活动,付出一定代价,与广告公司之间产生交换;广告公司承揽业务,制作广告作品,通过代理行为,与广告媒介交易;外援接受广告公司的要求,提供专门性的服务;广告媒介出卖时间和版面,发布广告信息,传达给消费者,从而完成广告交易过程。这就是广告活动的一般规律。

五、现代广告运营的挑战

1. 现代广告活动面对着更为复杂的消费者

广告发展至今,作为消费文化中的一员,现今的消费者个人从小的时候起就学会了识别广告,并能作出非常成熟的理解。消费者基本上都知道广告主希望他们如何理解广告,但他们也有自己的需求、习惯和偏好的理解方式,他们还知道其他消费者对这个产品和这条讯息的看法。鉴于这些因素,他们对广告的理解会使广告既具有一定的意义,能满足自己的需求,同时又不会完全违背广告主对消费者的期望。处于社会嬗变中的消费者,观念、思想和行为都发生了潜移默化的转变,他们观看广告但不一定会对其产生行动,推崇品牌但不迷信品牌,跟随潮流但又标榜自我。同时,社会分层也将消费者分隔成不同的群体,这些群体具有不同的消费心理和消费行为。消费者对广告的要求已经不拘泥于提供信息、方便生活的作用,他们更要求广告能够带来审美效果以及教化功能。广告要想打动消费者的心,更想掏出消费者的手,就必须深入社会,深入生活,对社会和消费者进行解构,已经远远地超出了以往广告所要付出的代价。

2. 从单向的说服性传播转变为全方位的信息沟通

在当今信息社会里,每位消费者获得信息的渠道越来越多,面对如此繁复的信息,消费者只能凭主观感觉迅速、浅层地处理,这时信息就很容易被忽略或误解,沟通也就无从谈起。因此,广告主只有采取全方位的信息统一战略,尽可能地把同一信息传递给消费者,这就是整合营销传播(Integrated Marketing Communication ,IMC),指统一运用促销工具,使之产生协同传播作用的活动。也就是说,企业对所用的每一种传播形式,从最精细的纯制作电视广告到公司信封信笺上的抬头,都严格把关,以便每一种形式都能打动消费者。

广告主对特定的时期内的每一种传媒形式进行检查,确保单纯、清晰、引人入胜的讯息能够传达给预定的受众。一般来说,广告在营销组合中的作用主要是集中所有的广告努力,共同向目标受众传达产品或服务所能提供的价值,然而,价值却不仅仅由产品或服务本身组成。的确,消费者在产品或服务中寻求价值,但他们也需要方便的地点、信用条款、保证条款和送货方式等诸如此类的东西。此外,消费者在选择品牌的过程中还会追求一系列的情感价值,如安全保障、归属感、从属关系以及社会威望等。因为消费者追求这些不同的价值,因此,营销人员必须决定突出哪些组合成分,如何以恰当的方式组合这些成分,使之能吸引顾客、满足顾客。这些组合方式就要求广告公司必须采用整合营销传播以达到吸引和满足受众的作用。

3. 随着互联网的普及,互动广告形式出现

媒介产业化进程正在日益提上日程。2003年国务院开始提出新闻制度改革,无疑将加快这一步伐,有望在困扰媒介产业化的制度问题上能够打开一个突破口。暂且不提现有媒介产业化的真假,媒介数量在呈现出几何级的增长速度后得到控制,但仍是一个庞大的数字。这样的媒介环境,无论对于广告主还是广告受众,都产生了明显的作用。

一方面,广告公司对媒介的选择范围扩大,影响了以往媒介的垄断地位,其次媒介购买公司在对媒介谈判中具有了更大的砍价能力;另一方面,广告受众在媒介以及节目中游离不定,广告效果降低迫使媒介必须两手一起抓,一手制作受众欢迎的节目,一手加强对广告主的联系。中央电视台在每年的广告投标会之前都会主动与其潜在大客户进行直接和精心的联系,这表明媒介已经走出了原有的领地,开始潜心培育自己的广告大客户。互联网的诞生,无疑是20世纪以来最伟大的发明之一,人们的交往形式产生了新的变化。互动广告直接改变了以往消费者接受广告的状态,他们能够即时与广告进行深入的双向交流,使其与品牌的对话随心所欲。

第二节 广告的代理运作

广告代理制目前是欧美广告市场普遍采用的广告运作机制,代理商作为中立的组织,介于广告主、媒介与公众之间,沟通协调三者关系。广告代理制在欧美地区的执行过程中被普遍认为是广告市场规范化和正规化的标志。欧美市场在广告代理佣金制上运营和操作广告市场,取得了较好的成效。改革开放后,我国也引入了广告的代理运作机制,将广告代理制写入广告管理的条例并在整个市场全面推广。通过二十多年的发展,广告代理运作取得了很大的进展,也暴露出了一定的问题。

一、广告代理运作原理

广告代理制的发展经历了一个由媒介代理向专业服务代理发展并不断发展的过程。广告代理制是广告业在市场经济条件下,经过长期的发展和激烈的竞争逐步形成的,被普遍认为是广告市场规范化和正规化的标志。美国广告代理制的实行是世界广告代理业的开始。

1. 广告代理运作的形成

广告代理制是企业、媒介和广告公司之间在广告活动中交易的基本结构。广告代理制是在广告业发展的早期,在欧美特定的历史条件下最早形成的。广告代理制是企业、媒介、广告公司之间的博弈的结果,而这一博弈的过程到今天仍在持续。自19世纪专业广告代理公司产生以来,广告代理运作方式的形成经历的一定的过程,广告代理商的角色也经历了四个阶段的变化:

(1)版面销售的时代

广告代理商最早通常隶属于报纸的广告部门,或者由于报纸有密切关系的开办,主要业务是为报纸推销广告版面,从中收取一定佣金,大多依附于媒介本身,独立性很小。

(2)版面掮客的时代

随着企业广告业务和媒介数量的增加,广告代理商开始应广告主的要求代理媒介购买,同时代理多家媒介的广告业务,而且不再作为媒介版面的推销者,而是媒介版面的购买者,从买卖过程中赚取差价。这样,广告代理商就成为独立性较强的版面掮客。

17世纪末,美国报业有了较大的发展。至1830年,美国已有650份周刊、65家新闻日报刊登广告,但由于广告少,媒体收入普遍不足。再加上当时的信用制度还不健全,广告公司无法判定企业支付广告费的能力,而媒介逐一向广告主追缴广告费很不经济;广告尺寸、排版、字体都不统一,也没有统一的价格标准和折扣标准,这些都成为企业与媒介沟通的障碍。1841年,沃尔尼·B. 帕尔默(Volney B. Palmer)创办史上第一家广告公司,为各种报纸统一兜售广告版面给企业,并从中抽取25%的佣金,广告文字及广告设计工作仍由报刊承担。从而开启了广告代理业的先河,这是广告代理史上单纯的媒介代理阶段。广告代理制产生的根本原因是能够在混乱的市场环境中,为媒介降低成本,规避风险,帮助企业利用媒介进行廉价而有效的宣传。

随着美国工业革命带来的经济快速发展,交通的发达,大规模的商品生产已经成为现实,激发了广告主为推销商品而大量投入广告费用,报纸的广告业务扩展迅速。1865年,乔治·罗威尔(George Rowell)在波士顿正式设立广告代理公司,专门从事"报刊广告版面批发代理"的经营业务,进而把业务范围扩大到新英格兰州以外。1870年,他又首创编印了《罗威尔美国报纸名录》,对美国、加拿大的5000多家报纸、刊物的发行、名称作了简要的介绍,为广告主和媒介的直接沟通扫清了障碍。此后广告代理业逐渐推广开来。

(3)技术性广告服务的时代

19世纪中期,大规模的进货、销售商品的百货商店出现并发展壮大为新兴行业。同时,交通的发达、新技术的出现使商业圈扩大,位于市中心的百货店必须通过宣传才能招揽更多的顾客。一些百货店开始制作自己的宣传广告,这是与媒介掮客完全不同的服务。

而广告市场格局的变化威胁到广告公司作为媒介掮客的生存,广告公司的经营者们也纷纷开始寻找自己的新的定位和新的发展空间。1869年,"广告公司先驱"弗兰西斯·W. 艾耶

(Francis Ayer)开办了"艾尔父子广告公司",这是历史上第一家具有现代意义的广告公司。在其他代理商一直对广告价格严格保密,而客户从来就不知道基本出版发行价格的时候,艾尔把媒介返还的代理费或广告主支付的酬金固定在15%。这就使广告客户在透明化的交易中获得好处。同时,他由一开始的版面掮客发展到后来的为广告主提供广告设计、撰写文案、选择媒体等各种服务,从而奠定了今天广告代理费的基础,也开创了广告专业化服务的新时代。

从媒介代理向综合代理的转变,并不是依据人们的主观意愿的。这种转变是在媒介竞争的日益激烈和市场的不断成熟的过程中逐渐完成的。它是由广告业所生存的媒介环境和市场环境决定的。

(4)策略广告服务的时代

在技术性广告服务的时代,代理商多数按照广告主的要求进行服务,很少对广告主提出策略性建议。但随着专业化分工的加速和广告水平的提高,广告主不但不愿再独立承担制定广告策略的任务,而且也越来越没有能力完成这个任务,因此更多的借助于专业化的广告公司,广告公司开始提供策略性的广告服务,如制定广告计划、塑造品牌形象等。

在当代的广告代理商,已经越来越深的介入广告主的市场营销运作,根据广告主的市场营销策略制定长期的、全面的广告战略,即进行全面的广告策划。

2. 广告代理运作的发展

在代理制产生之初的经济、社会条件下,企业想顺利完成全国性的大规模广告宣传活动是一项复杂而琐碎的事情。调查、创意、策划、制作效果、媒介选择等一系列的工作,都需要有专业的人士去承担,既耗时又耗财,企业内部实施的广告费用高于委托广告公司实施的费用。对于媒介来说,媒介只需要依靠出售时间与空间就能获得大量的广告收入,而不必亲自承揽和制作广告。因此实行广告代理制之初受到了广告主和媒介的认可。

然而,广告代理也有可能使广告公司从其自身利益出发,诱导广告主加大广告投入并在代理费高的媒介上投放广告,也有一些广告代理公司和广告主的合作完全依赖于企业广告负责人和广告公司的个人关系,从而引起了广告主和媒介的不满。

由于经济、技术的不断发展和广告主广告意识的成熟,广告公司的服务逐渐受到严峻的挑战。随着广告投入的不断增加,企业开始质疑广告公司佣金收入的合理性,这时一些大企业的广告意识和操作经验也在锻炼中逐步走向成熟,而广告公司却还处在没有明确定位的混沌状态。广告主为了节约广告费用,反对代理制,开始自办广告或是主张直接与媒介接洽。而一些大广告代理公司和众多媒介则结成维护代理制的同盟。

在广告代理制出现的早期,这一博弈就以很激烈的形式进行。随着实力的增强,大规模广告投放的广告主开始以其实力压迫媒介抵制代理制。1870年媒介开始抵制支付给广告公司25%的广告费。为了降低成本,1873年一些主流媒介开始抛弃广告公司自己做版面的推广和销售工作,致使广告代理收入大幅下跌。在媒介与广告公司之间的博弈下,1880年一流媒介纷纷把广告代理费降至10%。与此同时,广告主也展开维护自己利益的运动,通过建立新的合同,严格规定广告代理费对广告主公开,广告公司与媒介不得暗箱操作,如有违反,广告主有权拒交广告费。为了维护自己的利益,1899年全美广告主协会成立,协会倡议建立企业直接与媒介联系的广告体制。

而广告公司则在提高自己全方位和专业化水平的同时,坚决维护代理制并要求提高代理费,主张媒介有义务拒绝除广告公司以外的个人和团体向媒介索要折扣的行为。这一行为遭到了主流媒体的抵制,但是也有个别实力不强的媒介为了从广告公司手中得到客户而坚持代理制。1910年,全美报业协会制定代理费标准,杂志、一流都市报的广告代理费为10%,其他报纸15%。

介于媒介和广告主的双重压力,广告公司的危机感逐渐增强,一方面坚持拥护代理制,另一方面开始积极组织联盟。1917年,在一些拥护代理制的大广告公司的操纵下全美广告协会,即4A成立。4A成立的目的是为了联合更多的广告公司向媒体施压,迫使媒介将代理费比例提高到15%,同时也防止媒介向广告公司以外的个人和团体打折。因此为了能够联合更多的广告公司,在4A成立之初对成员公司完全没有规模上的限制。

媒介、广告主、广告公司之间围绕代理制的激烈斗争一直在延续。在这种博弈中,广告公司通过不断的革新,比如AP制的建立,努力强调自己的价值。并在20世纪70年代后,逐渐通过媒介购买公司和广告集团的发展,力争在博弈中处于有利位置。

二、广告代理运作的导入

1. 日本、韩国广告代理的引入

日本在20世纪50年代学习欧美的广告代理制的同时,根据日本自身的特点,并没有直接采用欧美的模式。由于历史和文化的原因,日本的广告代理制不同于欧美,是一种媒介代理的模式。当时日本的广告业并不发达,广告公司多依托于媒体提供广告服务,而且,日本的很多广告公司同媒体有较多的渊源。比如电通最早脱胎于通讯社,以讯息服务换取报纸的广告版面。因此大型的广告公司一般都与特定的媒体存在非常稳定而密切的关系,结合日本的社会文化特色,日本的广告业并没有抛弃媒介代理,而是进一步强化媒介代理,促进广告公司与媒介更紧密的结合。在此基础上,为客户提供全案服务。

由于依托媒体,日本的广告公司可以对某一行业的多个企业进行广告业务受理,不同部门进行不同品牌的广告活动,具有极强的兼容性而彼此并不受到行业竞争的制约,这些广告公司主要依靠收取媒介代理费,对于客户要求的创意等服务,不再专门收费。这种媒介代理模式,由于符合日本的政治经济文化特色,极大地促进了日本媒介和广告业的繁荣,同时,通过专业化的服务,为日本企业创造了一批具有全球影响的世界级的品牌。

韩国的广告业又是另一种模式。广告公司一般都是大集团所属的广告公司,韩国经济的特点是财阀经济。不同财团下面都有众多的产业,这些产业在广告方面的需求足以支持一个有实力的广告公司发展壮大。所以,韩国的广告业的第一个特色是客户代理。来自客户内部的管理压力比广告公司之间的竞争压力更大,这保证了韩国出现了一批优秀的广告公司。

韩国广告业的另一个特色是媒介代理的集中。1981年韩国建立了放送广告公社

(KOBACO),根据国家政策,所有电波广告的投放只能通过放松广告公社。要做电波广告的广告公司只有通过 KOBACO 的认定才能购买电波媒体的广告时段。在放送广告公社苛刻的认定条件下,只有实力雄厚并能保证广告主客源的大广告公司才能获得资格认定,这种模式支持了依托大企业集团的广告公司的稳定发展成熟。同时,韩国广告业通过放送广告公社对电波广告投放建立控制体系。广告主向媒体交广告费,媒体将 19% 的广告费返还放送广告公社,广告公社自留 3%,把其中的一部分作为代理费转交给广告公司;另一部分根据有关法律和政策用于广告事业的发展。

这种独特的广告代理运作方式,一方面促进了韩国广告业的有序发展,另一方面也造成诸多不利,但是总体来说是利大于弊的。韩国品牌在世界上的成功崛起表明,这种模式是符合韩国国情的,是一种成功的广告代理制的模式。

广告代理制的导入必须根据不同国家地区的特色进行创新。只有符合自己国情的模式,才是先进的和专业的。而且日本和韩国的模式给我们带来的启示是,在后发展国家,引入广告代理制必须坚持保护和发展兼顾的原则。由于对广告代理制进行了符合国情和新的历史环境的创新,所以日本出现了电通、韩国出现了第一企划这样有世界影响力的广告公司,在一个有保护的环境中通过自身不断的积累和提升,这些国家的广告业对民族品牌的成长作出了巨大的贡献,而媒介也在一个良性的结构中健康发展。

2. 国内广告代理制的引进

我国政府 1988 年 1 月 9 日颁布的《广告管理条例施行细则》第十六条规定,广告公司承办国内外广告的代理费分别为广告费的 10% 和 15%,2000 年 12 月 1 日,国家工商总局又对其统一修正为 15%。1993 年中国广告业开始全面推行代理制,希望建立一个公开、公正而且具有竞争性的广告市场。在《广告管理条例》第十五条中规定:"广告业务代理费标准,由国家工商行政管理机关会同国家物价管理机关制定。"

广告代理制可以说是中国政府为在借鉴西方广告运营经验和成熟广告市场运营基础上,为适应日益增长和复杂化的中国广告市场而采用的政策。

1987 年年底,我国《广告管理条例》出台,并于 1988 年 1 月开始施行《广告管理条例实施细则》。根据《细则》第十五条的规定,承办国内广告业务的代理费,为广告费的 10%;承办外商来华广告付给外商的代理费,为广告费的 15%。第一次明确提出了广告代理费的概念。也正是 1987 年,国内的广告市场开始向外国广告公司开放。随着改革开放进一步深化,国外广告代理公司开始通过各种途径进入中国市场,并在中国执行 15% 的代理费。

但是当时中国的广告市场还很落后,广告公司的服务水平低下,媒介和企业、个人的关系也很混乱。至 1990 年中国有 800 家较大的广告公司,可以分为三类,一类是对外经济贸易部系统的企业,另一类是工商行政管理局系统的企业,还有一类是新闻界的企业。在众多的广告公司中,具有广告代理商应有的综合性机能的公司,只有对外广告公司等十几家公司,许多企业目前还没有从广告是赚钱的手段意识中摆脱出来。为使广告有助于经济发展,必须进一步健全体制,以逐步提高广告公司的机能。

1993 年 7 月,国家工商总局发布《关于在部分城市进行广告代理制和广告发布前审查试点工作的意见》,决定从1993年下半年起在全国开展广告代理制试点。广告代理制把媒介直接承揽发布广告业务的经营体制,改为媒介通过广告公司承揽广告业务的经营体制。1994年广告代理制逐步在全国范围内推广,使广告客户、广告媒介与广告公司之间的关系得到调整,并逐步向国际关系靠拢。1997年3月,我国颁布《广告服务收费管理暂行办法》,规定广告代理费为广告费的15%。国际通行的广告代理制以条文形式被正式确立下来。这种代理制实际上是直接搬用美国的模式,即鼓励和推动广告公司作为中立的专业服务机构实行第三方独家代理。

广告代理制在我国实行的最初目的主要有三个:

第一,借外部压力推动我国广告公司的发展。

从我国当时的广告状况来看,广告公司处于行业结构中的薄弱环节,在广告运作中还未能充分发挥其应有的作用。"广告代理制赋予广告公司的并非全是机遇与收益,更重要的是责任,它迫使广告公司加速经营体制的调整和改革,尽快完善自己的代理能力,从而有效地推动广告公司素质的提高。"

第二,规范广告媒介的市场行为,促进合理的市场竞争。

由于我国体制上的优势,媒介在广告活动中长期统治广告经营的承揽权和发布权,实施垄断价格。然而从国际广告发展历程来看,广告媒介的垄断价格是阻碍通过价值规律、供求规律和竞争规律形成价格的市场机制,导致市场混乱的主要因素。因此释放媒介资源、打破媒介垄断格局是规范市场秩序的关键。

第三,健全广告市场机制,逐步与国际接轨。

尽管代理制在国外的广告发展过程中都具有明显的弊端,但是作为一个国际通行的广告制度,广告代理制具有积极的借鉴意义。一方面,它既可以促进媒介、广告公司、企业之间的合理分工,消除广告无整体计划、效益欠佳的种种弊端,有利于广告业的健康发展,也有利于广告监督管理机关对广告活动的管理。另一方面,也是我国广告业与国际接轨的重要通道。

3. 国内代理制的执行现状

目前,我国代理制现状是客户代理与媒体代理并存。

客户代理要求广告公司以客户为中心,完成广告过程,客户支付代理佣金,代理公司从媒体处收取15%的代理佣金;媒体代理则是让广告公司成为所服务媒体的推销员,销售媒体的广告资源,由媒体支付佣金,或赚取媒体广告资源的批零差价。目前中国国家工商局对于代理制的规定是:不允许广告公司购买媒体的广告资源再转卖给其他客户,即不允许媒介代理关系。

但实际上,目前中国广告市场的运作模式是两种代理公司并存下的运作模式。伴之出现的还有折扣现象零代理和低点代理现象泛滥,折扣和回扣甚嚣尘上,媒体执行价格混乱。

目前中国广告市场上出现的运营形式有:

广告主→客户代理公司→媒体;

广告主→客户代理公司→媒体代理公司→媒体;

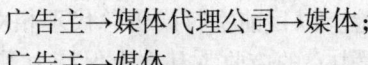

第四部分 广告及其他媒体的运营管理

广告主→媒体代理公司→媒体；

广告主→媒体。

其中在代理制外衣下存在的现象有：

广告主→广告主自为代理公司；

媒体→媒体自办广告公司的情况。

现代广告代理制最大的特点就是强调广告业内部合理分工、各司其职、互相合作、共同发展，从而可以最大限度地发挥各自的长处，促使广告行业形成良性运行秩序，提高整体竞争力。具体可以从以下几个方面来分析：

(1) 广告主方面

我国在未实施广告代理制之前，许多企业在广告宣传中缺乏统筹计划、整体策划，很少从长远的角度去规划企业的经营和发展，如要树路牌广告，就请户外广告公司制作；要在报纸、电视上做广告，就请报社、电视台设计、制作。这样常常造成广告图形、广告语言、广告形象的紊乱，从而影响和削弱了广告传播的整体效果。在很多时候，出于营销战略的考虑，企业都需要在多家媒体上齐头并进，去进行一系列的广告宣传，这时单个的媒体单位既无力策划，也难以实施。而将广告业务全权交给广告代理公司去统筹负责就可以很好地满足企业的这一需求。

伴随着市场的逐步细分及新兴媒体的不断出现，以大众媒体为载体的传统广告的效果在相对下降，广告主越来越希望能够从外部获得包括市场、行销、公关等在内的多元化服务，或是获得能达成实效的专业化服务。作为代理活动主体的广告公司具有较强的策划、创意、市场调查能力，拥有相应的设备、专业的人才力量，而这些都是广告主、媒体（广告发布者）难以具备的。广告代理制的实施可以让广告主将广告业务全权委托给代理公司去做，企业的决策者可以节省出大量的人力物力，专心于自身的经营。

(2) 广告公司方面

确定广告代理制在我国广告业经营机制中的主导地位，对广告公司来说应该是一个绝对的利好。实行广告代理制，有利于广告公司和媒体之间的明确分工，充分发挥广告公司和媒体的各自优势，提高广告公司的地位和责任感，发挥其在广告运作中的主力军作用，进而提高广告公司的市场调查、广告策划、广告创意和制作方面的水平，提高广告效果，增强我国广告行业在国际广告市场的竞争力。

(3) 媒体方面

近年来，在国内的传统媒体内部竞争日趋白热化的同时，它们还开始面临着巨大的外部威胁，外部威胁主要来自两方面：一是境外媒体对我国的强大冲击，二是各种新兴媒体对传统媒体的有力挑战。

中央电视台就是一家通过坚持广告代理制而受益的典型电视媒体。中央电视台将其众多频道和栏目的广告业务分别委托给国内数十家知名广告公司代理，腾出精力来用于节目建设，通过对各个频道和栏目的不断调整和改版，提高收视率，既巩固了其在国内电视媒体中的"龙头"地位，也确保了广告经营收入的持续增长。

广告代理制的实行还有利于媒体规避广告经营风险。以目前实行广告总代理相对比较成熟的解放日报报业集团为例,从2002年开始其广告中心的应收款基本上保持为零,因为其在招标确定广告代理公司时要向广告代理公司收取3%~5%的保证金,标的在5000万以上的为3%,5000万以下的为5%。如果广告款逾期不到,广告中心就要向广告公司预警,扣掉其保证金作为滞纳金,这对规避报业集团的广告经营风险尤其是广告到款风险有着极大的好处。

除了以上提到的积极影响之外,推行广告代理制也有利于广告业的宏观管理。广告管理的重要内容之一,是由管理机关审查批准广告经营者的经营资格,保护合法经营。代理制充分体现了这一内容,因为只有具备一定的业务实力、人才优势、注重信誉的广告公司,才能获得广告代理权。广告管理部门可以通过制定、实施代理公司资质审核制度和进入退出制度,来监督广告市场的正常运行,维护广告市场的健康发展。

总之,只要广告市场各方主体都能充分认识到实行广告代理制的最本质意义——通过专业分工,提高广告创意水平和制作质量,提高广告在整合营销传播中作用;同时通过严格执行代理企业的准入退出制度和资质认定制度,强化对广告市场的管理,维护竞争有序的市场秩序,保障广告行业的健康发展,广告代理制就一定能在我国广告业内全面、顺利地推行下去,而且一定能发挥出它应有的效果。

第三节 广告的媒体运作

一、广告媒体运作流程

广告媒体运作是指在广告活动推出之前,制定媒体目标,并针对媒体的选择、媒体的刊播时间以及广告量在各媒体上的分布等所做的通盘性计划,在广告媒体发布执行完毕后根据反馈为下一次发布提出建议。

由于广告媒体运作是整个广告活动中重要的一环,不仅与广告效果,广告创作战略,广告的总计划有密切的关系,而且广告媒体费用占整个广告宣传费用的70%~80%以上,所以广告媒体运作历来是很受重视的。

随着新媒体的发展和媒体多元化趋势的加强,广告媒体的种类日益丰富而广告效果日益受到挑战。广告媒体运作的流程主要如下,其中每一部分都是很复杂的一项工作,需要衡量很多因素。

二、广告媒体目标的设定

1. 营销目标、广告目标和媒体目标的关系

营销目标是企业在一个特定时期内要完成的经营任务或者经营努力的方向,广告是营销战略的构成要素之一,广告目标实际上是营销目标的延伸和细化,从根本上说,广告目标

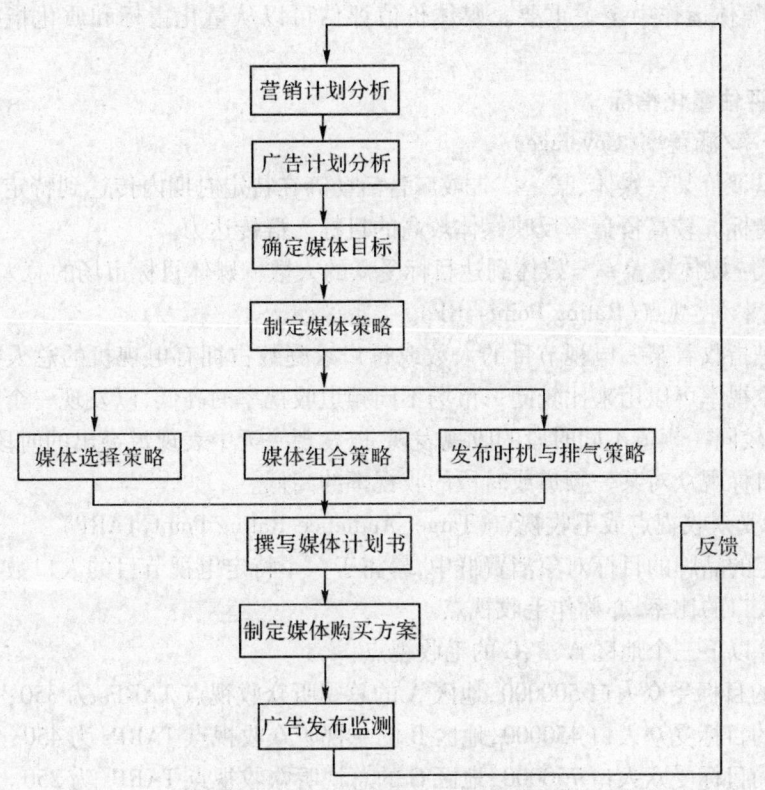

图 4-5 广告媒体运作流程图

是服务于营销目标的,是以营销目标作为终极目标。而媒介目标又是广告目标的延伸和细化,没有目标最直接的就是要确保达成广告目标,进而最终实现市场营销目标。在进行广告媒介运作之初,经过先开展营销计划分析和广告计划分析,从而制定媒介目标。

2. 媒体目标的设定

媒体目标是媒体运作希望实现和完成的任务,媒体目标应该是具体的、详细的、可测量的。以下是设定媒体目标时需要重点考虑的内容:

(1)目标消费者描述。在广告整体运作中,广告媒体的作用是将产品信息传达给目标消费者。根据不同的目标消费者,广告媒体的选择有很大不同。

(2)创意的要求。不同的媒体在实现创意空间方面差别很大。

(3)到达率与接触频率。这两个指标在媒体目标中是关键部分。

(4)时间和地理要求。根据广告活动的要求,应对媒体运作时间和地点进行明确限制。

(5)媒体预算。不同的媒体价格差别迥异,所以在进行媒体运作规划之前,应把媒体预算制定清楚。

三、广告媒体价值评估

在制定广告媒体目标的基础上,如何确定媒体投放的内容,就需要对各种媒体进行评估,这在整个媒体运作中至关重要。媒体价值评估可以从量化指标和质化指标两种方式入手。

1. 媒体评估量化指标

(1) 覆盖率/涵盖率(Coverage)

覆盖率是评价某一媒体、某一广告或广告活动等在特定时期内传达到特定目标视听众程度的比例指标。较高覆盖率反映媒体较高的目标人群传达力。

计算公式：媒体覆盖率 = 媒体到达目标受众的人数 ÷ 媒体目标市场的总人数

(2) 收视率/收视点(Rating Points, RP)

收视率是指收看某一电视节目的人数或每户家庭数占拥有电视机的总人数或家庭数的百分比。收视率可以用来比较同一市场不同频道收视率的高低,以发现一个市场收视最好的频道;比较同一频道不同时段的收视表现,以发现一天中表现最突出的时段;还可以用来衡量不同目标观众对某一频道或时段的收视率的高低。

(3) 目标受众收视点或毛收视点(Target Audience Rating Point, TARP)

指在确定的品牌的目标对象消费群中,暴露于一个特定电视节目的人口数占所有目标对象消费群人口的比率,亦称作毛收视点。

举例计算以下三个地区 A、B、C 的毛收视点：

地区 A 的目标受众人口 500000,地区 A 的总视听众收视点 TARPs 为 350；

地区 B 的目标受众人口 450000,地区 B 的总视听众收视点 TARPs 为 450；

地区 C 的目标受众人口 750000,地区 C 的总视听众收视点 TARPs 为 250。

(4) 节目视听众占有率(Share, Share of Audience)

节目视听众占有率是指对于某一节目,其收看者占开机者的百分比。举例:有5户有电视的人家,4户开机,两户看 A 节目,两户看 B 节目,则开机率为 80%(4/5),A 和 B 节目视听众占有率都为 50%(2/4)。

(5) 总收视率/毛评点/总利用率(GRPs)

一个表示广告送达程度的百分数,指在一定广告排期内(一般为四个星期),特定的媒体广告所送达到观众处的收视率总数,即在特定频道(或若干频道)、特定时段(或若干时段)的广告播出后获得的收视率之和。毛评点回答的问题是：广告在不同时段插播结束后,总共获得了多少收视率。可用于广告投放量及其效果的统计和评价。还可用来统计在不同日期、不同频道、不同时段投放的广告效果。

毛评点 = 第一次的收视百分点 + 第二次的收视百分点 + … + 第 n 次的收视百分点

(6) 到达率(Reach)

指有多少不同的家庭或个人,在一定的期间内(通常指的是四周),至少接触广告一次的非重复性人口比率。到达率要回答的是：在特定频道、特定时段的广告播出完成后,实际送达的不重复的观众人数占所有目标观众人数的百分比是多少？

计算公式：到达率(Reach) = 总收视率 − 重复收视率

　　　　　毛评点(GRPs) = 到达率(Reach) × 接触频次(Frequency)

到达率的提高意味着媒体的传播广度在增加,覆盖范围在扩大,广告宣传的产品的知名度会扩大。到达率的使用适用于一切类别的媒体。就广播、电视媒体而论,通常到达率均于四周期间表示。

(7)有效接触频次(Effective Frequency)

有效接触频次也称有效到达率,是一个描述广告接触频次与广告效果的关系的概念,指对目标消费者达到广告诉求目的所需要的广告重复播出频率。一个广告该在消费者面前出现的最适合的次数就是有效到达率。根据有效到达率(有效接触频次)可以明确媒介目标。

如:媒介目标是针对14~49岁的目标受众,在四周的时间内期望广告能达到55%的到达率,有效接触频次达到八次以上,据此你就可以算出这个媒介目标需要多少的总收视点(440GRPs)。

(8)千人成本(Cost Per Thousand,简称CPM)

千人成本是媒体每接触1000人所需支付的金额,以一种媒体或媒体排期表送达1000个人或家庭的成本为计算单位。千人成本可以用来评估广告的效率及其经济性。

千人成本(CPM) = 购买所有受众费用 ÷ 所到达的对象人数 × 1000

不同媒体千人成本的计算公式:

① 杂志媒体(For print media)

没有受众人数数据时,CPM = 每一广告成本 ÷ 发行量 × 1000 (Circulation)

当有受众人数数据时,CPM = 每一广告成本 ÷ 受众人数 × 1000

② 电波媒体(For broadcast media)

$$CPM = 广告成本 ÷ 特定节目时段覆盖的家庭收视群 × 1000$$

$$CPM = 广告成本 ÷ 特定节目时段受众人数 × 1000$$

③ 报纸

$$CPM = 每一广告成本 ÷ 发行量(Circulation) × 100$$

(9)每收视点成本(CPRP)

每收视点成本(CPRP)也称毛评点成本指在广播电视媒体购买视听率每点的成本。即在特定媒体投放广告,每获得一个收视点需要的费用是多少。

$$每收视点成本 = 购买收视点费用 ÷ 总收视率$$

$$CPRP = Cost ÷ GRP$$

2. 媒体评估质化标准

围绕媒体质化评估,主要从媒体的特性展开,具体的指标有以下几个:

(1)卷入度/接触关注度/收视率加权指数(Involvement)

受众的卷入度评估的是受众接触媒体时的注意状态。可标示广告效果(即广告被收视及记忆的程度)。在操作上,主要是对消费者进行问卷调查,通过询问消费者对个节目的收看频次及连续性、主动选择收看或被动收看、节目满意(喜欢)程度及错过收看的失望程度等,来测定各节目的关注度。

(2) 干扰度(Clutter)

干扰度是指消费者在接触媒体的时候受其他广告干扰的程度。干扰度分为受众接触媒体的广告干扰度和受众接触广告的广告干扰度。

通过在同一媒体中某产品广告受其他产品广告的干扰程度来直接分析媒体的广告发布质量。通常认为，接触某广告时，受到同一媒体的其他广告的干扰越少，其广告的传播效果就会越好。

(3) 编辑环境(Editorial Environment)

编辑环境指媒体所提供的编辑环境对刊播广告的品牌、广告创意、广告内容的适应性。

(4) 媒体本身的形象和地位

如《华尔街日报》在财经经理心目中是同类财经报刊中最权威的，处于领导地位。

四、广告媒体的选择策略

要达成媒体目标，需要选择具体的媒体策略。媒体目标的拟定一般从以下问题入手：要达到的目标受众是谁，广告的主要区域在哪里，是否是季节性产品，要达到的到达率、暴露频次是多少。

1. 确定目标受众

确定目标受众是进行媒体选择的起点。如果媒体目标是"广告应争取新的产品使用者"，经过分析，其可能将新使用者定义为18～25岁的青年。然后进行调查统计分析，从中发现这些人看什么杂志，什么时候看什么杂志，喜欢的歌星是谁。这样我们就可以进行初步的媒体选择与评估。

2. 确定广告区域及其预算分配

广告区域是在全国投放还是在某些重点城市开展，如何进行不同区域媒体的广告预算呢？有两种方法可供参考：

(1) 金额分配法

根据各区域广告费投放比例来定。比如华东地区广告投放量为全国的30%，则该区域广告媒体费用的投放也应该是总费用的30%。

(2) 视听众暴露度分配法

此方法按市场目标的比例在各个不同区域分配视听众暴露度。比如华东区的销售目标占全国市场的30%，则应达到总视听暴露度的30%。

3. 确定广告排期

(1) 波伏理论

广告主可在一年的几个短时期内挑选多家媒体刊登广告。如一年分四次刊播，每次为期一个月，而在其他月份完全不做广告这就形成波伏排列，该理论因此而得名。牺牲持续性换取较高的到达率和暴露频次。

广告主希望通过这种做法将刊播广告时期的影响延续到不刊播的时期，比较适合那些资金不是特别雄厚的广告主,也适合季节性较强的产品。

(2)到达率理论

顾名思义,这种理论强调到达率而牺牲了暴露频次和持续性。这种方法多用于新产品的上市。这时候广告主在同一时期内购买许多不同的媒体,希望尽快让最多人知道新品牌。

(3)媒体集中理论

广告主采用单一媒体做持续性广告,如在某一杂志的每一期做全页广告,这样虽然到达率有限,但暴露频次和持续性都相当高。适合经常出现在消费者购物单上的产品,如卫生纸、食品等,它可以起到一种提醒作用,在消费者心目中始终占据一席之地。

(4)媒体主宰理论

广告主在某一段时期内在某个媒体上进行密集型的广告攻势,然后再以同样的方式转至另一媒体。以同样的方式,广告主在不同时期分别在一些媒体上有较高的暴露频次,经过一段时期后,广告的到达率也相当高。同时由于连续不断的使用媒体而达到高持续性。这种方法只适用那些财大气粗的广告主。

五、广告的媒体组合策略

1. 媒体组合的定义

媒体组合是指在广告发布计划中,在一定时期段里应用两种以上不同媒体或是同一媒体应用两种以上不同的发布形式、不同的发布时间的组合状态。

2. 媒体组合的优势

(1)影响力大

媒体组合可以增强媒体效果,补充单一媒体的缺陷,扩大影响范围,提高产品品牌的普及率。

(2)冲击力强

可以更全面地发挥媒体功效,使其使用的媒体成为一个相对完整、立体的信息网络,交互式作用,多方面冲击消费者感官,有效抑制及抗击竞争品牌的广告效果。

(3)功效持久

媒体组合以使媒体的短期功效转移为长期功效,这种转移作用是利用短期媒体的不断积累,作用于相对长期的媒体,不至呈现信息的短缺,造成遗忘及信息曲线下降。

3. 媒体组合的开展

媒介的组合包括媒介种类的组合、媒介载体的组合以及媒介单元的组合。

(1)运用单个媒体

当企业因财力有限或企业资源暂时紧张,不得不选用一种媒体进行广告宣传时可以考虑单个媒体组合战略。

选择单个媒体有两种常用的方法,经验法和筛选法。媒体种类主要有几大媒体:电视、广播、杂志、户外、网络等。

(2) 载体的组合

同一媒体,它可以有不同的载体,比如说电视媒体,它就有中央台和地方台这样的不同载体。推而广之,报纸、杂志、广播等媒体也有不同的载体。载体之间进行优化组合,主要以电视载体的组合为例说明。

电视载体的组合可以分为中央级与区域级的组合以及区域之间的组合。

区域间的组合是指一省内部或相邻相近省份以及部分省、省会之间的组合。这种组合方式强调重点区域的作用。以这些重点区域作为媒体组合的主要因素,就能取得周边地区的开发和利用。

地区间的组合在以下几种情况可以考虑使用:第一,产品在几个重点城市已有一定的市场占有率及销量,力图扩大销售区域范围。第二,在重点城市的销售区域已经达到前期销售的基本目标,准备更深入挖掘市场的潜力。第三,在主要城市已经建立了产品的销售网络及服务市场体系,准备利用通路配合市场运作,以达到整体市场份额的扩大与提升。

又如网络载体的组合可分为搜索引擎类和专业性网站的组合。

(3) 单元的组合

同一媒体有着不同的载体,而同一载体又有不同的单元,单元之间可进行组合。以电视的单元组合为例,分为时段的组合、栏目的组合和广告长度的组合。电视栏目一般都有固定的收视群体,栏目组合的重点在于针对消费群的选择。

广告长度的组合:

30 秒以上:全面明确宣传企业特点、产品功效、品牌形象;

30 秒:简洁宣传企业特点、产品功效、品牌形象最主要的方面;

15 秒:一般只强调企业特点、产品功效、品牌形象的某一方面的诉求;

10 秒:只侧重某一方面的重点说明;

5 秒:突出某一点的说明,比如说品牌名口号。

4. 媒体组合的控制与评估

主要从时间控制和成本控制两方面对媒体组合进行控制和评估。费用控制要考虑的主要因素广告投入后销售额及利润的增减。

广告投入后,销售额变化不大,若取消广告,销售额会下降,这时广告投入起维持作用。广告投入后,短期无明显作用,长期坚持下去则会出现明显效果,这是广告长期战略的体现。

六、制定广告媒体行程

1. 媒体行程的种类

常见的媒体行程模式包括连续式、栅栏式、脉动式。

(1) 连续式

指全年无休,没有高峰、低估的媒体露出方式。所谓全年无休并不是每天都必须有媒体露出,而是全年当中没有出现具有影响的空当(约 2 周),没有高峰、低谷,且露出比重没有明显的差异。

（2）栅栏式

指时上时下的露出模式,广告波段之间出现显著的空当,当然每个波段的比重并不一定完全相等。亦称跳跃式或间歇式。

（3）脉动式

介于持续式与间歇式,当中,全年露出但在露出的高低上存在显著的差异的形成模式。

2. 影响媒体行程的因素

（1）记忆衰退曲线

消费者对广告讯息认知与记忆衰退的基本模式为:第一,广告露出与消费者的商品购买有直接的关联性。第二,在时间积累下,消费者接触广告的频次越高,印象越深刻。第三,消费者对讯息的记忆度及对品牌建立的态度,随着时间流逝,将渐渐衰退。第四,记忆度及态度在媒体露出停止后,并不会消失殆尽。

广告讯息记忆与态度建立及遗忘将因商品购买周期、品牌发展阶段、品牌形象鲜明度、竞争环境、创意冲击力、媒体比重大小等因素而有所差异。

（2）品类销售与消费时间性

品类关心度、商品单价、购买量、品牌忠诚度及使用频率等差异,导致了消费者整个购买行程的变化。

品类关心度较高的品类和单价较高品类,需要较长时间思考以作出决定。每次习惯购买量较高品类,购买周期也将较长。品牌忠诚度较高市场,所需品牌转换时程较长。适用频率较低品类,所需购买周期较长。

（3）品类与商品发展阶段

从品类生命周期来看。导入期:偏向连续方式,投入比重较低。成长期:起伏的波浪形态。成熟期:更集中更高的比重。衰退期:回到导入期或成长期的平缓。

从新上市商品/既有商品来看。新上市阶段:媒体露出除为了接触目标消费者外,另一目的是为建立经销商信心以及鼓励进货,露出量低而持续。铺货完成期:在铺货约60%～70%时,即发动媒体攻势。

（4）预算大小

在绝大部分情况下,品牌所拥有的媒体资源将有一定的限制,即固定的预算。媒体在投资时机上必须面临取舍问题,也就是有钱花在刀刃上。

依预算大小制定行程策略的基本原则是:以保证在重点时期所需基本量为起点,在依照扩张/防守及竞争压力对各类时期进行取舍和重要性排序。

七、广告媒体运作的效果

1. 广告效果的定义

各种媒体承载的广告投放后产生的效果可以分为两种形式:一方面是量的形式,即媒体广告的接触人数,指的是广告覆盖面的广度;另一方面是质的形式,即广告在说服力方面的效果,指的是广告针对某一产品或服务进行说服的深度。

(1) 量的效果

电视广告的测评。第一步:测定媒体分布,即在一个特定区域内,有多少台电视机在接收特定的电视节目。第二步:测量节目视听率。第三步:测算广告视听众,广告视听众的人数一般相当于或者低于视听其前后节目的人数。

印刷媒体(杂志、报纸)的测评。第一步:测算发行份数。第二步:测算报纸杂志读者人数。第三步:测定报刊广告对读者群体的选择和投放情况。

(2) 质的形式

广告媒体质的形式,主要是指广告通过媒体传达的信息对受众造成的不可数据化的影响,比如对受众接受程度、对产品态度的影响等。主要评价的指标包括:有效到达率、提示知名度、第一提及率等。

(3) 购买效率的评价

买效率主要通过了解、分析媒体计划购买执行的实际成本情况与媒体计划预计成本的差异来衡量、评估的。由于购买未必能完全满足计划要求。购买成本上升或下降幅度太大时,就必须及时调整预算,必要时还得对其可能进一步带来的对传播效果的影响进行评估。

2. 广告效果监测的内容和方法

(1) 印刷媒体监测

印刷媒体监测的内容主要包括:发行状况、读者成分、阅读状况等。除此之外,还应包括印刷媒体监测数据获得的途径。

(2) 电波媒体监测

电波媒体监测内容:视听或收听人口与试听率和受众组成。

电波媒体监测方法:日记调查法、电话调查法、机械调查法。

(3) 网络广告效果监测

网络广告监测内容:视听众暴露度、网页浏览量、点击率、千人成本。

视听众暴露度:指一则广告在网站被播放的次数,也就是一则广告可以接触到受众的数量。

网页浏览量:从网站的角度出发,网站服务器送出网页,记录访问者浏览网页的动作。

点击率:当访问者通过点击横幅广告页面访问一次广告主的网页,就称为点击一次。点击率就是将广告被点击的次数除以广告播放次数而得到的结果。

千人成本:评价网络广告最常用的标准。

网络媒体效果监测方法:第一,利用服务器终端的访问软件进行监测和分析。通过专门的软件生成的报表,广告主可以了解在什么时间、有多少人通过广告直接进入广告主的网站。第二,据客户反馈量实行监测。如果广告投放后受众的反应比较强烈,反馈量大,则说明所投放的广告比较成功。比如我们可以通过广告投放后资料、表格的提交量和 E-mail 的发送量来判断广告投放效果。

还可以通过专业的调研公司进行媒体效果监测,目前较大的监测公司有:尼尔森市场研究有限公司、央视-索福瑞、央视调查咨询公司、广东康赛市场服务有限公司、慧聪国际、新生代等。

3. 无效广告原因与对策

(1)无效广告的原因

选择不恰当:媒体选择的主要依据是广告产品的目标受众和目标受众市场,以及媒体本身的特征和受众群。

情况把握不准确:广告主选择媒体进行广告投放,最基本的是要了解媒体的各方面情况。

广告投放不科学:广告投放设计一个频率和密度的问题,这就需要熟悉广告产品的自身特征,还要结合受众的心理特点如记忆曲线等来进行策划安排。

(2)无效广告的对策

第一,充分了解媒体。在报纸的总体阅读率和发行量的基础上,必须进一步利用版面阅读率等数据,才能准确确定广告的传播效果。

第二,以目标受众为中心选择媒体。例如《时尚男士》杂志适合投放香水、高档男装等品类。这样受众比较有归属感,信息也较容易接受。

第三,综合产品进行广告投放。综合不同生命周期、不同广告主题、内容、表现形式等因素,力求达到统一。

第四,确定正确的媒介组合。同类媒体组合、不同类型媒体组合、外部媒体与自身媒体组合都要统一规划。

第四节 广告的客户管理运作

广告公司经营的核心是销售,销售的核心是客户管理。客户是广告公司的动力,是广告公司利润的来源,是广告公司赖以生存的根本。管理和维系广告客户是保证广告公司业务来源和持续发展的前提。

一、广告客户管理概述

广告的客户管理运作是以现代客户管理理论为基础,包括广告公司相关的部门和外部客户——业务伙伴之间发生的从广告策划、广告调查、广告计划的制订、广告预算、广告媒体的选择、广告定位策略制定、广告文案写作、广告功能设计直到广告效果测评全过程中的客户服务的管理。

广告客户管理要求首先应当对广告客户进行识别和选择,以支持广告公司在合适的时间和场合,通过合适的方式方法,将合适价格的广告产品和广告服务提供给合适的广告客户。

广告客户管理流程如下:

第一,客户信息资料的收集。该项工作主要是收集、整理相关客户资料,分析谁是广告公司的客户、客户基本类型、客户需求特征和客户购买愿望,在此基础上进一步分析客户的差异对广告公司利润的影响力。

收集、整理和分析广告客户信息的目的是分辨常规客户、合适客户和关键客户。它是客户管理的基础,广告公司要善于与合适客户和关键客户建立深入关系,根据客户信息客户服务方案,来满足客户的个性化需求。随着广告公司对每一个客户认识的加深,能精确衡量每一个客户所代表的财务机会,便于制定广告公司绩效目标。

第二,客户信息分析。客户信息分析不仅只停留在对广告客户信息数据的分析上,更重要的是对广告客户的态度、广告客户的能力、广告客户的信用,以及广告客户社会关系的评价。

对广告客户的基本分析:

一是分析客户品德。广告公司根据以往的记录来分析客户的地位和声望是否良好,广告客户经营方针是否稳健、违约现象是否发生以及还款愿望的强烈性。

二是分析客户能力。主要分析广告客户的经营能力、管理能力,有效运用资金的能力,从而最终决定客户按期偿还债务的能力。

三是分析资本。广告公司对广告客户能否有足够现金归还应付账款的能力进行评估。一般来讲,如果客户盈利能力下降、财务状况恶化,外部资金来源将变得极不可靠,企业的财务风险将会加大。

四是分析抵押物品。欠款的抵押物品可由广告客户的多种有形资产组成,广告公司特别应关注抵押物品的适销性。当广告客户的现金流量不足以偿还其债务时,抵押物品就成为其偿还欠款的第二资金来源。这相当于给广告公司提供了一种保护,相应地减少了广告公司承担的客户信用风险。

五是分析客户经济状况。经济状况主要指广告客户运营的环境。广告公司不但要根据广告客户的经营特点、经营方针、技术水平等因素来判断广告客户微观运营状况,而且要根据社会环境、经济周期、同行业竞争等因素分析广告客户宏观运营环境。

六是分析客户连续性。连续性是审查广告客户持续经营的前景,审查其在变化的形式下,迅速做出调整的适应能力。如果广告客户的事业不具备连续发展的后劲,广告公司的应收款项风险也随之增加。

第三,信息交流与反馈管理。广告客户管理过程就是广告公司与广告客户交流信息的过程,实现有效的信息交流是建立和保持广告公司与广告客户融洽关系的途径。广告客户的反馈能衡量广告公司承诺目标实现的程度,又能及时发现客户服务过程中存在的问题。

第四,服务管理。广告公司规范化服务系统的建立,优质客户服务标准的制定,根据广告行业岗位的特点,分解服务过程,找出每个服务环节的关键点。在为广告客户服务的流程中,方便联络,帮助客户作出正确的选择。

第五,时间管理。为确保广告制作项目按时完工,广告客户与广告公司联系沟通开展的一系列管理活动。包括广告项目的分解与界定、广告项目活动的确认、广告项目活动的排序、估算广告项目活动工期、制订广告项目工期计划、对广告项目活动排序、项目活动工期和项目活动所需资源进行分析。

二、广告客户管理的开展

1. 广告客户在广告运作中的地位

在现代广告运作的整个过程中,广告客户处于市场主导地位,决定着广告活动和广告费的支配。没有了广告客户,广告公司和媒体就失去了存在的意义。

广告客户的主导作用主要体现在以下几个方面:

(1)广告客户主导广告公司的客户构成以及客户开发规划。

(2)广告客户掌握广告代理的选择权。

(3)广告客户决定于广告公司的"婚姻关系"。

(4)广告客户可以干预广告公司的业务运作。

(5)广告客户制约着广告付费方式。

2. 广告客户的管理

(1)分析客户的机构,以便建议为广告运动而精简其机构(在模糊的情况下,公司应当促使客户明确由谁来负责广告的认可,并确定认可的渠道)。

(2)在广告运动之前,与主要客户人员召开会议,通过讨论明确战略的意义。

(3)分析客户对调查研究的应用,并建议客户合理地利用调查。

(4)通过使客户注意其真正需求而增进客户对广告运动的重视和研究。

(5)坚持财务上的开放。

(6)使双方接触及业务过程充满乐趣。

(7)不断给客户灌输一些广告观念和知识。

3. 广告客户管理的特点

(1)行业性专家式服务。广告公司应体现自身在整体广告运作过程中的专家地位。

(2)个性化服务与管理。广告公司应针对不同的客户提供个性化的服务和管理。

(3)与客户进行双向深度信息交流。为了与客户关系的维护和合作的深入,广告公司应尽量与客户建立双向的深度交流。

(4)捆绑式发展。广告公司与客户是鱼水关系,只有实现了客户的发展,才有广告公司的持续发展。

(5)客户服务职能化、数据化。

(6)公司各部门通力配合。广告公司的运作是由不同部门通力合作完成的,在与客户关系的建立和维护中,也需要公司各部门的通力配合。

(7)以客户忠诚管理为核心。

三、广告客户管理的现实问题

在国外,CRM 作为一种新型的管理机制和系统解决方案,正吸引着众多的国内外学术界和企业界人士对其进行不断地探索和研究。一些知名跨国广告公司早已成为实施客户关系管理的领先者,并在实施过程中进行了巨大的投入,从而加强了自身获取和保留客户的能力,大大提升了自身的核心竞争力。

在国内,CRM 应用热潮的推动下,我国广告公司也进行了许多有益的尝试,并取得了一定的成效。但与国外相比,不管是在理论研究领域还是在行业应用领域方面均还显得特别稚嫩,主要表现在理论体系欠缺、软件功能不全、成功应用案例不足等方面。客户关系管理已经成为社会各界的一个热门话题。学术界关于客户关系管理的讨论越来越多,企业界尤其是服务行业也将客户关系管理作为营造差别化竞争优势的重要途径。

通过资料收集及分析发现,目前我国广告公司关于客户关系管理的现实问题主要有:

1. 客户经营状况不佳引起的问题

有时一家企业因为自身经营的业务受挫折,它所有的供应商,尤其是广告公司都将可能被卷入到这种不景气的危险中。尽管以往的广告曾经在这家公司的业务中成功地扮演了相当重要的角色,但经营状况不良时,广告公司同样会被指责为因广告不力而直接影响到它的经营与资金的回收。这在有些类型的产品中尤其显得突出,比如保健品、美容化妆品,通过广告达到的销售额要占总销售额的 50%,当销售滑坡之后,最先受到指责的往往就是广告公司。所以,在处理与客户的关系时,不论什么原因导致客户不良经营状况出现,对广告公司来说都是一个明确的警报。

2. 广告公司之间竞争所导致的问题

广告公司的业务竞争主要集中在客户资源的竞争上。有时一个客户会同时委托多家广告公司为其服务,与此同时又不断地寻找新的广告公司以便得到更加有利于自己的承诺。出现这种情况时,往往会使现有的广告代理公司感到不安,因为公司的业务很可能在一夜之间就转移给竞争对手。在这种情况下,往往会导致广告公司用短期行为来对待客户,这势必会影响双方关系和广告质量。

正因为客户对广告公司的选择和取舍有很大的余地,所以广告公司在其经营与管理中一定要对客户另寻其他代理的举动有所警觉,一旦发现情况要尽量解决问题,努力弥补裂痕。

3. 客户的广告代理费引起的问题

广告公司与客户签订委托协议时,往往有一个讨价还价的过程。客户从自身利益出发,总要压低广告费用,尽量减少开支,作为广告公司总是希望能获得较高的利润。双方都从自身利益出发,难免会发生问题。有时候,客户在压低广告费用的同时,提出了一种分期付款方式,按这种方式,广告公司不仅要承担资金风险,而且财务成本也很高。在这种情况下,广告代理表面上看有所盈利,实际上可能难以获利。还有些客户委托广告公司的业务量很小,虽然其中代理费的比例不低,但由于经营额度太小,广告公司仍旧无法保证盈利。

所以对广告公司而言,获利的多少,是由客户业务量的大小和广告费用支付形式来确定的。比如一个媒介代理,如果代理费用为15%甚至更多一点,但是因为业务量太小,通过代理所获取的差价可能根本无法抵偿创意设计制作以及媒介服务等方面的成本。与此相反,另一个代理业务量很大,虽然代理费不足1%,但是代理费总额仍可能颇为可观。相比之下,后者有利于广告公司。因此广告公司在无法实际控制和操纵客户的广告投资额度的情况下,只有与客户协商,才能保证自己的最低盈利。

4. 客户管理层变动引起的问题

由于公司经营中往往对具体人员的依赖性比较强,当负责这项工作的主管人员发生变动,原先已确定下来的一整套广告计划很可能会受到冷落。在现代竞争中,企业的人事变动以及企业之间的大量兼并、收购常常发生,而每一次都会导致客户管理层的变化。这种情况往往是该公司最为沮丧的,因为它迫使公司的许多工作不得不从头做起。有时由于新的主管对广告有自己的考虑,即使从头做起也很难奏效。

5. 广告公司服务理念、服务水平上的问题

广告客户营销广告趋势变化给广告公司带来诸多挑战。通常广告客户对广告公司的选择标准是从专业能力、资源掌控力、代理经验、经营理念、费用等几个方面尽兴综合考量。近年来广告客户对广告公司在线下广告运作、品牌建设管理、媒体创新及媒体使用、市场调查及数据分析等方面有着强劲的需求,也对广告公司以上方面的运作能力提出了新的要求。总的来说,广告公司的服务理念和服务水平亟待提升。随着广告客户营销广告活动的运作逐渐走向了专业化、理性化和规范化的良性循环,广告公司的服务理念、专业素质、资源掌控等多方面面临新的挑战。在这方面广告公司存在的问题主要有:

(1)服务中未能切实遵循客户导向

相当一部分广告公司出于对企业/行业不够了解、发展尚未成熟、过于追求利益导向等原因,未能真正遵循客户导向的服务理念。

(2)缺乏专业化、个性化的服务意识

随着竞争日趋白热化,广告客户对广告公司的服务效率也提出了更高要求,希望提供专业化的贴身服务。而广告公司对贴身服务专业化的服务的认识不够深刻,做得不够好。有些广告公司甚至对广告客户的需求都没有理解清楚,就急于服务,缺乏沟通,个性化服务意识淡薄。

四、广告公司客户管理的应对策略

1. 重视客户管理的维度划分

客户关系经过三个维度的发展,实现了客户关系在宽、远、深三个方向全面发展。而广告客户关系管理的目的就是实现广告公司与客户之间的关系朝着更宽(A)、更远(B)、更深(C)的方向发展[见图4-6(注:一个圆柱代表一个客户关系,圆柱的高度代表客户关系的生命周期,圆柱的粗细代表客户关系的质量)]。

"更宽"意味着客户关系数量的增加,即通过获取新的顾客、赢返(win—back)流失的顾

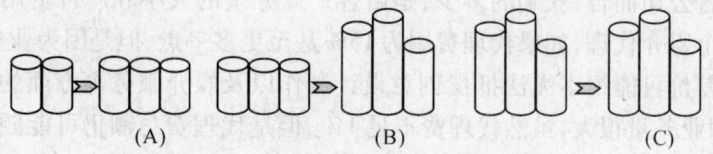

图4-6 客户关系发展的三个维度

客或者识别出新的客户关系细分群体等来增加企业所拥有的客户数量,如图(A)所示。

"更远"主要是针对现有顾客而言,意味着客户关系生命周期的延长,即通过培养顾客忠诚、挽留有价值的客户关系、减少顾客叛逃和流失、剔除不具有潜在价值的恶性关系等来提高关系生命周期的平均长度,发展与客户的长期关系,如图(B)所示。

"更深"也是针对现有客户而言的,意味着客户关系质量的提高。即通过提高广告公司本身的知名度,服务质量来刺激广告顾客的更多需求,与客户成为朋友。有了维度划分,广告公司可以准确地设定广告客户管理目标,将力气用在刀刃上,如图(C)所示。

2. 实施客户差异化战略

采取客户差异化战略的前提是你必须了解你的客户。这包括熟悉每个客户的独特之处,掌握导致客户之间差异的原因,"了解你的客户"对于建立客户忠诚度来说十分重要。实施个性化客户管理战略,"客户不希望被一视同仁,他们希望能被个别的对待。"这是个性化营销最宝贵、最有价值的地方。个性化服务的精髓在于持续了解客户的需求,针对不同客户,采取不同的策略,从而提高客户忠诚度,达到实现更高客户份额的终极目标。

对客户的差异化管理,首先是应该听取客户的观点,对客户的建议尤其要重视,充分理解不同客户之间的差异,然后分别采取接近各个不同客户的战略方案,尊重不同客户的意见,并进行适当的市场细分,使得客户的特性能够充分体现,赢得客户的满意并使服务效益最大化。

3. 正确对待客户的抱怨

广告公司追求创意上、制作上的完美,而客户更重视广告传播的商业效果,客户通常被认为是谨慎和挑剔的,双方的个性差异和某些客观事件的变动必然导致双方沟通的障碍,尤其是交易量大的大客户,他们的不满意也就不可避免。

广告公司通常低估了和谐的客户代理关系的重要性,而这恰恰又是维持长期稳定客户关系的主要决定因素。广告公司应当明白,有抱怨的客户才是真正重视现有合作关系、对其投放广告抱有很大希望的客户。而这些客户的期望方向与广告公司的方向一致,所以,公司更应该正确处理客户抱怨,迅速找出问题的症结,尽快给出满意的解决方案,协助解决客户的困扰,这样客户对公司的服务印象才会加深。

对抱怨处理得当就会增加客户对公司的信赖度。做到以客户为中心,调整广告经营思路。从前人的实践中可以看到,贯彻"以广告客户为中心"的广告经营思路,需要做到"三化",即标准化、规范化、精细化,步步跟进,将服务细化到每一个细小的环节中。

第四部分　广告及其他媒体的运营管理

4. 重视广告公司自身的提高

(1) 广告公司要善于突破现有的经营模式

维持客户,除了让客户自己产品的销售数据说明问题外,还有广告公司自身的改变,如果年复一年对客户说的产品诉求点都不做改变,就难以激发客户长久忠诚的热情,所以,广告公司必须不断学习新理念,并在其经营模式上,能带给客户新气象。另外,对于大客户的产品要加以研究,以客户的广告目标对象的眼光和自己对行业洞察的专业眼光分析其动向,给予科学合理的建议,助其规划,以增加其效果。在有针对性的服务基础上,必然能够增加客户的信任度和忠诚度,广告公司与客户的合作才能够更长久。

(2) 广告公司要加强对内部人员的管理

广告销售人员是公司客户来源的根本,尤其是与客户联系的销售人员,他们是广告公司与客户联系的纽带,销售人员能力的高下在一定程度决定着广告公司的业绩,同时他们的流失往往也会带来关键客户的流失。因此,广告公司在努力做好客户服务的同时,要对销售人员进行系统的培训,制定相关激励措施,保持销售人员对公司的忠诚,从而有效地维系与大客户的关系,避免客户的流失。

(3) 提高服务质量

服务质量具有感知性,即服务的质量水平并不完全由媒体广告部门所决定,而与广告客户的感受有很大关系。即使媒体广告部门自认为是高标准的服务,却不一定被广告客户所认可。制定合理有效的服务标准,有利于提高员工的服务质量。"客户是服务价值的最终裁判"。

五、如何管理大客户

根据帕累托二八理论,即80/20法则:80%的优良业绩是由20%的客户带来的。大客户在整个企业发展中占据非常重要的地位,大客户被称为关键客户或长期客户,是相对于中小客户而言的,具体指对企业在长期发展和利润贡献上有着重要意义的客户,是与企业建立长期、稳定的关系,愿意为企业提供的产品和服务承担合适价格的客户。而大客户管理则是由公司实施的旨在通过为大客户提供量身定做的产品、服务和持续满足客户需求来建立大客户群的一种方法。

广告公司客户关系管理的侧重点在大客户的管理上,同时,对大客户的管理也是建立在利用现代技术手段统计分析客户资料基础之上的,因此,大客户管理是对客户关系管理在管理层面和技术层面两个方面的综合运用。

广告公司大客户管理方法,简而言之,首先为识别和分析大客户,然后根据所识别分析的结果选择合适的策略,以建立、培育、维持和巩固与客户的长期关系。

1. 分析识别大客户

广告公司应如何识别分析大客户呢?广告公司利用 CRM 系统,实行客户关系管理,可以积累大量客户数据,包括客户的基础资料、客户特征、业务状况、交易状况等,并且,这些客户资料随公司业务实时调整,及时补充新的资料,对客户的变化进行跟踪,使客户管理信息具有动态性特征。通过对客户数据的分析观察,能够比较容易识别广告公司的大客户。

2. 选择恰当的营销、服务策略

确定大客户后,广告公司应针对大客户选择恰当的营销、服务策略,以建立、培育、维持和巩固与大客户的长期关系。

(1)对大客户进行差异化管理

主要是收集大客户的特征,以便投其所好。这些特征主要包括客户的服务区域、消费能力、发展潜力、经销观念、经营方向、经营政策、企业规模、经营特点等。

(2)培养客户忠诚度

广告公司应尽力做到与大客户协调一致,产生共鸣,以达到最佳的沟通效果。广告公司应以较多的投入维持与大客户之间的特殊关系,例如,选择最好的人员为大客户服务,时刻关注大客户的业务发展,定期请大客户评价自己的公司等,使大客户感觉选择新广告公司的转换成本高从而对原广告公司产生一种依赖。

(3)明确公司业务定位

广告公司在复杂的市场中找准自己的位置是很重要的,应明确广告公司自身的业务定位,由此而形成的优良业绩更有利于保持与大客户的关系。

3. 广告公司实施大客户管理应注意的事项

在整个广告公司的营销战略计划中,客户管理占有重要的比重。成功的管理者必须将基于客户关系管理的营销战略融入公司的整体运作安排中,广告公司在实施大客户管理时应注意以下问题:

(1)客观对待客户之间的差异

对大客户的差异化管理问题,首先是应该听取客户的观点,对大客户的建议尤其要重视,充分理解不同大客户之间的差异,然后分别采取接近各不同大客户的战略方案,尊重不同大客户的意见,并进行适当的市场细分,使得大客户的特性能够充分体现,赢得大客户的满意并使服务效益最大化。

(2)满足大客户的合理要求以培养其忠诚

对待客户提出的各项要求,广告公司要做出理性的分析。与一般客户相比,大客户更具有稳定性,是广告公司大部分收入的来源和收益的保障,因此,广告公司在利益权衡中应区别对待大客户和一般客户,优先考虑大客户的要求,以求得大客户对广告公司的持久性投入。广告公司考虑问题时尽可能与大客户达成共识,与其达成伙伴关系,尽全力挖掘大客户的潜在需求,在广告设计中并展现其诉求的闪光点,通过广告质量来培育并维持大客户。

(3)重视广告公司自身的提高

广告公司要善于突破现有的经营模式。维持大客户,除了让大客户自己产品的销售数据说明问题外,还有广告公司自身的改变,如果年复一年对大客户说的产品诉求点都不做改变,就难以激发客户长久忠诚的热情,所以,广告公司必须不断学习新理念,并运用在其经营模式上,常常给大客户新气象;另外,对于大客户的产品要加以研究,以大客户的广告目标对象的眼光和自己对行业洞察的专业眼光分析其动向,给予科学合理的建议,助其规划,以增加其效果。在有针对性的服务基础上,必然能够增加客户的信任度和忠诚度,广告公司与客户的合作才能够更长久。

广告公司要加强对内部人员的管理。广告销售人员是公司客户来源的根本,尤其是与大客户联系的销售人员,他们是广告公司与大客户联系的纽带,销售人员能力的高下在一定程度决定着广告公司的业绩,同时他们的流失往往也会带来关键客户的流失。因此,广告公司在努力做好客户服务的同时,要对销售人员进行系统的培训,制定相关激励措施,保持销售人员对公司的忠诚,从而有效地维系与大客户的关系,避免大客户的流失。

参考文献

[1] 吴起：《移动媒体运营概论》，北京邮电大学出版社2009年6月第1版。

[2] 高福安、孙江华：《媒体管理概论》，中国传媒大学出版社2006年7月第1版。

[3] 黄河：《手机媒体商业模式研究》，中国传媒大学出版社2011年1月第1版。

[4] 石磊：《新媒体概论》，中国传媒大学出版社2009年10月第1版。

[5] 北京市大兴区广播电视中心：《区域性媒体运营策略研究》，中国传媒大学出版社2011年3月第1版。

[6] 蔡立、范以锦：《范围经济视角下的全媒体运营及思考》，CHINA NEWSPAPER INDUSTRY 中国报业2010年6月。

[7] 左曙光、林曦：《对媒介融合时代媒体运营策略的几点思考》，中图分类号：G206 文献标识码：A。

[8] 江作苏：《媒介融合背景下平面媒体运营模式探讨》，《新闻前哨》2010年第9期。

[9] 周雄：《1978~2008手机媒体经营管理演变史》，华中科技硕士学位论文2008年6月。

[10] 王海东：《媒体的公司治理功能》，中图分类号：F276.6，G206 文献标识码：A，文章编号：1008-2751(2004)01-0014-04。

[11] [瑞典] 罗伯特·G·皮卡德著，胡森林摘译：《媒介公司国际化与全球化中的问题与趋势》，中图分类号：G206·2，文献标识码：A，文章编号：1002-5685(2004)02-0013-04。

[12] 黄孝俊、洪真：《媒介集团运营效能实证分析及其思考》，《新闻界》2006年2月。

[13] 张卫中、严晓青：《中国媒介集团发展战略的几个问题》，中图分类号：G124，文献标识码：A，文章编号：1671-5454(2002)03-0058-03。

[14] 陆桂生、邹迎九：《我国媒介组织结构的设计及其发展趋势》，中图分类号：G20，文献标识码：A，文章编号：1004-1494(2007)03-0090-04。

[15] 向志强、彭祝斌：《媒介产业价值链与媒介组织的管理创新》，《新闻界》2006年5月。

[16] 郑菁菁：《媒体产品分销体系的整合营销传播》，《新闻界》2005年3月。

[17] 毕延玲：《中国网络媒体经营管理演变史》，华中科技硕士学位论文2008年6月。

[18] 高福安、余潇：《市场经济条件下媒体经营管理思路》，《现代传播》（双月刊）1999年第6期（总第101期）。

图书在版编目(CIP)数据

媒体运营管理 / 张铖编著. -- 北京:中国广播电视出版社,2012.6
(媒体管理丛书/高福安,宋培义主编)
ISBN 978-7-5043-6655-9

Ⅰ.①媒… Ⅱ.①张… Ⅲ.①传播媒介—经营管理 Ⅳ.①G206.2

中国版本图书馆 CIP 数据核字(2012)第 100290 号

媒体运营管理

张 铖 编著

责任编辑	毛冬梅　王天盈
封面设计	亚里斯
责任校对	张莲芳
出版发行	中国广播电视出版社
电　　话	010-86093580　010-86093583
社　　址	北京市西城区真武庙二条9号
邮　　编	100045
网　　址	www.crtp.com.cn
电子信箱	crtp8@sina.com
经　　销	全国各地新华书店
印　　刷	廊坊报业印务有限公司
开　　本	787毫米×1092毫米　1/16
字　　数	350(千)字
印　　张	17.5
版　　次	2012年6月第1版　2012年6月第1次印刷
印　　数	4000册
书　　号	ISBN 978-7-5043-6655-9
定　　价	34.00元

(版权所有　翻印必究·印装有误　负责调换)